刘文典先生铜像　云南大学呈贡校区

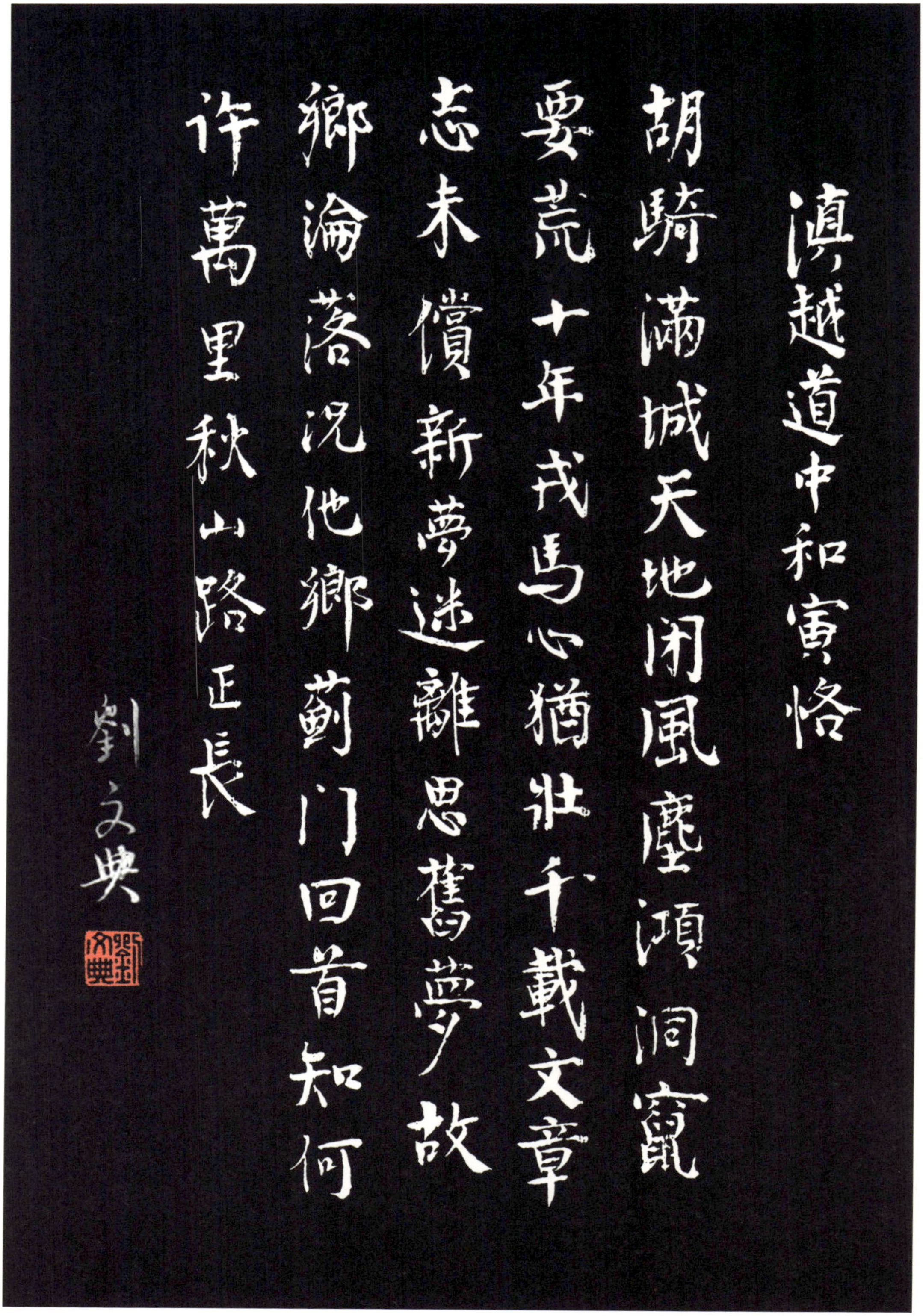

刘文典先生诗碑　云南大学呈贡校区

刘文典先生部分著作

纪念刘文典先生诞辰125周年学术研讨会

刘文典先生纪念室

原为刘文典先生在云大的杜甫研究室

叔雅先生

SHUYAXIANSHENG

二零一六年，刘文典先生诞辰一百廿五周年，比距先生病殁云大已五十八春秋矣。六十甲子间，兴废存亡者何数，而先生声誉日隆，流风长存，自有其所不能湮没者。当今世倡国学，皆以先生为翘楚，瞻言大学精神，咸尊其导夫先路。先生传道治学，初以开启民智为己任，执教北大，新文化运动时勇猛精进，与陈独秀、胡适交情笃厚，为同仁所推服。后筹办安徽大学，尝言『大学不是衙门』，以校长身份保护学生，当面顶撞蒋介石而被解职。先生复至清华，与陈寅恪、吴宓诸先生志同道合，寄怀传统，发扬国学。其治学长于诸子校勘，尤擅《选》学韵文。及抗日军兴，辗转至云南，任教西南联大，一九四三年受聘为云大教授，直至去世。先生熟谙日本，为有国恨家仇，抗战前后奋笔撰文，剖析日寇野心，深具卓识。终其一生，弘扬国学，鼓舞民气，传道授业，不违初衷。

改革开放，百废俱兴，文教昌明，先生之文章著述影响日广，先生之气节风骨复为世人所传诵。云大有幸，犹闻广陵绝音；先生何幸，遗逸弦歌中辍？当年亲炙之者，至今大都作古，在者亦垂垂老矣，然而历代云大学人，冥冥无不受先生感召影响，六十载世道轮替，何尝忘怀斯人？是以学校于先生诞辰一百廿五年之际，举办生平纪念展，延请书法名家、云南省文史馆馆员劳伟先生书钞先生诗词，欲使先贤流风，泽被庠序，以尊师德，以明传道之不朽。先生晚年拜谒杜甫草堂诗云：『汉唐陵阙皆零落，惟有茅斋似昔时』，先生之志，其如是乎！先生之道，岂非如去如来！

刘文典先生生平纪念展前言

叔雅先生

——国学大师刘文典诞辰125周年纪念文集

主　编　张昌山
副主编　刘　炜　杨　园

云南出版集团
雲南人民出版社

图书在版编目（CIP）数据

叔雅先生：国学大师刘文典诞辰125周年纪念文集 / 张昌山主编. -- 昆明：云南人民出版社, 2018.2
ISBN 978-7-222-16851-0

Ⅰ. ①叔… Ⅱ. ①张… Ⅲ. ①刘文典（1891-1958）—纪念文集 Ⅳ. ①K825.4-53

中国版本图书馆CIP数据核字(2017)第317241号

责任编辑： 徐　霞　苏映华　刘　焰
装帧设计： 人合圖文
责任校对： 文艺蓓
责任印制： 洪中丽

叔雅先生——国学大师刘文典诞辰125周年纪念文集
SHUYA XIANSHENG——GUOXUE DASHI LIUWENDIAN DANCHEN 125 ZHOUNIAN JINIAN WENJI

主　编：张昌山
副主编：刘　炜　杨　园

出版　云南出版集团　云南人民出版社
发行　云南人民出版社
社址　昆明市环城西路609号
邮编　650034
网址　www.ynpph.com.cn
E-mail　ynrms@sina.com
开本　787mm×1092mm　1/16
印张　27.5
字数　650千
版次　2018年2月第1版第1次印刷
印刷　昆明启方印刷有限公司
书号　ISBN　978-7-222-16851-0
定价　58.00元

如需购买图书、反馈意见，请与我社联系
总编室：0871-64109126　发行部：0871-64108507　审校部：0871-64164626　印制部：0871-64191534

云南人民出版社微信公众号

目录

高山仰止　景行行止（代序）

张昌山

今天，我们怀着十分崇敬的心情，在云南大学古老的东陆园隆重集会，纪念国学大师、教育名家、爱国主义者刘文典先生诞辰125周年，深入研讨先生的学术成就与学术精神。高朋满座，胜友如云，共襄盛会。我谨代表云南大学，对活动的举办和会议的召开表示热烈的祝贺！向各位专家学者和各位来宾的到来表示热烈的欢迎！

先生是一位备受推崇的国学大师。早年师从刘师培、章太炎等学术名家研习国学，又曾留学日本，精通多种语言，学贯中西，博通古今。治学长于诸子校勘，尤擅《文选》学韵文。文章锦绣，为世所珍。先生著作等身，成就卓著，享誉学林。有《刘文典全集》传世。先生的《淮南鸿烈集解》《庄子补正》等著作，受到胡适之、陈寅恪等著名学者的高度评价，早已成为学术经典，载入了学术史册。

先生是一位成就卓著的教育名家。他一生从事高等教育事业，长期执教于国内著名大学。先后担任北京大学、安徽大学、清华大学、西南联大和云南大学等名校的教授，参与创办安徽大学并担任文学院院长兼预科主任，行校长之职，亦曾出任清华大学国文系主任、云南大学校务委员会委员等职。先生传道授业、广育英才，在长校治系、人才培养诸方面颇有独到之处，至今为人津津乐道，为国家教育文化事业做出了重要贡献。先生振铎杏坛，桃李天下，今天在座的学术教育名家中就有先生的几位学生，还有更多的再传弟子，真是薪火相传，生生不息。

先生是一位饱含深情的爱国主义者。先生早年加入同盟会、中华革命党，曾担任孙中山先生英文秘书。民主革命的经历，是先生人生中的光辉篇章。抗战爆发后，先生滞留北平，坚决拒绝侵略者的威逼利诱，颠沛辗转来到云南，继续着国家和民族的学术与教育事业。凭借对日本文化和历史的熟识与了解，着力开展日本研究，撰写大量的评论文章，剖析日本军国主义侵华野心，振臂高呼，警醒国民，充分展现了中国知识分子的民族气节与使命担当。在其抗战诗篇中，鲜明地表达了对侵略者的无比愤慨和忧国忧民的家国情怀。

1943年以后，先生一直任教于云南大学。因为有先生这样的大师，这里成为传统国学重镇、古典文学高地。能拥有刘文典先生这样的名家，是学子们一生的幸运，是云南大学永远的荣光。时光流逝，刘先生离开我们已经快60年了，我们敬仰先生，我们怀念先生。先生是一盏学术明灯，照亮了书山学海的探索之路；先生是一面学术旗帜，激励着晚辈后学不断前行。

今天，我们在这里纪念刘文典先生，就是要传承他的学问，弘扬他的精神。先生孜孜求真的学术品格、终身为学的献身精神和刚正不阿的学者风骨，正是大学精神的具体体现。先生对于自己的学问是很自信的，而这种植根于国学的学术自信，推而广之，或许就是今天倡导的一种文化自信。建设一所好大学、一所一流大学，需要的正是先生这样的学术精神和文化气质。今天我们缅怀这位学术昆仑，不仅是心向往之，更要努力为之：我们要传承，要在传承中创造，以创造促学术进步，以创造促文化繁荣，以创造促社会发展。

在刘文典先生诞辰125周年之际，我们举办一系列纪念活动：呈贡新校区将树立先生的铜像，东陆文化碑廊正在镌刻先生诗文手迹，“文典讲坛”已成功举办八讲，刘文典研究室的成立将全面深入研究并弘扬先生的学术思想，当年的杜甫研究室正在恢复并将作为先生纪念室，一批新著的编辑出版、电视纪录片《先生·刘文典》在全国的播映、先生生平及诗词书法纪念展的举办等等。人们对先生一定会有更多的了解，更深入更全面的研究，先生的学术研究一定会得到更好的继承，先生的学术精神一定会发扬光大。

重拾起尚未忘却的记忆
——受叔雅师耳提面命的零星回忆

张文勋

一、我和叔雅先生的师生情缘

云南大学时期的
刘文典先生

1948年秋，我考进云南大学文史系就读，当时该系已分为文和史两组，我报的是文组，即后来的中文系。在新生入学的欢迎会上，我第一次见到久闻大名的刘文典教授。按当时学校的惯例，各系在迎新会上，都要邀请系里的知名教授来和新生见面，在会泽院楼下的会场的墙上，早已有对这些教授先生们的书面介绍，所以，新同学们都怀着一种尊敬和好奇的心情，注意入场的每位先生。刘文典先生清瘦的身影，第一次映入我的眼帘，他在掌声中向同学们微笑着招手致意，我感到肃然起敬。但是说实在，当时我对叔雅先生的学问究竟是什么，还不甚了了，只知其名而不知其实，直到后来师从先生学习的过程中，才逐渐有些体悟。入学后不久，还来不及认真地去听先生的课程，就奉组织派遣到云南起义部队工作，到1950年暑期才返校复学，随同新入学的一年级就读。从此以后和先生接触就多了，先是听过先生的“温李诗”“文选学”等课程。毕业后留系工作，1956年从北大进修回来，曾任系秘书，因工作关系，平时与先生接触较多。又和系里的几位青年教师，在学校为先生专设的“杜甫研究室”听先生给我们开的“小灶”，讲授内容较广泛，有“文选学”“校勘学”，也讲“杜诗”、治学方法等等。当时我已经是教师，在研究古代文论，所以对先生所讲基本都可以接受，获益良多。我的许多书如《昭明文选》《十三经注疏》等等，都是那时候买的，我受先生的教益和治学方法的影响，不仅限于课堂的传授，更多的还是在课外和先生的交谈中。我经常到先生家中问安，请教，大冷天则在先生家和先生围炉谈天，向先生请教有关典籍目录，听先生讲学术先辈们的治学趣闻。尤其是听先生讲他校《庄子》的实例，例如“疱丁解牛”中关于“生牛”“死牛”和“全牛”的考证等类，使我敬佩不已，从中体悟到读书做学问的苦乐。随着和先生的日益亲近，得知先生二十七岁就以他校勘的力作《淮南鸿烈集解》的出版享誉学林。我已近而立之年，学术上还没有什么建树，与先生相比，甚感汗颜，所以下决心要发奋努力，争取在自己选定的学科领域中有所成就。

关于叔雅先生在学术上的成就，我自知只能望其项背而不能深解，但对其治学精神和学识的渊博，是由衷仰慕，所以也就不揣冒昧，应中国历史研究的《民国人物传》编辑之约，撰写了《刘文典传》，后又在学术刊物《中国社会科学人物》上发表了《刘文典传略》。这些都是根据史实写成的人物传记，而不是道听途说的文人趣事。但由于人物传记等的都需言之有据，而对叔雅师的言行举止、生活细节，则多保留在我的记忆之中，随着时光的流逝，有许多已淡忘了，有许多则仍然是鲜活的印象浮现在脑海中。这篇文章中所写的这些零星回忆，虽然不成系统，但都是我的亲身经历，目之所见，耳之所闻，而不是道听途说。可以这样说，在我笔下出现的叔雅先生，就是我心目中的真实的叔雅先生。他的音容宛在，言犹在耳；他的一些真知灼见，还在我的脑子里闪光。

二、诗是什么？

叔雅先生第一次在课堂上给学生讲“温李诗”，我怀着兴奋而又好奇的心情，准备听先生的高论。只见先生穿着半旧的长衫，端着一把小茶壶，慢步走进教室，登上讲台，坐在一把火腿椅子上，微笑着和同学们打招呼，但没有讲话，只顾喝茶。教室内安静了一会儿，先生才开始讲课，但没有直奔主题，而是问大家：“诗是什么？”稍停又说：“什么叫作诗？”众皆愕然，一时不能答对。先生笑着说：“诗者，观世音菩萨是也。”大家觉得茫然，困惑不解，请向其详。先生才慢慢解释道：“观世”就是要观世观物，要观察社会、观察事物，也就是我们今天说的体验生活。这是最主要的，像杜甫就是阅世很深的诗人。“音”就是说诗歌要有音乐美，我们中国用汉字写诗，要讲平仄，讲押韵，所谓调声协律，就是要有音乐之美。所谓“菩萨”是佛家语，就是“觉有情”的意思，写诗要对诗有特殊的悟性和情感，没有真情实感是写不好诗的。这三者是诗的三要素，缺一不可。经先生这样一解释，大家才恍然大悟，这样去解释诗，比西方诗学中的许多定义都全面而精辟。后来我本人随着学诗的深入，结合严沧浪的“以禅喻诗”的理论，对佛学也有一定的认识，才进一步感到借用“观世音菩萨”作为诗的定义，的确是一种“妙悟天开”的“慧解”。菩萨本是梵文的译音，意译有好几种，或曰“大道心众生”，或曰“觉有情”“大觉有情”。总之，它包含有“智慧”“觉悟”“有情”等意思，借用“觉有情”之意，更符合诗的本质特征。

三、汉字声韵在诗歌中的妙用

我国的古体诗，特别是格律诗，十分强调调声协律，平仄押韵，这和汉字的音韵声律分不开，所以，叔雅先生在讲授“杜诗”“温李诗”时，对诗的格律音韵十分重视，发表了许多独到的见解。他在《杜甫年谱序》中有一段精辟的论述。他说：“至若双声叠韵，属对精工，侔色揣称，铸辞英伟。宫徵靡曼，骋八音协畅之奇，云锦缤纷，极五色相宣之妙。是犹词人之余事，壮夫所不为，非公绝诣也。”虽然说“非公绝诣”，实际上先生对杜诗的音律之美已是十分赞赏了。所以，先生在平时的教学中，对诗歌音律之美则津津乐道，情有独钟。他曾说，汉字四声在诗中的变化，可以获得音乐美的效果，诗句中之所以有平仄相间，押韵有平仄的变化，就是因为汉字四声（平、上、去、入）可以表达不同的感情。或舒缓，或低沉，或凄厉，或高昂，都可以借助四声的变化和双声叠韵之美，表现出诗中的情绪基调。所以先生在讲诗作时，总是先把全诗吟唱一遍，他用安徽桐城的腔调吟唱的诗词，果然与众不同，别具一格。虽然学生们也听不懂诗的内容，但也可以从先生的吟唱音调中感受到一种特殊的情调和韵味。先生吟唱完毕，就对学生说，你们听不懂词句的内容没关系，但你们从声调上一定可以感受到诗的感情基调了。说真的，学生们也说不上先生说的对还是不对？总感到有点玄乎。但一旦开讲诗句，随着对诗的思想内容的理解，再按先生讲的四声变化和双声叠韵的音乐性去体会，就可进一步感受全诗的感情色彩。例如他讲温飞卿的《织锦词》，开篇就是“叮咚细漏侵琼瑟，影转高梧月初出”两句，先生认为诗一开始就以入声字“瑟”和“出”起韵，而“叮咚”既是双声，又是叠韵，“初出”也是双声。接下去全诗多有双声叠韵，而入声韵则最能表现织锦女在深夜的孤寂凄清而凄切伤感的感情。又如对毛泽东的词中“往事越千年，魏武挥鞭，东临碣石有遗篇。

萧瑟秋风今又是，换了人间”之句，先生也赞不绝口，吟唱再三。他认为这首词是对曹操《观沧海》诗的推陈出新，不仅意境美，而且具有音韵之美，尤其是“萧瑟秋风今又是，换了人间”二句，更是出神入化，意蕴全新，音调也很美。

四、生命短暂艺术永恒

叔雅先生对“艺术永恒”的理论看来是深信不疑的。有一次他在讲到曹丕的《典论·论文》时，他十分赞赏曹丕说的：“盖文章经国之大业，不朽之盛事，年寿有时而尽，荣乐止乎其身，二者必至之常期，来若文章之无穷。”人生短暂的感慨，是我国古代诗歌中常见的主题，有一次先生在课堂上讲到曹植的诗句“生存华屋处，零落归山丘”（《箜篌引》）时，闭目吟诵，感叹不已，他深信人的生命是有限的，唯有文章（包括文艺在内）才是永恒的，可以传之万世。所以他特引了西方一位哲人的名言“生命短暂，艺术永恒”，作为他的理论依据。叔雅先生的英语、日语都很好，他在黑板上用粉笔随手写出这两句话的英语原文，我的英语基础差，但是还可以把先生写的英文抄下来。记得那两句英语原文好像是“Short Life，Long Arts”，因为这是西方文艺理论中的一种流行的观点，在中华人民共和国成立初期，文艺理论界盛行讲文艺的阶级性、党性的年代，这种观点被认为是唯心主义的理论。但叔雅先生还是十分欣赏这些观点，在课堂上直言不讳，讲了他的见解。学生们虽然对此不置可否，但就我而言，对这种理论也是十分欣赏的。

五、对陆机《文赋》的解读

叔雅先生曾给我们年轻教师开“小灶”，专题讲授过陆机的《文赋》，这对我来说是一次难得的机遇。因为那时我刚从北大文艺理论进修班学习回来，我回云大后，对我的专业方向做了较大的调整，由现代文学理论方向转到中国古代文论方向。就我的专业学习和研究来说，叔雅先生给我们讲授《文赋》，真是及时雨。因为《文赋》是我研究汉魏六朝文论的重点内容之一。我去听先生讲《文赋》，自然就会很认真，而且用我新买的李善《昭明文选》为底本，可以在书上记许多叔雅先生讲课的重要见解，包括对一些文字词语的考证。可以说随先生听课讲解之后，我才算是基本上读懂了《文赋》。

我听叔雅先生讲《文赋》，除了在文字疏通方面获益很多外，在理论的解释上，也得到很多启发。首先我印象最深的是开篇小序中说的“恒患意不称物，文不逮意”两句，先生对此做了深入解释，先生说这两句话就是《文赋》的基本思想。我根据先生的启示，把这两句话概括成陆机对创作过程的认识，列为一个公式：

物⟷意⟷文

这就是说，文学创作过程是从物到意到文的过程；反过来说，文必须逮意，意必须称物，这才是好作品。其次，先生讲到“其会意也尚巧，其遣言也贵研。暨音声之迭代，若五色之相宣”时，旁征博引，从四声之美，讲到诗的艺术性和音乐性的关系。对此我得到的启悟更多，对我后来的诗学研究和我的诗词创作实践，都有指导意义。先生在他的《杜甫年谱序》中说的“云锦缤纷，极五色相宣之妙”，也就是对陆机的“暨音声之迭代，若五色之相宣”的理论的引申。再次，先生对《文赋》中的“应感之会，通塞之纪”一段的讲解也非常精彩。所谓“应感”“通塞”就是讲创作过程中灵感来与不来的种种表现，其中描写到创作灵感阻塞，苦思苦想的种种状态时，有很多形容词，如“六情底滞，志往神留，兀若枯木，豁若涸流”“理翳翳而愈伏，思轧轧其若抽”等等，当时，先生并未套用“灵感”二字，但我脑子却很快出现“灵感”的概念，觉得这就是对“灵感”有无的生动描写。先生在讲“思轧轧其若抽”时，做了一点文字的考证：轧字或作乙，《文选》五臣注本作“轧轧”，李善注本作“乙乙”，注曰：“乙音轧”（读如亚），乙字是象形字，形容鸭子撑长脖子抽气难以发出声音的样子，乙乙读如轧轧，难出之貌。我听了先生的解释，觉得很有趣，形容灵感不来，苦思苦想，文思难出的情景，倒也十分生动。后来，我也没有进一步做考证，就这样过去了，但每每说到陆机的“应感”说，就想起先生对“乙乙”的解释，留下鲜明深刻的印象。

六、《文选》与《文心雕龙》

叔雅先生开了一门课叫“文选学”，但讲的内容并不是对《文选》的综合研究，而是选讲了《文选》中的一些作品。其中除前面我谈到的陆机《文赋》之外，还有木玄虚的《海赋》，曹植的《洛神赋》，江淹的《恨赋》《别赋》等等，因时隔已久，又无笔记，所以先生讲的内容记不清了。只记得先生说过，《文选》这部书早在唐代已成为一部士人科举的必读书，所以杜甫诗中也有“熟精文选理”的句子，民间也还流行着“文选烂，秀才半”的口头禅，意思大概就是说，把《文选》读得烂熟，秀才就到手一半了。难怪唐代的李善注本就已流行一时，后来到开元年间又有五臣注本（五臣即吕延济、刘良、张铣、吕向、李周翰）。可见《文选》这部书的影响有多大。先生在讲《文选》时，经常提及刘勰的《文心雕龙》，他说这两部书是姊妹篇，读《文心雕龙》就必须读《文选》。叔雅先生的这些话，我可是听进去了，因为我当时正准备开“古代文论”课，《文心雕龙》是我研究的重点，我还给“文学理论专业”和“文学史专业”的同学，开过《文心雕龙》专题研究选修课。我按先生的要求买到《昭明文选》，果然，对我研究《文心雕龙》提供了很大的帮助。首先，昭明太子萧统署名的《文选序》，是我国齐梁时期产生的一篇十分重要的文学理论论文。由这篇论文可以看到刘勰在《文心雕龙》中的许多理论观点和《文选序》是一致的，可见《文心雕龙》的出现是时代的产物，是六朝文学理论的集大成。而刘勰也是昭明太子所器重和亲近的文人，他们的文学见解近似，这绝不是偶然的。其次，《文选》中的文体分类和《文心雕龙》的文体分类也是大同小异。《文心雕龙》中涉及的文体名目大约有三十四类，而《文选》中则为三十八类，多数名称相同。《文心雕龙》分析问题时举例的作品，也多见于《文选》之中。所以叔雅先生主张把《文心雕龙》和《文选》作为姊妹篇来研究是很正确的。

七、先生说“校勘”

叔雅先生学贯中西，博通古今，而“校勘学”是他成果最多、成就最高的一门学问。关于校勘的著作，他先后出版了《淮南鸿烈集解》《庄子补正》《说苑斠补》等。他还有一项宏大的计划，拟完成一部《群书校补》，惜尚未有多少进展，先生就于1958年去世了。我虽未听过先生系统地讲校勘学，但他在讲其他课程以及和学生言谈中，多涉及校勘学有关的一些知识。校勘古籍，涉及文字、音韵、训诂多方面的学问。“一字之微，征及万卷”，这是先生常给学生讲的一句话，在校勘古书中，常常因为要考证一个字的正误，往往要查阅许多典籍资料，引经据典，以辨真伪，所谓“征及万卷”，就是要查证许多书籍，有许多证据，才能判断其正误。先生常说，读古书，做学问，有三大忌：一是望文生义，二是似是而非，三是凭空臆断。做校勘尤忌此三者。古代典籍在其转抄转刻过程中，常有错简、衍文、漏字、错字发生，校勘就是要把这些错漏校正。要纠正一个错字，或订正一段文字，都需要找到实证材料，望文生义或凭空臆断是绝对不行的。校勘有一条规矩，就是说：“孤证不能立论，两证方可立论，三证方能做结论。”我听了先生的这些教诲，觉得从事校勘工作，的确不那么容易。但这种精神，不但校勘学之必须，就是对读书做学问，也具有普遍的指导意义。后来，我读到已故云大教授张德光先生写的《庄子补正跋》，这是一篇写得非常好的跋文，文字典雅，论述精到，其中有一段文字说，先生常言：“前人校释是书，多凭空臆断，好逞新奇，或有所得，亦茫昧无据。今为补正，一字异同，必求确论。若无是训，则案而不断，弗敢妄生议论，惧杜撰臆说，贻误后学而灾梨枣也。”德光先生记的这段话，和我前面记的叔雅先生的言论，内容是一致的。可见这是叔雅师的一贯的治学精神，这种精神是永远值得我们学习的。

八、鼓励学生身边不离字典

我读大学四年级时，有一次到叔雅先生家请教学习方面的问题，闲谈中听先生讲到一件事，听说有一位叫徐国琼的同学，平时衣服口袋里常装着一本《新华字典》，有的同学取笑他，说那是小学生用的字典，你带在身边干什么？言外之意就是说你是大学生了，还装一本小学生用的小字典，难道不觉得害羞吗？叔雅先生听到此事，他说：“这个大学生才是一个真正想读书的好学生，像他这样的学生就不会把荀子读成筍子了。”原来这里还有另外一个小故事，先生在上课时，有一位同学把“荀子”读成“筍子”，这样的错别字出在一位大学生之口，足以说明其读书的不认真。叔雅先生常说："读古书先要过文字关，千万不可主观猜测，似是而非。不懂的字一定要去查字典，或者请教老师，养成查字典的习惯，是读古书的入门功夫。"先生的这些教诲，我是听进去了，这也和我从事中国古代文论和美学的教学和研究有关。我给学生上课，虽然也很认真备课，尤其是对引古文，首先就要过文字关，不懂的字，遍查字典也要弄个明白才敢在课堂上讲。但是仍 然也有过失误，有些字乍一看认为已经知道了，其实并没有真懂，似是而非。经过细心查阅工具书才弄明白。所以，我非常重视购置辞典一类工具书，诸如《辞源》《康熙字典》《说文解字》《联绵辞典》等，都是我案头必备的书，甚至我读小学时的一本《王云五四角号码小辞典》，已伴随我七八十年了，到如今还是我手边一本常用的小字典。也许有人会觉得好笑，但我倒是在实心实意地用这本小辞典，为什么呢？因为我老了，记忆力差，很多过去识得的字往往一时想不起来。再则因我对简化汉字和繁体字的转换比较生疏，而我写文言文、碑文之类文章多用繁体字，有些字常常想不起来，或简繁混用。而这本小辞典是繁体字，顺手查字，十分方便。我说这些似乎已离题了，但读书养成一种爱查字典的习惯，尽可能做到不放过一个自己不认识的生字，或者是似曾相识而拿不准的字，我即时查字典，尽量避免读错别字，这应该看作是一种读书应具有的基本功。

九、叔雅先生酷爱滇戏

叔雅先生业余时间的雅好，在来云南前我不了解，据说先生也爱看京戏，自从随西南联大来到云南之后，似乎滇戏成为他的主要爱好。这是由于他原来就爱看京戏，或者是来滇后生活环境的影响？我也没有想过。但先生在昆明生活的岁月里，他和夫人经常到滇戏院和有滇戏名角清唱的茶馆去听滇戏的故事，我已早有所闻。再加上我年轻时代也酷爱滇戏，会操琴，也会唱些段子，所以对叔雅先生爱滇戏的雅好，也比较关注。我早就听说先生和滇戏著名的老演员多有交往，譬如抗战期间在昆明滇戏舞台上就已走红的名角栗成之、张子谦、彭国珍、碧金玉等等，先生和他们都很熟悉，也是他们的特殊戏迷。从先生《赠栗成之》《送彭郎》《寿张子谦老艺人》等等诗中，就可以见其大概。据说，先生和夫人看戏，都是订好座位，包好人力车，而且每一场戏都只是看上半场，到下半场时，包好的人力车准时来接。同时，就是云大校长办公室的一位老工友准时来接场看戏，这位工友年纪较大，成了叔雅先生的好朋友，经常得好戏看。这已是中华人民共和国成立初期的事了。有一次在课堂上，先生突然讲起滇戏来，他说："滇戏历史较早，但从它的形成来说，是从省外的戏剧传来演变而成的。"他最欣赏滇戏腔调中的丝弦腔，音调优美，抑扬高下，细如抽丝，连绵不绝。他说，这种腔调来源于秦腔。我对先生的说法非常感兴趣，年轻时我在农村学唱滇戏并操琴，知道滇戏有"胡琴""襄阳""丝弦"三种基本唱腔，经先生提示，才知来源于秦腔；我操琴时，也特别喜爱"丝弦"。但这都是几十年前的事了，"文革"以后，我已不再操琴，正所谓"此调不弹久矣"，但听戏还是喜欢听的。至于说到和先生交好的那些著名滇戏演员，他们的戏我多半都看过，如栗成之、碧金玉、万象珍等等。记得我在北大学习的时候，叔雅先生到北京出席全国政协会，我专程到他的住所北京饭店去看望，正碰到滇戏著名演员彭国珍（记得其艺名叫状元红，可能记不确实）也在场，称先生为老师，十分亲切。又有一次，在先生家碰到著名京剧演员关肃霜，给先生送来一条活鲜鱼，也称先生为老师，也十分亲切。文艺界的名家和学术界的学者互相慕名，称学术前辈为师，这也是常有的事，也可以说是文坛雅事吧！

十、《淮南鸿烈集解》校点本跋

【勋按】：1998 年由安徽大学出版社和云南大学出版社联合出版了我和殷光熹教授共同点校的《淮南鸿烈集解》，这是叔雅先生青年时代的成名作。我们在点校中，增补了叔雅先生于 1946 年又亲自批点校勘的二十多条文字，这部《集解》当可算是目前最完整的善本。著名学者李学勤教授在《为祖国学术界争光吐气》一文中，认为《刘文典全集》中"所收《淮南鸿烈集解》，系据作者手批本重校，胜过通行的标点本"。我在点校本末写了一篇跋，特收集在这里以乡食读者。

先师叔雅先生尝谓余曰：古籍汗漫，流传千载，转抄之讹误，刊刻之错简者，时或有之。如不加以校勘考证，则句读难通，文义失真，以讹传讹，贻误后人，故校雠之学兴焉！然校雠之学，涉猎甚广，需博览古今，傍通经史，通晓音韵、文字、训诂、版本诸多学问。纠一字之差，正一句之误，往往穷年累月，呕心沥血，旁征博引，方得确证。亦有毕生求证，竟无所获而宁可存疑者，何耶？盖考证之术，无巧可取，尤忌望文生义，主观臆断。即有证也，亦不可凭孤证下结论，两证可以立议，三证方可定论。师训凿凿，记忆犹新，其治学谨严如此，诚乃学界之楷模也。余不敏，未敢专攻校勘之学，然从中悟得学问之道，亦受益匪浅。

《淮南鸿烈集解》乃叔雅先生青年时代之成名作，胡适先生虽倡导白话文，然为本书作序时，破例用文言文，亦可见其对叔雅先生校勘专著之器重。《集解》出版后，十年间三次印行，享誉学林。然叔雅先生并不以此为满足，对《淮南子》校勘继续不断，新成果相继问世，先后见于《三馀杂记》《宣南杂志》等。1946 年，又将《集解》朱笔点校一通，并眉批校勘文字二十余则。条目不多，然其学术价值，自不在文字之多寡也。叔雅先生治学严谨，向为学术界所称道，试观其补校条目之中，有补充旧校者，有出新校者，亦有自纠旧校之误者。如原校《淑贞训》中"逮至夏桀、殷纣，燔生人，辜谏者"云：

> 文典谨按："罪"，古作"辠"，传写遂误为"辜"耳。《御览》六百四十七引，"辜"正作"辠"。

1946年之补校中，叔雅先生自我否定上述结论云：

> "辜"字不误。《周礼·掌戮》可证。余据类书改之，实为大谬。《庄子·则阳》篇："至齐见辜人焉，推而强之，解朝服而幕之。"《周官·掌戮》"杀王之亲者，辜之"。郑注："辜之言枯也，谓磔之。"《说林》篇："桀辜谏者，汤使人哭之。"是桀实磔辜谏者。《淮南》书中固屡言之也。余乃荒陋至此，真愧死矣。

以上所论，虽仅一字校勘之误，而先生能自纠正之；不仅纠正之，且自责如是，不讳其短，坚持真理，诚乃大家风范，足为后学所师法。十年前，余有幸于云南大学图书馆得睹叔雅先生手批之《淮南鸿烈集解》善本，遂萌生编订《集解》增补本之念。后曾纳入云南省教委古籍整理规划，并与巴蜀书社商定出版意向性协议。后虽见中华书局点校本出版，余仍不辍整理、校点工作。拟参照中华书局点校本再点校一遍，并将叔雅先生最后校勘文字一并补入，当可成为《淮南鸿烈集解》之最全善本。因杂务干扰，工作时断时续。年初，应刘平章君之请，决定于年内完成此项工作，特邀殷光熹教授校点一遍，并董理全部资料作为附录。至此，叔雅先生之《淮南鸿烈集解》可称完璧传世也。多年夙愿，今日方了，乐何如之！谨陈原委，跋于卷末。

1996年岁次丙子之仲夏于云南大学

（作者单位：云南大学文学院）

纪念刘文典先生

程　桦

今天，我们在美丽的春城昆明，隆重举行首届全国刘文典先生学术研讨会，纪念刘文典先生诞辰125周年。在此，我谨代表安徽大学，向刘文典先生表示最深切的缅怀和最崇高的敬意！深切缅怀先生投身革命、志在报国，终身研究文字、学术成就卓著，积极筹建安徽大学、倾心高等教育；敬重仰慕先生为我国的高等教育事业所作出的卓越贡献。

刘文典先生是安徽合肥人，祖籍怀宁县，早年东渡日本求学，辛亥革命爆发后，先生学成回国，积极投身革命，参加中华革命党，并担任孙中山先生的秘书。1927年夏，受安徽省政府之邀，参与筹备安徽大学建校工作，第二年，先生担任文学院院长兼预科主任，行校长之职，为安徽大学的创建作出了卓绝的贡献，更为安徽省乃至我国的高等教育事业贡献了巨大力量。为缅怀刘文典先生，纪念他为安徽大学作出的巨大贡献，我校以建校70周年为契机，全面深入梳理学校发展历程，通过树立文典铜像、设立文典纪念室、建成文典阁、开设文典大讲堂、创办文典学院等多种形式，学习他热爱国家、关切民生、

安徽大学刘文典先生铜像

关心国家的发展，继承他终身追求真理的学术品格，发扬他永葆人文知识分子的家国情怀。通过充分发掘文典精神蕴含的现代力量，传承弘扬刘文典先生兼容并包的大家气度、终身钻研学术的探索精神、刚正不阿的民族气节、无私无畏的价值追求等优秀传统文化。

云南大学是刘文典先生长期执教和从事科研的地方，他先后讲授“杜诗研究”“温李诗”“文选学”“文赋研究”“历代韵文选”等课程，并着手撰写《杜甫年谱》等，在学术的道路上辛勤劳作。我想，无论是在云南大学还是安徽大学，先生的办学思想、办学精神，尤其是他崇高的品格都是一份重要的宝贵的精神财富，几十年来以润物无声的方式滋润后人，影响着我们国家的学者。今天，我很高兴又满怀敬仰的参加首届全国刘文典先生学术研讨会，真诚感谢云南大学为我们搭建这样一个好的平台，期待大家在研讨会上能够畅所欲言、激荡思想，深入探讨、充分交流，取得共识、多出成果。

当前，我们国家正处在一个新的发展阶段，纪念刘文典先生诞辰125周年是为了缅怀过去，更是为了激励未来，希望我们与云南大学携手同进，以习近平总书记在全国高校思想政治工作会议上的重要讲话精神为引领，牢牢把握社会主义办学方向，用中国梦激扬高教梦，进一步加强合作与交流，向着双一流建设目标迈出更加坚实的步伐。

（作者时任安徽大学校长）

叔雅先生

吴进仁口述　张昌山　张志军等撰文[1]

在我的一生中最难忘怀并且对我影响最大的老师，无疑就是刘文典（字叔雅）先生了。我 20 世纪 40 年代在云南大学文史系读书，曾师从叔雅先生学习《说文解字》，毕业留校后又同在文史系教书，直至先生去世，相交十余年。回首往昔，先生的音容笑貌宛然于心。

初识叔雅先生

第一次见叔雅先生是通过罗庸先生介绍的。1945 年，我考入云大文史系。那时，罗庸先生在云大讲授“中国文学史”。罗庸先生是西南联大的教授，熊庆来校长请他在云大兼课。我听罗先生的课，课后也常请教一些问题，谈得很好。罗庸先生民国九年（1920 年）从北大

① 本文由张昌山、张志军、刘兴育、姚铁军等访谈撰文。

毕业，是黄侃的学生，也曾听过刘师培、章太炎等先生的课，比叔雅先生要晚些，但他对叔雅先生的文章很推崇。他听说我是安徽人，就说，现在做文学的有一个你的大同乡，你应该去见见他。他说的这个人就是刘文典先生。刘先生是安徽合肥人，我是安徽桐城人。其实，我早就听说过叔雅先生，在中学读书时就听国文老师说过叔雅先生是文学大家，尤以作骈文最为出名，但那时我只知道这个名字，并不知道他是什么地方的人。我就跟罗先生说，我知道刘先生是作骈文的，但我不会作骈文。罗先生鼓励我说，不怕的，你是学生嘛。他还说，刘先生不仅骈文作得好，也做《说文》，学问做得好，叫我一定要去拜望他。那时候，叔雅先生借住在青云路 3 号的二楼，是孙乐斋的寓所。有一天，我刚办完事，罗先生就叫我去见见他。就当时的情况而言，我是不大愿意去的，但又不好推脱，就硬着头皮去了。

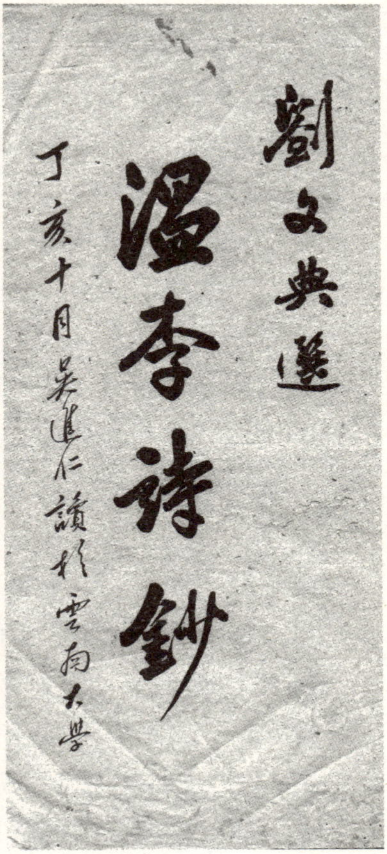

刘文典先生选《温李诗钞》封面（吴进仁教授藏）

一袭半旧青布长衫，寸长头发稍显凌乱，面貌清癯，肤色微黑，戴着黑色圆框眼镜，这就是叔雅先生给我留下的第一印象。那时，我只有二十来岁，不免有点紧张，就说：“先生，学生来了。”可能同是安徽同乡的缘故吧，叔雅先生对我的拜访还是很高兴的，看到我有些紧张，就很随和地跟我聊起家常，什么都谈。我告诉先生，我是桐城人，日本鬼子来了，在家里待不下去了，1938 年的时候就从家里逃难出来。先生又问我读过什么书，我就说读过七年私塾，学过《孟子》《左传》什么的。因为我是桐城人，那时桐城人的启蒙教育就是学古文诗词，我喜欢作一点诗和古文，作的也是散文。对先生来讲，搞骈文才是文学。我的文章他并不喜欢，他说："哎呀，你这还文学呢！"其中之意，不言自明。但他不说桐城文章不好，只说不喜欢。

后来我才听先生跟我说，这里还有一个故事。先生年轻时留学日本，曾师从章太炎先生学《说文解字》。桐城派人马通伯的一篇文章被章太炎先生看到，刘先生却说："这个桐城文！"好像是对桐城文章很不以为然。太炎先生就很不高兴，严肃地批评他说："你怎么能这么说呢，桐城文有桐城文的长处。马先生的这个文章我作不出来。"被太炎先生在大庭广众之下批评，先生难过得不得了。他说，恨不得有条地缝钻进去才好。从那以后，他再也不说桐城文章不好，只说他不喜欢桐城文章。他之所以跟我说这件事，可能是因为我桐城文章也没学好，算不上桐城派人吧。

事实上，叔雅先生的古文功底是很深厚的，尤其是先秦文学。我很清楚地记得，当时他问我："《孟子》你能背吗？"我说能背。我记性很好，《孟子》只有三万字，现在还能背诵很多。后来又说起《左传》，《左传》有十八万字，是大书，我当时大约可以背十万字的样子。他就让我背给他听，我背了一大段。他说你背书很快，我就一口气背下去了。他又提了几个地方，我运气好，都能背。先生很高兴，觉得很不错，我说我只会背，不懂什么意思，因为我们那个私塾先生只要求我们会背，会默写，但是不要求弄懂。一开始我还奇怪，先生是作骈文的，怎么那么熟悉《左传》呢？后来才知道，他是刘师培的学生，他也称刘师培为本师。刘师培一家七代都是搞春秋研究的，刘师培本来希望他能接着搞下去，但他后来要教书又要搞校勘，就没能接上，但先生对《左传》还是很熟的。接着他就跟我谈文学，谈骈文。先生真正的学问是骈文。他认为学骈文主要就是学习《昭明文选》。他说为什么要叫骈文啊？你看王勃的《滕王阁序》，"落霞与孤鹜齐飞，秋水共长天一色"，每个字都一一对应，平仄押韵，这就是骈文。并打比方说骈文，就像一条链子，一个环扣着一个环，铿锵作响。他叹息说："现在作骈文的没有人了，你要是喜欢，你就接上。"我说："我不会作骈文，我接不上。"因为桐城派主张学习《左传》《史记》等古文，写文章追求语言雅洁，简明达意，条理清晰。我的启蒙教育就是学习古文，后来作的也是散文。而骈文讲究对仗的工整和声律的铿锵，崇尚华丽的辞藻和修饰。对我来说，就是会背一些文章，根本不晓得怎么去作骈文，我坚决说不行，他就没法子了。后来，我想把骈文补上，就去买关于骈文的书，但是年纪大了，补不上了。现在想起来，很惭愧啊，辜负了先生的一番苦心。就这样，我和刘先生就开始了一段长达十余年亦师亦友的师生情。

亦师亦友刘文典

跟叔雅先生学习让我终身受益的就是他严谨的治学态度和勤恳务实的治学精神。我刚跟他的时候，哪里知道要做学问啊，觉得能做点文言文就行了。他就说，你不能这样想，要好好做做学问。念书呢，你就要认得字，认字就不能不念《说文解字》。那时候，对我来讲，《说文解字》《尔雅》都是天书一样，根本看不懂，更不知道该从哪学起。他就给我出了个主意，他说你没有小学功底，不可能直接读懂，这样，你去抄《说文解字》。我就去买了一本《说文解字》，是大徐本（《说文解字》最为通行的版本，徐铉校订，世称大徐本），很厚的四本，上面有篆文。这个篆文不好写，我又怕写得不像，我就想了个办法，拿纸拓在上面描。就这样写了一个星期，拿给他看。他说你写得倒是很认真的。但事实上我抄了也看不懂，就不太想抄了。他就跟我说："《说文解字》有大徐本、小徐本（南唐徐锴的《说文解字系传》，是第一种《说文》注本，世称小徐本），你拿大徐本和小徐本两个对着抄，问题不就显现出来了嘛。"并告诉我大徐本有哪些版本，小徐本有哪些版本。我就又找到《小徐本》，什么版本我记不得了。就这样，我就两个本子对着抄，抄抄这个，再看看那个，发现“大徐本”“小徐本”有些地方是矛盾的，有时同一个字的说法不一样，而且字的排列次序也不一样，于是就发现了很多问题。我就带着这些问题去请教叔雅先生。“这两个字是怎么回事，哪个对啊？”他就说哪个是对的，都有哪些根据，并跟我谈他的心得。就这样我发现叔雅先生《说文解字》的功夫很深。有些问题就这样解决了，有些问题他也没能解决，就让我记下来。接着他又让我看段注《说文解字》，三本对照着看，慢慢解决发现的问题。我发现我看得越多，问题也就越来越多，越来越看不懂了。就这样，《说文解字》算是入门了。可惜后来我没接着搞《说文解字》，现在看到黄侃先生的《说文解字》的著作，就想到叔雅先生。说起《说文解字》，还有一个故事。我毕业后留校任教，教音韵学。现在，“注释”的“注”一般都写“氵”字旁，我也这么写。他说：“如果别人写这个‘注’字的话可以，你写这个‘注’字就不对。”我就问为什么，他说段玉裁《说文解字注》里说过的，要写“註”的这个字，你写那个“注”就不合适。

先生不仅对《说文》很有研究，对于“音韵学”“训诂学”也很有研究。据他说，这些都是早年跟刘师培学的。我到北京大学进修语言学，那时北大找了很多人在学校开语言学课。王力先生教汉语史也讲音韵学，还有周祖谟先生，几门课我都选了。后来听说季羡林懂梵文，我本来也想去听，但是没听成，时间上和其他课程冲突了。我插进去听课时，我的音韵学基础最差，听了课之后，很多知识弄不懂，我就请同学给我讲。这样搞了两年，就马马虎虎懂一点了。

我从北大进修回来后，主要给学生开“音韵学”“古代汉语”这些课程。有时我跟他谈音韵，先生喜欢的音韵学是上古音，上古音是和《说文解字》有关的。比如说“家”字，我们现在读“jia”，但是顾炎武、江有诰等考证认为应该读“gu”，认为古代是没有麻部的。先生对此有些不同的看法，他说：这个“家”古音应该读 ga，古牙切。〔a〕属上古音鱼部，“家”字在《广韵》里属“麻”，韵〔a〕。他说，你看小孩子一出世，一哭不是gugugu的声音，而是wawawa，喊爸爸不是喊gugu而是baba、dada和diadia，妈妈也是mama，都是〔a〕音，小孩子讲话就是古音。汪荣宝《论歌戈虞模古读考》中也说：“唐宋以上，凡歌戈韵之字皆读a音，不读o音，魏晋以下，凡鱼虞模之字变皆读a音，不读u音或 ü 音也。”也客观上证明了这一点。

先生的外文很好，我一开始只是听说过他在清华的时候翻译了很多外文著作，真正见到是上他课的时候。有一次，听他讲“慈恩法师传”的课，教室就在云大泽清堂对面的一个小平房。那是我第一次听“慈恩法师传”，当时我坐在第一排，一看黑板上面写了一大堆文字，全是英文、德文，还有梵文，学生都认不得，根本没法抄。我就把他放在讲台上的书拿过来看，发现上面空白处做了很多外文批注，那个字全是蝇头小楷，像蚂蚁那样的，密密麻麻写在边上。这本书李埏先生也看过。

先生不但国学精深，还懂那么多种外文，这让我们很佩服。我们就问他有没有什么“丸药”啊？“丸药”就是简便方法。他说哪里有什么“丸药”，要是有的话，我早就给平章（刘平章，先生次子）吃了。没有灵丹妙药，就是吃苦，要下苦功，要背，要抄，熟能生巧，最笨的方法也是最好的方法。学生就有点不理解，说你是不是有什么方法不告诉我们啊。他就跟我们讲他那时读书是怎么个苦法子。他说，那时候，他父亲到上海做生意，给他买了一本书，就用油纸包起来，揣在怀里，千里迢迢带回来。他说一想起这个事情就觉得不好好读书，就对不起老父亲。并告诉我们，读书没有什么捷径，就是吃苦。这席话，让我终身受益。我认为先生是很会教书的，关键是你要理解他，他叫你干什么，你就干什么，不干就不能怪先生了。我今年都80多岁了，还在搞音韵学研究，还在学，没有其他，下苦功罢了。

叔雅先生讲课很有意思，听课者众多。在云大，他还开“杜甫诗研究”“温李诗”等课程。其实，先生不怎么作诗，没怎么下功夫，就那么几首。他喜欢诗人温庭筠、李商隐，他喜欢唐诗，不喜欢宋诗。我喜欢苏东坡的诗，就背苏东坡的诗给他听，他不喜欢。他说苏东坡的诗跟杜甫的诗没法比。杜甫的诗每个字读下来就像一连串的炸弹落地一样，念起来地都震似的；苏东坡的诗读下来就像天女散花一样，看起来很美，但力气不大。杜甫的诗非常深沉，你要不深入进去就没办法体会，有一种说不出来的意境。他告诉我们，念诗不能只看到它的语词好不好，还要看它是否能够入味。他说从内容来看，杜甫和白居易都是一样同情人民痛苦的诗人，但杜甫是杜甫，白居易是白居易，风格是不同的。这个要你自己去体会。有次我陪他出去买香烟，遇到一些清华、北大的老学生，他很高兴。为了方便他们来听课，他就把“温李诗”的课调到星期六的下午。到了周六，北大、清华的老学生就来了，还有其他系的一些学生，很多人来听课。他讲得很高兴，兴之所至，浅吟低唱，陶然其中。学生都觉得他讲得很好。刘先生讲诗的时候就是这样边讲边吟。我到现在还会吟诗。

先生讲课不喜欢照本宣科，往往是结合自己的研究心得，旁征博引，对学生循循诱导。有一次给大家讲李商隐的诗，他讲到“石乱知泉咽，苔荒任径斜”这两句，就说你们看看这两句，再看看王维“泉声咽危石，日色冷青松”这两句，虽然描写的场景近似，但是用词却各有不同，王维用词是不是要好一些。所以，作诗对于字词的使用也是很有讲究的。你们看《红楼梦》中林黛玉给香菱讲诗那一段，林黛玉讲“大漠孤烟直，长河落日圆”这两句。香菱就觉得“烟怎么是直的？落日本来就是圆的。这‘直’字用的有些无理，‘圆’字也有点俗”。后来，体会得深了，学得不错了，香菱就跟林黛玉说：“诗的好处，有口里说不出来的意思，想去却是逼真的。有似乎无理的，想去竟是有理有情的。”先生是要让大家明白：学诗，不但要懂得意思，还要体验和揣摩诗的意境。

先生讲课也不是没有问题。他讲课没有计划性，往往是想到什么就讲什么。李埏先生说这点他跟陈寅恪先生很像。陈先生上课就说别人讲过的我不讲，以前我讲过的我也不讲，我就讲我现在的。就比如说讲《庄子》，一般来说可能就是讲庄子是什么地方的人，《庄子》有哪几种版本。叔雅先生不这么讲，他认为给大学生讲这些没什么价值，课下自己就可以去查。所以，庄子是什么样的人他不说，他一上来就说哪一条我认为怎么样，就讲他的研究心得。所以听他课的一些学生就有意见，就是因为他没计划，哪天讲什么不知道，没办法预习功课。

刘文典与古籍校勘

我在北大进修的时候，曾听周祖谟这些老先生说，叔雅先生学术成就最高是在北京大学任教那段时期。这一时期，先生最大的成就无疑就是《淮南鸿烈集解》。

1917 年，先生经陈独秀介绍进入北京大学教书。那时北京大学人才太多了，尤其是国学方面，辜鸿铭在北大，刘师培、黄侃都在北大，都是些了不起的人。他在北大讲授《文选》和《先秦诸子》，但没什么专著。这个时候他还在《新青年》搞英文翻译，但在当时的北大，翻译算不上厚重的学问。当时他学问虽好，课也讲得不错，却得不到同事认可，夹在里面很尴尬。一个 20 多岁的洋学生，就算你是刘师培、章太炎的学生又怎么样，光老师好不行，你自己要搞出点名堂来。他跟我说他刚进北大时，还是个毛头小子，才 20 多岁，同事中的那些人都是什么人啊，像辜鸿铭，脾气很古怪，拖个辫子，不像个样子。有人就跟蔡元培先生反映，蔡先生就说：其他的不管，只要听他讲课就行了。那时，辜鸿铭有一个大烟袋，他年纪大，刘先生是给他点过洋火的。辜先生就问他是教什么的，他说教汉文。辜先生就说："你看看你！"意思是说你一个毛头小子还能教汉文，那是高深得很的，像我只能教些英语的文章。好像他对刘先生有点看不起。由此可见，要在北大有立足之地，难度可想而知。而辜鸿铭的奚落也让先生下决心要做出点成就来。

此前搞的有《三馀札记》，是讲《文选》《先秦诸子》时备课的讲稿和读书笔记，一条一条的不成书，这个不行。所以，先生就决定要下苦功搞出点成果，认认真真地校好一部书。经过比较，他选定先秦诸子作为校勘的主攻方向，而且一出手就是比较难弄的《淮南子》，所以叔雅先生真正搞起古籍校勘是从《淮南子》开始的。他就找傅增湘先生帮助搞《淮南子》。为什么找傅增湘先生呢？这里有一个缘故，叔雅先生念书有个特点，就是很讲究版本，这是受刘师培、章太炎先生治学的影响。“只要刘叔雅教授看的书都是好版本，不是好版本他不看。”钱穆先生如是说。事实如此，即使在生活很困难的情况下，只要发现好版本的书，哪怕借钱，他都要买到手中。我看过他手中收藏的方苞的手稿，有四个夹子，就是通过傅增湘先生介绍花了200块大洋买的。傅增湘先生是著名的藏书家，也是版本学家。藏书很多，而且版本也好。先生说：“没有傅先生不行，因为好多版本找不到。”傅先生借书给他看，并且把《淮南子》的好多种版本都找来了，《永乐大典》原本都给他看过。还有像王念孙的手稿他也看过。所以他对傅先生很感激，说傅先生是他的版本学老师。他还爱抄笔记，搞校勘更是亲力亲为，抄了很多东西，像《文选》《太平御览》《治要》《道藏》等书中凡引及《淮南子》原文或许（许慎）、高（高诱）旧注者，一字一句，都一一抄录。有人说先生是道家，其实不然，他是杂家。先生博览群书，而融会贯通应用于治学。

费时一年多，终成《淮南鸿烈集解》，他就请胡适用文言文给他作一篇序。胡适不同意。那时，胡适正倡导白话文，很久以来就不用文言文了。结果他俩就商议，可以用标点，但是必须用文言文。于是胡适就破例给他用文言文作了序，并给了很高的赞誉。因为胡适很多年就不作文言文了，所以他觉得很珍贵，就把这个原稿一直留着，带到云南来了。我看过，白底红线条的毛边纸，胡适的字写得还是很不错的。他跟我讲："这个书出来了，我就有点小名气了。"确实，从此叔雅先生在国学界崭露头角，树立了名声，就连大名鼎鼎的梁启超先生对叔雅先生的《淮南鸿烈集解》也是赞誉有加。至今为止，《淮南子》研究也没有能够超越先生《淮南鸿烈集解》的。

说起来，为了搞《淮南鸿烈集解》，先生是下了苦功的，吃了很大的苦。他不止一次慨叹说："搞这个苦不堪言，如果我再这样搞的话，我现在就死了。"他还跟我开过一句玩笑说："跟你师母分开了，住在那样的房子里，太苦了，没办法，不干又不行。"他给我看过照片，那个房子是一个格子门，不大。这边是刘师母带着平章住一个房间，那边用木板隔了一间给他做学问。为了校勘《淮南子》，他晚上要睡着搞，一想到一个问题，马上就起来了，这样搞了一年多才完成。一想到这书，刘师母就说："搞这个书，很可怜的。别人只知道这个书搞得不错，不知道多辛苦，病了好几次。"

说到搞《庄子补正》，大概是这样一个情况。当时日本人搞《庄子》，他说作为一个中国人，我要搞《庄子》，好好搞。费十数年之功，终成十卷《庄子补正》之作。很多北大的老学生说如果叔雅先生留在北大不到清华去的话，他学问还可以往上走。他到清华后在学术上已经开始走下坡路了。在云大任教时，他曾和我说在云南应该搞少数民族语言研究。遗憾之情，溢于言表。

我以为叔雅先生之所以古籍校勘搞得好，主要有这么几个原因：第一，先生小学功底很深。因为做校勘，音韵、文字、训诂就都来了。先生早年跟刘师培学习《文选》《说文》，也学了一些音韵、文字、训诂的学问。后来到日本以后，跟章太炎先生学习《说文解字》。章先生的音韵研究是上古的，而先生研究的也是先秦两汉的，有很深的基础。通过跟章先生学习顾炎武的《音学五书》、段玉裁的《说文解字注》、王念孙的《广雅疏证》，这些是小学的基本书籍，积累了深厚的小学功底。第二，先生运用王念孙的那一套方法并吸收了国外的一些知识来指导古籍校勘。先生最佩服的就是王念孙、王引之父子，说他们才是真正的校勘家。王氏父子继承汉儒实事求是的学风，打破门户的界限，讲求有本之学，注重佐证。他曾跟我开玩笑说如果能挑到王念孙一根刺，就请我吃一顿饭。可知先生对王念孙严谨治学之风的敬佩。先生在校勘中受他们的影响最大。在校勘古籍时对书中文字谬讹、句读错乱、音训异同一一加以考辨，并特别注重资料的收集和证据的罗列，不拘一家之言，在平时阅读中看到有用的知识就摘抄下来，加以佐证。无信不征，孤证不立，是先生校勘的治学准则。第三，先生读书特别注重版本。版本的好坏对于校勘很重要。他跟我说俞平伯先生祖父俞樾先生在校勘时不太注意版本的问题，结果他校了半天，费了很多时间，好的版本找到后才发现原来这个字是不需要校对的。确实是这样，我留校后，方国瑜先生让我搞《韵略易通》，我花了好几年时间，云大没有好版本，要到北大去才行。北大有好几种版本，没有好版本就无法做出来。所以他很佩服傅增湘先生。刘先生也有很多藏书，也有很多好本子，后来都被日本人搞去了。刘先生转到清华教书后，还在北京大学兼课，一方面可以多挣点钱，另一方面就是因为北大书多，在北大教书才可以借书看。

李埏先生曾说：叔雅先生不是音韵学家，也不是文字学家，但他是成就卓著的校勘家。我也认为他很够格。

古籍校勘的成就，让先生在国学研究上树立了盛名。我看到现在的报道上给先生冠以“国宝”“国学大师”这样的称呼。现在人们动不动就说什么国宝、国学大师的，我觉得这样很不好。不需说，叔雅先生国学功底深厚，学问也做得好，他对自身学术成就也很骄傲，但他并不以国学大师自居。说到国宝这个称呼，我记得这样一件事情。在1958年的时候，学生写大字报，上面有一张漫画，纸上画一个垃圾箱，下面写着刘先生的名字，旁边一个年轻人，就是我了，从垃圾箱中捡出东西，一边捡一边说：“这是宝贝。”我还和先生引为笑谈，没听谁说他是国宝。我也不知道有“国学大师”这个称呼。如果让我说，我只知道他是个名教授，就是这样。

刘文典往来琐记

刘文典和陈寅恪

要说叔雅先生佩服的人，肯定是陈寅恪了。陈寅恪也是先生交往比较多的人。他曾说当代他最佩服的人只有陈寅恪一个。我在报纸上看到说刘先生曾讲过“陈寅恪拿 400 块，我只能拿 40 块，沈从文只能拿 4 块”这样的话。我不晓得这个事情，我只记得他跟我说起陈寅恪的时候，将陈寅恪比作大拇指，而以小指头自比，可见先生对陈寅恪的佩服。

叔雅先生是 1929 年从北京大学转入清华大学的，到清华后不久，由于朱自清休假去美国，就安排叔雅先生代理中文系系主任一职。用先生自己的话讲就是：“他们让我当个小官。”也是当这个小官，让先生做了一件终生得意的事情，就是请陈寅恪先生到中文系教书。当时陈寅恪先生在历史系教课，有次考试，先生就请陈寅恪先生代为出题，陈先生出了个题目就是《梦游清华园记》，还有两个对子，其中一个就是传为佳话的“孙行者”了。此后，他就请陈寅恪先生到中文系兼课，叔雅先生对此很是得意，在开会的时候就说：“你们没有本事把陈寅恪请来，只有我有这个本事。他给我的面子才来给学生教元白刘诗研究。”能把陈寅恪请到中文系教书，也被先生看作平生快事。

后来，陈寅恪先生在清华致力于佛经翻译并给学生开“佛经翻译”等相关课程。刘先生也曾想做这方面研究，还曾到北京香山碧云寺翻阅过佛经。刘先生通晓英、德、日等语言，但是他的梵文不是很好，就没有搞成。陈寅恪先生不仅国学学问如渊似海，而且通晓英、日、法、德等西方语言，还通晓满、藏、突厥、西夏、梵文等语言，尤为精通梵文和巴利文。所以先生对陈寅恪是佩服得很，说他不仅懂得中国道理而且他的外文尤其好。他也跟我说一个人起码要会两门外语。

刘先生的《庄子补正》一书完成之后，不肯轻易誉人的陈寅恪先生为此书作序，并将年迈生病的老父亲请出来为此书题写书名。不久，由于日本侵华战争全面爆发，陈三立老先生愤而绝食致死，“庄子补正”这几个字也是陈三立的绝笔。

刘文典和冯友兰

我第一次见冯友兰先生是在叔雅先生的寓所。因为冯友兰先生跟叔雅先生的关系很不错，对先生的文章也很推崇，所以冯先生就请叔雅先生为他的母亲写墓志铭。我看过这篇文章。当时作这个文章很费心思，有时候一天只写一两句。有一天，冯友兰和冯景兰兄弟二人来了，还提了一些东西作为谢礼，是在孙家，我在场，天达师叔也就是叔雅先生的六弟也在。那天，天达穿的是西服，但是上身只穿了一件背心，先生就让他把上衣穿起来，说这样很不礼貌。冯友兰和冯景兰很感激叔雅先生。冯友兰说现在文学就是叔雅了。先生很高兴。两个人谈得也很投机，叔雅先生是搞《庄子》校勘的，冯先生也搞《庄子》研究。但是两人研究的角度不一样，叔雅先生搞校勘研究，哪个字错了都有很多道理，冯先生是从哲学的角度做研究。我记得二人谈《庄子》的一些问题。叔雅先生说：“‘昔者庄周梦蝴蝶，栩栩然蝴蝶也，自喻适志与’中‘自喻适志与’这五个字隔断文义，仔细阅读语意，应该是后人考证《庄子》时插入正文中的。”又说庖丁解牛中始臣之解牛之时，所见无非全牛者。三年之后，未尝见全牛也。“全”字应为“生”字的误写。叔雅先生举了很多证据，冯先生很是折服。如今，台湾陈鼓应教授所著《庄子今注今释》也证明先生的考据是有道理的。

刘文典和陶光

陶光在清华时就是先生的弟子，曾在重庆南开中学教书，后又辗转来到云大。我跟陶光先生不是很熟悉，在我印象中，陶光的字写得不错。云大出版的石印本《庄子补正》就是他题的书名。先生还曾让他给平章写了几个字，我记得是《诗经》中的两句“中心藏之，何日忘之”，就写在冯友兰先生送的那个本子上。陶光的诗作得可以，词曲也不错，能唱昆曲，也会吹笛子。陶光爱看戏，经常邀约先生一起看滇戏。但是先生不许我去看，他说：“他是学生，不要拉他去看戏。”他认为学生应该做些正经事情，看戏之类的事情不要做。之后陶光就喜欢上了滇戏演员耐梅（张竹音），但是陶光的叔叔不同意。不久他们就结婚了，是在昆明商务酒店，我陪刘先生去参加婚礼。结婚后，他在云大待不下去了，就到了昆明师院。先生很惋惜地说：“我没办法，你跑到师院去了，我没有理说了，我不说了。”

陶光曾跟随先生搞校勘，但是陶光的小学功夫不太深。记得陶光先生校勘《列子》，就讲这个说、那个说。先生批评过，我听到的。先生批评他说：“校勘就是校勘，不要东拉西扯的，拿证据出来。”他讲“才子是才子，学者是学者”，学者就要拿证据，就像法官办案要凭证据，把证据摆得齐齐的你不承认也不行。

陶光先生去了师院，但没住在师院，而是住在翠湖旁边杨希闵的房子里。杨希闵是云南的一个军阀，这个房子现在已经拆掉了，有个四合院，陶光住在一楼，生活过得很拮据。听到耐梅讲：“原来教授这么穷啊！”所以耐梅就卖行头补贴家用，从这点看耐梅还是重情之人。

陶光是先生的得意门生。先生为什么喜欢陶光呢？我认为有两点吧。其一，陶光跟成章（刘成章，先生长子，1931 年参与反日游行，患病早亡）是同年的，看到陶光就会想到成章。因为先生对成章寄予厚望，对他要求很严格。罗师母（罗庸夫人）跟我说过：“他对成章很严厉，连新衣服都不给他穿。对平章就没有这样，成章死了后他想通了。”成章的去世给先生的打击很大，可能是爱屋及乌吧，对陶光要求也很严。其二，陶光先生的词曲很好，好像是跟俞平伯学习过，他喜欢滇戏，先生也喜欢看戏，他们就经常一起去看戏。

刘文典和沈从文

我也曾看到一些诸如“跑警报”“评教授”这样的文章，说刘先生对沈从文先生如何如何，很是不堪。说起先生和沈从文的纠葛，不仅是今天传得沸沸扬扬，其实早在我上学的时候，先生就跟我说过这事，觉得很不可思议，怎么会有这种传闻出现呢？我不知道这些传闻的真实性如何。关于先生和沈从文，我记得先生跟我说过一件事。那时，我经常到先生家里请教学问，他也会跟我说一些日常琐事。他曾跟我说，他请沈从文夫妇吃过一次饭，并说沈从文的夫人和师母有点关系。沈从文的夫人叫张兆和，而刘师母叫张秋华，又同是安徽合肥人，又同是姓张，好像在辈分上有些关系。事实上，当时一些像叔雅先生这样搞国学研究的教授将古籍、考据和国学视为学术生命，对新文学和作家并不是很接受。但我认为以先生的为人，他虽对新文学不是很感兴趣，但我想他不至于对一个晚辈会如此苛求。

（作者单位：云南大学）

我的父亲刘文典

刘平章口述　张昌山　卫魏等撰文[①]

刘文典先生晚年与儿子刘平章

前记：关于刘文典先生，早已流传许多故事，众说纷纭，莫衷一是，犹如雾里看花，云中望月，让人不辨真伪。今特访刘文典先生之子刘平章先生，希望能从他对父亲的回忆中，觅得一些事踪，尽力呈现一个真实的刘文典。

① 本文由张昌山、卫魏、刘兴育、姚铁军访谈撰文。

一、父亲的经历

曾祖父是安徽怀宁人，早年在合肥做生意，开了一家不小的布号，生活尚算富足。可惜没多久，遇上洪秀全打安庆，俗称“长毛作乱”，家里人把布匹捆在祖父身上，从城墙上吊下去，这样才侥幸逃了出去。平乱后祖父回到合肥，继承了曾祖父的旧业经营布号。

祖父育有六子二女，父亲是填房夫人所生，排行第三，上面有两个哥哥和两个姐姐，下面有三个弟弟。八个子女中，要数父亲最聪明，祖父便很注重对他的培养。在他幼年时家里就请了私塾先生，教父亲读经书和古文。长到十二三岁，又请了当地美国基督教会医院的院士教他学习英文。就这样，父亲便早早地接触到了中国古典和西洋文化。稍大些，父亲便去了芜湖安徽公学读书，受教于陈独秀、谢无量、刘师培等名师。在研习学问的过程中，也接触到当时的进步思潮，并逐渐被其感染。后来又东渡日本，经人介绍结识章太炎先生，遂成为章门弟子，研习经学和小学。

1911 年，辛亥革命爆发，父亲听到这个消息，当即回国并赶往上海。到上海后，父亲加入了《民立报》，担任编辑和英文翻译，与于右任和邵力子共事。当时，宋教仁、范鸿仙、景耀月、章士钊等都是《民立报》的编辑。《民立报》针砭时弊，揭露君主立宪骗局，批判封建专制制度，谴责帝国主义侵略，鼓吹民族民主革命，号召推翻清朝政府，具有极大的社会影响力。孙中山是年赴上海时，首访了《民立报》，并为之作中英文题字，中文赠词为“戮力同心”，英文赠词为“Unity”，这是父亲首次见到孙中山先生。

后来宋教仁遇刺，父亲和范鸿仙等人在《民立报》连续撰文，率先公布袁世凯刺杀宋教仁的真相，追缅逝者，声讨凶手。时隔不久，父亲与范鸿仙等人同赴安徽芜湖，决议成立讨袁第一军、第二军，酝酿讨袁行动。恰在此时，李烈钧在湖口宣布江西独立，通电讨袁，“二次革命”正式爆发。后来“二次革命”失败，袁世凯通缉革命党人，父亲不得已再度赴日本，以记者身份，与范鸿仙等人密切往来。1914年7月，中华革命党成立大会在东京召开，孙中山任总理。父亲经人介绍，宣誓入党，任中华革命党党部秘书，主要负责孙中山英文电报起草工作。在此期间，父亲还在陈独秀等人创办的《新青年》上发表多篇文章，旨在介绍西方自由民主思想和进步潮流，成为新青年群体中首批重要作者之一。袁世凯倒台后，父亲由日本回国，经陈独秀引荐，在北大担任预科教授，并兼任北大研究所国学门教员，同时担任《新青年》编辑部英文编辑和翻译。1926年，安徽准备筹建安徽大学，教育厅长洪逵向父亲发出聘函，邀请父亲主持安大筹建事宜，父亲欣然前往，并为筹措教育经费多方奔走，费尽心思。安徽大学成立后，父亲被推举为文学院筹备主任，并代行校长之职，主持校务。后来因在维护学生时顶撞了蒋介石，父亲于1928年辞去了安大职务，重回北大任教。第二年应罗家伦校长聘请，进入清华大学国文系任教，同时在北大兼任教授。

据母亲讲，二次革命后我们家里非常穷，袁世凯又四处抓人，那时几乎没有什么经济来源，只好把所有东西都卖光了到日本去。直到1928年到北京后，父亲先到北大教书，又到清华任教，家里的情况才有所好转。那个时候父亲在北大和清华两处领工资，一个月大概有七八百块钱，家里雇着几个人，有一个黄包车专门拉我母亲去买菜，还买了部英国的小奥斯丁汽车代步，花了大约两千块钱。另外，我们家好像还在安徽买了栋房子，带有花园，后来被日本兵强占了。

当时我们家有父亲、母亲和我三口人，还有母亲乳母一家人。因为外婆在母亲很小的时候就过世了，母亲是由这位乳母带大的，所以一直就跟着这个乳母，当成自己的母亲一样。父亲也很尊重这位乳母。父亲让乳母的儿子去学裁缝，我们家的衣服都是他做的，他媳妇做饭，孙子便跟着父亲当书童，帮忙倒茶水拿东西。父亲教他读书认字，还教英文，后来他作文章写字都很不错，比较有文化。另外，母亲的表弟陈迺吉也住在我家，他喜欢画画，家里就让他去学美术。本来是要送到美专深造，因日军入侵，没有办法便让他回去了。此后一直在安庆画画，据说在山水画上还小有名气。

“七七事变”后，有一天突然有很多日本兵闯到我们家翻箱倒柜，我很害怕，不久父亲就不见了。后来听母亲讲，当时有人劝父亲去伪北大任教，父亲严词拒绝，日本人便有意为难他。父亲通过一个北京的朋友，买了车票，跑到天津，从天津转到香港，再到海防，最后来到云南。父亲走之后的第二年，我和母亲以及表叔陈迺吉，还有母亲乳母一家也离开了北京。途经上海时就给了一些盘缠，让他们回安徽老家去了，然后我和母亲到了香港。当时我们带着父亲的四大箱书，还有几十件行李，在香港大学遇到了父亲的学生马鉴教授。他劝说我们，母亲带着那么多行李又带着我，路上不方便，建议我们把书留下来暂存香港。这几大箱书就留了下来。这批书是父亲十多年在北京收藏的古籍、手稿和信函，非常珍贵，可惜后来丢失了。

我们从香港到了海防，天达六叔把我们接到了昆明。父亲到云南后最早是在蒙自，然后转到了昆明，住在现在的一丘田。父亲和母亲见了面以后，只说了几句话，父亲就很生气。在我印象当中，很少听到他们两人有这种口角。那天好像是父亲责怪母亲说：“怎么不把书带出来，我以后怎么做学问，那些行李可以丢掉不要！”

初到昆明，我们租人家的房子住。是一个很大的四合院，大门旁边还有一块空地。没多久，日本飞机来轰炸昆明。有一次母亲在房间里，我和父亲匆匆忙忙跑出来，打算到房子外面的那块空地上，突然间，一架日机俯冲下来，飞得很低，我能清楚地看见那个日本兵戴着皮帽子和风镜。父亲马上抱住我，趴在我身上保护我，这个场景在我印象中非常深刻。我们租房的人家比较有钱，女主人抽烟的时候，经常打骂甚至用烟签子戳使唤丫头。父亲见了很生气，他觉得这个人怎么会如此野蛮，更担心小孩子经常看到这样的场景不利于成长。他在家里面发了几次脾气后，我们就搬走了。

我们搬到了西站附近的龙翔街。龙翔街靠左边有一栋两层楼的房子，我们在耳房上租了一间。住在龙翔街一是为了父亲去联大上课方便，二是有利于跑警报。那时候我们跑警报就是去虹山，从家里走过现在的一二一大道，过去便是虹山。那时跑警报首先是看看五华山上的灯笼，挂一个就是预袭警报，就要准备跑了。我早上起来，母亲就叫我去看五华山上是否挂上灯笼，一有灯笼我就回家报告。这时父母和我三个人便跑过马路往前走，大概走半公里就到了虹山。当时虹山一间房子也没有，小山坡还有一块平地，我们花了点钱挖了一个土洞。在那里大概从 10 点，待到下午一两点钟才回家。跑警报的时候，有时会有西南联大的学生遇到父亲，就和父亲一起跑，还到我们挖的那个土洞里，拿着书读，或者在里面谈谈学问和其他什么。

有次我们跑警报回来，家里房子虽然没倒，但是一上楼看，整个瓦面全飞掉了，没有了屋顶，家里到处都是灰尘。没有办法，就托人到官渡给我六叔报信。六叔找了个马车把我们家不多的行李运到了官渡，从此我们就住在官渡了。在官渡那段时间比较安全，因为敌机是不到那边轰炸的。

到了官渡，父亲心情也比较好一些，但生活还是很苦，西南联大的工资只够买点米，连买菜的钱都没有，就靠变卖我母亲的一些衣物首饰来维持生活。一段时间后，家里面能卖的也差不多全卖掉了。即便如此，父亲也从来没有缺过课。我们当时住在官渡一个叫六谷村的地方，父亲每次去上课，都要从六谷村走几公里的路到西庄火车站，从那里坐火车到昆明火车南站，再步行到联大来上课，晚上常常还要赶回来。当时父亲作了一首诗《西庄》，讲到他上课回来，我在门口迎接他的情境。

西　庄

西庄地接板桥湾，小巷斜临曲水间。
不尽清流通滇海，无边爽气挹西山。
云含蟾影松阴淡，风送蛩声苇露寒。
稚子候门凝望久，一灯遥识阿爷还。

抗战中的那段日子我们的确是过得比较艰难，但父亲没有因为生活的变化而影响工作。他没有什么怨言，在那段时间还写了许多关于抗日战争的文章。

1942 年，有西南联大的学生请父亲到普洱的磨黑讲学。当时邀请父亲的西南联大学生的身份及背景，当事人前些年已发表文章说明了[①]，但那时我们是不知道的。1943 年初，父亲、母亲和我便动身了。我们先从官渡到昆明，住在火车站旁边一个小旅馆里面。大概过了两天，联大的四个学生就来接我们，他们分别是萧荻[②]、吴子良，许冀闽和郑道津。我们一行七人先坐汽车到玉溪，从玉溪开始步行，一路上很艰辛。张孟希[③]派来的大队马帮在前面带路，我们各坐一副滑竿，许冀闽因为是女生，特加照顾，也坐了一副滑竿，那三个男学生就走路。一天下来，只能走二三十公里。我们经过元江时，在一些路段上会看到白骨，甚是荒凉。这样前后走了大概半个多月，千辛万苦才到磨黑。

到了磨黑后，我们就住在磨黑中学大厅旁的小耳房里，在我印象中还带有一个小院子。有一次听我父亲跟母亲闲聊，我才得知，那个时候日本人已经打到了怒江，父亲见磨黑如此偏僻荒远，心想日本人恐怕不会来到这种深山老林。这个时候生活比较稳定，父亲偶尔去给学生讲课，有时也去到张孟希那里。张孟希虽然是个军人，但也懂些古

① 萧荻：《吴显钺同志逝世十周年祭》，见《云南文史资料选辑》（第三十四辑），云南人民出版社 1988 年版。

② 萧荻：《关于刘叔雅先生磨黑之行》，载《春城晚报》，1985 年 8 月 30 日，9 月 3 日。

③ 张希孟（1899—1950），云南普洱县磨黑镇人，地主，盐商。

文，经常来找父亲，两人在家里谈这些东西。当地有些士绅，也是盐商，他们有些文化底子，慕名来找我父亲，还请父亲给他们讲过几堂课。

这样过了两三个月，普洱专署长胡道文请父亲去，我们便到了普洱。胡道文是个有文化底蕴的人，他和父亲经常说古论今，相谈甚欢，还特别请父亲做过几次演讲，由当地的士绅一起陪同。在普洱，我们住在一个很大的四合院里，院内还设有一个电台，是专门用于报警的，看见日本飞机经过普洱就立即发电报到昆明。不过那个时候已经没有多少日本飞机了，因为美国飞行队来了，管电台的人平常也没有什么事情。

1943 年暑假开始时，我们回到昆明，仍旧住在官渡。但不久父亲就转到云南大学教书了，我甚是不解。后来才听母亲说，西南联大解聘了父亲。父亲到云大任教以后，就把他的两个学生要到云大来，一个是张为骐①先生，一个是陶光②先生。当时张友铭③先生跟父亲交往也很密切，我们搬到云大晚翠园以后，两家经常在一起。张友铭还帮我补习过英文，我就拜他的夫人做干姐姐，所以我一直称张友铭为张大哥，称他夫人为干姐姐。

父亲到云大任教授的时候，已经不再跑警报了。不过父亲每次来学校上课，都需要从官渡步行到西庄火车站，乘火车到昆明南站，再从南站走路到云南大学，每星期至少跑一次，往返要走一二十公里。那时候也没有什么交通工具，如果经济上好点，偶尔也坐坐黄包车。

因为路程较远，有时父亲到学校上课，晚上回不去就借住在胡道文家，那时胡道文已经卸任回到昆明了。他家住在平政街，有两栋房子，就把父亲安排在前面的房子住，晚上两人还在一起谈谈学问，谈

① 张为骐（1901—1969），男，四川人，毕业于北京大学，先后担任安徽大学、河北大学、四川大学、云南大学教授，著有《孔雀东南飞时代祛疑》《木兰诗时代辨疑》等。

② 陶光（1912—1951），男，字重华，北京人，毕业于清华大学，曾任教于云南大学、西南联大、台湾师范大学，著有《列子校释》《陶光先生论文集》等。

③ 张友铭（1912—1996），男，北京人，先后供职于清华大学、西南联大、云南大学等，著有《陆贾新语校正》等。

谈时事什么的。过了一段时间，父亲经吴宓介绍又认识了孙乐斋。孙乐斋也是个很有文化的人，两人谈得很融洽，不过是谈学问居多，孙氏信佛，一家人也都吃素。孙家住在青云街3号，就是现在的云南省文联所在地，父亲有时也在他家借住，偶尔还在那里吃饭。

抗战胜利后，很多人要回北京，但北大、清华父亲是不想去了，后来中法大学邀请他回北京任教，安徽大学也曾经来信请父亲回去主持校务，但都被父亲谢绝了，他留在了云南，留在了云大。那个时候熊庆来校长非常尊重父亲，西南联大不聘父亲，云大立即就高薪礼聘，而且给他的待遇比校长还高。熊校长差不多每个月都要来我们家，嘘寒问暖，对我们的生活起居照顾得无微不至，所以留在云大也可能是父亲不想辜负熊校长的心意吧。

昆明时局稍稳定些后，我们就从官渡搬到了孙乐斋家。租住孙家的房子，住了一年多的时间，熊校长就专门给父亲在云大枇杷园建盖了三间房子，还有一间厨房。枇杷园实际上叫晚翠园，院门上还有胡小石先生题写的“晚翠园”几个大字，可能是因为里面有很多枇杷树，大家就习惯叫枇杷园。枇杷园住了几家人，一是物理学家杨桂宫家，一是历史学家方国瑜家，还有一位美国女士，我们经常称她为Mrs.Jean，在云大教英文的，中华人民共和国成立后就回美国了。此外，还有历史学家张德光家，经济学家秦瓒家，他们都住在这个园子里。

这个时期，父亲除了教书，偶尔也为别人写点墓志铭之类的文字。我原来只知道父亲给四个人写过墓志铭。1945年给冯友兰的母亲写的一篇墓志铭，此事载于《冯友兰年谱》。给庾晋侯的夫人写过墓志铭。庾晋侯曾任过昆明市长，也是位园艺专家。给唐淮源写过墓碑。父亲对唐淮源很推崇，因为他是云南的抗日英雄。在磨黑时给张孟希的母亲写过墓志铭。后来查阅史料，才知道父亲还为范鸿仙写过行状，为张汇滔写过墓志铭。范鸿仙与父亲是好友，他亡命日本后加入中华革命党，后奉孙中山之命潜回上海，再谋举事。不料他的保镖遭人收买，深夜持刀行刺，致其身亡。父亲闻讯悲恸万分，亲自为其撰写行状。张汇滔系辛亥革命首义淮上军总司令，在二次革命中身先士卒，后遇刺身亡，国民政府为他举行葬礼时，特请父亲撰写了墓志铭。

此外，1947 年蒋介石六十大寿时，卢汉通过熊庆来跟父亲说写一篇寿序，作为云南送给蒋介石的贺礼。父亲答应帮他写了，写好后还请昆明的一位书法名家书写成一本折子，拿到我们家盖了图章才送过去。除了给蒋介石写了一篇寿序外，父亲还给讲武堂的教务长李仪廷写过寿序，李仪廷威望很高，又是朱德的老师，父亲和他的关系也很好。

在帮这些人写墓志铭、行状以及寿序中，只有卢汉给了父亲一笔报酬，庚晋侯送了一些家具，张孟希送了一些烟土，其他人父亲分文未收。给张孟希的母亲写寿序的时候，抗日战争正如火如荼，西南联大教授的工资都相当微薄，父亲也不例外，家里基本靠典当度日，父亲迫于生计才出此下策。给蒋介石写寿序时，父亲已经受聘于云大了，熊庆来给他的待遇很高，他给蒋介石写寿序帮忙的成分居多。现在有些人说父亲是靠卖文章为生，我觉得是不靠谱的说法，不敢苟同。

中华人民共和国成立后，父亲就戒烟了。父亲说以前抽烟，现在社会变了要戒烟。父亲戒烟的那段时间很辛苦，需要去找医生烧一些烟泡子，就是用大烟制成一颗颗像丸子一样的东西，每天早晚用开水吞进去，很受罪，但他还是坚持下来了。经过两三个月，慢慢减少，后来就戒了。在我印象中，刚中华人民共和国成立的那几年，社会秩序以及整个精神面貌非常好，夜不闭户真的是可以做到的，人与人之间的关系也很好，除了镇压一批反革命以外，也没有搞更多的运动。记得在火车上也都是互相照顾，乘客还争着打扫车上的卫生，社会风气确实是让人感到舒心。当时父亲跟我讲，我们国家一百多年来一直被外国人侵略，现在在共产党的领导下，能够扬眉吐气，帝国主义不敢来欺压我们，这个是最难得的事。那段时间父亲精神面貌很好，从思想上从内心里确实是对党对毛主席有一种很深刻的很好的印象。

1954 年，我考取了成都工学院，离家读书去了，以后的事情接触的比较少一些。在此期间，父亲给我的信中总说政府待他非常好，工作很好，身体也很好，鼓励我好好学习。我每次把成绩单寄回来他都特别高兴。我觉得我们家虽然只有三个人，但是过得很幸福，父亲和母亲的感情也非常好。母亲还是有点文化的，她从师范学校毕业，懂些古文，两人经常在一起谈诗论词。父亲还赠诗给母亲，亲笔题写"赠给秋华夫人"，父亲称母亲为秋华，母亲称父亲为叔雅。父亲对云南、对昆明很有感情，他觉得昆明的气候特别好，适宜居住。对于火腿本身他其实并不怎么喜欢，但很爱吃火腿月饼。他还很喜欢云南的黄金离胡桃，是以前的一种水果，现在很少了，偶尔也能见到，但很酸，以前的更甜些。

我曾经问过父亲两件事情。一是关于对鲁迅的评价。我问他当时为什么很多人反对你？他说我并没有说什么，我只是觉得鲁迅不应该跟那些人吵吵闹闹，与其把时间花费在吵闹上面，还不如多做点学问。他觉得鲁迅花费了很多时间跟人家打口水仗，和他弟弟周作人的关系也很冷淡，连亲情都不认，父亲对此有些不能理解。虽然父亲的观点是这样，但在搞民主运动的时候，显然是不符合时代潮流的，所以当时为此事受到很大的冲击。第二件就是给蒋介石写寿序的事。当时我还很小，根本不了解。后来有一次我从成都回昆明，便问起此事。父亲说他在安徽大学主持校务的时候，是为了维护学生的利益才跟蒋介石据理力争的，其实两人之间并没有什么大的矛盾。在抗日战争时期蒋介石领导大家抗击日本帝国主义，他是有功的，为什么不可以给他写寿序呢？父亲说个人恩怨虽然瓜落结藤，但绝不记这些东西。这两个重要问题，是特别问他的，而平常我们在家里很少听父亲谈论张三李四的长短。

1955 年，父亲被评为一级教授，又当选为全国政协委员，去北京开会。这段时间父亲心情舒畅，精神状态也很好。在北京开政协会议回来后跟我讲了两桩事情。一桩是他见到了周作人。不开会的时候父亲爱到北京图书馆去看书查资料，在门口遇到了周作人。当时是3月份，北京还很冷，周作人看起来很不自在，低着头走进去，父亲主动和他打招呼，两个人寒暄了几句，没有提及以前的事情。因为“七七事变”后，周作人曾经到我们家来劝父亲去北京大学，被父亲婉拒了。父亲就说：“你看这个人啊，一定不能当汉奸。我现在到北京受到什么样的待遇！这么重视我，给我坐汽车，而他是走着路去的。”他说做人一定要讲气节。另一桩事情讲到章士钊。章士钊跟父亲关系很好，他们以前就是好朋友。因为章士钊早年曾经资助过毛主席他们组织的“勤工俭学”活动，毛主席念旧情，很关心他，也请章士钊做政协委员。开会时他们坐在一起，郭沫若从他们旁边经过，低着头就过去了，章士钊好像对郭沫若并不感冒。政协会上见到很多老朋友，像卫立煌、邵力子、张奚若、华罗庚等等，父亲还跟卫立煌合影留念，可惜那张照片在“文革”中被毁掉了。

1957年反右的时候，我还在成都上学，详情不是很清楚，加上父亲也没有跟我讲太多，我还以为没出什么问题。直到后来云大有老师给我看了当时的一些资料，我才晓得父亲最后还是受了冲击，不过当时整个情形就是那样子。1957年底我放寒假回到了昆明，有一天父亲突然吐血，我就急忙陪他到南屏街留德归国的甘列明私人诊所去看病，照了X光片，好像当时也没有发现什么问题。到了1958年4月份，母亲说又吐血了，情况不容乐观，没多久父亲就去世了。

据我夫人回忆，她当时在昆明工学院读书，我父母住在云南大学新村3号。她从昆明工学院出来，经过教学大楼前面的土堆就是我家了。那时我们还未结婚，父亲煮点牛肉或其他什么的，就会叫她来吃。50年代家里还没有电话，父亲便写信给她，信封都是用毛笔写的，所以她到收信处一眼就能认出来，是父亲又叫她去家里吃饭了。父亲过世那天晚上，我夫人正在上晚自习，家里的保姆去找她，说父亲不在了，她就赶紧过来。因为那时我还在成都上学，那一晚家里只有母亲、我夫人和保姆三个人守着他。第二天她去上课做化学实验时，旁边的助教说“国宝不在了”，她听着很不舒服，心里很酸，几欲落泪。

接到父亲过世的消息，我立刻赶了回来。当时在云大开追悼会，有一两百人参加。追悼会由白小松先生主持，白先生是位民主人士，曾做过龙云的秘书长，时任省政协副主席。1958年回来的时候感觉比较乱，没多久我毕业分到了昆明。而母亲隔了一年后，觉得在云南容易触景伤情，便回安徽老家去了。

二、父亲的为人

我父亲是一位深爱自己国家的人，很有民族气节。记得“七七事变”以后，有人来动员父亲去伪北大教书，父亲不去。他情愿放弃家里面用着几个人的优越生活，只身一人，从北京坐车到天津，然后从塘沽坐船经过上海、香港到海防，从海防再坐火车到云南蒙自。父亲跟我讲，他到蒙自的第二天早上，见到国旗升起，他深深地三鞠躬。他说我已经一年多没有看到国旗了。我觉得从父亲写的对日本发动侵略战争的分析文章以及他翻译的东西来看，应该看出他对国家的热望，对日本侵略者的那种仇恨。他觉得日本侵略者不仅要从肉体上消灭我们，而且还要从精神上奴役我们，要把我们整个中国的文化全部推翻掉，用它的文化来替代，这是他最不能容忍的地方。在这个方面，他曾写了很多文章。

他作为一个文人，而且年纪大了，不可能拿枪，只能靠笔杆子唤起民众对日本侵略者的愤慨。“九一八事变”之后，父亲打算翻译《日本陆军大臣荒木贞夫告全日本国民书》。当时有很多人反对，觉得父亲“不应该长他人志气，灭自己的威风”，而父亲不这样看。他觉得“这些爱国志士连‘知己知彼’的古训都忘记了”，“自从沈阳事变发生以来，当局和民众把日本误认为一个欧美式的现代国家，以致应付无方，把国事败坏到今天这样，推原祸始，全是由于对日本的认识错误”。因此父亲“更觉得自己责任的重大，不能不愈加努力了。所以敌人的飞机在我们头上飞翔的时候，我在下面笔不停挥的一气把它译完”。[①]此书翻译出版后，社会影响极大，很多书店都供不应求。“七七事变”之后，父亲写了《对日本应有的认识和觉悟》[②]一文，以他早年在日本的经历和对日本文化的了解，敏锐地指出日本当局的狼子野心——“其布置的周密，计划的深远，处处都可以看得出他是早已处心积虑地在那里打算，决不是现时当国的几个人逞一时的意气，冒冒失失的把国家作孤注。”并大声呼吁国人“因这会的创痛而愤然觉悟，团结一致，御侮救亡”，而不是对于日本统一全世界，“将信将疑”，甚至“摇头冷笑”。在抗日战争胜利后，他还写过一篇《日本败后我们该怎样对他》[③]的文章。文中详细分析了日本战败后我们应该怎样对他，是把他们全部杀光？还是其他？他建议中国政府要把琉球群岛拿回来，这样才对我国的发展有利。现在琉球群岛被他人占着，对我们有威胁，父亲当时就分析了这些问题，是很有远见的。

抗战中父亲很勤奋。在那种困难时期上课需要步行，我们住的地方离学校较远，一天要走十多公里路来教书，但父亲一直坚持。对于学生，父亲的态度也不像外人谣传的那样不负责任。父亲是我夫人的干爹，我夫人曾经问过所谓“踢试卷”的事。她说：“干爹，人家说你批试卷是睡在烟床上，把试卷堆起来一脚踢过去，踢得最远的那份试卷分数最高，真有这回事吗？”父亲笑了笑，只是说：“女儿，我如果是像这样教书，哪个学校还敢聘请我？”几句话已把情况说清楚了。

父亲对一些弱者也是很关怀和同情的。中华人民共和国成立前，

---

① 刘文典：《日本陆军大臣荒木贞夫告全日本国民书》序，载《大公报》1933 年 9 月 18 日。

② 刘叔雅：《对日本应有的认识和觉悟》，载《云南日报》1942 年 11 月 27 日。

③ 刘文典：《日本败后我们该怎样对他》，载《云南日报》1944 年 3 月 30 日。

父亲有一次从云大出来，远远看到一个人躺在大门旁的墙边上，好似叫花子的模样，奄奄一息。父亲见状便马上过去问他，他没有力气回答。父亲便让家里的佣人送了一碗饭给他，还跑到青云街的警察局里，亲自去找警察局长，说那边有个人快要死了，你们赶快想办法，看看是把他送医院或怎么办才好。后来他们确实派警察把那人带走了，具体怎么处理就不得而知了。这件事对我的触动也很大。

父亲对我的学习要求并不刻板，而是让我自由发展。我对文科没有太多的兴趣，更喜欢数理化一些，数学成绩在学校一直名列前茅，父亲从来没有说让我继承或学他的东西，他让我愿意学什么就学什么，他觉得学理工或许还可以为国家多做些贡献。虽然父亲对我学习上的选择态度温和，但是对我的品行要求很严格，绝对不能讲谎话，只要讲谎话一定是要被痛斥的。他教育我做人要诚恳，不能随便批评别人，要诚信，要遵守诺言，从小父亲就给我灌输这种思想，让我终生受用。

父亲在生活细节上对我要求很严。他觉得人应该站有站相，坐有坐相，吃饭不能有声音，不能吵嘴或干其他的事，他最讨厌别人随便蹲在哪里就吃饭。父亲的字写得不是很好，是什么原因呢？他说小时候他有一个欧洲小人玩具，按一下就会撒尿，里面用来装墨水。后来这个小玩具摔坏了，从此以后他就没有心思再练字了。父亲还说过一件事，他的一个学生，老师问他问题，每问必答，而且对答如流，结果有些同学就很嫉妒。通过细心观察，有学生发现他回答问题时，手就捏着扣子。后来他们就把那个扣子给剪掉了，老师再叫他，他摸不着扣子，从此以后他就答不上来了。父亲说这些都是不好的习惯，不能养成。

父亲的性格其实很开朗。有时候他下课回来，路过家门前面的那个小院子，常常会有很多小孩在那里等他。六十多岁的人了，还和小孩子们在草坪上滚着玩要，我夫人担心他闪着腰，便提醒他注意。他说不怕，仍和小孩们在草坪上玩。父亲很喜欢小孩子，小孩子也喜欢跟他玩，小孩子爬树时父亲会喊他们下来，小心跌倒，还给他们买糖吃。据我夫人说，有一次云大老师们的小孩在礼堂里表演节目，邀请父亲去。父亲很认真地去理发，回来还洗澡换了衣服。我夫人说去参加小孩子的节目怎么也要换衣服理发。他说你看看全云大就请了我一个教授，其他教授除了家长外没有请一个，我得打理得整整齐齐才行。他很清楚小孩子们请他去的意义。所以说他“狂”或许是有的，但是他也很有人情味。

在我夫人看来，现在有些关于父亲的传说完全是些莫须有的“罪名”。她去我们家里最喜欢、感受最深的就是很温馨。她说，冬天的时候，干爹干妈一边坐一个沙发，前面摆着一盆炭火，两人吟诗作赋，你一言我一句，真有趣。我们都是学工科的，诗词文章懂的不是很多，但那种气氛，确实让人感到很温暖。我夫人跟我父母相处的时间也很长，她在我们家也没听见父亲随意批评别人。

三、父亲的处世

父亲对他学生是很爱护很关照的。陶光是父亲在清华时的学生，1947年陶光到云大教书后，和我们家关系很密切，我现在还保存着几张他与父亲在大观楼和翠湖的合影。陶光时常约我父亲去看滇戏，一来二往父亲就喜欢上了滇戏。他说在云南要看滇戏，看京戏反而还不地道。就在看滇戏的过程中，陶光认识了滇戏名伶耐梅（本名张竹音），并对其渐生好感。陶光后来要跟耐梅结婚，父亲没有反对，还帮忙成全。当时耐梅惹上了戏班子里的黑道势力，怕结婚当天出什么事，父亲就特地把庾晋侯请去了，当时庾晋侯在昆明还有一定的威望。婚宴就摆在商务酒店，当天平安无事。陶光和耐梅结婚的第一天住在酒店，第二天没有地方住了，父亲就向孙乐斋租了一间房子给他们。我记得他们搬进去的时候，还在门上挂了点红，披了些彩。不到一个月的时间，他们就搬到了翠湖边杨希闵的故居去住了，一直到离开昆明去了台湾。

吴进仁[①]比陶光晚一辈，那个时候好像他大学还没毕业，经常来家里向父亲请教问题，还帮我补习功课。记得在“九九整肃”的时候，吴进仁不知道因为什么事情被冤枉，被抓了关起来。父亲得知这一消息，马上跑去警备司令部，说这是我的学生，没什么问题，你们赶紧把他放了。警备司令部的人还是比较尊重父亲的，给父亲行礼，立即就放了吴进仁。中华人民共和国成立后，父亲还帮吴进仁和孙乐斋先生的二女儿撮合，由我母亲做媒，两人成了婚，婚后还生了一个女儿。吴进仁结婚时，父亲还专门写了几首诗以示祝贺。

壬辰中秋进仁结婚诗以贺之（四首）

一

天上吴刚得意初，高才谢女擅诗书。
清光三五团圞夜，玉润珠圆月不如。

二

鹤舞鸾吟下凤城，玉阶月色净无尘。
试看天上姮娥影，始识神仙剧有情。

三

不羡温家玉镜台，星娥月姊漫相猜。
天孙惯织云盘锦，合配陈王八斗才。

① 吴进仁（1922—2014），男，安徽桐城人，云南大学中文系教授，著有《“恨恨”考》《叔雅先生》等。

四

凉露无声湿桂花，高烧红烛对仙葩。
玉绳低亚银河浅，共倚薰笼玩月华。

父亲对自己的学生，不仅指导他们做学问，在生活方面包括他们的婚姻也都很关心。

当有人遇到危难，父亲会伸出援手。1928年父亲主持安徽大学工作的时候，有一天国民党安徽省党部忽然通知他，说一个王姓学生系共产党，应密切监视。父亲于当天下午就将王某叫到办公室，询问情况。王某初不承认，但因省党部证据确凿，只得道出真情。父亲当机立断，动员王某迅速离校，还派专人将其送上了大轮。当天夜里，省党部干事与便衣特务便来安大逮捕王某，一无所获，再询问父亲及其他人，都推说不知去向，王某就这样逃过一劫。听我母亲说，陈独秀出狱后躲在我们家，后来是由李大钊接走的。母亲还说，在宋教仁被刺杀的前天晚上，有人敲门，父亲一开门，那人就一枪打来，打到父亲的膀子。后来那人一看找错人了，便掉头跑了。当时父亲跟宋教仁和范鸿仙在一起搞活动。父亲对李广平也给予过帮助。李曾担任过卢汉的秘书，1956年因为“卢汉秘书”的身份被当作反动派抓了起来，关进省二监。当时他的身体很不好，监狱生活更是严重损害了他的健康，他便写信给父亲。父亲接到他的信之后，立马四处奔走，把他保了出来，并为他找了一个住处，还准备把他介绍到昆明师院教书法和绘画。可惜李广平在随后的政治运动中没能撑下来，最后抱病而终。

在我们面前，父亲不怎么谈自己的事。比如为什么要从联大到云大，或是其他什么的，我就没有听他说起过。在父亲过世后，大概是1973年或者1974年的时候，我回安徽老家探亲，有时晚上没事，就和母亲在房间里一边烤火，一边听她讲关于父亲的一些事情。她也只跟我讲了几件事情，而且还让我不要随便说出去。一件是关于闻一多先生的事情。母亲说那个时候闻先生想到清华任教，父亲当时是代理系主任，闻先生经常到我们家来，后来父亲就同意了聘请闻先生。她还说到陈独秀的其他一些事情。在上海的时候，陈独秀跟我们家关系很好，他又是父亲的老师，父亲很敬重他。有一次，陈独秀到莫斯科开会，为了安全起见，他就把多余的文件让母亲埋在我家的院子里面。开会需要的那些材料，就由我母亲装在小箱子里面，陈先生在前面走，母亲提着箱子跟在后边，保持一定的距离，以免被人发现。等他上了火车，母亲就进到火车站，确定没有事，周围没有什么人了，才把箱子交给他。那时陈独秀曾经劝我父亲、母亲参加共产党，他们没有正面答复，因为当时父亲对政治已经不是很感兴趣了。

1954 年，全国开展批判胡适思想的运动。在云大的批判会上，父亲自始至终没有提到胡适两个字，他觉得胡适是他非常好的、信得过的朋友，他绝不会那样做的。刘师培过世后，是父亲把他的灵柩送回家乡的。当时刘师培因为某些原因，名声有点不好，过世了大家好像也不很悲伤，无动于衷。父亲租了一条船，把他的灵柩放在上面，亲自从江苏这边把他送回家安葬。这个事情原来我不知道，是安徽的章玉政找到资料跟我讲的。在成都，我跟着父亲去拜访谢无量先生，见面他就说："老师，我带我儿子来看您了。"他让我叫太老师，要我给太老师磕头。他尊重老师和长辈的言行，我印象很深刻，受益匪浅。我觉得老一辈虽然经历了阶级斗争和政治运动的冲击，但是他们的人品道德，他们的一些思想信念，比如"一日为师，终身为父"的这种感恩理念是值得我们学习的，还应该发扬。

父亲曾跟我讲，他见过毛主席两次。一次是在北京香山的碧云寺。当时父亲还在北大和清华教书，放暑假时，情况好点的就到碧云寺避暑，也好看书。那天父亲和母亲正在小院子里坐着，看到了毛主席的岳父杨昌济先生，即杨开慧的父亲，他也是北大的教授，毛主席是来看他岳父的。父亲说看到毛主席时，他还穿着一件很旧的灰布长衫。那时父亲已经知道他是共产党了，还跟母亲说，这是毛泽东，是共产党。这是在毛主席还没有当政前见过的一次。再就是中华人民共和国成立后在政协会议上见过一次。他说那天因为说到超英赶美之事，他和华罗庚两人在向毛主席敬酒时表态，说要在中国文学和数学上超过英国，当时的形势也就是这样。

说到这里，就不能不提一下沈从文的事情了。我夫人把她查到的资料做了些考证。沈从文在昆明的那段时间，住在丁字坡旁边，也就是以前的唐公馆对门，而我们家住在龙翔街。住在丁字坡的人跑警报，往往是跑以前的英国花园或现在的圆通山后面。我们跑虹山。他们两人是不会遇到一起的，而且我们没跑几次就搬到了官渡。我觉得那时敌机要来了，大家都是慌慌张张地跑，一个人遇到另一个人还能说出“你跑什么？我跑是为……”这样的话，估计那已经不是一个正常人了。不知道是谁编出来的这个故事。而且沈从文评教授的时候父亲已经离开联大到了云大，所以并不存在这个问题。

吴宓跟我父亲的关系很不错。从吴宓的日记记载来看，当时父亲准备在云南成立国学研究院，极力推荐吴宓来做主任，经费方面，父亲建议找商界的人来赞助，结果这件事还没办成中华人民共和国就成立了。还有一件事情，吴宓的日记里写得不准确。中华人民共和国成立后中苏关系非常好，苏联汉学家爱德宁来中国访问，父亲作为古典文学家，政府安排他去翠湖宾馆见了几次爱德宁，好像还送了他一套书。两人相谈甚欢，爱德宁邀请父亲到苏联去讲学。后来父亲到成都时还跟我讲过，等他去苏联时，让我陪他一起去。当时父亲刻了一个图章，准备带去送给爱德宁。吴宓好像说父亲有点吹嘘之意，他不相信有这个事情，实际上确有这个事情。我在家里还见过一个石头图章，上面刻着“爱德宁”三个字。但是后来中苏关系恶化了，未能成行。

四、父亲对待学问的态度

父亲对于学问是很严谨的。记得我读中学的时候，有一篇课文是鲁迅的《孔乙己》，父亲说你们现在读的都错了，应该读孔乙“si”不应该读“ji”，还引经据典来说明。后来，他还说过一句话：矛盾了怎么说矛盾呢？应该是矛“shun”。这么多人读矛“dun”，他自己知道应该是读矛“shun”。他似乎对字的读音很重视，也很较真。

听母亲说，父亲做学问很投入。父亲大多是晚上做学问，他觉得白天不太安宁，一般从晚上9点钟后开始，做到天亮以后才睡觉。中午我母亲做好饭，把父亲叫起来，他还是迷迷糊糊的。我母亲夹菜给他说叔雅吃这个、叔雅吃那个，此时父亲就是个晕晕叨叨的人，在朦朦胧胧中吃饭，就靠母亲把菜夹到他碗中。那时在大学都是以学术立足，一位教授如果在学术方面没有什么成就，是会被别人非议的。一个毛头小伙子做点翻译或写点感受之类的，难登大雅之堂，必须要有一两部有影响的学术著作才行。压力成了动力，父亲就拼了命地做学问。父亲曾经为了一种资料专门跑到日本去。当时北大规定，教授任期满五年可以休假，也可以出国，他就到日本看书查资料，还专门写了首诗感慨这件事。

很多人说父亲狂，我觉得叫作自信或许更确切些。我曾听父亲说过：“我的名呢，就是在校勘学方面可以留名500年，500年之内可能没有人超过我。”父亲的《庄子补正》和《淮南鸿烈集解》都在台湾出版了，并且多次再版。中华书局及其他出版社也在出版。知名大学的图书馆都藏有父亲的这两部书。只要是研究《庄子》和《淮南子》的学者，都会把父亲的这两部书作为必备的参考书。美国的一些名校对父亲的这两部书也很看重。记得有位云大外语系的教授，他的学生在美国一所大学里面看到了父亲的这两部书，还专门翻译过来给我们看，说明父亲的学问在国际上也是有影响的。

中华人民共和国成立以后，父亲看到中国人扬眉吐气，看到中国大地一片欣欣向荣，加之他又参加了政协会议，受到毛主席的接见，心情很好，对于研究学问更是兴致盎然。当时云大在王九龄[①]故居里

① 王九龄（1880—1951），男，字竹村，云南云龙县人。毕业于东京政法大学。早期同盟会会员。曾担任云南省财政司长、云南大学名誉校长、北洋政府教育总长等职。

专门给他备了一间工作室，父亲潜心撰写整理《杜甫年谱》和《王子安集解》。可是初稿刚刚出来，政治运动便扑面而来。父亲白天挨批斗，晚上写交代材料，残酷的精神折磨严重摧残了父亲的身体。有一次批斗会下来，父亲两膝无力，久坐不能起，最后还是由吴进仁搀扶着，才颤巍巍地回到家里。母亲将父亲迎进屋时，忍不住掉了眼泪。在这样精神和身体的双重折磨之下，父亲最终没能撑下去，1958 年 7 月便与世长辞了。父亲辞世以后，他所撰著的《杜甫年谱》和《王子安集解》经过一番周折才回到我们手中。后来请张德光先生负责整理出版，可惜原稿在“文革”中被毁掉了。所幸《杜甫年谱》的手抄本（非全本）被吴进仁先生保存下来，目前正在整理出版中。

父亲辞世之时，政治运动正在进行，大环境让人无可奈何，熟识父亲的人还是会忍不住扼腕叹息。据 1962 年 6 月云大党委办公室《情况反映》附件“部分老教师对于团结大会的反映”记载，中文系教授张为骐说：“刘先生的死，也是死得冤冤枉枉的……他不死，他说过五年内要拿出两部书来，一部是校勘方面的，一部是《论文心雕龙》，由他、我同吴进仁三人来搞；他不死，不是可以著出两部书来，那是多大的贡献！”体育教研室教授杨元坤[①]说：“在运动中，把刘文典当成权威来打。在学术上只要有真本事，能成权威是好事，为什么要打倒呢？这令老教授感到寒心。”经济学教授秦瓒[②]也说：“最可惜的是叔雅，他那时年纪还不到七十，精神也很好，不死可以活到现在，他也是有名的学者，校勘学是没有人超过他，还长于子书，诗都是其次，不说在云南找不出，在国内也找不出几个来。”这是专家学者们对于父亲死于政治运动中的感叹，也是对国学大家离去的惋惜。

① 杨元坤（1910—1993），男，字健南，云南普洱人。毕业于南京中央大学。云南大学体育教授。著有《体育教育之研究》《战后中国大学体育之改进》等。

② 秦瓒（1898—1988），男，字缜略，湖南固始县人。毕业于美国哥伦比亚大学。先后担任河南大学、西南联大、云南大学教授。曾担任云南大学校务委员会主任。著有《新财政学》等。

五、世人对父亲的关注

屈指算来，父亲离世已有53个年头了。半个多世纪，世人并没有忘记他。近年，人们对父亲的关注更有升温的趋势。老人家泉下有知，定会倍感欣慰和骄傲的。

北大、清华及西南联大是父亲成名成家并产生重要影响的地方，虽然后来他再也没有回去，但他的老朋友老学生们一直都惦记着他。据我初步了解，周作人、钱穆、金克木、张岱年、任继愈、张中行、何兆武、汪曾祺、吴晓铃、刘兆吉、宋廷琛诸先生都曾撰文记述过我父亲。任继愈在《刘文典先生》一文中，对父亲的性格、学问以及课堂风采都做了生动描述，对课堂上吟诵的诗作还记忆犹新。[①]我曾拜访过任先生，请他题写《刘文典诗文存稿》[②]书名。而今，任先生也去世了，我很怀念他。清华校史专家黄延复在《清华的大师们》一书中，叙述了包括父亲在内的15位大师名家的生平事迹。书中记述了父亲在清华任中文系教授及代系主任时办学育人的思想及具体实践，以及他在古籍校勘、庄子研究等方面的杰出成就。[③]北大也于2010年出版了《东方西方·刘文典随笔》，精选了父亲的一些代表性文章，涉及古今中外的许多学问，别具一格，颇有趣味。[④]

安徽是父亲的老家，父亲对自己的家乡一往情深。母亲在世时已将父亲的许多珍贵文物捐赠给了安徽博物馆。父亲的墓园已被家乡列为文物保护单位，每年都有许多人前去凭吊。父亲与安徽大学有一种特殊的关系。他在安大任职的时间并不长，但顶撞蒋介石已成为一个历史性事件，一再被人们谈起。几年前安大就建立了“刘文典纪念室”，铜像也在校园落成。安徽关注和研究父亲的学者中，有两位我

---

① 任继愈：《念旧企新——任继愈自述》，山西人民出版社1997年版，第107页。

② 刘文典：《刘文典诗文存稿》，诸伟奇、刘兴育编，黄山书社2008年版。

③ 黄延复：《清华的大师们》，中国经济出版社2005年版，第229页。

④ 刘文典：《东方西方·刘文典随笔》，北京大学出版社2010年版。

联系多一些，一位是安大的诸伟奇，他用力甚勤，成果颇丰，主编《刘文典全集》等书。[1] 另一位是《新安晚报》记者章玉政，一个年轻人，出版的《狂人刘文典》，可以看作是关于我父亲的第一部传记。虽然书中的一些看法尚可讨论，但材料翔实，可读性强，流传较广。[2] 此外，章玉政还著有《刘文典年谱》。

父亲1938年就来到云南，直至1958年去世，最后20年在云南度过，其中15年在云南大学任教授。云南及云大是他的最后归宿。云南是他的第二故乡，我在云南也生活了70多年。这里的人们对父亲是很敬重的，并且常常因为有这样的人物而自豪，许多人都能说出父亲的一些故事。早在《庄子补正》在云南出版的时候，历史学家张德光先生就写过一篇有名的跋文。父亲的学生、著名学者张文勋先生写过多篇关于父亲的传记文章，观点公允，很受学界重视。史学大家李埏先生曾讲过也写过关于父亲的不少往事。父亲在云南的其他许多学生或学生辈的人，如吴进仁、马兴荣、傅来苏、蒙树宏、陈红映、张一鸣、郑千、杨一兵等等都有回忆或研究文章问世。在父亲诞辰110周年的时候，云大与安大合作整理出版了四卷本《刘文典全集》，而今又准备出版《刘文典全集·集外集》《印象刘文典》等书，我觉得对父亲的研究工作正全面深入的展开。

这样多的人持续不断地关注和研究父亲，我心存感激。我也一直留意收集有关父亲的资料，在提供给学者们使用的同时，2003年曾编印过《刘文典传闻轶事》一书，作为对“正史”的补充。[3] 与此同时，我又尽全力寻找在抗战中丢失的父亲的几箱藏书。

前面说过，1938年母亲带着我来云南的途中，将父亲的几箱藏书暂存在香港。不料1941年太平洋战争爆发，香港沦陷，这批珍贵的图书资料落入日寇之手。父亲闻知痛心疾首，不思茶饭。1946年，父

① 刘文典：《刘文典全集》（1～4卷），诸伟奇主编，安徽大学出版社、云南大学出版社1999年版。《刘文典全集补编》，刘文典著，诸伟奇等编，黄山书社2008年版。

② 章玉政：《狂人刘文典》，广西师范大学出版社2008年版。

③ 刘平章主编：《刘文典传闻轶事》，云南美术出版社2003年版。

亲突然接到国民政府教育部转来的盟军司令部的一份电报，说在日本上野图书馆发现一批父亲的藏书，可办理手续索回。父亲喜出望外，逢人便说一生心血终没白费，当即请云大与教育部联系。随后内战激化，索书无果，成为父亲生前的一大憾事。作为后人，我深感自己有责任替父亲找回这批书，完成他的心愿。于是，我便四处打听，苦苦寻找，线索越来越清晰。据南京第二历史档案馆《国民政府教育部档案》记载："1949 年 3 月 1 日，从日本运回在港被劫书籍两批，计刘文典教授之书籍六百四十六册分装三箱，岭南大学书籍二百七十八册、手稿四百册装六箱。"图书暂时存放在中华民国驻日代表团日本赔偿及归还物资接收委员会的储藏室内，"俟有便船来日时，拟即交由该船运沪"①。那么，这批书的最终下落呢？又据日本学者金丸裕一考证，这批图书最终预定在神户装载在"海辽轮"上运往上海，但因被暂时延期，结果在 1949 年 8 月，才用"增利轮"运往台湾去了。②我又继续追踪图书到了台湾的存放地。我从台北科技大学郑丽玲教授的文章中得知，该校图书馆在 20 世纪 50 年代初就接收了日本归还的一万零一百册图书，其中包括我父亲的私人藏书。③我曾致函该校李校长和郑教授表达谢意，同时希望了解父亲藏书的保存情况。回函中介绍了我父亲校勘、撰写或圈点记注的有关图书。据了解，对这些图书正进行数字化处理，并与傅斯年图书馆合作修复、推广和开发利用。多年来追踪父亲的这批藏书，我深切地体会到，书运体现国运。国土沦丧人遭劫，抗战胜利书归来。然而，归来的图书却还滞留在台湾。父亲还有一部分藏书保存在大陆云南大学图书馆。欣逢盛世，盼着台湾早日归来，盼着父亲在两岸的藏书早日合璧。今年我已 77 岁，我深深地期待着。

① 南京第二历史档案馆：《国民政府教育部档案》全 5（2），卷 915。

②〔日〕金丸裕一：《战时江南图书"掠夺说"产生的历史背景》，载《历史学研究》2004 年第 7 期。

③ 郑丽玲：《台北科技大学所藏"日本归还书籍"介绍》，载《国立台北科技大学图书馆馆讯》2006 年第 11 期。

刘文典先生的人格魅力和文化贡献

——兼评“狂人”“狂语”

殷光熹

刘文典（原名文聪），1891年12月11日生于安徽合肥（祖籍怀宁），字叔雅，笔名天明，室名松雅斋。1958年7月15日病逝于昆明。

刘文典先生毕生为了祖国和民族的繁荣富强，在政治上、文化教育上和学术研究上均做出了重要贡献，并留下了一笔宝贵的精神文化遗产，值得后人传承和分享。

一、刚正气节　人格魅力

在刘文典先生的一生经历中，最鲜明的特点是：刚正不阿，率性无拘，卓尔不群，以国家利益为本，以民族大义为宗，在生死关头，临危不惧，颇有“士可杀而不可辱”之气概。青年时期的刘文典追随孙中山先生（曾任孙先生的秘书）从事革命活动，旗帜鲜明，身体力

刘文典先生在云大会泽院

行，为革命奔走呼号，呐喊助威，奋不顾身，即便遭敌人暗杀受伤也决不退缩（与宋教仁同时遇刺）。1925 年 8 月，为了伸张正义，他不顾个人安危，在北大教师联名发表的《反对教育总长章士钊之宣言》上签了名。1928 年 11 月，蒋介石到安徽大学“视察”，时任该校校长而一向反对将大学当成衙门的刘文典，极不愿意让自己和师生出面迎送这个来者不善的头号军阀官僚蒋介石，只派手下工作人员出面接待，且让蒋介石的“训话”也落空了，颇觉难堪的蒋介石只得自挽面子，言不由衷地说：“时间匆促，不及向学生训话，表示歉意。”① 吃了闭门羹的蒋介石怀恨在心，想借召见刘文典时大发淫威。刘文典明知凶多吉少，仍从容前往。见面时，刘先生不脱帽，不行礼，不称主

① 章玉政：《狂人刘文典》，广西师范大学出版社 2008 年版，第 185 页。

席，点燃一根香烟抽着，神色自若。[1] 蒋介石怒斥刘文典如此无礼，骂他是“老封建”“新学阀”，诬陷他怂恿共党分子闹事。刘文典据理反驳，并将“新军阀”这顶“桂冠”回敬给蒋介石，蒋介石恼羞成怒，当即下令拘押刘文典，还用“枪毙”他的狠话威胁之。[2] 刘文典敢于当面顶撞蒋介石一事，可谓“狂人壮举”，惊世骇俗，大快人心！在日寇横行中国时期，刘文典的爱国思想得到充分释放，他揭露日军最“阴毒”的地方，即除了侵占中国领土外，还从精神上奴役中国人。他要人们了解日本军国主义侵略成性的政治背景，揭露其“国策”是惯于偷袭别的国家。并常在课堂上对学生进行爱国主义思想教育，“刘先生每次上课，都要给学生讲一段‘国势的阽危’，并且告诉学生日本侵略中国的险恶用心及历史背景，叫学生们赶快起来研究日本”[3]。他坚信中国必胜，日本必败，后来也得到证实。这些都说明他的远见卓识，也体现了他对祖国的热爱程度。1937 年北平沦陷，他因家累没有来得及随校南迁，于是日伪政权多次通过周作人来邀他出任伪职，均被他断然拒绝，终于招致住家两次被日本宪兵搜查，在现场，他“以发夷声为耻”，“闭口不讲日语”。[4] 正如他经常告诫自己时所说：“国家民族是大节，不能失节，在这个问题上是不能马虎的。”[5] 他牢记“国家民族是大节”，面对敌人的软硬兼施，威胁利诱，没有同流合污，决不屈服，铮铮铁骨，令人肃然起敬！在关键时刻是最能考验一个人的品格和信念，1948 年末，国民党统治的气数将尽，好友胡适为刘文典一家三口办好去美国的飞机票和入境签证，却被刘

① 高伯雨：《刘文典与蒋介石》，见《刘文典全集》第 4 册，安徽大学出版社、云南大学出版社 1999 年版，第 964 页。

② 张文勋：《刘文典传略》，见《刘文典全集》第 4 册，安徽大学出版社、云南大学出版社 1999 年版，第 938 页。

③ 黄延复：《刘文典轶事》，见《刘文典全集》第 4 册，安徽大学出版社、云南大学出版社 1999 年版，第 992 页。

④ 木芹、木霁弘：《云大早期的历史文化》，云南大学出版社 2003 年版，第 96 页。

⑤ 张文勋：《刘文典传略》，见《刘文典全集》第 4 册，安徽大学出版社、云南大学出版社 1999 年版，第 940 页。

文典一口拒绝了："我是中国人，我为什么要离开我的祖国？"[①]在刘文典看来，这是一个人的"大节"，"马虎不得"，因而毫不可惜地谢绝了胡适的"好意"。所有这一切都是植根于他的爱国思想和民族气节。这种品质才是"国宝"的核心价值，弥足珍贵。

中华人民共和国成立后，实现了他为祖国效劳的愿望，学习马列主义，表示"立志做一个社会主义的教授"，愿在余生为祖国贡献力量。他先后开了多门课程，学校为他增设了研究室，配备了助手，还得到中央领导和地方领导的重视和关怀，心情格外舒畅。然而好景不长，1958年，学校开展"向党交心运动"，转眼间，"权威"刘文典便成了批判的"靶子"。在会上，他始终恪守"己所不欲，勿施于人"[②]的古训，绝不会为了"自保"而去"烧"别人，也未曾"咬"过别人一口。在当时人人自危的政治高压下，能做到这一点的人，可谓凤毛麟角，尤显难能可贵！

以上事例均验证了刘文典先生身上"威武不能屈"的刚正气节和人格魅力。在政治风云变幻莫测的年代里，刘文典先生身体力行，忠于祖国，信守职责，永保大节，犹如《左传·昭公元年》所言："临患不忘国，忠也；思难不越官，信也；图国忘死，贞也。"[③]意思是说，面对祸患不忘记国家，是忠诚；想到灾难而不放弃自己的职责，是诚信；为国家舍生忘死，是坚贞。这段名言正好体现了刘文典先生的人格魅力，因而博得人们的敬仰，所谓"高山仰之（止），不可极也"！[④]

---

①张文勋：《刘文典传略》，见《刘文典全集》第4册，安徽大学出版社、云南大学出版社1999年版，第943页。

②《论语·颜渊篇》，见《诸子集成》第1册，中华书局1986年版，第263页。

③《左传·昭公元年》，见杨伯峻《春秋左传注》第4册，中华书局1995年版，1205页。

④《管子·九守》，见《诸子集成》第5册，中华书局1986年版，第301页。

二、高才博学　一代大师

刘文典先生自幼受过良好的教育，后在日本早稻田大学攻读哲学，又师从刘师培、章太炎等国学大师，得其真传。通过自己的努力，在文字学、音韵学、训诂学、版本目录学、校勘学等方面打下了深厚的基础，同时在文史哲方面具有广博的知识。加之通晓英、日等多门外国语，视域宽广，异国国情，了然于心，因而具有融通中西文化的能力。姑且不说学术研究方面，仅从他翻译的西学著作中就能看出他在这方面的能力。

在刘文典先生的学术生涯中，成就和影响最大的当属古籍校勘学（吴晓铃先生称他为“校勘学大师”），其中可以《淮南鸿烈集解》和《庄子补正》二书为代表。

《淮南子》是一部以老庄道家思想和儒家仁义思想为基础，又能集思广益，融合了诸子百家学说而编成的著作。虽然有些庞杂，但其中仍以“道”的概念为主线，总理全书，并将各个子系统连贯起来，成为有一定内在逻辑次序的理论体系。内容丰富，博大精深，既保存了许多先秦文化遗产和西汉中期以前的文明信息，又在学术研究上提出了不少创见和发人深思的问题，成为中国哲学发展史上一部重要著作。明代以前的学者对此书有过注疏之作，打下了一定的基础，其功不可没，但问题也不少。至清代，较常见的是庄逵吉的校注本，其他一些学者虽然做过一些整理研究工作，但多散见于杂记之中。即便出过单行本，只是摘取书中的片言只语。虽多有匡正，但不载全文，加之检索难周，读者以难见全貌而引以为憾。更值得注意的是，此书在学者染指过程中，曾出现过“穿凿形声，竞逐新异，乱真越理，以是为非”[1]等等乱象。鉴于上述情况，确有必要对此书进行全面系统的

①《淮南鸿烈集解·自序》，见《刘文典全集》第1册，安徽大学出版社、云南大学出版社1999年版，第8页。

校勘和整理，以求更加精审和完善。

他在撰写《淮南鸿烈集解》的过程中，勤搜各种版本，善于博采庄逵吉、王念孙、俞樾、孙诒让多家校注《淮南子》之长，广泛采辑《文选注》《太平御览》《群书治要》《北堂书钞》《艺文类聚》等书资料，通过必要的梳理和过滤，准确对应，对《淮南子》进行"集解"。内证外证并重，以考诸家之异同，订其得失，疏通凝滞，得其真义。随文纠误，必有所据。又能通过多种分析比较方法来判断是非，辨别真伪，以达正理。"多所发明""亦附其末"。此书首次全面而系统地对《淮南子》做了精审校勘，是一部带有总结性的著作，且被学界公认为校勘学方面的"权威著作"。胡适为此书作序推荐，称此书为"总账式之国故整理也"，"以结前哲千载之讼争，而省后人无穷之智力"，"正所以为来日之经营导其先路也"，又称此书"最精严有法"，"成就独多"[①]。此书一出，颇受学界关注和看好。从此，刘文典声名鹊起，时年32，正当而立之年。

该书于1923年由商务印书馆首次出版，其后十年间曾三次再版。1948年春，先生又对此书重校一遍，并用朱笔将其所得手批其间。20世纪90年代，我在张文勋先生的授意和指导下，根据刘先生的手批本，参照中华书局及其他版本做了重校，并将刘先生未曾发表过的手批文字补入有关正文下的注文中，使本书成为更完善的本子。著名历史学家李学勤先生在《为祖国学术争光吐气——读〈刘文典全集〉》一文中说："在近年各种学者文集中间，(《全集》)应属于最佳之列……比如《全集》所收《淮南鸿烈集解》，系据作者手批本重校，胜过通行的标点本；《庄子补正》亦以钞本与过去的排印本合勘，纠正了不少误处。仅以这两种书来说，《全集》即足以传世。"[②]

先生完成《淮南鸿烈集解》一书后，又想仿照王念孙《读书杂志》的校勘方法，"一条条地"校正《庄子》一书。于是为撰写《庄子补

① 胡适：《淮南鸿烈集解·序》，见《刘文典全集》第1册序言，安徽大学出版社、云南大学出版社1999年版，第1—3页。

② 李学勤：《中国古代文明研究》，华东师范大学出版社2005年版，第414页。

正》做了各种准备，继而进行校勘。十五年间，断断续续，终于在1938年完成了《庄子补正》，但因战乱等原因，直到1947年才由商务印书馆出版。1975年台北新文丰出版公司出版了影印本，1980年云南人民出版社出版了排印本，1999年由安徽大学出版社、云南大学出版社出版了重校本（收入《刘文典全集》）。

道家集大成著作《庄子》，又称《南华真经》，是道家学派最重要的代表作之一，汪洋恣肆，体大思精，影响深远，是研究道家哲学思想和文学创作方法的必读书。

《庄子补正》将《庄子》原书中的内篇、外篇和杂篇悉数收入，连同郭象注、成玄英疏、陆德明《经典释文》中的《庄子音义》收列其中，参照历代重要版本及“诸家校录，补苴諟正，成书十卷”[①]。先生校书，极为谨慎，结论必求确证。张德光教授在《庄子补正跋》中说：“勤搜前人征引，博采诸家校释，参稽互证，以为补正；其疏通凝滞，厘定底本之功盖不可磨。”值得注意的是，刘先生在自序中说明自己的“微意”时说：“苟世之君子，善读其书，修内圣外王之世，明六通四辟之道，使人纪民彝复存于天壤。”于此可知，撰写《庄子补正》的动因当中还隐含着一个正直文人的责任感和使命感。

《庄子补正》的问世得到名家和学界的肯定和赞誉。陈寅恪先生为之作序，曰：“先生之作，可谓天下之至慎矣……先生此书之刊布，盖将一匡当世之学风，而示人以准则。”经过时间的检验，此书不仅成为校勘学之精审要籍，而且成为“庄学”研究者必读之书。

除了《淮南鸿烈集解》《庄子补正》这两部代表作和翻译著作之外，他还著有《三馀札记》《说苑斠补》《大唐西域记简端记》《群书斠补》《宣南杂志》《杜甫年谱》《王子安集校注》（手稿遗失）等多种著作和诗文创作。从这些已出版的著作也能看出作者的深厚功力、博学多才和重要成就。

需要特意指出的是，刘先生还是一位通晓多门外语（尤其精于英

①《庄子补正·自序》，见《刘文典全集》第2册，安徽大学出版社、云南大学出版社1999年版，第2页。

语和日语）的译书高手，翻译过多种外文著作。关于这方面的业绩，当今少为人知，或说未曾引起人们关注。他译书的动机是想通过介绍西方先进科学知识来启发民众，破旧立新，期待民族复兴，国家富强。他先后翻译过多种自然科学和社会科学方面的著作，如（日）丘浅次郎的《进化与人生》《进化论讲话》，（德）赫克尔的《灵异论》《生命之不可思议》，（英）赫胥黎的《近世思想中之科学精神》，《弗兰克林自传》以及其他一些外文著作①，使西方文化在中国得到交流，让国人知晓，从中受益。他的译文多用标准的白话文，且能将原作中一些复杂难解的思想和学理用白话文翻译出来，却没有欧化和日文化的句子，受到读者好评，连洋博士胡适都由衷佩服，赞其“译笔竟是一时没有敌手”，又说刘叔雅不译书会让“社会受大损失”，蒋百里先生说他是“译书的天才”②。更为难得的是，他能从西方科学知识中借鉴、提炼或总结出一些真知灼见为我所用，互鉴互证，择其善者而用之，有的用到哲学和校勘学上。如解读《庄子·寓言》篇中“天均”的“均”字时说：“‘均’就是 Naturalbalance 嘛！”就是人们常说的“生态平衡”③。有的用到科学技术上，如校勘《墨子》时，发现墨子在光学等方面有“先见之明”等等。

刘文典先生先后在北京大学、清华大学、安徽大学、西南联大、云南大学任教，勤于耕耘，高才博学，精益求精，造诣甚高，在学术研究上成绩卓著，一代大师，当之无愧。

---

① 参见《刘文典全集》第 3 册“译文辑存”部分，第 855—900 页；又见《刘文典全集》第 4 册，安徽大学出版社、云南大学出版社 1999 年版，第 5—924 页。

② 刘文典：《致胡适信》，见《刘文典全集》第 3 册，安徽大学出版社、云南大学出版社 1999 年版，第 828 页。

③ 吴晓铃：《忆刘叔雅先生数事》，见《刘文典全集》第 4 册，安徽大学出版社、云南大学出版社 1999 年版，第 971 页。

三、率性无拘　人称其狂

刘文典先生个性鲜明，刚正不阿，处世正言不讳，率性无拘，卓尔不群，具有人格魅力。但在一些人的印象中，他是一位自命不凡、清高傲世、我行我素、笑骂任性的“狂人”。这里就涉及如何看待刘文典先生的“狂”，需要具体问题具体分析，分别对待。孔子说过：“狂者进取，狷者有所不为也。”[①] 简言之，激进者一意进取，狷介者不愿意做坏事。这样来看，刘先生在特定情况下所表现出来的“狂”是蕴含着进取精神的“狂”，正直文人傲骨之“狂”，即多半表现在大是大非问题上能站在正义立场上的“狂”。具体来说就是对旧社会里的军阀、权贵、汉奸之流的蔑视和批判，例如公开声讨袁世凯、痛骂段祺瑞、顶撞蒋介石等等。这种“狂”，与“狂妄”“疯狂”有本质差别，不能混为一谈。这种在大是大非问题上坚持原则的正面意义上的“狂”例，前面已经论及，不再赘述。下面从一些平常生活中的“狂”例做些分析。

刘文典先生著书立说目的之一是想“与东西洋学者一较高下，意为祖国学术争光吐气”[②]。就以《庄子》研究为例，早在《庄子补正》着手撰写前，他在致胡适信中毫不谦让地说：“对于《庄子》也很有点发明。”[③]1938 年他到昆明后，“始则整理旧稿，就《庄子》一书与日本之武内义雄、狩野直喜交战，幸胜过之”[④]。《庄子补正》出版后则被公认为是《庄子》研究的名家，这都是事实。他要“与东西洋学者一较高下，意为祖国学术争光吐气”，“在科研工作上，努力

①《论语·子路》，见《诸子集成》第 1 册，中华书局 1986 年版，第 294 页。

② 刘文典：《致梅贻琦信》，见《刘文典全集》第 3 册，安徽大学出版社、云南大学出版社 1999 年版，第 841—842 页。

③ 刘文典：《致胡适信》，见《刘文典全集》第 3 册，安徽大学出版社、云南大学出版社 1999 年版，第 803 页。

④ 刘文典：《致胡适信》，见《刘文典全集》第 3 册，安徽大学出版社、云南大学出版社 1999 年版，第 839 页。

达到国际水平”[1]，这只能说明他有“志气”，是“狂者进取”意义上的“狂”，而不是“狂妄无知”之“狂”。又如在云大上课时说过全世界真正懂《庄子》的人只有“两个半”的“狂语”：一个是庄子本人，中外学者加起来算半个，另外一个并未明说[2]，留有余地。如果按当时说话的语境来揣想，另一个即便是指自己的话，也有一定的根据。先不说全世界真正懂《庄子》的人有几个，仅以当时学者所出的《庄子》研究成果看，刘文典可以算其中一个，尤其是在《庄子》校勘研究方面，能和他比肩的人还有谁？不难设想，只要将《庄子补正》摆在公众面前，自然不用作者明说了。“两个半”之说，其中一个重要原因是与他要“与东西洋学者一较高下，意为祖国学术争光吐气”之说有内在联系。了解先生性格的人都知道，本心是好意，然而有时他的话听起来难免被人误解为“目中无人”。比如他对学生说：“我喜欢勤学好问的学生，别人不识的字，我识；别人看不懂的文章，我懂。你们不论来问什么问题，我都会给予解答。”[3]这是实话实说，身为“权威”“活字典”的他能放下架子鼓励学生大胆向他提问请教，诚心满足学生的要求，这是好心也是好事。先生具有雄厚的实力，自信能够说到做到，至于语气虽带有些“傲气”，但不能把他的话视为“目中无人”。类似的例子还不止于此，据当时听课的学生王彦铭回忆，刘先生在西南联大时，上级要求他开一门新的选修课：“元遗山、吴梅村诗”，在事先没有思想准备和缺乏资料的情况下，他还是爽快答应了。还半开玩笑地说：“这两位诗人的诗，尤其是吴梅村的诗，老实说，比我高不了几分。”[4]让人听后觉得有点“说大话”之嫌。其实，他答应开这门新课，说明他过去通读过元遗山、吴梅村的作品，

①1957 年 3 月，刘文典在全国政协第二届委员会第三次全会上的发言。见《刘文典全集》第 3 册，安徽大学出版社、云南大学出版社 1999 年版，第 780 页。

② 刘平章：《刘文典传闻轶事》，云南美术出版社 2003 年版，第 89 页。

③ 刘平章：《刘文典传闻轶事》，云南美术出版社 2003 年版，第 90 页。

④ 王彦铭：《刘文典先生的一堂课》，见《刘文典全集》第 4 册，安徽大学出版社、云南大学出版社 1999 年版，第 978—979 页。

有过思考或研究，心中大致有谱。否则他是不会说这种貌似于“大话”的，也不会轻易答应开这门新课。刘先生向来是个心直口快、性格率真的学者，有时想到什么就脱口而出，这难免引起别人的议论或误解。例如1953年初，学校动员大家“学习苏联先进经验”，刘先生认为，学习苏联先进经验固然重要，但对一个从事中国古典文学工作的自己来说，“可以不必”，在中国古代文化知识方面，“苏联专家还要向我学习，我向他们学些什么？”[①]乍一听似有“自命不凡”“出言不逊”之嫌。其实，他说的也是老实话，并非“狂夫吹牛”，若就中国古代文化知识领域来说，别说是那些苏联技术专家，就是苏联著名的汉学家也得向刘先生请教，拜他为师才是。从这里可以看出他要为中国文化学术“争光吐气”的自信心和自豪感，这正是“狂者进取”的表现。老实说，没有进取精神、没有过人的本事，要想当一个“狂者”也难。古往今来，大凡出众的人才，总会有些不同于常人的性格和特质，这种现象出现在刘文典身上并不意外，但要具体分析、分别对待。通过以上事例的分析，意在表明刘文典先生首先是一位积极进取的“狂者”，与狂妄无知的“狂夫”有着本质的差别，不可同日而语。当然，人无完人，肯定正面意义上的“狂”，并不等于说刘文典先生身上没有消极意义上的“狂”。那就是他在晚年自我批评时说的：“以己之长，轻人之短，学术上骄傲自大，是我的最大毛病。”[②]可谓一语中的。下面略举数例加以分析。

刘先生在大学期间所讲授的课程，原本都是他多年研究过的知识领域，例如《淮南子》研究、《庄子》研究、校勘学、《文选》学等，滚瓜烂熟，成竹在胸，自认为不需要备课就能讲授。因此，他曾口出“狂言”、语惊四座：“名教授备课是很可耻的事，教授之所以成为名教授，就在于不备课也能讲。”[③]在他看来，既然称之为“名教授”，

① 载《云南大学校报》1955年3月31日。

② 张文勋：《刘文典传略》，见《刘文典全集》第4册，安徽大学出版社、云南大学出版社1999年版，第939页。

③ 载《云南大学校报》1955年4月30日。

要求自然应高些，除了满腹经纶、成竹在胸外，还得有过人的记忆力，独出心裁的一家之言和畅达的语言表达能力。实际上这也是刘先生之所长，以“不备课也能讲”来要求别人，也就是他说的“以已之长，轻人之短”。这种骄傲自大的缺点还表现在“吾清华文科，实只两个半教授”之说：“寅恪一个，友兰一个，我半个也。”[①]这样说，虽然也带有抬举陈寅恪、冯友兰二位先生之意，但从客观效果看，清华大学文科的其他教授岂不都成了徒有虚名的人了，其后果可想而知。“两个半教授”之说中，即便说自己只算“半个”也难掩饰自己“骄傲自大”的毛病。又如他在平时言谈中有时会当众指出某人所写或所说有错误之处。说者并无主观恶意，只想表明自己的看法，但无意间也暴露出他身上存在“以已之长，轻人之短”的缺点。这个骄傲自大的缺点，直到他晚年才真正从思想上引起重视而自省，并公开做了深刻的自我批评，这是一个不小的进步。还有一个不能回避的缺点是刘先生在旧社会里染上了抽鸦片烟的陋习，难免被人诟病，成为谈资。然而也应看到，中华人民共和国成立后不久，他知错必改，公开宣布要戒掉鸦片，不愿在新社会里“吸毒自杀”。为此，他以坚定的决心和坚强的毅力战胜了戒烟过程中的种种痛苦和折磨，彻底戒掉了鸦片，在生理上脱胎换骨，获得新生，恢复了健康（后来还发胖了）；在精神上甩掉了包袱，轻装上阵，犹如枯木逢春，旧貌换新颜。何以能如此？归根到底，是党对知识分子的英明政策使他获得精神上的中华人民共和国成立、生活上的幸福，成为新中国的“国宝”，“我赴会都有省府小车接送”，“我连日参加最高国务会议，开会地点在怀仁堂，得以饱看中南海的雪景，真是兴奋极了，愉快极了！”[②]声望和地位节节上升，怎不令他欣喜若狂！

综上所述，总的印象是：刘文典先生的大半生，处于新旧交替的

---

① 文中子：《刘文典：半个教授》，见《刘文典全集》第 4 册，安徽大学出版社、云南大学出版社 1999 年版，第 988 页。

②《致刘平章》信，见《刘文典全集》第 3 册，安徽大学出版社、云南大学出版社 1999 年版，第 844、846 页。

历史时期，在动荡不安的年代里锻炼成长起来的他，经历了辛亥革命、五四运动、军阀混战、抗日战争、中华人民共和国成立战争等生死搏斗的考验，使他成为一位以人格为灵魂的守护者，以国家利益为本的尽忠者，以华夏民族为宗的敬奉者，以著作立身的示范者。中华人民共和国成立后，他拥护中国共产党，热爱新中国，重教敬业，“我愿意献出我的余生，献出我的全力”，[①]“我年近七旬还在工作，为国家文化建设服务，苦中有至乐”[②]。在云大，被评为一级教授，当选为全国政协委员会委员，还受到毛主席的亲切接见，并用“很好”二字肯定了他的学术研究，深受鼓舞。这位刚正不阿、性情率真、业绩突出而生平颇有些传奇色彩的“大师”级人物，在社会上具有一定的代表性。当然，人无完人，缺点在所难免。他的一生，可以用四个字来概括：大醇小疵。优点和业绩是主要的，并为祖国做出了重要贡献。他的人格精神和遗著精华，值得后人学习和传承，并发扬光大之。

（作者单位：云南大学文学院）

参考文献：

1. 刘文典全集．合肥，昆明：安徽大学出版社，云南大学出版社，1999.
2. 李学勤．中国古代文明研究．上海：华东师范大学出版社，2005.
3. 木芹，木霁弘：云大早期的历史文化．昆明：云南大学出版社，2003.
4. 刘平章．刘文典传闻轶事．昆明：云南美术出版社，2003.
5. 章玉政．狂人刘文典．桂林：广西师范大学出版社，2008.

① 刘文典在全国政协第二届委员会第三次全体会议上的发言。见《刘文典全集》第 3 册，安徽大学出版社、云南大学出版社 1999 年版，第 780 页。

② 刘文典致刘平章信，见《刘文典全集》第 3 册，安徽大学出版社、云南大学出版社 1999 年版，第 849 页。

刘文典先生学术成就述略

诸伟奇

刘文典（1890—1958），字叔雅，安徽合肥人，近代著名学者。早年追随孙中山先生投身民主革命，1917 年任北京大学中文系教授，五四时期积极参加《新青年》工作。1927 年参与创办安徽大学，行校长职责，1928 年因顶撞蒋介石去职。后历任北京大学、清华大学、西南联大、云南大学等校教授。

刘文典一生著述堪称宏富，有《淮南鸿烈集解》二十一卷、《庄子补正》十卷、《论衡校注》三十卷、《说苑斠补》二十卷、《三馀札记》四卷、《大唐西域记简端记》三卷、《大慈恩寺三藏法师传注》十卷、《群书斠补》、《宣南杂志》和诗文百余篇（首），译作有《进化与人生》《生命之不可思议》《进化论讲话》等书及译文多篇。其存世著作已收入《刘文典全集》（四卷，诸伟奇主编，安徽大学出版社、云南大学出版社 1999 年版；增订本五卷，诸伟奇、刘平章主编，安徽大学出版社 2013 年版）。就其存世著译而言，叔雅先生学术成就略有以下数端：

一、校勘古籍，“天下至慎”

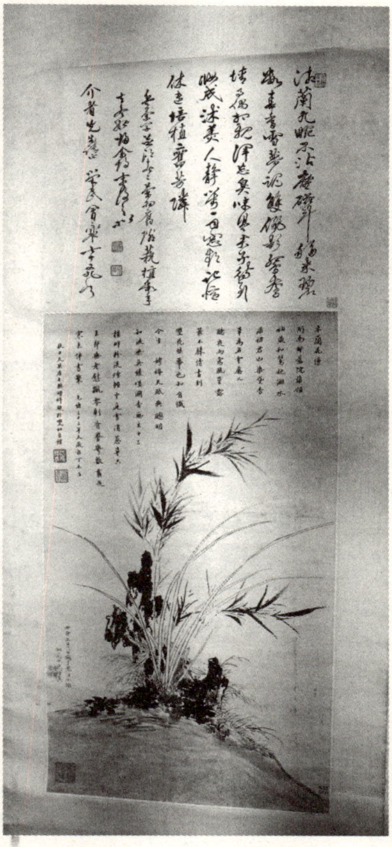

刘文典先生捐赠国家的马湘兰兰竹条幅（现藏安徽省博物院）

从青年时代的《淮南鸿烈集解》到晚年的《群书校补》，综观刘文典一生学术，他用力最勤、功力最深、成就最巨、影响最大的是古籍校勘之学。在学术渊源上，他曾先后师从刘师培、章太炎，得其经学、小学、考据学之真传，于乾嘉诸老中，他最服膺高邮王氏父子（王念孙、王引之）；他具备扎实的文字、音韵、训诂、目录、版本、校勘学功底和对文、史、哲诸学科融会贯通的能力。在学术实践中，他既承继了皖派朴学传统，又融会了晚清以来的新学风气，在新的时代条件下形成自己的学术特色。析而言之，他在古籍校勘上的特色又有以下几点：

（一）从有代表性的文献着手，沉下去，认认真真地校好一部书，再校与此书有关联的若干部书，从而上下连贯，左右横通。刘文典于古代浩瀚的典籍中，选定秦汉诸子作为校勘研究的主攻方向，在秦汉诸子中又以《淮南子》为起始研究的对象。他认为《淮南子》“博极古今，总统仁义，牢笼天地，弹压山川，诚眇义之渊丛、嘉言之林府，太史公所谓‘因阴阳之顺，采儒、墨之善，撮名、法之要’者也”。然而，因时代久远，《淮南子》“钞刊屡改，流失遂多”，而前人句读、注释、考订，亦每有缺失；清儒虽有匡正，然载录分散，读者难以检觅。用他给胡适信中话，就是“《淮南子》虽是汉朝人著的书，却比先秦诸子还要难弄些”。为此，刘文典立意采摭历代考注，“搆会甄实，取其要指”，潜心典籍，历五载之功，终于撰成《淮南鸿烈集解》。胡适对此书称赞道：“吾友刘叔雅教授新著《淮南鸿烈集解》，乃吾所谓总账式之国故整理也……叔雅治此书，最精严有法……叔雅初从事此书，遍取《书钞》《治要》《御览》及《文选注》诸书，凡引及《淮南》原文或许、高旧注者，一字一句，皆采辑无遗。辑成之后，则熟读之，皆使成诵；然后取原书，一一注其所自出；然后比较其文字之同异：其无异文者，则舍之；其文异者，或订其得失，或存而不论；其可推知为许慎注者，则明言之；其疑不能明者，亦存之以俟考。计《御览》一书，已逾千条，《文选注》中，亦五六百条。其功力之坚苦如此，宜其成就独多也。”此后的几年中，刘文典又有《庄子补正》等书陆续问世。刘文典一生治学，于《庄子》最为用力，亦最为自矜，《庄子补正》一书堪称其心血之所系。刘文典认为“《庄子》这部书，注的人虽然很多，并且有集释、集解之类，但……好像没有人用王氏父子的方法校过”（《致胡适信》），而“前人校释是书，多凭空臆断，好逞新奇，或有所得，亦茫昧无据”。他所做的《庄子补正》，收列《庄子》内、外、杂篇全部原文和郭象注、成玄英疏及陆德明《经典释文》中的《庄子音义》，校以《庄子》历代重要版本，并广泛征引清代及民国学者的校勘成果，而将其补正之文分系于各篇相关内容之下。“一字异同，必求确诂。若古无是训，则案而不断，弗敢妄生议论，惧杜撰臆说，贻误后学而灾梨枣也。”陈寅恪《〈庄子补正〉序》：“先生之作，可谓天下之至慎矣。其著书之例，虽能确证其有所脱，然无书本可依者，则不之补；虽能确证其有所误，然不详其所以致误之由者，亦不之正……先生此书之刊布，盖将一匡当世之学风，而示人以准则，岂仅供治《庄子》者之所必读而已哉？”正如陈氏所言，《庄子补正》不仅乃《庄子》之精善定本，为治《庄》学者所必读；亦为校勘训诂学之要籍，足资治国学者之借镜。

（二）重视版本。刘文典喜藏书，有版本癖，1935年，他在给陈东原的信中说："弟在北平近二十年，所得修金，半以购书，虽无力收藏珍贵刊本，然性好校勘考订，所校古籍颇多。"他曾从清末版本大家傅增湘学习古籍目录版本之学。民初，清内阁大库藏书多有外流，据刘文典在《宣南杂志》所记，他所见过的阁中善本，就有宋刊《水经注》残本、宋刊《朱文公名臣言行录》、宋装本《文苑英华》等。他自己也缩衣节食，购藏了一些有价值的本子，可惜不少在抗战中遗失。刘文典逝世后，家属遵照遗嘱向安徽省政府捐献的文物中就有方苞手稿，孙星衍、郝懿行信札等珍品。凡其所校之书，必罗列各种有代表性的版本，有时为觅一善本，耗重金不悔，其校书时，必比较各种版本的异同，然后定是非。

（三）既重外证，亦重内证。在校勘中，他很注意从书的意旨、内容、写法的分析，从文意、文法、字词的比较中去判定是非优劣。在《庄子补正》等书中，不乏以文证文，以注疏证文，以文证注疏等精彩确凿之论。如《庄子补正·人间世》："彼且为之无崖，亦与之为无崖。"刘文典按："无崖"即"无涯"也。他除了引《说文》《尔雅》《淮南子》《文选》注等为证据外，又引《庄子·养生主》"吾生也有涯，而知也无涯。以有涯随无涯，殆矣"为内证。考证滴水不漏，令人信服。

（四）注意别书异同。刘文典校书，凡遇一书内容，别书亦有记载的，皆悉事征核，以判别异同，对有疑义的文字，更须征引他书，以求确诂。这一点，说起来容易，做起来很难。首先读书要有疑，能发现问题；再就是知道这个书的内容，哪些书哪些地方有记载。如《庄子·徐无鬼》："其于不己若者不比之，又一闻人之过，终身不忘。"历代的《庄子》都是这样写的，也是这样断句的，没人提出疑问。刘文典提出疑问，他认为，"又"当为"人"，字错了，所以断句也错了，正确的应该是："其于不己若者不比之人，一闻人之过，终身不忘。”他还找出两条证据，一条是《列子·力命》篇正作“不比之人”，另一条是《吕氏春秋·贵公》篇作“不比于人”。刘文典很喜欢《文选》，他校《文选》，除校勘《文选》的不同版本外，还校阅相应的魏、晋集部之书。

（五）充分利用类书材料又不尽恃类书。类书，是古代文献资料的宝贵财富，不少已亡佚、已残缺的文献都赖之以存，历代校勘学家都重视对它的利用，刘文典对类书尤其重视，无论是《淮南鸿烈集解》《庄子补正》，还是不足十万字的《三馀札记》，他引用类书都达数十种之多，且同一条校文，往往征引数种类书，排比经纬，往复含咀，从而构成他校书的一大特色。如《淮南鸿烈集解》，仅《太平御览》就引了1026条，《文选注》引了500多条。同时，他又强调：“类书引文，实不可尽恃。往往有数书所引文句相同，犹未可据以订证者……故虽隋、唐、宋诸类书引文并同者，亦未可尽恃。讲校勘者，不可不察也。”（《三馀札记》）

（六）广泛吸收前人和今人的校勘考证成果。刘文典校书，于前人校勘及考证成果广泛吸收，如《说苑斠补》中广引卢文弨、钱大昕、王念孙、惠栋、孙诒让、俞樾等人校语，语必反复推求，是者从之，疑者考之，非者否之。对今人考校成果，也注意吸纳，如《淮南鸿烈集解》《庄子补正》二书，即多次征引章太炎、刘师培、马叙伦诸家之说；《大唐西域记简端记》更是直接征求吴宓的意见。

（七）能吸收域外版本资料和学术观点。如《庄子补正》中引用日本高山寺本并数次征引日人之说，《大唐西域记简端记》中引用法国人 Grousset《远东史》的提法。

（八）“精严有法”，一丝不苟。一般来说，两个同样水平的校勘者，其校勘成果的高下，很大程度取决于他们的校勘态度。刘文典校书，心细如发，一丝不苟；又极其审慎，无证不立，孤证不立，不轻率下结论。尤其难得的是，于前人之说，他乐为之助证，而不轻斥其非。为减少古籍整理中的抄写错误，他不惜用自己所藏的最好本子作为校勘底本，如他所整理的《论衡校注》，就选择在价值颇高的清雍正刻本上直接标点和粘贴。

二、晓古知今，视野广阔

外界对刘文典常有些误读，因其曾顶撞“领袖”，而目其为“狂人”；因传言其曾揶揄沈从文，而目其傲慢，乃至轻视新文学；因其“好古”，而疑其迂腐，甚至保守。其实这都是皮相之见。撇开他为人不说（他是一个非常重情重义的人），仅就其治学来说，他绝不是一个只讲“子曰”“诗云”，只对校勘考据感兴趣的“古董”（或美其名“国学大师”）。和20世纪中国那些杰出的知识分子一样，他年轻时也曾激昂慷慨，参加过辛亥革命，是《民立报》的编辑和《甲寅》的作者；五四时期，给《新青年》撰文，为新思潮呐喊，留下了不少至今读来都让人热血偾张的文字。只不过，由于后来客观情况的变化，更由于他所从事的职业是大学讲授古代文学和古籍校勘学的教师，他当然就“涉古”而“好古”了。即使如此，他也不是知古不知今，或独守一经、不知其他的冬烘先生。

早在1919年，他就提出中西学术沟通的问题，指出“要有那好学深思之士，具有综观世界各系文明的眼光，去了好虚体面和客气，晓得了近世科学的方法、性质、价值，明白了学术之历史的发达路迳（径），把中西学术做个比较的研究，求两系文明的化合，这倒是学界一种绝大的胜业。要照这样的沟通，中国的玄学、心学、政治哲学、人生哲学，可以和西洋学沟通的处所多着哩”（《怎样叫作中西学术之沟通》）。他对中西文化的看法，对中西文化沟通的见解，恐怕在九十年后的今天也不过时。

1920年，他撰文说：“我以为道德的观念，社会的制度，经济的组织，但有不合生物学原理的，都要把他改造过才是。”（《我的思想变迁史》）刘文典是信奉进化论的，他这里“生物学原理”据上下文指的是人民的生活需求。

1943年，他在致胡适的信中写道：“弟自北平沦陷后，备历艰危，次年春间始由叶企孙先生派人设法，脱离险境，经天津、香港、安南到昆明，始则整理旧稿，就《庄子》一书与日本之武内义雄、狩野直喜交战，幸胜过之；继则在《大唐西域记》《慈恩大师传》与前人竞争……”同年7月他在给梅贻琦信中说“典往岁浮海南奔，实抱有牺牲性命之决心，辛苦危险皆非所计。六十年来，亦可谓备尝艰苦矣！……到磨墨后，尚在预备《玄奘法师传》，妄想回校开班，与东西洋学者一较高下，意为祖国学术争光吐气”。这就是抗战艰苦时期，刘文典的抱负和心声。

1944年3月30日、31日，《云南日报》连续发表了刘文典的长篇文章《日本败后我们该怎样对他》。出自“国学大师”笔下的这篇政论文实在叫我们惊讶，当时还在日避敌机、“夜苦蚊扰”的作者，已坚信日寇必败，而且在深思熟虑着“日本败后”的国家方针大计了，这就是我们老一辈的知识分子，这就是我们真正懂得“国学”的知识分子！文章很长，写得很精彩，从第一次世界大战谈到第二次世界大战，从德国谈到日本，从中日的历史谈到眼前的中日战争，谈到战后的诸多问题，如对战犯的惩罚、战争的赔款、台湾问题、琉球问题。文章最后强调，“中国和日本这两个大国家民族的关系，是东洋和平的础石。今日应付处理稍有失当，就会种下将来无穷的祸根，德意志和法兰西循环报复的历史可为殷鉴。我们希望我们贤明的政治家和各界人士，对于这个大问题，总要把眼光放大放远，平心静气地筹划一番，作一个可垂之久远的打算”。对“日本本身的事，让日本人自己去管。牵涉到别国利害的事，大家商酌着办，这个原则是合情合理的。天下唯有合情合理的办法，才能得到大家一致的维持拥护，也唯有得大家一致维持拥护才能垂之永久”。这些真知灼见，已为历史所证明。抗战期间，刘文典发表在报刊上的文章，仅我们所见到的就有17篇之多。“天下兴亡，匹夫有责”，这就是刘文典在那个特定历史时期的践履和担当。

三、发微阐幽，见解独特

刘文典知识渊博，他在大学讲坛前后开课多达数十门，涉及文、史、哲各科，凡是他倾心研究的课题，都有创获，常发人所未发。如他在解释《庄子·寓言》“万物皆种也，以不同形相禅，始卒若环，莫得其伦，是谓天均”时，使用了一个西方哲学用语，说，“均就是Natural balance”，而Natural balance正是现代人们常说的生态平衡。这一解释言简意赅、一语中的，反映了刘文典对《庄子》意旨的深刻理解和中西方化的横通功力，实在叫人佩服。又如，他赞成对古书施以新式标点，以方便读者。针对拟古派的反对，他指出“实则，古人读书固极重标点。《宋史·儒林传·何基传》云：‘凡所读，无不加标点。义显意明，有不待论说而自见者。’是我先民固深知标点之有益也。余谓今之自称保存国粹而鄙夷近世学术者，其病皆在不读古书”。以子之矛，攻子之盾，那些反对古书标点的人还有何话可说？再如，他在分析六朝以至唐、宋之骈文时指出，骈文以自然成对为上，骈句含义不宜近似或雷同；近似雷同，即繁复堆砌。他在肯定刘知几《史通》文约而事丰，骈俪而自然，是骈文之上乘的同时，又指出它仍有“复词冗句”。如《叙事》：“一言而巨细咸该，片语而洪纤靡漏”，“一言”即“片语”，“巨细”即“洪纤”，“咸该”即“靡漏”，都属浮词，是《史通》文辞之瑕。至于后来的四六文，更是繁芜堆砌，竞雕刻之巧，多浮华之弊。再如，他在解说《红楼梦》时，指出贾元春还在宝、黛二人情窦初开之时，即极力反对二人相爱。他举《红楼梦》第十八回为例，元春省亲，看到宝玉为大观园各处山水楼台的题额都点头称许，唯独看到“蓼汀花溆”四字时，便笑道：“‘花溆’二字便好，何必‘蓼汀’？”——因为花溆反切为薛，蓼汀反切为林，可见当时元春已属意宝钗了。刘文典治考据学，最服膺明清之际顾炎武和清代王念孙、王引之、俞樾诸人。然其在考订典籍训释文中，又能以匡正前人陈说作为自己的学术追求。在其《三馀札记》中有多处订正顾炎武、卢文弨、顾广圻、王氏父子、俞樾诸名家的失误。

四、翻译西学，中外贯通

刘文典幼年随一美国教士学习，受到良好的外文训练，之后又东渡日本，就读早稻田大学，这为他以后通晓英、德、日等外文打下了扎实的基础。刘文典任《新青年》英文编辑时，曾先后翻译（英）赫胥黎、（德）叔本华、（英）佛兰克林、（德）海克尔等人的著作。他在《佛兰克林自传》译文前言中说：“佛兰克林为十八世纪第一伟人，于文学、科学、政治皆冠绝一世。其自强不息勇猛精进之气，尤足为青年之典型。斯篇乃其七十九岁所作自传，吾青年昆弟读之，倘兴高山仰止之思，群效法其为人，则中国无疆之休而不佞所馨香祷祝者也。”在海克尔《灵异论》译文前言中说：“不过我看今日中国的思想界，和欧洲的中古时代差不多，除了唯物的一元论，别无对症良药。”表现了五四时期刘文典鼓励青年，启迪民智，倡言科学民主，反对封建专制的革命精神。以后，他又陆续翻译了丘浅次郎的《进化与人生》《进化论讲话》和海克尔的《生命之不可思议》。丘浅次郎（1866—1944）是日本著名生物学家、进化论普及者。他留学德国，一生写了很多宣传、阐发进化论的书籍。海克尔（1834—1919）是德国著名生物学、哲学家，达尔文学说的杰出继承者和传播者。

他曾提出生物发生律，进一步证明生物进化论的正确性，反对宗教蒙昧主义，其《宇宙之谜》《人类发展史》《自然创造史》曾风行一时，被译为多种文字出版。清末民初时期，革命派和改良派大都以达尔文进化论作为自己最基本的世界观和斗争理论，严复、章太炎、鲁迅等莫不如此，尽管他们之间的情况有很大的区别。当时的刘文典也信奉达尔文进化论，他翻译这些书是在20世纪20年代初期，其出发点正如他在《进化论讲话》译者序中所说的："我在十多年前认定了中国一切的祸乱都是那些旧而恶的思想在那里作祟。要把那些旧的恶的思想扫荡肃清，唯有灌输生物学上的知识到一般人的头脑里去。关于进化论的知识尤其要紧，因为一个人对于宇宙的进化、生物的进化没有相当的了解，绝不能有正当的宇宙观、人生观，这个人也就绝不能算社会上的一个有用的分子了。因为被这一牢不可破的成见所驱策，我就译出了几部通俗的生物学书。"

刘文典的译笔很好，标准的白话文，能用极畅达的语言说好西洋人和东洋人极复杂的学理。胡适说："刘叔雅不译书是社会的一大损失。"金克木在回顾少年时代读《进化论讲话》时感慨："书是通俗读物，译文是传统白话文体，一点欧化或日文化的句子都没有，比文言的《天演论》好懂多了。"

五四新文化运动以后，中国学术界兴起了一股对儒家学说批判的思潮，在这个思潮中，学人对以儒学为中心的中华传统文化进行了反思和扬弃，而对长期以来重视不够的子部典籍显现了异常的关注。蔡元培对俞正燮，胡适对禅宗，周作人对王充、李贽，鲁迅对魏晋诸子等等，都体现了这种学术风气。刘文典正是如此，无论是《淮南鸿烈集解》《庄子补正》，还是《论衡校注》《说苑校补》，乃至《大唐西域记简端记》《大慈恩寺三藏法师传注》，从四部分类来说，都属于子部书，都是有关思想史的典籍。对这些书的整理和研究，于中华传统文化的承启和对新时期思想的启蒙都具有重要的意义。

我自1995年编纂《刘文典全集》，迄今已二十有一年，但对刘文典校勘学、考据学的成就，乃至对其命运、性格、思想的挖掘和审视，都缺乏深入的研究。冗务缠身，事与心违。本文系据多年前的旧稿加工，本想写一节关于《论衡校注》和对刘文典诗词的论述，也因时间太紧而作罢。

（作者单位：安徽大学文学院）

论刘文典先生的学术精神

——纪念我的“太老师”刘文典先生诞辰125周年

欧明俊

刘文典先生（1889—1958），祖籍安徽怀宁，出生于合肥。1928年春，安徽大学正式创立，刘文典先生被推为文法学院院长兼预科主任，主持校务，是实际上的首任校长。安徽大学磬苑校区图书馆“文典阁”，成立于2011年的安徽大学文典学院，皆是以刘文典先生名字命名的。1982年9月，我由安徽五河县第一中学考上了安徽大学中文系汉语言文学专业，开启了又一段崭新的生活。1986年9月，我考上华东师范大学中文系古代文学专业唐宋文学方向研究生，导师马兴荣先生是词学名家。马先生于1954年毕业于云南大学中文系，作为优秀毕业生，作为刘文典先生最欣赏的弟子之一，被分配到华东师范大学中文系古代文学教研室工作。刘文典先生的言行事迹，我在安徽大学时知道的并不多，许多是从马先生那听来的，那时知道刘文典先生的人很少，从那时起，我一直关注和思考学者的命运和自我定位。刘文典先生是刘师培、章太炎的弟子，博古通今，学贯中西，学问博大精深，是蜚声于民国学术界的当之无愧的学术大师，他在现代学术史

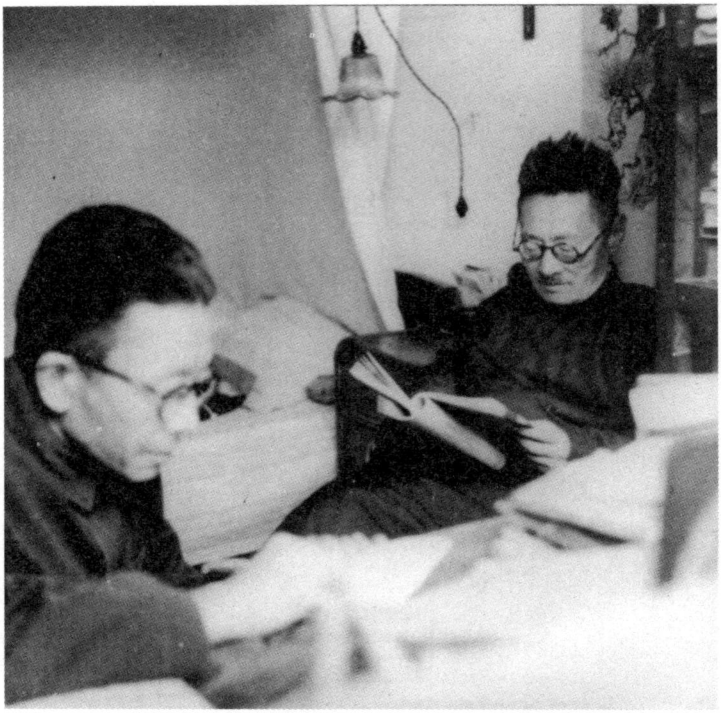

刘文典先生在云大家中做学术研究
（左为助手庄永华老师）

上的重要地位和对教育事业的突出贡献，值得我们永远纪念。刘文典先生是笔者的乡贤、老校长和“太老师”，我今天是带着感情纪念刘文典先生的。饮水思源，我是喝先生们的精神乳汁成长的，常怀一颗感恩的心。

“学术精神”，就是学者追求的学术之“道”，是本，它对应“术”，“术”是技巧、规范，是末。一个学者的学术精神，是学者的精、气、神，是学术最根本的东西。刘文典先生学术成就巨大，影响广泛深远。目前学界极少有专文论述“学术精神”，也没有专文研究刘文典先生的“学术精神”。刘文典先生的学术精神，非常值得我们研究和表彰，兹申论之。

一、担当精神

刘文典先生生于乱世，积极入世，敢于担当，关心天下安危治乱，关注世道人心，具《孟子·滕文公下》所说的“富贵不能淫，贫贱不能移，威武不能屈”的“大丈夫”人格。陆象山曰：“若某则不识一个字，亦须还我堂堂地做个人。”[①]刘文典先生尚气节，讲操守，保持人格尊严和民族尊严。对现实、社会、民族、国家有高度的责任感、使命感，济世、救世，心中装着他人，装着社会，有救苦救难、关爱众生的菩萨心肠。他有强烈的忧患意识，不是完全躲在象牙塔里做学问，不仅仅是“独善其身”，更“兼济天下”，如大乘佛，不仅拯救自己，更拯救他人，这是一种大境界。

1906年，刘文典先生进入芜湖安徽公学学习，为陈独秀、刘师培所赏识。1912年，他在上海于右任、邵力子等主办的《民立报》担任编辑，宣传民主革命思想。1913年，他再度赴日本；1914年，他加入中华革命党，并任孙中山秘书。“五四”期间，他担任《新青年》编辑部英文编辑和翻译，坚定地站在新文化运动的一边。

刘文典先生一生热爱祖国，追求进步，忧国忧民。据弟子张文勋《刘文典传略》记载，1938年，他逃离北京，辗转南下，历经磨难后到达昆明，在西南联大任教。他家住市郊官渡，离学校较远，当时日本飞机常对昆明进行空袭，但他从不缺课，他说：“我宁可被飞机炸死也不能缺课。”1949年末，昆明解放前夕，胡适动员他去美国，已替他找妥具体去所，并为他一家办好了入境签证，刘先生谢绝了，他说：“我是中国人，为什么要离开我的祖国？”[②]

刘文典先生主张“经世致用”，学术救国。日本大肆侵略中国后，他将考据的领域转移到对日本文化的考据，以唤醒国人的意志。他一

① 陆九渊：《陆九渊集》，中华书局1980年版，第447页。

② 刘文典：《刘文典全集》卷4附录，安徽大学出版社、云南大学出版社1999年版，第942页。

生曾三赴日本，在日本生活数年，对日本历史、政治、社会、文化有深刻的认识。从“九·一八”事变前后到抗战胜利，他在报刊发表不少与抗战有关的时评和诗文，透彻地分析了日本军国主义的发源历史和侵略本性，呼吁国人放弃幻想，迅速觉醒。他指出决定战争胜负的不是武器，而是精神。

1932年2月29日，清华大学举行“总理纪念周”，应梅贻琦校长之邀，刘文典先生做了“东邻野心侵略之计划”的演讲。3月11日，演讲稿以《日本吞并各国之推进机——黑龙会》为题发表于《国立清华大学校刊》，刘文典先生说：

> 就空间上说，他岂但要吞灭满蒙，席卷二十一省，还要兼并亚洲各国，连欧美他都要妄想侵略啊！我们的近邻有几千万饥渴的虎狼，七八十年来，昼夜在打主意，要吃我们的肉，喝我们的血。而我们还在做梦呢。我希望大家快快的醒觉，研究日本，认识日本，想一个死中求生的自救方法罢。什么国联咧，非战公约咧，华盛顿条约咧，都是一文不值的废纸啊，我们就是被这些东西所误，以为高枕无忧，所以才有今天的国难。[①]

刘文典先生指出，日本对外侵略是由“黑龙会”推进，国民必须放弃对国际条约的幻想。他不顾个人安危，于公开场合演讲，以笔为匕首，投向“黑龙会”。1932年9月，刘文典先生发表《日本侵略中国的发动机》一文。他把日本最早制造侵略中国理论者视作“日本侵略中国的发动机”，提醒国人：日本一直觊觎中国，“举国一致，定要吞并中国和亚细亚洲，以尽大和民族的天职，实现‘王道正直’的大理想”。他指出：

① 《国立清华大学校刊》，1932年3月11日。

> 日本侵略中国的真正发动机，并不在东京，也不在横滨、神户、大阪，而在博多湾上福冈城头一座小小的房子里。主动的人物既不是去年九月十八日以来大家哭着咒骂的本庄繁、土肥原贤二，也不是南次郎、荒木贞夫。连那组织在乡军人会，著《国民总动员》，做上奏文，名震天下的田中义一也都不相干。说来也奇怪，这一位“有席卷天下，包举宇内，囊括四海之意。并吞八荒之心”的英雄却是个美貌的女子。这位女英雄姓高扬，单名一个乱字，道号向阳先生。[①]

1932年11月，刘文典先生又发表《日本侵略政治的历史背景》一文，指出：“总而言之，日本这个民族，处心积虑要吞并中国，南自菲律宾群岛，北自黑龙江和俄属极东勘察加，在八九十年前早已视若囊中之物，志在必得，日本历年的内乱和对外战争其主因都全在这一点，什么满蒙政策咧，大陆政策咧，拥护既得权咧，都不过是一时诌出来的口号罢了。”[②]1943年，刘文典先生发表《日寇最阴毒的地方》一文，说：“日本人最可恨之处，是在他除了屠杀焚掠，毁灭我们的肉体和有形的财物之外，还千方百计的要想毁灭我们中国人的精神。”[③]1944年，刘先生发表《日本败后我们该怎样对他》一文，批评蒋介石对琉球群岛的放弃，力主把琉球收回来，强调切不可视为一个无足轻重的小岛，稍有疏忽，贻国家后日无穷之害。[④]刘文典先生的时论，针对性强，充满现实关怀和担当精神，观点深邃，笔锋犀利，极富真知灼见。

学术，天下之公器也；学者，天下之良心也。刘文典先生胸怀天下，追求真理，有文化担当精神，有强烈的“现实关怀”意识，关注世道人心，不逃避崇高，不逃避社会责任和义务。他是热心肠的人，

---

① 《独立评论》，1932年9月25日。

② 《独立评论》，1932年11月13日。

③ 《云南日报》，1943年2月26日。

④ 《云南日报》，1944年3月30日。

有责任心的人，有悲悯情怀的人，不冷漠麻木，不旁观，发出知识分子的“真声音”。他心胸博大，理念崇高，对学术有敬畏之心，有高远的学术理想，有坚定的信念和追求。视学术研究为纯粹高尚的事业，为生命的升华，坚守学者之“道”，保持书生本色，维护学术尊严，不视学术研究为阶梯，为敲门砖，不将学术工具化、异己化。

刘文典先生的担当精神是现在一些学者最缺乏的。有一种观念，只要把纯而又纯的“学问”做好了，外面的世界，物欲横流，道德沦丧，民生疾苦，皆与我无关。实际上，没有生命承担的学术，不是真正高尚的学术。

二、谦虚和自省精神

刘文典先生自视甚高，常藐视浅学者，不过，这只是他形象的一个侧面。实际上，他自律甚严，极具谦虚和自省精神。他重学习，乐意学，善于学，敢于承认自己的不足，乐意承认别人的优点。他不仅向老师学，向长辈学，向朋友学，向同辈学，甚至还向学生学，从善如流，博采众家之长，“海纳百川，有容乃大”。他广交学界名流，如章太炎、刘师培、陈独秀、蔡元培、胡适、陈寅恪、吴宓等，皆良师益友，跟他们往来，请教学问，析疑解惑，学识大增。在西南联大中文系时，他对学问如渊似海的陈寅恪敬重有加，公开承认自己学问不及陈氏之万一，多次对学生说自己对陈氏的人格、学问不是十分敬佩，而是“十二万分”敬佩。黄延复《刘文典逸事》记载，刘文典先生说：“陈寅恪才是真正的教授，他该拿四百块钱，我该拿四十块钱。”①

刘文典先生有自省精神，看到自己的短处，承认自己的局限。弟

① 刘平章主编：《刘文典传闻轶事》，云南美术出版社2002年版，第45页。

子张文勋回忆，刘先生生前常说："我最大的缺点就是骄傲自大，但并不是在任何人面前都骄傲自大。"[①] 他有气度，尊重、理解、吸取他人观点。现在能有多少人做到？嫉妒是人的天性，自古以来，文人相轻，学者相轻，容忍他人缺点难，容忍他人优点更难。刘文典先生推重陈寅恪，是大家风范，现在有的学者有点成就，就骄傲自大，别人的著作都不愿意看，拒绝学习，其实就是拒绝吸收新知识，拒绝与时俱进。

三、执着精神

刘文典先生天生热爱学术，对学术非常执着。他很勤奋刻苦，手不释卷，以毕生之力，精勤探索，坚持不懈，锲而不舍，不受外界诱惑，不见异思迁，生命的终点还进行杜甫研究。他喜欢刨根问底，抓住一个问题穷追不舍。校勘《淮南子》时，需要查阅《道藏》典籍，他闻说北京白云观珍藏明正统年间刊印《道藏》一部，于是请朋友帮忙，始住进白云观，得以翻看此典籍。他在白云观，平日足不出户，经常是茶饭不思，寝食难安，以致患上极为严重的神经衰弱症，后养息调理了半年，方渐渐好转。

刘文典先生次子刘平章回忆，为了能静心研究学问，他总是在夜里九、十点钟才开始看书写作，一直读到到第二天七八点才睡觉，从来不吃早点。到了中午，饭做好后，夫人张秋华负责叫他起床，并把他"领"出房间。[②] 他的笔记《三余札记》取三国董遇"冬者岁之余，夜者日之余，阴雨者时之余"之意，记录了自己长期积累的治学心得和体会，可见他勤奋不殆的钻研精神。

① 刘平章主编：《刘文典传闻轶事》，云南美术出版社2002年版，第3页。

② 《听刘平章谈父亲刘文典》，《新安晚报》，2008年11月4日。

刘文典先生对学术非常敬畏，非常虔诚，近乎一种宗教性的情感，热爱学术就像热爱生命一样。他甘心寂寞，坐冷板凳，为了学术，他自愿放弃追求高官厚禄、荣华富贵。安徽大学“学潮”发生后，刘文典先生因与蒋介石产生激烈冲突，险些丧命，不得不离开安徽大学。当时陈立夫和蔡元培上书蒋介石，力荐赋闲的刘文典先生担任教育部部长，但他断然回绝。在后来给次子刘平章信中，说出拒绝的理由：“只有终身之教授，而无终身之部长，我决定北上到北大去教书。”① 据弟子张文勋《刘文典传略》记载，刘文典先生说过：“教授怎能不教书？不教书就是失职！”②

刘文典先生对学问充满热情，心在学术，而不是被动的。他潜心学问，执着专一，心无旁骛，有定力。这种执着精神，是首先要提炼出来表彰的。有的学者，一生都很勤奋，但是不执着专一，以后放弃学术，半途而废，改弦易辙，弃学从政或从商，学术生命中断，自断通往大师之路。

四、严谨精神

刘文典先生读书做学问十分严谨，严肃、认真、细心，精益求精，一丝不苟，字斟句酌。据学生傅来苏《刘文典先生教学琐忆》记载，刘文典先生说：“一字异同，必求碻（同“确”）诂。”③ 弟子张文勋回忆，刘文典先生常以校勘学为例教育学生：“一字之微，征及万卷。”④ 这是皆是他的治学格言。他重视实证，校勘古籍，字字讲究来历，就连校对也从不假他人之手。他致信胡适，大叹校对苦经：“弟

① 详见《听刘平章谈父亲刘文典》，载《新安晚报》2008年11月4日。

② 刘文典：《刘文典全集》卷4附录，安徽大学出版社、云南大学出版社1999年版，第943页。

③ 刘文典：《刘文典全集补编》，黄山书社2008年版，第185页。

④ 刘文典：《刘文典全集补编》，黄山书社2008年版，第2页。

目睹刘绩、庄逵吉辈被王念孙父子骂得太苦，心里十分恐惧，生怕脱去一字，后人说我是妄删；多出一字，后人说我是妄增；错了一字，后人说我是妄改，不说手民弄错而说我之不学。所以非自校不能放心，将来身后虚名，全系于今日之校对也。”[①] 他征引材料，特别强调“查证原文”，以免以讹传讹。

刘文典先生的《淮南鸿烈集解》，寒暑数易，其志不移。胡适破例用文言文为其作长篇序言，说：“整理国故，约有三途：一曰索引式之整理，一曰总账式之整理，一曰专史式之整理。典籍浩繁，钩稽匪易，虽有博闻强记之士，记忆力终有所穷。……吾友刘叔雅教授新著《淮南鸿烈集解》，乃吾所谓总账式之国故整理也。《淮南王书》，折衷周、秦诸子，……其自身亦可谓结古代思想之总账者也。”胡适称赞说：“叔雅治此书，最精严有法，……苟有引及，皆为辑出，不以其为前人所已及而遗之。……读者自能辨其用力之久而勤与其方法之严而慎”[②]。并出面推荐给商务印书馆，1923 年冬，《淮南鸿烈集解》正式出版。1923 年，胡适应《清华周刊》之请，给青年人开过一份《最低限度的国学书目》，特别推荐了《淮南鸿烈集解》，梁启超开列的《国学入门书要目及其读法》中也推荐了《淮南鸿烈集解》。鲁迅听说《淮南鸿烈集解》一书正式出版后，特意去商务印书馆买了一套，并将此事写入日记。《淮南鸿烈集解》出版后，十年间重印三次，又过二十五年，刘文典先生在原书基础上，又加入其二十多年读书、教学中遇到的新材料和新思考。《淮南鸿烈集解》的问世，在当时学术界掀起了一股研究《淮南子》的热潮，促进了《淮南子》研究的发展。此书为近现代学术史上《淮南子》研究的代表作，是学术经典，至今仍是大学生必读书。

刘兴育《老鼠与油灯——李埏先生向刘文典的两次借书》一文谈到，西南联大时，学生李埏向刘文典先生借一本《唐三藏法师传》，

① 刘文典：《刘文典全集》卷 3，安徽大学出版社、云南大学出版社 1999 年版，第 795 页。

② 刘文典：《刘文典全集》卷 1，安徽大学出版社、云南大学出版社 1999 年版，第 1–7 页。

发现书的天头地脚及两侧空白处都布满了他的批注，注文除中文外，还有日文、梵文、波斯文和英文。其治学之严谨，令人叹为观止。[①]

刘文典先生尊重古人，尊重前贤，严格遵循学术规范，不轻易著述，不轻易发表，这点现在有多少人能做得到呢？有些学者是天才，也很有能力，但治学不严肃，不严谨，自毁前程。

五、自信精神

刘文典先生的《庄子补正》十卷，兼综群言，补阙发微，疏通疑滞，厘定底本，为精心刻意之著作，1939 年，昆明土纸石印初版，作为教材，1947 年，商务印书馆正式出版。1939 年，陈寅恪序言里称赞说："先生之作，可为天下之至慎也。……先生此书之刊布，盖将一匡当世之学风，而示人以准则，岂仅供治《庄子》者之所必读而已哉！"[②]可代表当时学术界之公论。张中行《刘叔雅》一文记载，在昆明跑警报时，刘文典先生自负地说："我炸死了，就不再有人讲《庄子》。"[③]学生李必雨《往事钩沉》回忆，1955 年，刘文典先生在云南大学迎新会上自信地对学生说："算起来，全世界真正懂得庄子的人，总共有两个半人，一个就是庄子自己，中国的庄子学研究者加上外国所有的汉学家，唔，或许可以算半个。"他没有明确说另一个是谁，言下之意就是他自己。他又对学生说："别人不识的字，我识；别人不懂的篇章，我懂。你们不论来问什么问题，我都会予以解答。"[④]学生傅来苏《刘文典先生教学琐忆》记载，刘文典先生说过："教案在

① 刘平章主编：《刘文典传闻轶事》，云南美术出版社 2002 年版，第 71 页。

② 刘文典：《刘文典全集》卷 2，安徽大学出版社、云南大学出版社 1999 年版，第 1 页。

③ 刘文典：《刘文典全集补编》，黄山书社 2008 年版，第 30 页。

④ 《边疆文学》1999 年第 3 期。

脑中。”[1] 剥离掉“狂”的外衣，实质上，这是他学术自信的表现。他有胸襟，有气象，眼界高，立定根本，精一自信，有真才实学，才有纵横天下的自信。有的学者格局太小，螺蛳壳里做道场，坐井观天，腹中空空，便不敢谈学问，不敢大声说话。

六、独立和自由精神

刘先生是“皖中狂人”，很有名士风度。他独立不惧，维护人格尊严，极具传统士大夫的傲骨，为“五四”时期知识分子的典型代表之一。据弟子张文勋《刘文典传略》记载，1928 年 11 月，安徽大学发生学潮，正好蒋介石从芜湖到安庆巡视，遂召见刘文典先生，问他如何处置肇事之学生，他认为此事复杂，需要调查，出言顶撞，蒋介石大怒，指责他纵容学生，“是为安徽教育界之大耻”，要对他从严法办，他骂蒋介石是“新军阀”[2]，蒋介石令随从陈立夫将他送交公安局关押。据冯友兰回忆，蒋介石怒说：“你革命不革命？”刘先生亦怒曰：“我跟中山先生革命的时候，你还不知在哪里！”蒋介石遂把刘先生囚禁起来。[3] 并宣布解散安徽大学。刘夫人张秋华第二天赶到南京找蔡元培，蔡元培、胡适、蒋梦麟等人分别致电蒋介石，历述刘文典先生的为人治学，以及民国创立时编辑《民立报》的功绩，说他一时语言唐突，“力保无其他”，将他营救出来。刘文典先生顶撞蒋介石事件，轰动一时，不同人回忆和记述，文字上有差异，有不同“版本”，但基本事实是真的。不久，清华大学校长梅贻琦电邀刘文典先生北上，任清华大学国文系教授。1929 年初，刘文典拜访卧病在床

① 刘文典：《刘文典全集补编》，黄山书社 2008 年版，第 184 页。

② 刘文典：《刘文典全集》卷 4 附录，安徽大学出版社、云南大学出版社 1999 年版，第 938 页。

③ 章玉政编：《刘文典年谱》，安徽大学出版社 2011 年，第 423 页。

的老师章太炎，章太炎听说他当面怒斥蒋介石的事件始末，十分欣赏他的气节，想起三国时祢衡击鼓骂曹操的典故，遂抱病提笔，写了一副对联送给自己的学生："养生未羡嵇中散，疾恶真推祢正平。"

刘文典先生还公开批评当时的教育部，他的名言"大学不是衙门"[④]，这句话非常经典，已成为当代大学的精神资源。他是有骨气的学人，不畏强权，抗争命运，一切行事，认理不认人，个性张扬，特立独行。

是真名士自风流，再看刘文典先生课堂上的风采。他讲课不拘常规，常常乘兴随意。黄延复《刘文典逸事》记载，在西南联大中文系时，一次，刘文典先生刚上了半小时课，便讲完了上一讲的内容，同学们以为他接下来要讲新课，他却忽然宣布说："今天提前下课，改在下星期三晚饭后七时半继续上课。"原来下个星期三是阴历五月十五，正是月圆之夜，他要在月光下讲解谢庄的《月赋》。[⑤] 到这晚，皓月当空，校园里摆下一圈座位，刘文典先生坐在同学们中间大讲《月赋》，形象生动，见解精辟，别开生面，同学们听得陶醉，终生难忘，那是一种境界。他一个学期只讲半篇《海赋》，宋廷琛《忆刘文典师二三事》回忆："当他解说《海赋》时，不但形容大海的惊涛骇浪，汹涌如山，而且叫我们特别注意到讲义上的文字。留神一看，果然满篇文字多半都是水旁的字，叔雅师说姑不论文章好坏，光是看这一篇许多水旁的字，就可令人感到波涛澎湃瀚海无涯，宛如置身海上一般。"[⑥] 他上课征引繁富，"《文选》选读"课，一年只讲《文选》中的两三篇文章。他博闻强记，上课时讲《圆圆曲》《万古愁》两文时，明末清初的事迹，如数家珍，且在黑板上列举了许多典故。

④ 参见金克木《刘教授文典》，《光明日报》1991 年 10 月 12 日。

⑤ 刘平章主编：《刘文典传闻轶事》，云南美术出版社 2002 年版，第 43 页。

⑥ 台北《传记文学》第 44 卷第 4 期，1984 年 4 月。

七、怀疑和批评精神

刘文典先生极有怀疑和批评精神。宋代张载《大学·原下》曰："可疑而不疑者，不曾学，学则须疑。"[①] 吕祖谦曰："读书无疑，但是不曾理会……小疑必小进，大疑必大进。"[②]《朱子读书法》曰："读书无疑者，须教有疑；有疑者却要无疑，到这里方是长进。"又曰："书始渐未知有疑，其次渐有疑，再其次节节有疑，过此一番之后，疑渐读释，以至融会贯通，都无可疑，方始是学。"[③] 陆九渊曰："为学患无疑，疑则有进……小疑则小进，大疑则大进。"[④] 刘文典先生敢疑并善疑，尤重在不疑处有疑，于不疑处发现问题，不迷信权威，不迷信传统，不迷信定论。刘文典先生敢于与别人争鸣讨论，独抒己见。1918 年，陈独秀作《有鬼论质疑》一文，易乙玄马上写一篇《答陈独秀先生"有鬼论质疑"》，诘难陈独秀，刘文典看到后，立即作《难易乙玄君》进行反诘。如果没有怀疑精神，不敢怀疑，拜倒在权威脚下，对权威的观点从不敢怀疑，不敢说一个"不"字，学术事业是不可能前进的。现在学者多乡愿，做老好人，眼见他人特别是名家的错误，不敢指出，听之任之，以讹传讹，如此，学术怎能进步？

批评就是质疑、批判、否定。刘文典先生有挑战权威的学术勇气，有追求真理的胆识，不以权威的是非为是非，求真、求是。古人、前人、朋友、学生，刘文典先生都批评，甚至批评老师，"吾爱吾师，吾更爱真理"。刘文典先生师从刘师培，据弟子张文勋《刘文典传略》记载，刘文典先生但他批评刘师培"著述征引的材料，有时只凭记忆"[⑤]。他与鲁迅同师从章太炎，又是北京大学同事，知道鲁迅许多

① 张载：《张载集》，中华书局 1978 年版，第 286 页。

② 吕祖谦：《吕东莱文集》卷二十《杂说》，《丛书集成初编》本。

③ 永瑢、纪昀等总纂：《景印文渊阁四库全书》第 709 册，台湾商务印书馆 1983 年版，第 370 页。

④ 陆九渊：《陆九渊集》，中华书局 1980 年版，第 449 页。

⑤ 刘文典：《刘文典全集》卷 4 附录，安徽大学出版社、云南大学出版社 1999 年版，第 944 页。

事情。1949年7月11日晚，他给云南大学文史系师生演讲，对鲁迅颇多有微词，说鲁迅具有“迫害狂”心理，“以牙还牙，以眼还眼”，过于“小气”“褊狭”，认为鲁迅创作和学术研究有不少瑕疵，小说多“写绍兴的景物风俗”，有局限性，《红楼梦》这样的长篇，鲁迅是写不出来的，《中国小说史略》也有缺点。他批评鲁迅“算不得一个思想家，因为他对中国的哲学还没有研究透彻”[①]。他公然批评已被奉为偶像的鲁迅，是忠于学术，是站在学术立场对学术负责，而不是徇私情，只对朋友负责。

八、独创和超越精神

刘文典先生有旺盛的学术活力，有高度的学术敏感性和洞察力，不断吸收新知识、新思想，不拘泥旧学，极富创新思维，善于独立思考，开拓新的领域，独创新义，“成一家之言”，是普通学者达不到的境界。西南联大经济系学生马逢华《记西南联大几位教授》一文回忆刘文典先生演讲《红楼梦》时情形：“先生像说‘道情’一样，有板有眼地念出他的开场白：‘只——吃——仙——桃——一口，不——吃——烂——杏——一筐！仙桃只要一口就行了啊……我讲《红楼梦》嘛，凡是别人说过的，我都不讲！凡是我讲的，别人都没有说过！今天给你们讲四个字就够了！’于是他拿起笔，转身在旁边架着的小黑板上，写下‘蓼汀花溆’四个大字。”[②]刘文典先生的有些文章，文字不多，并未展开，但仅提一句便足够学界多人展开研究。刘先生将学问做到极致，故而成为当之无愧的大师。许多“专家”学富五车，只能做支离破碎的学问，只著书，不立说，缺乏原创性，量再

① 参见蒙树宏《关于鲁迅和刘文典二题》、郑千山《刘文典骂鲁迅吗》，刘文典《刘文典全集补编》，黄山书社2008年版，第194-203页。

② 台北《传记文学》，第52卷，第6期，1988年6月。

多，也成不了大师。

刘文典先生有大学问、大智慧，不局限于某一学术领域，没有所谓“专业”限制，善于各门学科融会贯通，做综合性、整体性、会通性研究，精深而又博大厚重。他有第一流的思想、学问和文采，义理、考证、文章、经济四者兼备合一，道与艺合，经世致用。刘文典先生博古通今，治学领域的时间跨度非常大，上至先秦下至明清，到现代。做第一流的学问，上通天文，下通地理，精深而又博大，规模格局宏大。他在西南联大开设了《庄子》选读、《文选》选读、温庭筠、李商隐诗、中国文学批评研究、元遗山研究、吴梅村研究等课程。1943 年，他被聘到云南大学任教，先后讲授杜诗研究、温李诗、文选学、《文赋》研究、历代韵文选以及顾炎武、夏完淳研究等课程。他还于清华大学等高校开设过《淮南子》研究、先秦诸子研究、《大唐西域记》研究、《论衡》研究、《史通》研究、校勘学、《文心雕龙》研究、今古文研究、陶渊明研究、中国化的外国语等课程，从先秦到到近现代，经、史、子、集，无所不包。他著有《淮南鸿烈集解》《庄子补正》《说苑斠补》《三余札记》《群书校补》《杜甫年谱》等。他学贯中西，通晓英、德、日多国文字，善于汲取外来思想，中西学术互相沟通，而不忘民族之本位。他早年以翻译西方社会科学著作而著名，被誉为“译书的天才”。他翻译了《近世思想中之科学精神》《叔本华自我意识说》《佛兰克林自传》《美国人之自由精神》《进化论讲话》《进化与人生》等，为沟通中西方文化做出了卓越贡献。他善于会通研究，吴晓玲《忆刘叔雅先生数事》回忆，刘文典先生一次在昆明基督教文林堂演讲，解释《庄子》第二十七篇《寓言》中“万物皆种也，以不同形相禅，始卒若环，莫得其伦，是谓‘天均’”的“天均”，他说：“‘均’就是 nature balance 嘛！”言简意赅，一语中的。[①]“nature balance”，即“生态平衡”，中西融合。

刘文典先生的学问博大精深，涵盖了政治学、哲学、宗教学、教

① 刘文典：《刘文典全集》卷 4 附录，安徽大学出版社、云南大学出版社 1999 年版，第 971 页。

育学、军事学、文化学、翻译学、文学、艺术、生物学、医学等方面，会通研究，而不满足于就庄子论庄子、就淮南子论淮南子。超越是刘文典先生“一以贯之”的精神，他永不知足，一生都在不断地超越古人、超越前人，更超越自己。他的学术成就不只是自己时代的，还超越时代，长久影响。现在有些学者是有创新，可成名成家后，往往停步不前，坐享其成，吃老本，丧失创新能力。有的学者可怜的是格局太小，封闭、狭隘，自我限制，做进得去却出不来的学问，只能自我欣赏，自我安慰。[①]

九、刘文典先生的学术精神对当下学术研究的启示意义

我们今天隆重纪念刘文典先生，研究和学习先生的学术精神，不仅仅是为了纪念而纪念，为了研究而研究。更为重要的是，我们有义务和责任接续先生的未竟事业，承继先生的学术精神，发扬光大。应思考的是，我们如何学习他担当、谦虚和自省、执着、严谨、自信、独立和自由、怀疑和批评、独创和超越精神，做真正的学者，做真正的学问。要不断自省，不断反思，不断开拓，不断创新，不断超越。要胸怀学术理想，追求真理，要做有思想、有深度的学问，做于当下和未来有益、有用的学问，做传世的学问，而不是为了学问而学问，更不是视学术为一次性消费品，视为异己化的工具。研究和表彰刘文典先生的学术精神，对当下学者的人格建设，对学者学术精神的养成，对学界的学风建设，对优化学术生态，皆极有启示意义。

（作者单位：福建师范大学文学院）

① 参见欧明俊《论夏承焘的学术精神》，《夏承焘研究》第一辑，线装书局 2017 年版，第 281-288 页。

刘文典的文史研究及其比较意识

张思齐

刘文典（1889—1958），原名文骢，字叔雅，安徽合肥人。刘文典在国学领域著述非常多，他的主要著作有《淮南鸿烈集解》《庄子补正》《说苑斛补》《三馀札记》《进化论讲话》《进化与人生》等。此外，刘文典在杜诗、温李诗、《文选》、《文赋》和历代韵文等方面，都有湛深的研究。加拿大文学批评家诺斯罗普·弗莱（Northrop Frye，19112—1991）指出：Thus every problem in literary criticism is a problem in comparative literature，or simply of literature itself.[①]（因此，文学批评中的每一个问题都是比较文学的问题，或者，简直就是文学本身的问题。——拙译）弗莱在分析英国大诗人米尔顿（John Milton，1608—1674）的著名诗篇《丽西达斯》（*Lycidas*）的时候，说了这一番话。米尔顿的诗篇《丽西达斯》，其主体用英文写成，其中根据情节发展的需要而不时穿插了大量的希伯来文、希腊文、拉丁文和意大利文的语汇和语句。《淮南鸿烈集解》是刘文典用力较多的杰作，该书也以

①David Lodge，ed. 20th Century LiteraryCriticism—A R eader（London：Longman Group Limited，1972）436.

刘文典先生（前排右二）与中国文学会委员会诸君合影

对来源丰富的词语之考据和训诂而凸显其特色。这样的工作必然涉及比较研究。“《象》曰：‘比之自内’，不自失也。”[①] 这是《象传》对于比卦六二爻的解释。原义讲的是政治哲学，即臣子从发自内心辅助君主，就不会自失正道。这句话也可以用作比较研究的一条原理：根据研究对象本身的需要而进行比较，就不会偏离比较文学的大道。统观《淮南鸿烈集解》，我们发现，刘文典所进行的比较研究无一不是从问题本身出发的，因而他的比较研究做得很自然，一点儿也不带斧凿痕。具备比较意识是刘文典国学著述的重要特色，他是一位真正的国学大师。

① 唐明邦主编：《周易评注》，中华书局 1995 年版，第 24 页。

一、国学相对西学而言

通常所谓国学，指的是对我国传统文化学问的研究，它包括语言、文字、文学、史学、哲学、天文学、地理学、考古学，乃至传统医学等学科门类。以上学科门类，现在已经作为单独的学科而在各自的部门中进行研究。在大专院校里设有专门的学系对以上各学科门类进行教学。在研究部门中设有专门的院所对以上各学科门类进行研究。与单独的专门的教学与研究不同，国学带有整体把握以统摄各学科门类的性质。由于整体把握也需要一套方法论上的严格要求，故而也有人把国学看成一种专门的学科，国学班、国学院等就是将国学视为专门的学科而组建的机构。

通常所谓国学，实际上指中国学。因为这一套学问就在我们的祖国中国国内进行研究，所以人们省称之为国学。国学，犹言国故，为本国固有的学术。本国人士在交谈中已经知道范围，故而省掉了“国学”一语前面的那个表示国别的定语。古籍中的“国学”指我国在古代所设立的国家一级的学校，与之相应的还有州学、府学、郡学、县学等。州学、府学、郡学、县学，分由州、府、郡、县设立。由于兴办具有一定教学水准的学校需要庞大的财政开支，故而我国古代的官办学校只到县这一级。对词语的应用研究告诉我们，国学实际上是近代社会的产物。

从历史发展看，国学近代以来随着民族国家的纷纷兴起而诞生的专门学术。在欧洲，近代以来民族国家纷纷建立。在近代以前，欧洲各国处于中世纪，政府和教会所使用的文字为拉丁文，知识分子写作也使用拉丁文，官员和学者交谈使用拉丁语。如果有人使用自己的本国语文，那么就一定会遭人嘲笑。民族国家建立之后，各国采用自己的语言（Vernaculars），并通过约定正字法而确立了各国语言的书面形式即文字。随着社会的发展，各民族国家益发强调自己作为民族国家的特征。在这种大背景之下，各国学术得到重视，于是产生了各自的国学。中国很大，其领土面积接近于整个欧洲的土地面积。欧洲位于中国的西方，它拥有四十多个国家。由于欧洲各国的语言大都同属印欧语系，又由于欧洲各国大都具有共同的基督宗教信仰，因而欧洲各国人民在思维模式上具有相似性。以此之故，我们进行比较研究的时候，往往将中国和西方对举。当我们以世界为坐标系来审视我们的国学时，就会发现国学是一个与西学相对而言的范畴。

从世界范围看，国力强盛的各个国家大都有自己的专门学术。德国的国学叫作日耳曼学（Germanic studies），英国的国学叫作不列颠学（British studies），法国的国学叫作法兰西学（French studies）。美国位于美洲，她在文化体系上属于西方的大范畴。美国的国学叫作美国学（American studies）。印度的国学叫作印度学（Indian studies），印度是东方国家，但是在语言上属于印欧语系，自从亚历山大大帝东征以来与欧洲的联系逐渐紧密。日本不是西方国家，不过自明治维新（1868）以来，日本日趋西化，在日本近代史上“脱亚入欧”的学说曾经风靡一时，因此日本也有国学，叫作日本学（Japanese studies）。日本的国学，受荷兰的影响甚深，故而在日本荷兰的学术称为兰学（Dutch studies）。不过，兰学的范围远比其他各国学宽广，它不仅包括人文社会科学的各个学科门类，还包括自然科学的各个学科门类，尤其是医学。它们虽然名称各异，然而覆盖的领域却基本相同，故而可以统称为各国学。国家的强盛是各国学成立的关键。比如，韩国领土面积不大，但是在经济上突飞猛进，因而值得研究，故而关于韩国的研究便形成了一门专门的学问韩国学（Korean studies）。各国学还有两个共同点：

其一，非常重视对于词源和语源的考证，这是因为人类的思维是用语言来进行的。日耳曼学的产生，主要归功于格林兄弟，即哥哥雅各布·格林（Jacob Grimm，1785—1863）和弟弟威廉·格林（Wilhelm Grimm，1786—1859）。格林兄弟搜集整理的童话故事集

《格林童话》，为世界各国的儿童和成人所爱读。然而，格林兄弟最大的功绩却是编纂巨型的《德语大辞典》。格林兄弟编《德语大辞典》，其功用类似于中国的《辞源》。由于体系宏大，格林兄弟未能在生前完成《德语大辞典》的编纂工作，今本《德语大辞典》包含了后代学者的补充，其篇幅大约为《辞源》的十倍。直言之，格林兄弟编《德语大辞典》是日耳曼民族的文字音韵和训诂学成就的汇集。雅各布·格林所发现的格里姆（Grimm'slaw）定律，能够帮助精通一种欧洲语言的人在较短的时间内通晓另一种欧洲语文。格里姆，这是“格林”的另一种汉字表记。

其二，非常重视对于各国特有事物的研究，这是因为各国的特有事物足以彰显一个国家与其他国家的不同。前一个特点，类似于文字音韵和训诂学。后一个特点，类似于名物典章制度的研究。文字音韵和训诂，名物典章制度，这两个方面是各国学的核心内容。国学，其对应的英文是National studies，这是统称。当具体指称某一国的国学的时候，则将national置换为相应的形容词。在英文中，表示国家有三个单词，即country，nation和state，它们分别侧重领土、民族和政治的侧面。由此可知，国学之“国”乃是侧重民族的。这也恰好说明，各国学乃是近代民族国家兴起后才有的产物。兹以日本为例而说明之。日本学，日本人也自称为国学，而并不叫作日本学，同样以指称范围为言谈者所明了之故。日本的国学，以“记纪”类文学和《万叶集》等古代典籍的研究为主要内容，旨在阐明古代的精神文明。日本的国学起源于江户时代（1603—1867），荷田春满（1669—1736）、贺茂真渊（1697—1769）、本居宣长（1730—1801）和平田笃胤（1776—1843）是日本国学的四位大师。一般以明治维新为日本现代史的开端，日本的四位国学大师都活跃于近代后期。这也与世界范围内各国学的进程一致。

尽管如此，却并非在一个国家的民称之后面缀上一个“学”字便可得到某国学。这是因为，各国学均为强国的表征。近代以来，原有的大国有的依然存在，有的早已解体消亡。二战以来，原殖民地国家纷纷独立，目前在世界上有两百二十多个国家，然而拥有其国学者还不到二十个。一国强梁其学显，这是一个普遍的规律。大凡历史悠久的民族，都有丰富的文字音韵和训诂学方面的文献，也有一套独特的名物典章制度，不过却未必有相应的某国学为世界各国学者所研究。这一现象说明了什么呢？如欲某某国学之成立，必须有值得研究的现实价值。以此之故，如果国家不强大，那么便无法成为各国学者所公认的某国学。研究的人少，新的文献也就少。没有人研究，也就无法产生新的文献，因而一国之学也就只能走向衰落而最终消亡。研究的人多，新的文献也就多。大家都来研究，文献便迅速增长，因而一国之学便繁荣昌盛。各国学都面临着是否后继有人的问题，国学的命运是由国势决定的，这是一个不以人的主观意志为转移的规律。所谓国势，也就是综合国力。

各国学大致有三种类型。其一，与近代国家并生的各国学，比如中国学、不列颠学、日耳曼学、法兰西学、美国学等。其二，与历史存在相关的各国学，比如蒙古学、藏学等。蒙古学之所以存在，乃是因为曾经有过由蒙古人建立的横跨欧亚非的世界性帝国。藏学之所以存在，乃是因为吐蕃国家最强大的时候，曾经在疆域上抵达现在印度的加尔各答一带，在军事上曾经使得唐帝国大伤脑筋。其三，与社会思潮捆绑的各国学，比如突厥学、斯拉夫学等。鼓吹它们的人幻想有朝一日建立统一的突厥人国家或所有斯拉夫民族的大一统国家。突厥学和斯拉夫学与当今世界格局下相关各国的现实存在相距遥远，不仅其学理性不充分，而且还具有煽动性，这是值得警惕的。

二、刘文典有比较意识

中国的国学，或曰中国学，或曰汉学，与各国学的差别在于其传统非常悠久。尽管中国学也是在近代形成的，但是其根源却比世界各国学要早得多。这是因为，中国拥有五千年的古国文化。正如毛泽东在《论反对日本帝国主义的策略》一文中所指出："我们中华民族有同自己的敌人血战到底的气概，有在自力更生的基础上光复旧物的决心，有自立于世界民族之林的能力。"[①] 中国历史上曾多次遭受外敌入侵，然而她都挺过来了。中国的历史从未中断。中华文化是以汉民族的文化为主体而又兼容了各个少数民族文化的综合性很强的文化。而且，特别有趣的是，每一个建立全国性政权的少数民族都主动地接受了源远流长的中国文化，心甘情愿地被同化。我们不妨对比一下世界其他国家的历史和文化。英国的历史，两千余年，英国的文化传播的很广泛。比如，世界上至今有六十多个国家讲英语，这就是明证。然而，英国文化本身并不构成一个文化体系，它只是二希文化（the Hebrew–Hellenistic cultural system，或：double–H cultural system）体系的一部分。印度历史悠久而且文化发达，巴比伦历史也很悠久而且文化也很灿烂，然而它们却中断了。中国学的确是起源悠久而未中断并且在当今时代大放光彩的一种国学。刘文典的国学研究自成体系，所著《淮南鸿烈集解》乃是其国学研究的高度成就。刘文典在国学领域内著述宏富。其中，《淮南鸿烈集解》较为集中地体现了刘文典的比较意识。兹以此书中的若干例证来说明刘文典国学研究的富于比较意识这一特征。

第一例。刘安《淮南鸿烈训》卷一《原道训》原文："所谓一者，无匹合于天下者也。卓然独立，块然独处；上通九天，下贯九野，员不中规，方不中矩；大浑而为一叶，累而无根，怀囊天地，为道关

① 中共中央毛泽东选集出版委员会：《毛泽东选集》，人民出版社1964年版，第147页。

门；穆忞隐闵，纯德独存；布施而不既，用之而不勤。”[①] 对于这一段话，高诱只有极为简单的注释，刘文典却写了三则按语，他将宗教的基本特征“无中生有”发挥到了极致。刘文典虽然没有从《圣经·创世纪》中引用经文，然而他已然将《圣经·创世纪》作为比较的基盘。这是毫无疑问的。

第二例。卷三《天文训》原文：“帝张四维……为四时根。”[②] 对于这一段话，刘文典汇集了引自庄逵吉、王引之、王念孙的十八条材料，“望文生义”地尽情发挥，将语言哲学发挥到了极致，大有“十八扯”之行文趣味。二十多年前，当比较文学这一学科在中国各大学里面设置为一门课程的时候，有人讽刺说：比较文学一只筐，乱七八糟往里装。说这样的话的人，其实不懂得比较文学的优越性，那就是极大地发挥研究者的联想能力。我们也可以对说这话的人讲一句：装满一大筐，委实不容易！比较是没有边界的。原来不能比较的事物，随着人类认识的拓展，后来就能够比较了。比如，将白菜与棉花进行比较。有人说，这是胡扯，白菜与棉花怎么能够比较呢？其实不然，白菜与棉花都是生活资料，在生活资料这一维度上，白菜与棉花是可以比较的。又有人说，老子与荷马之间的比较是风马牛不相及。其实不然，在用诗歌体叙事方面，老子和荷马都是高手。以上那些糟蹋比较文学的话，今天再也没有人说了。比较文学的学科特征就是自由阐释。只要能够确立阐释的范围和角度，自由阐释便没有什么错。胡塞尔（Edmund Husserl，1859—1938）的现象学研究，不正是以自由阐释为特征的吗？这说明，刘文典深谙比较研究之道。

第三例。卷四《坠形训》原文：“是故坚土之人刚……不食者不死而神。”[③] 这一段话，原文并不长，刘文典却汇集了引自俞樾、陶方

① 刘文典撰，殷光熹点校，张文勋审定：《淮南鸿烈集解》，安徽大学出版社、云南大学出版社 1998 年版，第 27 页。

② 刘文典撰，殷光熹点校，张文勋审定：《淮南鸿烈集解》，安徽大学出版社、云南大学出版社 1998 年版，第 107—109 页。

③ 刘文典撰，殷光熹点校，张文勋审定：《淮南鸿烈集解》，安徽大学出版社、云南大学出版社 1998 年版，第 140—141 页。

琦、王念孙的材料多达九条，而刘文典本人写有按语四条。《坠形训》原文云："食叶者有丝而蛾。"[①]在这一句话的下边，王念孙有较长的注释。刘文典认为，王念孙的注释错了，于是他写下了以下按语：

> 文典谨按：上文"食木者""食草者"，下文"食肉者""食谷者"，木也，草也，肉也，谷也，皆共名也。此似不应独举专名曰"食桑者"。虫之食叶者多化为蛾，此生民之所共见，且据《艺文类聚》高注实作"蚕属是也"，此"蚕是也"乃许注也。既曰"蚕属"，则非专训为蚕可知，王说泥矣。[②]

王念孙是名气极大的学者，其文献功夫功力深厚，且素以审慎著称。然而，智者千虑必有一失，出错是难免的。刘文典根据自己丰富的知识，纠正了王念孙的错误。《坠形训》的以上原文，讲的是土地与民性的关系。它类似于法国文学理论家丹纳（Hippolyte Adolphe Taine，1828—1893）所谓文学三要素中的环境要素。和辻哲郎（1889—1960）也说过："并非只有历史才是社会存在的一种结构，风土也是社会存在的一种结构，而且不能与历史相脱离。只有在两者的结合上，历史才能获得完整的姿态。"[③]和辻哲郎是以比较研究而闻名的人类学家，其代表作《风土》出版于1935年。刘文典之所以能够指出王念孙的错误，乃是因为他清楚地看到了文学创作与风土之间的关系。刘文典的后半生长期在云南生活。云南是一块多彩的土地，在这块土地生活着汉族和许多少数民族。云南使得刘文典深刻地认识到风土对文学风貌之影响。刘文典早年曾留学日本，后来又赴日本充任孙

① 刘文典撰，殷光熹点校，张文勋审定：《淮南鸿烈集解》，安徽大学出版社、云南大学出版社1998年版，第140页。

② 刘文典撰，殷光熹点校，张文勋审定：《淮南鸿烈集解》，安徽大学出版社、云南大学出版社1998年版，第141页。

③〔日〕和辻哲郎：《风土》，陈力卫译，商务印书馆2006年版，第11页。

中山先生的秘书。因为有这样的经历，所以刘文典对日本学者的学说自然十分熟悉，可谓日本通。刘文典通晓多种外国语文，他对丹纳的学术思想也自然十分熟悉。在文化人类学者看来，风土是一项微妙的要素，它并不简单地以地理气候的面目出现，而总是与民族性和民族心理交织在一起。丹纳在其《伟大的世纪》一文中指出：Die Wurzel der groβen Ereignisse istimmer ein Charakterzug des Volkes，und die Geschichte geht zurückauf Psychologie—Taine，Essais，*Das Groβe Jahrundert* in Spanien，2.[①]（重大的事件，其根子始终是一种民族性格的总合，于是历史又回归到心理之上。——拙译）在国外留学的经历，对多门外语的掌握，这是造就一个比较研究者的重要条件。刘文典具备这样的条件，因而他进行比较研究总是得心应手。

第四例。卷七《精神训》原文："古未有天地之时，惟像无形，窈窈冥冥，芒芠汉闵，澒蒙鸿洞，莫知其门。"[②]阴阳是宇宙的原则，而这一段话是理解阴阳这两个范畴的关键。然而，由于阴阳这两个范畴在古代难以用明晰的科学的语言来界定，因而刘安的原文采用了比喻的方法来暗示阴阳的性质。高诱注："皆未成形之气也。芒，芠，澒，鸿，洞，皆无形之象，故曰莫知其门也。"[③]高诱的注释，倒是采用了明晰的语言来对阴阳这两个范畴加以界定，可惜过于简短。有鉴于此，刘文典写了以下按语：

> 文典谨按：《御览》一引，作"幽幽冥冥，茫茫昧昧，幕幕闵闵"，三百六十引，与今本合。盖许、高本各异也。[④]

---

①Karl Peltzer，hrsg.*Das treffende Zitat，Gedankengut aus drei Jahrtausenden*，4.erweiterte Auflage（Thunund München：Ottverlag，1957）253.

② 刘文典撰，殷光熹点校，张文勋审定：《淮南鸿烈集解》，安徽大学出版社、云南大学出版社 1998 年版，第 218 页。

③ 刘文典撰，殷光熹点校，张文勋审定：《淮南鸿烈集解》，安徽大学出版社、云南大学出版社 1998 年版，第 218 页。

④ 刘文典撰，殷光熹点校，张文勋审定：《淮南鸿烈集解》，安徽大学出版社、云南大学出版社 1998 年版，第 218 页。

刘文典再一次显示了他擅长比较研究的资本：读书极富，故能运用多种版本来讲通前贤因为囿于版本的限制而未能够讲得通透的问题。在《淮南鸿烈集解》一书中这样的例子是不胜枚举的。在我国的古代典籍中，同一本书往往有多种版本存在。日本学者非常注意版本的研究。曾经有这样一个日本学者，他为李白《静夜思》寻找出了四十八种不同的版本。由是我们才知道“床前明月光”仅仅是李白《静夜思》首句的一种文本而已。众多版本，起什么作用呢？不是别的，就是比较，或曰比参，反复比较，深入参研。刘文典在日本生活期间，以敏锐的学术眼光，将日本学者之所长切实地用到手了。

第五例。卷十一原文：“原人之性，芜濊而不得清明者，物或堁之也。羌、氐、僰、翟，婴儿生皆同声，及其长也，虽重象、狄騠，不能通其言，教俗殊也。今三月婴儿，生而徙国，则不能知其故俗。由此观之，衣服礼俗者，非人之性也，所受于外也。夫竹之性浮，残以为牒，束而投之水，则沉，失其体也。金之性沉，托之于舟上则浮，势有所支也。夫素之质白，染之以涅则黑；缣之性黄，染之以丹则赤。人之性无邪，久湛于俗则易。易而忘本，合于若性。故日月欲明，浮云盖之；河水欲清，沙石濊之；人性欲平，嗜欲害之。惟圣人能遗物而反已。”[①] 刘文典在“沙石濊之”一句的下边写了一条按语，“文典谨按：《御览》七十四引：‘沙石濊之’作‘沙石秽之’。《群书治要》引：‘濊’亦作‘秽’。”[②] 在《淮南鸿烈训》的这一段原文中，“濊”字出现了两次。由于“濊”的出现频率不如“秽”，所以许多泥古而不化者喜欢写作“濊”以突显他们的学问。正如孔乙己硬说茴香豆的“茴”有四种写法一样。犹如，在古书中大凡遇到一字两读或数读时，那些泥古不化者更喜欢较为偏僻的读音一样。刘文典却不是这样，他特地写了一条按语，建议人们用较为通俗一些的“秽”字。这说明了什么呢？这说明，刘文典对于巴别塔的理论（the Babel theory）

---

① 刘文典撰，殷光熹点校，张文勋审定：《淮南鸿烈集解》，安徽大学出版社、云南大学出版社 1998 年版，第 357 页。

② 刘文典撰，殷光熹点校，张文勋审定：《淮南鸿烈集解》，安徽大学出版社、云南大学出版社 1998 年版，第 357 页。

了然于心。据《圣经·创世纪》第十一章记载，本来天下人的口音语言都是一样的，可是人类却用砖石建造了一座高塔，欲通往天堂，与上帝一比高低。上帝为了阻止人类的野心，就变乱了他们的语言。“于是，耶和华使他们从那里分散在全地上，他们就停工不造那城了。因为耶和华在那里变乱天下人的言语，使众人分散在全地上，所以那城名叫巴别（就是“变乱”的意思）。”① 人类的语言千差百异，皆因修建通天塔而起。古书的通假字、异体字非常之多，如何让古书回复原来的易于人们知解的字体，这是古籍整理工作者义不容辞的责任。刘文典在这一方面做得很好。

第六例。原文卷六《览冥训》：“夫道者，无私就也，无私去也；能者有余，拙者不足；顺之者利，逆之者凶。譬如隋侯之珠，和氏之璧，得之者富，失之者贫。得失之度，深微窈冥，难以知论，不可以辩说也。”② 这一段话的第一句是理解它的关键，刘文典写了一条极为重要的按语：

> 文典谨按：“夫道者，无私就也，无私去也。”“夫”本作“天”，形近而讹也。高注作“天道”，《御览》二十七引此文及《文子·精诚篇》并作“天道”，皆其证也。又《御览》引注作“能行道者有余，不能者不足”。③

这段按语有三个地方值得我们注意。其一，刘文典列举大量的例证，以证明“夫道”这两个单词应当为“天道”这样一个复合词。从上下文看，“天道”是一个关键词，它暗示我们，道家所谓“道”，其本质是“天道”。“天道”的修饰语“天”暗示了刘文典对于伊斯

① 中国神学研究院编：《圣经——串珠·注释本》（新旧约全书），中国基督教协会 1995 年版，第 22 页。

② 刘文典撰，殷光熹点校，张文勋审定：《淮南鸿烈集解》，安徽大学出版社、云南大学出版社 1998 年版，第 198 页。

③ 刘文典撰，殷光熹点校，张文勋审定：《淮南鸿烈集解》，安徽大学出版社、云南大学出版社 1998 年版，第 198 页。

兰教的高度熟悉。伊斯兰教的许多神学术语，都含有“天”这一构词要素，比如，天国、天堂、天园、天方、天房、天课、天命、天启、天神、天使、天仙、天马、天命拜、天命斋、天方教等。其二，须知《淮南鸿烈训》是一部道教典籍，而道教反对贪欲，主张勤劳俭朴的生活，主张求财有道，爱财有道，生财有道。对此，《古兰经》中也有相应的论述。“天地的主权，只是真主的，真主是唯一的归宿。难道你不知道吗？真主使云缓缓地移动，而加以配合，然后把它堆积起来。你就看见雨从云间降下。他从天空中，从山岳般的云内，降下冰雹，用来折磨他所意欲者，而免除他所意欲者。电光闪闪，几乎夺取目光。”[①] 伊斯兰教教导人们凭借自己的辛勤劳动给来创造财富。穆斯林有一句谚语：要吃饭，自流汗。“他是为你们而使大地平稳的，你们应当在大地各方行走，应当吃他的给养，你们复活后只归于他。”[②] 我国古代的道教高僧也在各地行走，他们为民众布道。所谓做道场，就是举行正式的布道说法活动，以及当众演示道教的仪轨，而当众演示道教仪轨的目的还是为了说服民众，潜心向道罢了。其三，中国的道教产生于世界史上的轴心时期。尽管如此，道教并不是孤立地发展的，它与世界上的其他主要宗教之间有着千丝万缕的联系。伊斯兰教产生得较晚。穆罕默德于四十岁（约 610 年）时开始创教活动，直到 622 年穆罕默德迁移至麦地那才建立了政教合一的宗教公社。伊斯兰教更不是孤立地发展的。阿拉伯半岛的伊斯兰教在发展的过程中，接受了道教的影响。中国的伊斯兰教则含有非常多的道教因素。《淮南鸿烈集解》是刘文典终生辛劳的学术结晶之一。《淮南鸿烈集解·点校说明》：“需要特别指出的是，一九四八年，刘文典先生在云南大学任教时，曾用朱笔对此书点读一通，中间又留下若干批语，至今未曾发表过。这次我们整理此书时，特将这些批语补入该书有关正文下的注文中。凡文中标明‘批语’二字者，即指刘先生的批语。至此，

① 马坚译《古兰经》，中国社会科学出版社 1996 年版，第 264 页。
② 马坚译《古兰经》，中国社会科学出版社 1996 年版，第 427 页。

当使本书成为更完善的本子。”[①] 笔者为研究生们讲授过《淮南子》数遍，第一轮使用得是中华书局的本子，从第二轮起就是用安徽大学出版社与云南大学出版社联合出版的这一更为完善的本子了。在云南生活着较多的回族，他们是我们的兄弟民族。刘文典先生长期在云南生活和工作。毫无疑问，云南这块多彩的土地有助于他更加深入地体味伊斯兰教的精髓。

在研究中国古代典籍的时候，刘文典善于进行比较研究。进行比较研究，在刘文典那里，不仅仅是一个操作方法问题，而且还是一种自觉的思想。刘文典《淮南鸿烈集解·自序》：“予少好校书，长而弥笃，讲诵多暇，有怀综辑，聊以锥指，增演前修。”[②] 校书的基本方法有两种，一是自校，一是他校。所谓自校，即在同一本书内进行反复的比对，所谓本书自为经传也。前面有读不通的地方，不要紧，读到后面自然会有某处将之讲通。反之亦然。自校，其本质还是比较。所谓他校，即用你给其他书来进行校对，这时比较研究必须占有大量的材料这一原则便显得尤其突出。毫无疑问，他校的本质，就是比较。根据刘文典的自述，他从小就“有怀综辑”。把综辑这一工作放在心里，这正是为比较研究积累材料。其实，综辑这一工作本身，也是一种比较研究。借用当今的电脑语汇，我们不妨说，所谓综辑，要求进行“操纵者”在“选择”亦即比较的基础之上“存盘”。由此可知，刘文典之比较研究乃是其比较意识的积极体现。

---

① 刘文典撰，殷光熹点校，张文勋审定：《淮南鸿烈集解》，安徽大学出版社、云南大学出版社 1998 年版，第 1 页。

② 刘文典撰，殷光熹点校，张文勋审定：《淮南鸿烈集解》，安徽大学出版社、云南大学出版社 1998 年版，第 8 页。

三、刘文典是国学大师

刘文典的生平充满传奇性。他历任北京大学教授、安徽大学校长、清华大学国文系主任等职务。1938年，刘文典来到抗战的大后方昆明，他先后在西南联大、云南大学任教。按照今日不少人的看法，刘文典也是当过大官的人，然而他的志向不在为官，而在学术。刘文典终生从事古籍校勘及古代文学研究和教学。刘文典所讲授的课程，其范围极为广泛，从先秦、两汉、唐、宋、元、明、清，直到近现代，可谓国学一条龙。他又从希腊、印度、德国讲授到日本，可谓西学一条龙。国学加上西学，两条龙缠绕盘旋，一雄一雌，便可生出许许多多的下龙来，因此我们看到刘文典的学术著作十分丰富，可谓著作等身。刘文典的国学研究具有跨学科比较研究的突出特色，达到了世界领先的水平。刘文典具有鲜明的独立人格。这主要体现在三件大事上。

其一，刘文典敢于当面顶撞蒋介石先生。1928年刘文典出任安徽大学校长。当时安徽省的省会在安庆。这一年11月23日，安徽学界爆发了一场大规模的学潮。蒋介石先生碰巧也在那个时候抵达安庆。他见此情形，非常恼怒。他认为，安徽的学风不正。而且，他还认为，学潮的兴起是共产党在暗中操纵。于是，他下决心要严惩参加学潮的师生。29日下午，蒋介石召见刘文典。此前，刘文典就曾扬言：我刘叔雅非贩夫走卒，即是高官也不应对我呼之而来，挥之而去；我师承章太炎、刘师培、陈独秀，早年参加同盟会，曾任孙中山秘书，声讨过袁世凯，革命有功。蒋介石一介武夫耳，其奈我何！这便形成了对立。一方面，刘文典自视甚高，不向独夫低头。另一方面，蒋介石以有功于北伐而自居，盛气凌人。刘文典一见蒋介石就唇枪舌剑，挖苦讽刺，毫不示弱。从这件事情上，我们可以看出，刘文典的一生，活得爽气。

其二，抗争爆发后，刘文典没有来得及与清华、北大等校的教员们撤离南下，于是滞留北平。在此期间，日本人曾经多次派人请他出来任教，多次请他到日伪政府里做官，然而他都一一断然拒绝了。拒绝日本人的提议，在当时的环境下往往会招致杀身之祸。然而他毫不畏惧，这表现了一个中国知识分子的民族气节。较之那些文化汉奸，刘文典的书生面目是多么的单纯，他的硬汉形象又是多么的铁骨铮铮！从这件事情上，我们可以看出，刘文典的一生，活得有骨气。

其三，1949年末昆明即将中华人民共和国成立的前夕，有朋友劝说刘文典前往美国，并且已经为他找到了具体的工作单位，还为他一家办好了入境签证。在这社会变动和人生转折的关键时刻，刘文典毅然决然地谢绝了朋友的好意，他说：我是中国人，为什么要离开我的祖国？较之那些想尽千方百计赖在美国而不愿意回国服务的人，刘文典的学者情怀是多么的坦荡，而他的爱国者形象是多么的高大伟岸！从这件事情上，我们可以看出，刘文典的一生，活得大气。

刘文典在撰写《淮南鸿烈集解》的过程中贯彻了比较意识。这是因为，刘文典深刻地认识到比较在学术研究上具有方法论的意义。《周易·大象传上》："地上有水，比。先王以建万国，亲诸侯。"[①] 这是《大象传》对《比》卦的卦象所作的总括性的描述。对此，清代李光地《周易折中》卷十一《象传上·集说》有云："冯氏当可曰：地上之水，异源同流，畎浍相比，以比于川，九川相比，以比于海，如万国诸侯，大小相比，而方伯连帅，率之以比于天子也。"[②] 其实，《易经》第八卦《比》的政治哲学含义也是从古人对大自然的观察中推演而来的。由此可知，比较是人文社会科学研究的基本法则之一。《淮南鸿烈集解》是刘文典文史研究的力作，它实现了比较研究所要求的四个跨越，即跨民族、跨语言、跨学科和跨文化。

跨民族、跨语言这两点，在上面的论述中已经言及，这里先谈跨学科。汉代刘安所著《淮南鸿烈训》是一部文学著作，既因为其中包

① 唐明邦主编：《周易评注》，中华书局1995年版，第180页。

②（清）李光地纂，刘大均整理：《周易折中》，巴蜀书社2010年版，第272页。

含了许多神话，又因为其文笔具有大美，弘肆瑰丽，文采斐然，富于浪漫的想象。书中所提到的“悬圃”其实就是世界七大奇迹之一的空中花园。《淮南鸿烈训》又是一部哲学著作，它以阴阳对立为宇宙间的根本原则，向人们描述了一幅又一幅的世界场景，以引发人们进行深入的哲理思考。《淮南鸿烈训》还是一部宗教学著作，它为后世奉为道教的典籍。东汉许慎、高诱注《淮南鸿烈解》二十八卷，收入《道藏》太清部。我国道教学界普遍认为，“近人刘文典撰《淮南鸿烈集解》，最为完备”[①]。胡适曾从方法论上将国学研究分为三途，一是索引式之整理，二是总账式之整理，三是专史式之整理。胡适《淮南鸿烈集解·序》：“吾友刘叔雅教授新著《淮南鸿烈集解》，乃吾所谓总账式之国故整理也。”[②]为《淮南鸿烈训》做集解，按照胡适的说法，属于总账式的整理。其实，这话仅是部分的正确。在刘文典《淮南鸿烈集解》一书中，已经包含了专门史的内容。有人要问那是什么专门史呢？我们不妨认为，刘文典《淮南鸿烈集解》一书属于文化史。只不过，刘文典没有将他对《淮南鸿烈训》的文化史研究另立章节，而是采用随文添加按语和批语的方式来表述罢了。

再谈跨文化。《淮南鸿烈集解》跨越了中国文化、印度文化、二希文化、阿拉伯—伊斯兰—波斯文化。季羡林《东方文学的范围和特点》：“根据我个人的看法，人类历史上的文化可以归并为四大文化体系。在这里，我先讲一讲，什么叫作‘文化体系’。我觉得，一个民族或若干民族的文化延续时间长，又没有中断、影响比较大，基础比较统一而稳固、色彩比较鲜明、能形成独立的体系就叫作‘文化体系’。拿这个标准来衡量，在五光十色的、错综复杂的世界文化中，共有四个文化体系：一、中国文化体系，二、印度文化体系，三、波斯、阿拉伯伊斯兰文化体系，四、欧洲文化体系。这四个体系都是古

---

① 胡孚琛主编：《中华道教大辞典》，中国社会科学出版社 1995 年版，第 324 页。

② 刘文典撰，殷光熹点校，张文勋审定：《淮南鸿烈集解》，安徽大学出版社、云南大学出版社 1998 年版，第 1 页。

老的、对世界产生了巨大影响的文化体系。拿东方和西方的尺度来看，前三者属于东方，最后一个属于西方。”[①]世界上一共也就只有四大文化体系。这部书的原文本身属于中国文化，然而在刘文典为之做集解的时候，他常常穿越于印度文化、二希文化和阿拉伯—伊斯兰—波斯文化之间。刘文典对佛典的运用，属于跨越印度文化。刘文典对于《圣经》的运用，属于跨越二希文化，亦即希伯来—希腊文化。这是因为，《圣经》的《旧约》部分主要用希伯来文书写，而《新约》部分采用希腊文书写。当今世界上的国家，欧洲各国和美洲各国大多属于二希文化的大范畴。刘文典对于《古兰经》的运用，属于跨越阿拉伯—伊斯兰—波斯文化。中国目前实施的“一带一路”倡议，其行进之路线是从中国文化的大本营中国出发，穿越印度文化各国，穿越阿拉伯—伊斯兰—波斯文化各国，而最终抵达二希文化所覆盖面的欧洲板块。当然，“一带一路”还要经过阿拉伯伊斯兰文化诸国。随着研究的深入，这一方面也必将被发掘出来。这是因为，真学者的学术研究总是以研究对象的客观实际为转移的。

刘文典的文史研究因其浓郁的比较意识而有助于中华民族的复兴，中国梦的圆成，尤其有助于在我国当前正在实施的“一带一路”建设。

刘文典是当之无愧的国学大师。

（作者单位：武汉大学文学院）

① 季羡林：《比较文学与民间文学》，北京大学出版社1991年版，第296页。

刘文典的治学精神

李元奇

一、刘文典的求学经历

刘文典出生于清末光绪十七年（1891 年），依科举传统，进私塾学习，同时跟随美国教会医院教士学习，打下了外文基础。在学习外文的同时刘文典也接触了西学。“我那时候就制了一个感想，以为西洋的学问，只有偏于形制一方面的，至于文章德行这方面他都是一无所有的。回家来看见先生桌上的那些《洋务汇编》《实务丛编》《皇朝经世文新编》上，也是这般说，所以竟死抱着‘中学为体西学为用的思想’，和现在这班‘总’字号的官僚竟是一鼻孔出气。就连现在学校里的学生，怕还有抱这种思想哩，我就是这种思想的牺牲，那班大官人且由他去，学生诸君要有报这种思想的，总要快快把他打破才好。”[①] 刘文典了解西学，不带成见地去学习，知道了西学的严谨，同

① 刘文典著，诸伟奇等编：《刘文典全集补编》，黄山书社 2008 年版，第 22 页。

时他的这种担忧，今日在高校已然成风。

之后刘文典走出家乡，师从刘师培，打下了很好的国文功底。在此学习期间，东西文化高下之论争的一些不成熟论点，已进入青年刘文典的头脑，可贵在于，刘文典当时的吸纳，日后却进行自证，不以习见论定中西文化。之后再入教会学校，困惑于《圣经》的创世说，开始自修西洋哲学。之后走出国门，东渡日本求学，入章太炎门下，所学不仅仅是书本更是章太炎身上所秉承的士人精神。之后在日本开始系统的梳理西方哲学。“我遵他的吩咐，读了一部，Jerusalem 的哲学概论，Windelband 和 Webe 的哲学史。……我从此才晓得近世科学的可贵，晓得了哲学万离不了生物学，晓得国家社会的一切问题都要依据生物学来解决，才晓得不但是中国的学，就连西洋那些‘没有科学上根据的哲学’都是不中用的。我的世界观、人生观从此就略略定了，枝叶上虽然也学得了时髦，时时有些变化，根本上却从来没有什么动摇。”[①] 自修西洋哲学，用功甚勤。西洋哲学素来要辩证寻理，这样的思辨训练无疑对刘文典有很深的影响。同时刘文典还广泛涉猎近世科学，并以此参证西方哲学和中国传统。（参考刘文典的《我的思想变迁史》）

章太炎先生题赠刘文典先生的对联

刘文典的求学里同时有西学和中学的种子，刘文典不以习见待之，皆学习以求证。不随大流，不做空言。这是一个知识分子在他所处的境遇里，寻找文化依归及自身依归的探索。

① 刘文典著，诸伟奇等编：《刘文典全集补编》，黄山书社2008年版，第32页。

二、刘文典的治学经历

刘文典的治学经历主要是两块，一是翻译介绍，二是整理国故。

刘文典翻译的译著主要有《进化与人生》《生命之不可思议》《进化论讲话》《告全日本国民书》《近世思想中之科学精神》《富兰克林自传》《美国人之自由精神》《柏格森之哲学》《灵异论》。以上是刘文典的主要译作，从这些译作可看出刘文典对西学用功之勤，而且不仅仅是翻译形上的哲学，还有科学，主要是基础的科普著作。这些著作，今天依然有借鉴意义。在《生命之不可思议》的序言里刘文典说道："我着手译这部书，是在三年以前，正当那《灵学杂志》初出版，许多'白日见鬼'的人闹得乌烟瘴气的时候。我目睹那些人中风狂走的惨象，心里着实难受，就发愿要译几部通俗的科学书来救济他们，并且防止别人再去陷溺。"[①] 当时民国翻译，大家辈出，包括周氏兄弟也翻译外文，但他们的翻译偏向文学类，而刘文典选择了科学哲学类，做学问，当为世所计，刘文典的翻译正好补足当时国内西方科学哲学的不足。

第二是整理国故，这方面的著作主要有《淮南鸿烈集解》和《庄子补正》。《淮南鸿烈集解》成书于1921年，胡适给予很高的评价，胡适也是整理国故的发起人与践行者。胡适日记中记载"此校不但可正俞校。又可并整大戴礼。叔雅，合肥人，天资甚高，作旧体文白话文皆可诵。……叔雅性最懒，不意他竟能发愤下此死功夫，作此一部可以不朽之作"[②]。胡适在日记中对刘文典做此书所用的方法极为赞赏，并给出很高的评价。刘文典与胡适相交甚笃，常言文人相轻，但士则相知相惜。"一月，接到胡适来信，被批评：'我觉得你以书贾

① 刘文典著，诸伟奇等编：《刘文典全集补编》，黄山书社2008年版，第181页。

② 刘文典著，诸伟奇等编：《刘文典全集补编》，黄山书社2008年版，第139页。

待人，而以市侩自待'一语惊醒。"[①]时1924年1月："十二月。在云大中文系全体师生会议上发言批判《红楼梦》研究中所呈现出的资产阶级思想，但只字未提'资产阶级唯心论的头子胡适'。"胡适指出刘文典的错误，刘文典纳之，而后批胡，刘文典亦不损故人，士人之交也。一个人所做的学问，自身必是要相信的，庄子是中国独立精神的先驱，刘文典自当秉承。刘文典说我不懂庄子就没人懂，这话并不为过，因为庄子的精神在于能否践行。一个学者固然要留下著作，但一个学者的行为是其著作的基石，二者是一而二，二而一的关系。刘文典研究庄子，不仅得其学识，更重要的是力行其精神。这应是刘文典治学给我们的启发。

三、刘文典治学的的士人精神

"士"在中国有两千年的传统。孔子最早说明士的责任："士志于道。"士是价值的维护者，这一传统在中国从未断绝，尤其是在乱世之中。现代知识分子与中国的"士"亦有相同的地方，但不能画等号。

刘文典治学，不是书斋里的高谈阔论，自己对时事做出了切实的实践和观察。他的治学，饱含了经世致用的实践。在做学术之前，刘文典就加入同盟会协助孙中山起草文件。尔后回国执教，开始整理国故和译书，此两者前文已表，此不赘言。如果现代知识分子或今天的"士"所要力行的责任是对文化和思想的传承和创新，刘文典的校勘已做到，世有公论。更大的创新在于，刘文典处于中西文化交汇的风口，他并没有抱残守缺，而是积极学习，并大力译介国外著作，以补中国之不足。自19世纪末20世纪初，中西文化碰撞交融，这也是世界文化的开启，今已百年，但中西之争依然沸热，刘文典中西并取的

① 刘文典著，诸伟奇等编：《刘文典全集补编》，黄山书社2008年版，第242页。

治学态度依然值得借鉴的。

民国时期，中国面临日本的侵扰，刘文典并没有守在书斋。在《日本陆军大臣荒木告全日本国民书译者自序》一文中，刘文典用古训“知己知彼”说译此书之用意所在，“无论大家怎样的不了解日本，不肯了解日本，我总要尽我的些微努力”[①]。刘文典在序中的见解却不是虚言，如“日本军阀的思想虽是落伍，他们的兵器却不落伍”[②]。这些见解足可见刘文典知识分子的担当与忧国。

在刘文典的《日本战败后我们该怎样对他》一文中，刘文典展现出过人的识见。“法国的鲁本斯说，群众是没有理性的，只任感情的。希特勒知道这个诀窍，他用‘报仇雪恨’激动了德国群众的感情，所以他就能统御德国的民众。谁极力替他制造这个动人的工具，就是法国的政治家克莱孟梭。”[③]这里可以看出，刘文典看清希特勒在德国掌权的缘起，克莱孟梭惩罚过厉，断送了和平的基础，同时给希特勒在德国的掌权反向提供了条件。刘文典这样的识见，不失“士”之风范，不是做空言的知识分子。这样诚挚的历史观，与“修辞立其诚”是有相通的地方的。在文中刘文典批评了克莱孟梭对德国处罚过严，同时亦不忘强调克莱孟梭的爱国，克莱孟梭就是因为太过爱国，才会对德国惩罚过厉，以致埋下祸根。当时，日本占我河山、戮我人民，其狠自是铭心，当刘文典在这里以克莱孟梭为例，以一次世界大战为鉴，切不可重蹈覆辙。“论起仇恨来，我们中国之与日本，真是仇深似海，远在法国和德国的仇恨之上。……不过关于国家民族的事，是要从大处远处想的，不能逞一朝之忿，快一时之意。我们从东亚的永远大局上着想，从中国固有的美德‘仁义’上着想，固然不可学克莱孟梭那样狭隘的抱负，就是为利害上打算，也不必去蹈法兰西的覆辙。”[④]

---

① 刘文典著，诸伟奇等编：《刘文典全集补编》，黄山书社2008年版，第34页。

② 刘文典著，诸伟奇等编：《刘文典全集补编》，黄山书社2008年版，第34页。

③ 刘文典著，诸伟奇等编：《刘文典全集补编》，黄山书社2008年版，第64页。

④ 刘文典著，诸伟奇等编：《刘文典全集补编》，黄山书社2008年版，第66页。

以史为鉴，刘文典也提出了战后一些应该履行的原则，“根据罗斯福总统、丘吉尔首相和联邦议定的《大西洋宪章》，日本这个国家也应该享有他应有的权利，也应有一份资源还是要留给他的。这是此次大战远胜于前次大战的地方，也是世界政治的一大进步。我们当然热忱拥护这一点”。之后刘文典还提到对本国汉奸的处罚，以历史上的秦桧为例，说到了道德审判，这是对人性劣根性的一种洞察。在对日本的态度上，刘文典不失民族大义，不失学者风范，言之凿凿，建议切实。中国的学人，自明王阳明践行一条传统，“知行合一”，不能只做空言。这里还应注意的是，刘文典看中日两国之关系，是放在世界大背景之下的，这种考虑，不是狭隘的民族主义者，是一种世界性的人文关怀。

还有，刘文典的专长虽在古籍校勘和翻译，对时事之观察，前文已表。对西方科学哲学的重视也已说到，在《欧洲战争与青年之觉悟》中，他观察到西方科技之于国防的重要，号召青年努力学习。

刘文典的这种士人精神跟其早年的求学经历和治学经历还有革命经历是分不开关系的。治学经历和求学经历前文已表，接下来主要说其革命经历。一个学人是一个完整的、活的，各个部分都是相互影响相互成就的。1906 年刘文典加入同盟会，后任孙中山的秘书，帮其起草文件，受孙中山革命精神影响自是不用多言，这个可参阅《孙中山回忆片段》一文。

刘文典还是章太炎的弟子，章太炎本身就是一位革命者，章喜欢刘文典，并书对联“养生未羡嵇中散，疾恶真推祢正平”，这副对联赠给刘文典，是因为刘文典顶撞蒋介石，维护大学的学术气氛。章太炎和刘文典在传统方面都是治学大家。他们的行为也是中国固有的文化基因所培育的。

“士在中国历史上的作用及其演变是一个十分复杂的现象，决不是任何单一的观点所能充分说明的。但是无可争辩的，文化和思想的传承与创新自始至终都是士的中心任务。”[1] 这里说到了士对文化的传承和创新，刘文典整理国故，译介新知，既是传承又是创新。

四、刘文典的中西汇通

今日社会，谈大师，多言中西并修，可往往要么崇洋，要么民粹，不着点，亦不着面。中西文化之差异，那是必然，两相对照，去伪存真，方是学问所在。两者虽千差万别，但是依然有许多共通的地方，这些共同的点，是东西文化交汇的基石，也是发现两者差别的基础。东西文明只有互相发现，才能构造世界性的思想中华人民共和国成立。可当下的情况却是，东方是被发现，西方是不能不学。学人要么一味崇洋，要么数典忘祖。此二者皆不可取。如何东西汇通，自然要看先哲何为。最先打开中西学术交流的，自是民国诸君。刘文典就是其中之一。译介与著述前文已表，这里想说明，刘文典学术中东西汇通之处，还有刘文典与对传统精神的继承。前文的士人精神，是其“士”的一面，还有一面狷狂，没有说。中国自古就有放任狷狂之士，他们在精神苗裔上互相继承，印证着东方文化的另一面。

刘文典的狷狂，不修边幅，任性而为，可以看到魏晋名士的风神，魏晋风神的来源就是老庄，在魏晋之时，名教与老庄对立。[2] 庄子的心斋与坐忘强调对外界的克服，这种克服是让生命意志的涌动安静，首先得掌握生命意志。生命意志是尼采哲学的观点，尼采哲学受叔本华影响，叔本华与尼采都受到佛教的影响。刘文典亦是受佛教与老庄影响。

① 余英时：《士与中国文化》，上海人民出版社 1987 年版，第 4 页。

② 陈寅恪：《金明馆叢稿初编》，生活·读书·新知三联书店 2009 年版，第 205—209 页。

老庄思想在魏晋是名士清谈的必备，其功能与个人仕途相关。名教是为自然而设，若能守住老庄之自然，名教可越，嵇康是也，所以被杀。名教为末，自然是本。嵇康是明此本末，亦不愿违背，所以致死。刘文典的狷狂，亦是其任自然之性，不为虚伪之名教所拘。他对庄子的学问并不是书本上的。这样的任自然是对自我的确认，也是对自我生命意志确认，和权利意志的行事。要认识周身的虚幻，这本身就需要自己确认生命意志，并行使权利意志。老庄的任自然，固然有避世之一面，但其避，是因为名教之行已压抑或伤害“本”或者自然的生命意志。

刘文典这种狷狂之风，就是对老庄自然的继承，这样的继承里体现着尼采的生命意志与权力意志。一个学人把所学内化，对生命做出真诚的透视，他的行事与思想，自是精神。这样的精神就是中西文化的交汇所在。

（作者系云南大学文学院硕士研究生）

参考文献：

1. 刘文典．东方西方刘文典随笔．北京：北京大学出版社，2010.

2. 刘文典，诸伟奇．刘文典全集．合肥：黄山书社，2008.

3. 刘文典，诸伟奇．刘文典全集补编．合肥：黄山书社，2008.

4. 陈寅恪．金明馆稿初编．北京：生活·读书·新知三联书店，2009.

5. 余英时．士与中国文化．上海：上海人民出版社，1987.

刘文典的五四：从民族革命者向新文化创建者的嬗变

周孜仁

刘文典1917年经由陈独秀推荐进入北大，到1927年离开北大回皖筹建安徽大学，这十年是他人生中最重要的十年。在此期间，他与生活于中国学术丛林里的大师们切磋、碰撞、交流，使他在学术和思想上都臻于成熟。更重要的是，这一时期，整个中国正在迎来新的革命大潮，特别是发祥于北京大学的五四运动，最终让刘文典完成了从民族革命者向国学学者的嬗变。

一、刘文典早期思想探源

刘文典生于晚清，长于民初。这是一个纲纪崩摧、动乱频仍、新旧交替的政治乱世，同时，又是以“科学、民主”为符号的西学昂然东进，国学奋起与之拥抱，从而思想中华人民共和国成立、百家争鸣的大辉煌时代。这个时代需要巨人并注定要产生巨人，于是，严复、章太炎、蔡元培、陈独秀、胡适、鲁迅、陈寅恪、梁漱溟、吴宓、傅斯年……一大串桀骜不驯的伟大灵魂背负着崇高的道德使命和家国情怀，傲然出焉。刘文典，恰恰不幸而又有幸恭逢了这样一个时代。

刘文典1891年出生于安徽合肥，那是西学东渐的前沿之地。强烈的好奇心让他从小便开始在乱世求索。12岁进洋人医院，他“第一遭和西洋的文化接触……（洋人）用的器物无一件不十分精美，而且件件都有神妙莫测的作用……（于是）心里细细想着，西洋人真有本事，他的东西件件比中国人的强，难怪我们中国打他不过”。少年刘文典那时的感觉是：“我有生以来第一次受近世科学的恩惠”，“虽然是大海里尝了一滴水，但是总算识得了咸味了”。

刘文典先生任教清华大学中文系时兼系主任

世事更迭，等待他追问和探求的秘密实在太多，为了认识整个“大海”，13岁，他便来到了当时中西文化碰撞最为激烈的上海继续寻找。其时，轰动全国的《苏报案》爆发，章太炎被拘、邹容被害，刘文典就读的“爱国学社”遭牵连而被查封解散，留沪仅数月，他不得不重返家乡，又进了安徽公学就读。安徽公学的老师多为壮怀激烈的反清斗士，用刘文典的话说：这所学校实际上“竟是一个排满主义的传习所”。刘师培、陈独秀这些大师便成了刘文典最初的人生偶像和思想导师。少年刘文典当然还“全不晓得国家社会形成的原理，改造社会的方法”，“以为中国贫弱到这样……全怪那些满洲人作祟，若是把满洲人杀尽了，国家自然而然就好起来了，政治自然也清明了，生计自然也充裕了，内忧外患自然都没有了”。安徽公学期间，14岁的刘文典参加反清革命活动自然尤其积极。1906年毕业，刘文典已经参加了“岳王会”，接着又整体转入孙中山组织的“同盟会”，成为安徽同盟会第一批早期会员，正式成为一个民族革命和民主革命战士。这一年，他十六岁。

刘文典虔心崇敬的恩师刘师培给他灌了一脑子排清情绪，同时将他铸造成了典型的偏科生，除了国文，其他学科成绩一塌糊涂。二次到上海求学，偏科让刘文典吃了不少苦头，因为“东考也不行，西考也不取，无论哪种的专门学校都不容进门”。[①] 为了求取思想真经，刘文典只好沿街问店，寻购培根、康德、达尔文、斯宾塞……然后查字典，问先生，费尽气力一本本读完，却是似是而非，根本难得真谛。于是他决定东渡日本，求取真经。

当时的日本，正是追寻革命的中国人聚居之所。刘文典有幸拜师国学大师章太炎，学经学、小学、《庄子》、佛学等。与此同时，在章的指点下，刘文典读到了“日本人丘浅次郎和石川千代松的，略晓得一点，后来又寻着了Heacke的《宇宙之谜》和《生命之不可思议》两部书，读了真是无异‘披云见日’”，“我的世界观、人生观从此就略略定了，枝叶上虽然也学着时髦，时时有些变化，根本上却从来没有甚么动摇”。[②]

刘文典所提到的德国生物学家恩斯特·海克尔（Heacke）和日本丘浅次郎，正是将达尔文理论引入本国并加以发挥的哲学大师。他们将进化论由自然界引入人类社会，并形成了一套所谓社会达尔文主义的主张，尤其海克尔，最后甚至将进化论演绎为优生学和极端的民族

① 刘文典：《我的思想变迁史》，见《刘文典诗文存稿》，黄山书社2008年版。
② 刘文典：《我的思想变迁史》，见《刘文典诗文存稿》，黄山书社2008年版。

沙文主义，他有一句名言最为人诟病：“高等人与低等人之间的差别比低等人与高等动物之间的差别要大。”海克尔理论为后来德国的纳粹主义铺平了道路，被理论界批评为进化论的“猪队友”。

可以作为参照的是，早于刘文典留学日本的鲁迅，亦是在读了丘浅次郎的《进化论讲话》之后，才以为读懂了西方科学的真谛，于是弃医从文，下决心探讨“国民性”思想以拯救民族危亡。这些早期的启蒙者们对于进化论的理解，具有明显的实用主义功利特色。

求得了“真经”，刘文典的快乐，洋洋乎溢于言表。他说：

> 我从此把历史上遗留下来的思想上的枷锁一齐都扭脱了，承传的谬说和因袭的思想都打破了，只仗着理性的光明，不怕他四围的黑暗。我以为道德的观念、社会的制度、经济的组织，但有不合生物学原理的，都要把他改造过才是。[①]

作为章门弟子，刘文典整日浸淫于民族革命的思想激荡之中，等不及留下更多日本故事，武昌城头新军的枪声已经打响，辛亥革命让整个中国天翻地覆。刘文典于是以胜利者的名义匆匆返国，并找到了他一展身手之地：进入了于右任、邵力子等主办的《民立报》，担任编辑和英文翻译。同时，开始用“刘天民”的笔名发表文章，欢呼胜利，鼓吹民主，赞美刚刚经过血火洗礼的故园。

他相信祖国终于得救了。而事实上，这仅仅是暂时的脆弱的胜利，中国离最后的复兴还有漫长的道路要走。对全国权力一直虎视眈眈的袁世凯很快开始实施了他的阴谋。1912年元旦，孙中山在南京正式宣誓就任中华民国临时大总统。当天，刘文典收到的却不是福音，而是凶信：安徽地方革命武装“淮上革命军”遭到袁世凯势力残酷血腥的绞杀。淮上军总司令张汇滔给《民立报》主笔范鸿仙及刘文典发来紧急电报求援，电文称：“袁贼……乘我不备，围攻太和、颍州，毒击

① 刘文典：《我的思想变迁史》，见《刘文典诗文存稿》，黄山书社2008年版。

大炮，民兵死伤千余人”，急求“两兄主持清议，严加诘问”并“务祈设法接济，不胜盼祷”。[1]家乡情况如此惨烈，范鸿仙于是断然投笔，亲自募集精兵五千，成立铁血军与敌人对抗，刘文典亦随之返乡，投入了“二次革命”的纷飞战火。刘文典哲嗣刘平章如是说：

> “二次革命”枪声刚响，先父就参与了进去。平时他只懂拿笔杆子，战时不能亲自上阵，持枪杀敌，但他依然在这场反对独裁、反对倒退的革命行动中，给自己找了一个合适的位置——运送伤员……革命党人当时广为谈论的一个经典场景便是：文质彬彬的刘文典一袭长衫，驾着马车穿行于战场之中，四处寻找、抢救、运送伤员。他用果敢的行动印证着“国家有难，匹夫有责”的热血豪情。

最后，面对敌人疯狂的反扑甚至暗杀，刘文典先生不得不告别爱妻和不满4个月的儿子，化名“刘平子”“刘天明”，只身再渡扶桑，正式参加孙中山新组建的中华革命党，并担任了孙中山英文秘书，继续从事反袁革命活动。经历着社会的大灾难和大变革，他对人生、社会、历史和文化的认识已大不一样，过去读起来曾经非常吃力的达尔文、斯宾塞、海克尔……现在，切身之痛让他有了另一番理解，他需要用这些独立的、属于自己的思想武器，加入革命战斗。

二次东渡，刘文典丝毫未曾懈怠。袁世凯的倒行逆施极大地刺激了刘文典的战斗激情，笔底波澜如狂潮决堤，不可抑止。他开始向《甲寅》《青年杂志》《新中华》等杂志连篇累牍地撰稿或译稿，介绍《叔本华自我意志说》，介绍《英法革政本末》，介绍《富兰克林自传》《美国人之自由精神》《欧洲战争与青年之觉悟》……他用笔诅咒窃国盗贼，呼唤强人，礼赞革命：“汤武革命，顺乎天而应乎人。

---

① 载《民立报》1912年1月1日，转引自张湘炳、蒋元卿、张子仪《辛亥革命安徽资料汇编》，第370页。

独夫肆虐，百姓致诛，天之道也。”[①] 他甚至不无极端地呐喊：“战斗乃人生之天职，和平为痴人之迷梦。”[②] 为拯救灾难深重的祖国，刘文典的理论寻找急切热烈已近乎疯狂，甚至连军国主义也被他认定为成功救世之道。1915 年 11 月 1 日，他在《新青年》第二卷第三号再次发表政论文章，激烈地认为危机已成，“今日之天下，军国主义之天下”，而“好战乃人类之本性，进取实立国之原则”。军国主义“诚救国之良药”。先生认定“新兴之强国”必“以武功娓耀大地者”先生疾呼：“但吾青年昆弟，能自觉已身之责任，扩观世界之潮流，深知军国主义为立国根本、救亡之至计，振作精神，则吾诸华未必不能化为世界最强毅之民族，中夏犹可兴也。”[③]

1916 年元旦，窃国大盗袁世凯的“登基大典”迫不及待开场，可惜紫禁城居仁殿登基大典的鼎鸣笙歌，很快就变成了共和制度僭越者的丧钟。在全国人民一片讨伐声中，仅仅维持了 83 天的“洪宪王朝”，终于被扫进了历史的垃圾堆。同年 6 月 6 日，袁世凯在全国一片唾骂声中郁郁而亡。

饱受欺凌的中国渴望从欺凌自己的敌人手中盗取强盛之火，稔熟英、德、日多种语言工具的刘文典，有幸担当了这样的盗火者。辛亥成果被窃，袁世凯猖狂倒逆，极大激发了刘文典的忧思和文胆，二次东渡，成了他一生译文最为丰饶的岁月。1916 年底，刘文典再次返回祖国。

概览这一时期的刘文典，政治上是一典型的民族主义革命者，而他崇信的思想资源，则归属于社会达尔文主义。清末民初，中国积贫积弱，饱受列强欺侮，优胜劣汰、丛林原则，自然成了广受渴望中国强大的知识分子最为欢迎的思想武器。刘文典在《我的思想变迁史》中这样说明他固执的思想信仰：“哲学万离不了生物学”，“国家社会

① 刘文典：《英法革改本末》，载上海《新中华》杂志第 1 卷第 3 号 1915 年 12 月。

② 刘文典：《欧洲战争与青年之觉悟》，见《刘文典全集》，第 731—732 页。

③ 刘文典：《军国主义》，见《刘文典全集》卷 3，第 743—744 页。

的一切问题都要依据生物学来解决”。所说的生物学，实际上就是指社会达尔文主义——刘文典就是怀抱着这样的理念，于1916年底再次踏上故国的土地，来到了北平。

二、北大：历史的选择

为拯救祖国而历练的意志、对新知识不懈的追求和广泛的人脉影响，很快给归国刘文典找到了恰到好处的位置。回国次年9月，经由陈独秀介绍，刘文典便到北京大学担任了预科教授兼国文研究所教员，12月便在国文研究所开讲“文学史”。从此开始了他著书立说和教学的生涯。

香港学者陈万雄《五四新文化的源流》如是说：

> 作为辛亥革命运动的党人的五四时期新文化运动的指导者，个别人物如蔡元培、陈独秀、刘叔雅（注：刘文典）、潘赞化等在辛亥革命中，在革命力量的组织、革命行动的推动上有较大的贡献。但总的来说，这批人包括蔡氏和陈氏，都是倾向学问钻研、学有专精的知识分子；在革命工作上又是较长于思想詈论的鼓吹，教育文化的推广方面。尤其在辛亥革命后期，经多次革命行动的挫折，他们较疏离于日趋实际组织军事力量以图起事的革命主流力量。①

其时，在蔡元培“思想自由，兼容并包”的大纛之下，北京大学真是人才济济。新派人物，有文科学长、《新青年》杂志主编、未来中国共产党的首任总书记陈独秀，还有中国马列主义最初的宣传者

① 陈万雄：《五四新文化的源流》，第57页；转引自章玉政《刘文典年谱》，第49页。

李大钊，还有钱玄同、周氏兄弟（鲁迅、周作人）、刘半农……被陈独秀誉为“文学革命第一人”的胡适，1919年从美国学成归来，亦旋来此挑了大梁。旧派人物，有“狂儒”“老古董”之称的辜鸿铭，有被人戏称“黄门侍郎”的国学大师黄侃，曾与章太炎比肩齐名的刘师培……

刘文典初进北大，年方二十七。在大师云集的教授群落，年轻的自尊心注定随时都面对挑战。经历了社会变革暴风骤雨的高峰体验，刘文典已经拥有了属于自己的光荣。虽然，他没有家学渊源的显赫门第，没有留学欧美的背景，而完全靠自己奋斗走到了这一步。其实，这样铸练的学业根基和社会积淀当更为扎实，面对满校园天之骄子，他应当充满自信。只是作为救亡和文化一身二任的中国知识分子，刘文典确曾将太多的心力用于改造国家的抗争实践之中，没有条件像胡适、辜鸿铭、刘半农等人一样躲在书斋潜心学问，他确实还拿不出像样的皇皇巨著证明自己的分量。这样，难免有时也会黯然自卑。比如辜鸿铭，这个老古董就最瞧不起刘文典这个新“毛桃”。某日，路遇刘文典，他问：“你教什么课？”刘文典答“汉魏六朝文学”，辜鸿铭顿时不屑，称：“我都不能教，你能教好？”辜鸿铭的鄙夷刺激了刘文典倔强的自尊心，亦更加鼓动了他著书立说，用实力和名声雄踞丛林的决心。两年后，北大教员排名，刘文典果然升至第五位，恰好在辜鸿铭之前。①

总之，历史将一切都为刘文典准备好了。未名湖平静的湖水倒映着安详的博雅塔，洁白的华表和古松的虬枝在绿草地上投下逶迤的长影。如此环境，最宜寂寞寒窗做学问。

只是，生存于兖兖大师的丛林，对于崇尚社会达尔文主义的刘文典，他的自尊心注定随时会受到挑战。还有，民国肇造，窗外的中国还是那么多风声雨声，作为“在革命工作上又是较长于思想詈论的鼓吹”的他，北京大学的书斋注定还难以平静。其间，他遭遇的最重大

① 参看章玉政《狂人刘文典》，广西师范大学出版社2007年版，第86页。

的事件，毫无疑问当属震动全国的五四运动。

三、政治救亡与思想启蒙的二重变奏

1917 年，历时 4 年的第一次世界大战，以英法美为首协约国对以德、奥匈为首同盟国的胜利而宣告收场。这是一场西方强盗为争夺各自利益、瓜分世界的帝国主义战争。1919 年 11 月，胜利一方开始在巴黎弹冠相庆，召开和会，瓜分成果了。中国的段祺瑞政府名义上也参了战，派了十来万中国人参战（实际是做些挖战壕、后勤运输之类的活儿），算得战胜国了，也该捞点儿好处了。可是没有。自古“弱国无外交”，积贫积弱的天朝中华这一回非但没有得到任何好处，聚集巴黎的强盗们干脆视中国代表如破履，对其要求不但弃之不顾，反而将原属于德国的势力范围山东，转让给日本这个一直虎视中国的宿敌。消息传来，国人激愤，5 月 4 日，北京大学学生率先走上天安门广场，集会、游行、罢课……北大学子的行动迅速得到全国各界的广泛支持，并最终演变成了全国性的罢市、罢工和罢课，形成了波澜壮阔的爱国运动，最终迫使北洋政府拒签了和约。

这就是关于五四运动的历史表述。事实上，这场运动对中国近代历史走向的影响，包含的内容要丰富得多，也复杂得多。

它当然首先是一场政治革命。直接目标当然是对抗巴黎和会强加的丧权辱国条约，而更重要的，是北京大学师生将《新青年》思潮首倡的“德先生”“赛先生”，即“民主”和“科学”，作为全新的政治价值观，借此风暴从天而降，狂雨一般浇入了干涸板结的中国思想大地，让国人看到了西方民主宪政的明媚之光。

这又是一场思想中华人民共和国成立革命，由五四而起的新文化运动振聋发聩地喊出了“打倒孔家店”的口号，大胆冲决几千年独尊儒学的局面，使中国的文化、哲学的研究视野，不再囿于儒家思想与经学。权威既已倒掉，于是思潮迭起，大师辈出，成就了继先秦之后又一个“百家争鸣”的辉煌时代。西方各种人文理论及哲学思想在中国风起云涌：共产主义、功利主义、实验主义、无政府主义及自由主义等，纷纷被引介入境，令国人耳目一新，为学术研究开创了新的路向。以《新青年》为旗帜的新型知识分子直截了当地指出：中国的软弱不仅仅是由于它缺乏武器和工厂，也由于它的整个文化，它的道德、文学和思想。西方的强大也在于它的文化。因此，中国要强大起来，就必须抛弃自己的文化而采纳西方文化。

纵观历史上里程碑意义的伟大革命，从来都是从思想启蒙开始，从而使政治革命顺理成章地登场，欧洲中世纪黑暗时代的被推翻，首先是从意大利文艺复兴开始的。借助古希腊哲人的亡灵，彻底颠覆了统治人们思想长达1000年的基督教神学统治，从而很快有了科学大昌明、地理大发现、工业革命，经济起飞。接下来，英国的光荣革命、美国的独立便瓜熟蒂落。影响了整个欧洲18世纪历史变革的法国大革命，更是从伏尔泰、狄德罗、卢梭百科全书派思想大家领导的启蒙运动开始的，等到“契约国家”观念广为人知，等到“博爱、平等、自由”的口号响遏行云，巴士底狱的轰然倒塌和波旁王朝彻底覆灭就水到渠成了。

中国的情况有点特别。它一直以中央上国自居，由儒家文化播撒成长起来的思想文化，通过“礼”“乐”教化，已然固化成完整、丰富、群众喜闻乐见的、带着表演性质的仪式及生活方式。列宁曾如此感慨：“千百万人的习惯势力是最可怕的势力。”换句话说，对于一个需要改天换地的革命，千百万人的习惯势力（即思想、文化、风俗、习惯），是比什么都更难逾越的万里长城。

中国没有意大利的文艺复兴，没有法国的启蒙运动，国人压根不知道“国家契约”一说，不知道自由与民主为何物，中国社会伦理的根基就是家族血缘，国家不过是放大了的家族而已，个人只是这个大家族的微不足道的成员罢了。直到1894年，历史采用了一个特殊的方式才将中国人强迫唤醒，这就是鸦片战争。西方的坚船利炮强行轰开这个故步自封的、顽固的国度，逼迫他改变。

被列强欺凌的日子是不好过的。于是，最先接受了西方文化并开始觉醒的中国知识分子开始了寻找。国家危在旦夕，想要完成难度和工作量如此巨大的思想启蒙，已经没有时间。救亡压倒一切。关心国家命运的知识分子，必须把注意力投放到急迫的社会政治问题的研究和实践，而思想启蒙不得不被湮没在革命甚至军事斗争之中。思想启蒙的先驱阵容，以《革命军》一书饮誉国中，因《苏报》案殉国，孙中山偏以"大将军"美谥相赠，正好是一个象征。清末启蒙思想家宋恕《六斋卑议》，对宋明理学大张挞伐，具有极高的启蒙价值，却被冷落旁顾，无人问津。辛亥革命前，严复曾劝说孙先生办教育，孙的回答是"俟河之清，人寿几何？"

历来都是思想革命带来政治革命。作为思想文化革命的五四运动，偏偏因救亡而起。这样，政治拯救必然成为主旋律，而科学民主为主题的文化启蒙只能成为附线，两者纠缠、碰撞，组成一支具有中国特色的二重变奏。

面对五四运动势如破竹的胜利，刘文典和北京大学的教授们必须做出自己的选择。鲁迅先生曾如是表述五四之后知识分子的分野："在行进时，也时时有人退伍，有人落荒，有人颓唐，有人叛变，然而只要无碍于进行，则越到后来，这队伍也就越成为纯粹、精锐的队伍了。"① 鲁迅先生所谓"退伍""落荒""颓唐""叛变"，当然是从他个人角度做出的评价，此处无须评议，但分野确实很快出现。陈独秀继续疾呼奋进，高喊"若是决计革新，一切都应该采用西洋的新法子，不必拿什么国粹，什么国情的鬼话来捣乱……因为新旧两种法子，好像水火冰炭，断然不能相容；要想两样并行，必至弄得非牛非马，一样不成"；鲁迅用"投枪"和"匕首"继续冲击已开始动摇的

① 鲁迅：《二心集·非革命的急进革命论者》。

孔家店，则成为五四思潮中最激进、最彻底、最不妥协的一脉。也有另外的选择，如梁漱溟。他以中国文化的捍卫者自诩，固执地认为东方的精神生活将有助于控制西方实利主义的灾难。1921 年 5 月，为了表示要献身于儒学，他决计改变自己的生活方式，显著的标志之一，就是他决定结婚。他写信给朋友称：他之娶妻实出于好德而非好色。[①]梁漱溟认为寻求婚姻之乐完全是出于一种道德责任，这种责任来自因独身不孝而产生的负疚感，一旦成婚，他即"率新妇拜公遗像而哭"。又如丁文江，则坚信科学的力量万能，认为"科学的因果律不但足以解释人生观，而且足以变更人生观"；而张君劢却针锋相对，认为科学不能解决宇宙观尤其是人生观的全部问题，社会达尔文主义不是使人自由，而是给人套上枷锁，扼杀了人的创造精神和自由意志；提出"科学无论如何发达，而人生观问题之解决，绝非科学所能为力"，这样，东西方都经过一番改造，一个优越的新文化就将出现。[②]

历史偏偏又开了一个玩笑，正当国人普遍笃信"德先生""赛先生"是解决中国问题的灵丹妙药，西方却正为科学带来的灾难痛悔不已。早在 19 世纪末，德国哲人尼采就敏锐地觉察到西方文明的危机，提出重新估价一切传统价值，喊出"上帝已死"这一惊世骇俗的激愤之声。其时，尼采孤独的叹息曾被认为是痴人呓语，待到第一次欧战爆发，大家才发现尼采的悲鸣不幸言中。在这场抢夺经济利益的大规模战争中，最新的科学技术剥夺了所有道德准则，包括飞机、潜水艇、声呐、毒气……新技术全数上阵厮杀，造成士兵死 2000 万人、伤 1000 万人和 647 万人平民死亡。物质主义、科学主义的失败使人们对西方文明普遍开始疑惑、彷徨、沮丧、失望……不少知识分子开始修改达尔文"适者生存"的粗糙规律，转向东方的思想和宗教，企图向东方寻找精神主义的思想资源以稀释物质功利带给人们的毒害。正如鼓吹新思想的中国先驱梁启超，1920 年旅欧回国，在他著名的《欧

① 〔美〕艾恺：《最后的儒家》，外语教学与研究出版社 2013 年版，第 71 页。

② 张君劢：《人生观》，见《科学与人生观（上）》，上海亚东图书馆 1923 年版。

游心影录》中如此惊呼："当时讴歌科学万能的人，满望着科学成功黄金世界便指日出现。如今功总算成了……我们人类不惟没有得着幸福，倒反带来许多灾难……欧洲人做了一场科学万能的大梦，到如今却叫起科学破产来。"

这真是一个有点滑稽的文化现象。正在大声呼吁"打倒孔家店"企图全盘引进德先生和赛先生来拯救中国的知识界，在此特殊的时刻，正好和西方知识界逆向而行。这些，虽然为焦急的中国知识分子找回了些许安慰，但重要的问题是：面对五光十色的理论世界，中国要改造国民性，进行价值观念的重建，该用什么来启蒙？该怎么进行改造？

正是在这个时间节点，1915年，留美归国的胡适发表《新思潮的意义》一文，心平气和却观点鲜明地提出自己四句话的纲领："研究问题""输入学理""整理国故""再造文明"。同年8月，他在给《新潮社》骨干社员毛准（字子水）的信中做了这样的说明："现在整理国故的必要，实在很多。我们应该尽力指导'国故家'用科学的研究方法去做国故的研究，不当先存一个'有用无用'的成见，致生出许多无谓的意见。"①

在五四新文化运动"全盘""彻底"反传统的声浪中，胡适提出如此逆潮流而动的口号当然最易遭人诟病。胡论一出，果然众声哗然，甚至大陆政权易手之后流行几十年的主流话语中，这一直是胡适的一大罪状：以"整理国故"为名，欺骗青年钻故纸堆，逃避现实，实属与时代潮流背道而驰，理当划归鲁迅先生大张挞伐的"落荒""叛变"一类。

其实，公正地说，联系一战时期西方的对"科学万能论"的失望，联系胡适身处美国的感受，于启蒙和救亡变奏的背景下来分析中国文化的走向，胡适提出在"研究问题"的前提下，引入西方科学的方法（即"输入学理"），对中国传统的典籍进行一番整理，为中国"再造"一种博采中西文化之长，又符合中国国情的全新文明，其实不无道理。

① 雷颐：《孤寂百年》，广西师范大学出版社2015年版。

德国著名社会学家马克斯·韦伯认为，被统治者服从统治者的支配，有暴力、经济等多种因素，此外，“通常还需要一个更深层的要素——对正当性的信仰”。一个国家，尤其是中国这样的大国，没有一套让绝大多数人认同的文化与哲学、一个认绝大多数人自觉皈依的信仰，仅靠一些政治的权宜之策，也许可以暂时解决问题，最终却是靠不住的。中国没有宗教传统，科学（赛先生）解决的，仅仅是对客观世界的解释，民主（德先生）解决的，仅仅是政治结构，那么，靠什么思想价值作为最基础的支撑呢？孔夫子信不过了，西方还没有从一战的噩梦中醒来，中国儒家毕竟持续固守了几千年，甚至僭称帝位的袁世凯，首先想到的就是祭孔，欲将孔学立为国教，只是时过境迁，已经不灵了。中国必须为自己的未来寻找新的思想资源。这个资源，需要吸收西方先进的思想，但却不可能割断中国的历史和文化，因此，胡适提出在“研究问题”“输入学理”“整理国故”的前提下来“再造文明”，在当时，不能不说是一种远见卓识。[①]

必须特别一提的是，几乎与五四新文化运动为中国探寻前进之路的同时，北方的苏俄布尔什维克正在十月革命的胜利旗帜下高歌猛进，让中国人看到了另一条用暴力推土机去披荆斩棘，扫荡旧世界的道路。推翻沙皇的俄国革命，视觉上虽然看似在水兵攻打冬宫的呼啸声中一蹴而就，其实以赫尔岑等为代表的知识分子精英，早从19世纪中叶，便开始了漫长的启蒙。十月革命的成功，某种意义上来说，更多是精明的革命领袖审时度势，进行巧妙政治操作的成功。新文化运动的首倡者陈独秀和李大钊诸人受此鼓舞，以俄为师，断然走上了一条更加激进的道路。1921年成立的中国共产党，最终在以鲁迅学生自诩的毛泽东带领下，经过28年的艰苦努力，终于通过武力夺得了全国政权。从某种意义上说，新中国的成立，正是五四运动最为激进之一脉的胜利。

① 雷颐：《孤寂百年》，广西师范大学出版社2015年版。

四、刘文典的五四

身处五四运动发祥地北大的刘文典，这样回忆了那一段激动人心的经历：

> 五四运动这件轰轰烈烈的大事，我事前并未预闻。一直到北京的学生、市民游行示威烧了曹汝霖的家，打伤章宗祥以后，我还坐在中央公园柏树底下悠悠闲闲地喝茶看小说。
>
> 一直到已故的王星拱教授跑来对我说警备司令部已经派兵包围北京大学，逮捕许多学生，我才直跳起来奔到学校。在红楼门口遇见罗文干教授，知道蔡元培先生已经辞职离京，更是大吃一惊。奔上楼去会见许多教授，听他们的议论一大半都是不赞成学生"轨外行动"的，听了真冒火。从那天起，我才天天参加会议……经济系教授马寅初先生在学校坐镇，常常彻夜不归。我和刘半农教授也参加守夜的工作，朋友们开玩笑说："犬守夜、鸡司晨，你们一马二刘是北大的三个守夜的犬。"有一天半夜里在三层楼上往下看，门前全是军警的帐篷。我们这些守夜的人算是困在核心，但是往更远处一看还是一片光明，被关在泽学馆的学生正在大呼"打倒军阀""内灭国贼，外抗强权"的口号。……又有一天半夜里，马寅初先生欢天喜地地说："上海罢市了！上海罢市了！"第二天北洋政府就下命令罢免曹、陆、章，我那时候才初步认识人民力量的伟大。[①]

刘文典已经不再是民众运动的普通一兵，也不可能再像"护法运动"那样，到枪林弹雨中去运送伤员，他手中已有了一支如椽之笔和已经被中西文化熔炼过的大脑。五四期间，他不是简单地当一只"守

① 刘文典：《忆"五四"》，载云南大学校刊《云大》1957年5月1日。

夜犬”，而是继续用这些思想对呼啸而来的新思潮给予响应。作为爱国者和民族革命先驱，他理所当然首先选择了救亡。在他看来，巴黎和会只是再一次证明了“弱肉强食”“优胜劣汰”的丛林法则，证明了他笃信的社会达尔文主义理论。五四次年，刘文典总结自己的思想变迁史，再一次系统而且明确地表述这一观点，也即中国人一直喜欢说的那句话：“落后就要挨打。”

1919年5月15日，五四运动发生后十一天，由邵飘萍、孙少少等主笔的《新中国》在北京创刊，《发刊辞》宣称：“以新思想为造新政治、为造新道德、为造新学术之前提，循因以求其果，则灿烂光明之新中国，且不期而涌现乎大地之上。”正是这样一份刊物用了封二整页版面，刊登广告推介刘文典译著《生命论》——这又是“德国哲学博士、理学博士、法学博士、医学博士赫凯尔先生（即海克尔）”的学术作品。在译介海克尔的同时，刘文典还继续译介日本浅丘次郎的《进化与人生》等。这些译著但经刊出，果然一时洛阳纸贵。这些都极大地刺激了刊物编辑，也刺激了刘文典的著述热情。五四后，《新中国》杂志再次用整版篇幅插页，用惯有的广告煽情语言推介刘文典刚刚译成的《宇宙之谜》，宣布：“这部书是德国现代最大哲学家、最大科学家赫凯尔（按：海克尔）博士著的，以一元哲学的见地，解决了宇宙间最大的、最难解决的问题。”

当五四运动使儒学名声扫地，中国面临伦理道德真空的时候，刘文典再次选择了在日本熟读过且最容易鼓动仇恨和奋起的理论，介绍给中国同胞，正当其时。所有这些，都为刘文典赢得了巨大的声誉。胡适曾称赞刘文典的“译笔竟是一时没有敌手”，称他“不译书是社会的一个大损失”；著名军事理论家蒋百里的评价更加斩钉截铁，称先生是“译书的天才”。在众星捧月的奖掖之中，先生自己也憋不住有点飘飘然，“舒服得像大热天跑到山路后喝冰汽水似的”，甚至不无得意地自称：“我不译书是社会的不幸。”①

① 详见喜石博客《石眼看民国之三：仗着理性的光明，不怕它四围的黑暗——狂生刘文典（之一）》，2012年10月10日。

让人费解的是，学术界对刘文典的译笔寄予如此厚望，而他自己亦于此雄心勃勃，可是，1920 年 11 月，译著《进化与人生》由商务印书馆出版后不久（这是他正式推出的第一本译著），刘文典竟忽然告别译坛，绝尘而去，一头钻进了“故纸堆”，开始了“整理国故”的工作，并着手《淮南子》的校勘。如果用鲁迅的说法，这应该是所谓行进时的“退伍”“落荒”“颓唐”一类吧？在惯用非黑即白的标准来判断学术价值的年代，这样结论也许是痛快的。但真实的情况，比这要复杂得多。

五、为什么是《淮南子》

从某种意义上讲，中国几千年主流哲学：儒家理论，最初完全是一种伦理规范，缺少价值层面的逻辑推演和形而上学抽象，在理性法庭上便很难站住脚跟。因此，汉代以降，面对佛学咄咄逼人的入侵和道家的辅攻，儒家的思想地位几乎岌岌可危。汉代初立，雄心勃勃的帝王曾用强制的行政手段将董仲舒的《春秋繁露》、班固的《白虎通义》等经过偏见处理的儒家经典，作为官方主流意识形态强行推广，罢黜并摧毁了曾经百花齐放的哲学流派，用“天人感应”和神秘主义的谶纬之学对自己统治的合法性夯实了政治基础和价值基础。但是事情并没有一劳永逸。魏晋以降，佛道合流，儒家面临巨大的威胁，以至于韩愈、李皋之属，不得不以道学家名义呼唤儒家复兴，到了宋代，程颢程颐兄弟、朱熹、周敦颐等一大批理学大师推出的新儒学系统，从形而上层面对儒学给予完整的解释，抵抗大获成功；再到明代，大儒王阳明心学的出现，自先秦孔子滥觞的儒家学说的理论链条，更加完美了。君主大权在握，儒学作为官方意识形态和御用文人们讨生活的手段，相关集注、诠释、著述，汗牛充栋，统治地位无人可撼了。

以五四为标识的新文化运动，最响亮的口号就是“打倒孔家店”。可是，要从根本上推倒儒家的威权，要创造新文化，仅仅靠喊口号是不可能完成的，大炮狂轰之后，还必须来一番“200米内硬功夫”。在“民主”与“科学”口号响遏行云之时，胡适明确提出了要用现代的“科学方法”来整理国故，这些提法不能不说是一个恰逢其时的口号。

按照胡适的说法，“我们对于旧有的学术思想有三种态度。第一，反对盲从；第二，反对调和；第三，主张整理国故”。这三项中，“积极的只有一个主张——就是‘整理国故’。整理就是从乱七八糟里面寻出一个条理脉络来；从无头无脑里面寻出一个前因后果来；从胡说谬解里面寻出一个真意义来；从武断迷信里面寻出一个真价值来”。之所以如此，是因为古代的学术思想向来“没有条理，没有头绪，没有系统”，“少有历史进化的眼光”，不讲究学术渊源和思想的前因后果，“大都是以讹传讹的谬说”，“有种种武断的成见”和“可笑的迷信”。“若要知道什么是国粹，什么是国渣，先须要用评判的态度，科学的精神，去做一番整理国故的工夫。”①

至于刘文典为何要放下翻译而去“整理国故”，盖有如下几种说法：一为“面子”说，身处大师丛林，刘文典的自尊心常感受伤。虽说年纪轻轻就进了北大，当了预科教授，且一直积极参与学校事务，但在身边的大儒名家眼里，他最大的本事不过是会写骈体文，会翻译一些外文罢了。这自然让他内心愤愤，他在写给朋友胡适的信中如此说：“我之做过校勘的功夫，素来无人晓得。”一说因为经济压力，他已届而立之年，有了家和孩子，经济上的需求不容忽视，“典在北大里，也算是背时极了，不如典的，来在典后两年的，都是最高级俸。照章程上规定的，授课时间之多少，教授的成绩，著述及发明，在社会上声望等四个条件，除末一条外，前三条似乎都不比那班先生差多少，然而整整五年，总是最低的俸。钱的多寡原不算什么，面子

① 雷颐：《孤寂百年》，广西师大出版社2015年版。

上却令人有些难堪”……其实，即便这些理由成立，都并非最重要的。刘文典最终选择了跟从胡适，进入了国学研究家园，首先是一个学者的使命：刘文典曾涉猎过浩瀚丰富的国学经典，又研读了汹涌而来的西方哲论，用全新的视线，在芜杂的、被诠释得自相矛盾的甚至被人遗忘的经典中，去寻找、整理曾经辉煌，或默默无闻的思想资源，对于吸附年轻人的好奇心，具有何等巨大的挑战快感！再说，中国文人历来有这样的传统：面对社会激荡又深感无力回天，总喜欢隐逸于学问之间，以间接的却更深远的方式兼济天下，获取一种精神的自我救赎和心灵安慰。胡适的号召，为刘文典选择新的生活方式提供了最充足的理由。

这样，刘文典决定选择远离儒家轨道的《淮南子》。

《淮南子》，又名《淮南鸿烈》，是西汉初年淮南王刘安集合门客编撰的一部哲学著作。据《汉书·艺文志》记载，《淮南子》内二十一篇，外三十三篇。近现代只流传内二十一篇。全书体系庞大，取材芜杂，哲学、政治、经济、军事、天文、地理、农学、生物、音律、风俗、神话……无所不包，杂糅儒家、墨家、法家、阴阳家等各派思想而成，其主要倾向，则偏于道家。曹魏建安经学家高诱称：“其旨近老子淡泊无为，蹈虚守静，出入经道。言其大也，则焘天载地；说其细也，则沦于无垠；及古今治乱存亡祸福、世间诡异瑰奇之事。其义著，其文富，物事之类无所不载。然其大较，归之于道。”先秦诸子百家中足以和儒家抗衡的，仅道家而已，可到了汉武帝刘彻“独尊儒术，罢黜百家”，加上猜忌多疑的刘彻担心同祖诸侯王对皇权构成威胁，对刘安巴心巴肠呈献的这部巨著表面上“上爱秘之”，实际上束之闲阁，不予理睬，后来刘安偏偏涉嫌谋反，武帝理所当然将这位胞兄废黜，交有司问罪，刘安不堪侮辱，自尽而亡。对于极端重视意识形态的铁腕皇帝刘彻，谋逆者的反儒之作必遭封杀厄运，可想而知。《淮南子》好不容易千年流传，早已文意变迁、传写讹夺。当时最流行的本子，已经是150年前清代学者庄逵吉校注的，其间虽有清代王念孙、俞樾、孙诒让、陶方琦等学者先后整理，但正如胡适所说，“然诸家所记，多散见杂记中，学者罕得遍读；其有单行之本，亦皆仅举断句，不载全文，殊不便于初学”，成了一部“比先秦诸子还要难弄”的“硬骨头”。

那么，刘文典为何偏偏要来拣这块“硬骨头”啃呢？笔者分析，概有四点缘由：一、中国以儒家为主流的漫长思想史中，《淮南子》注定是一个被冷落遗忘的角落。因此，在其中很可能发现一些新的思想资源。二、在五四反孔洪流激荡的背景下，接受了新文化熏陶的刘文典，选择与儒家入世理论相对立的道家出世经典进行对照研究，容易打开突破口——如果这两条理由可作为学术操作的实用主义理解。第三，恰恰出于对五四激进思潮的认同。刘文典对于千百年来，被许多文人学者翻来覆去注疏过、诠释过的汗牛充栋的儒家经典，是不是有一种潜意识的疏离之感？至少，如下一件事情可以成为此观点相对充分的佐证：刘文典完成了《淮南子》的集注之后，很快就将下一个学术研究课题锁定为同为汉代哲学家王充的《论衡》。这又是一个反儒大家。其巨著《论衡》，“诋訾孔子”，“厚辱其先”，对儒家正统思想公然诟病，一直遭到历代封建统治者的攻击和禁锢。是故，几千年后的1974年，中国发动所谓“批林批孔运动”，革命左派还专发号召，要全体国人学习王充的《问孔》与《刺孟》。

事情就这样开始了。

师从刘师培、章太炎等大师的严格学术训练，养就了刘文典对校勘的严谨学风。首先是占有翔实丰富的资料，继而在综合分析各种版本的基础上进行“集解”，注重丛书的意旨、内容、写法的分析，从文意、文法、字词的比较中去判断是非优劣，没有一分甚至几分证据，绝不敢轻易下结论。平时，他在课堂上常对学生强调：“每部古籍，都有一个传抄、刊印的过程，长的几千年，短的数十年，错误实在难于避免。托名伪作的、篡改古籍的不乏其人。看不出问题，真伪不分，曲为解说，就要谬种流传，贻笑大方。搞校勘，须精通文字、声韵、训诂之学，要有广博的文化、历史、名物制度的知识，版本、目录之学也得认真研究。”刘文典集解《淮南子》的情况正是这样。

《淮南子》撰著于西汉景帝后期而成于武帝即位之初，东汉及魏建安时便先后有学界大师许慎、马融、高诱诸人对注疏解诂，马融注早已散佚，后仅有著名文字学家许慎的注释本与经学家高诱的注释本流传。宋代活字印刷术发明之前，《淮南子》流传主要靠手抄本，宋代始有刊刻本流通。手抄、刻版过程均难免出现讹舛、脱漏、衍文和版本的问题。清代近三百年盛行训诂之风，《淮南子》经乾隆训诂学家庄逵吉校注后，再经学者王念孙、王引之父子对庄本的文字谬讹、句读错乱、音训异同加以考辨，订正字句错误900余条。再后，晚清学者俞樾、孙贻让等亦再加校注……如此反复校注，诚如胡适先生在《淮南鸿烈集解》书序中称：“计二百年来，补苴校注之功，已令此书稍稍可读矣。然诸家所记，多散见杂记中，学者罕得遍读，其有单行之本，亦皆仅兴趣断句，不载全文，殊不便于初学……”亦如刘文典先生所言：“《淮南子》虽是汉朝人著的书，但比先秦诸子还要难弄些。”要在此基础上批注好《淮南子》，既需对前人校勘的成果进行深入的分析与取舍，又要提出自己的校勘意见，难度极大。为校勘《淮南子》，先生真可谓夜以继日，废寝忘食。先生自己坦承吐露了自己点校《淮南子》的惴惴之情：“典因为校对《淮南子》，劳苦过度，得了很重的精神衰弱症，养息半年才渐渐好些。”“目睹刘绩、庄逵吉辈被王念孙父子骂得太苦，心里十分恐惧，生怕脱去一字，后人说我是妄删；多出一字，后人说我妄增；错了一字，后人说我妄改，不说手民弄错而说我不学。”他的学生、云南大学教授吴进仁在一篇文章中这样写道：“为了搞《淮南鸿烈集解》，先生是下了苦功的，吃了很大的苦，他不止一次慨叹说：‘搞这个太苦了，如果我再这样搞的话，我现在就死了。’”夫人张秋华则如此叙述先生校勘《淮南子》的辛苦：“搞这个书，很可怜的。别人只知道这个书搞得不错，不知道多辛苦，病了好几次。”

校勘学是一门很精密的科学，每校一个字都要掌握充分而确凿的资料。“一字之微，征及万卷”，这是先生治学恪守的格言。对于征引材料，他特别强调要“查证原文”。他说：“引第二手材料，凭记忆引用材料，是校勘学之大忌，因为这难免有讹误。”做好校勘，必须参阅大量的历史文献、经典。刘文典本是“版本癖”，市面上但遇古籍珍版，总是不惜重金购买，校勘《淮南子》，既要购买前人梳理校注的各种善本，还要购买保存大量散佚残缺文章的类书，还要雇人抄写，花销实在不菲。经济搞得太拮据了，他不得不找校长蒋梦麟求援，请学校预支钱款度日。资料载，借款一次二百大洋，一次四百大洋，相当于三个月薪资。

《道藏》，是道教书籍的总汇，包括周秦以降的道家子书及六朝以来道教经典，凡论述、符篆、科仪、法术和文献（包括山志、纪传、图谱等），多被收入。道书之正式结集而成为“藏”，始于唐开元（即玄宗年代），此后宋、金、元、明诸朝皆曾进行编修。《开元道藏》是中国历史上的第一部正式的、完整的《道藏》。其时存世最早的《道藏》系明朝正统年间刊印的明版善本，共五千三百五十卷，收藏于北京最大的道教庙宇白云观。刘文典得知这一信息，立即找朋友帮忙，想办法走进了这座松荫迷离的古道院，开始一段黄卷青灯相伴的苦读日子。

关于这段经历，有好事者戏谑闲传，说刘文典住进白云观一待几个月，足不出户，潜心翻检《道藏》，常茶饭不思、寝食难安，以至得了很严重的神经衰弱症，养息半年方得渐好。甚至言之凿凿，说白云观日子实在太清苦，刘文典终于熬忍不住，某次，趁道士们不注意，竟偷吃荤腥，被道士们“逮”个正着，闹了一个“大红脸”。

先生哲嗣刘平章告诉笔者，据听母亲追忆，以为这些逸闻纯属杜撰，先生著述写作都是在家中进行的，只是每天都工作至深夜不息。其时先生正好30岁，年富力强，只是长期高强度的工作，致使身体常常困乏难支，每早都得由母亲将他扶进饭厅，吃饭时亦睡眼蒙眬，勉强应付。母亲将什么菜夹去他面前，他就吃什么菜，像是虚应故事，不得不尔。那场景，倒正好应了古希腊哲人苏格拉底的名言："人活着不是为了吃，而吃只是为了活。"想必人世间成就大事业者，对事业过分的执着，总须牺牲若干世俗乐趣，"为伊消得人憔悴"。

西南联大学生李埏关于恩师刘文典，曾写过一则回忆称，某次，李埏向先生借阅《唐三藏法师传》，书页中发现了一张老师用毛笔画的老鼠，遂求老师解释，刘文典闻言大笑不已，说，自己在乡下看书时点香油灯，灯芯上的油会滴在灯盘上。一天深夜他在灯下看书时，见有老鼠爬到灯盘上明目张胆地吃起了盘子上的油。他本想打死它！但转念一想，老鼠是在讨生活，我读书也是为讨生活，何必相残呢！于是随手用毛笔画了一幅老鼠像夹在书中。李埏遂有感慨："先生真有好生之德！"这个故事自然说明了先生治学之清苦，而挑灯夜著的寂寞之中偶遇一份小小意外，于是便快活，便沉醉其中——先生世俗顽皮之乐，跃然纸上矣。

从 1920 年秋始，至 1921 年 6 月，经一年多努力，皇皇巨著终得完成。取名：《淮南鸿烈集解》。"鸿"者，言《淮南》书之博大也，"烈"者，言书之明晰也。刘文典先生的《自序》如是说：

淮南王书博极古今，总统仁义，牢笼天地，弹压山川，诚眇义之渊丛，嘉言之林府，太史公所谓"因阴阳之大顺，采儒、墨之善，撮名、法之要"者也。惟西汉迄今，历二千祀，钞刊屡改，流失遂多。许、高（按：指许慎、高诱）以之溷淆，句读由其相乱，后之览者，每用病诸。虽清代诸师如卢文弨、洪颐煊、王念孙、俞樾、孙诒让、陶方琦之伦各有记述，咸多匡正，而书传繁博，条流踌散，卷分帙异，检覆难周，用使修学之士迴遑歧途，沿波讨原，未知攸适。予少好校书，长而弥笃，讲诵多暇，有怀综缉，聊以锥指，增演前修。采拓清代先儒注语，构会甄实，取其要指，豫是有益，并皆钞内。其有穿凿形声，竞逐新异，乱真越理，以是为非，随文纠正，用祛疑惑。若乃务出游辞，苟为泛说，徒滋葳滥，只增烦冗，今之所集，又以忽诸。管窥所及，时见微意，椭有发明，亦附其末。虽往滞前疑未尽通解，而正讹茜佚，必有凭依，一循途轨，未详则阙。名为《集解》，合二十一卷，庶世之君子或裨观览焉。①

胡适如是评价：

刘叔雅（文典）近来费了一年多的工夫，把《淮南子》整理了一遍，做成《淮南鸿烈集解》一部大书……他确然费了一番很严密的工夫。他把各类书中引此书的句子，都抄出来，逐句寻出他的“娘家”。如《太平御览》中引的凡一千零二十六条，《文选注》引的凡五百余条，即此两项已费了不少的日力。凡清代校勘此书之诸家，广为搜辑。他自己也随时参加一点校语，以校勘为限，不涉及主观的见解。他用的方法极精密——几乎有机械的谨严——故能逼榨出许多前人多不能见到的新发现。②

胡适是白话文提倡者，为了与本书风格保持一致，破例采用文言文为之作序，对《淮南鸿烈集解》的学术价值和作者治学态度，做了高度评价。

① 见《刘文典诗文存稿》，黄山书社 2008 年版，第 21 页。

② 曹伯言：《胡适日记全编》卷 3，第 476 页注 18。

六、嬗　变

《淮南鸿烈集解》出版，果然一鸣惊人。1923 年 3 月，正值学术界为引导读者、作者，大搞“开书目热”，胡适应《清华周刊》胡敦元等人的邀请，开出了《一个最低限度的国学书目》，在“思想史”部分毫不犹豫地就将尚在印刷之中的《淮南鸿烈集解》写了进去，并且加圈重点推荐。事后，胡还在代表作《中国思想史长编》里，再次不吝笔墨夸赞此书：“近年刘文典的《淮南鸿烈集解》，收罗清代学者的校著最完备，为最方便实用的本子。”即使明确表态不赞成胡适所开国学书目的梁启超，在自己为《清华周刊》重新开列的《国学入门书要目及其读法》中，亦明确推介：“《淮南子》，此为秦汉间道家言荟萃之书，宜稍精读，注释书闻有刘文典《淮南鸿烈集解》颇好。”鲁迅一贯“主张年青（轻）人少读中国书的，或者干脆不读”，听说刘文典新书出版，也特意跑去买了一套。1924 年 2 月 2 日，《鲁迅日记》载：“往商务印书馆买《淮南鸿烈集解》一部六册，三元。”周作人干脆断言：“他实是一个国学大家……不知道随后（他还）有甚么新著，但就是那一部书（《淮南鸿烈集解》）也足够显示他的学力而有余了。”

先生于是声名大振。

“刘文典”这个名字，曾经属于“刘师培弟子”，曾经属于“章太炎弟子”，也曾经属于“孙中山英文秘书”，而现在，它终于属于他自己了。从少年时代开始，他便一直将国家强盛作为自己的人生目标，选择了直接的政治行动来拯救民族危机和国家灾难，而现在，一部《淮南鸿烈集解》，终于让他完成了从民族主义革命者向新文化创建者的嬗变。

（作者单位：云南老年网络大学）

沟通中西：刘文典与进化论在中国的传播

章玉政

刘文典（1891—1958）进入学术界的视野，是以校勘学为支撑的。他的《淮南鸿烈集解》由胡适作序，被誉为“一部可以不朽之作”；《庄子补正》由陈寅恪作序，被称之“将一匡当世之学风”。除此之外，另有《三馀札记》《说苑斠补》《大唐西域记简端记》《群书校补》等著作或论文，奠定了在古籍校勘领域的学术地位。

然而鲜为人知的是，作为五四新文化运动阵营的重要参与者之一，刘文典在进化论思想的翻译、推介、传播等方面，亦做出了不容忽视的贡献。这一点，在过去曾略有论及，但未见全面深入研究，而伴随着越来越多刘文典史料的“重见天日”，愈显出开掘这一课题的历史价值与现实意义。

日本生物学家丘浅次郎

早期的学术训练与对进化论的认知

刘文典，字叔雅，1891 年（一说 1899 年）12 月出生于安徽合肥。在此前后的中国，刚经历两次鸦片战争的创痛，又遭遇甲午战败的耻辱，“此三千余年一大变局也”[①]。国门洞开，西学东渐，谈论洋务，讲究新学，成为一种时代潮流。

进化论就是在这股历史浪潮的席卷之下进入中国的。进化论事实上包括自然科学的进化论和社会科学的进化论，前者以达尔文（Charles Robert Darwin，1809—1882）的《物种起源》为代表。“进化论传入中国，是从自然科学开始的，是从天文学、地质学开始的。而中国思想界发生变化，也是由此开始的。”[②] 颇为吊诡的，在中国形成巨大冲击波的，却是对于社会科学领域进化论思想的翻译与传播，其标志性的事件便是 1898 年严复《天演论》的翻译出版。

严复翻译的《天演论》，源自英国博物学家赫胥黎（Thomas Henry

① 李鸿章：《复议制造轮船未可裁撤折》，见吴汝纶编《李文忠公奏稿》卷 19，民国刻本。
② 吴丕：《进化论与中国激进主义》，北京大学出版社 2005 年版，第 48 页。

Huxley，1825—1895）的《进化论与伦理学》。赫胥黎是达尔文生物进化论的坚定捍卫者。“严复《天演论》的特点在于它不是赫胥黎原书的忠实译本，而是有选择、有取舍、有评论、有改造，根据现实，‘取便发挥’的‘达旨’（《天演论》译例言）。这本书所以能引起巨大影响，原因也在这里，它对外国思想的介绍翻译没有生搬硬套，而是力求服务于当时中国的需要。”[①] 是书甫出，一纸风行，而书中所提出的“优胜劣败，适者生存”，更是“给了无数人一种绝大的刺激”，“几年之中，这种思想像野火一样，延烧着许多少年人的心和血。‘天演’‘物竞’‘淘汰’‘天择’等等术语都渐渐成了报纸文章的熟语，渐渐成了一班爱国志士的‘口头禅’。还有许多人爱用这种名词做自己或儿女的名字”。[②] 胡适是“适”，就源自此。

新思想、新文化的传播，迅速引发教育领域的颠覆性革命。1905年，清廷宣布废除影响中国一千余年的科举制度，开始大规模引进西式教育，这为国人打开了另一扇窗。

安徽近代教育，起步较晚，直到1898年还是传统的封建教育占主流。当时影响最大的，是各类私塾，以应科举、求功名为导向。刘文典幼年的时候，家里便是请了私塾先生，教他读经书和古文。成年后，他在一篇回忆成长历程的文章里曾大发感慨：

> 我生在安徽合肥县，这地方交通也很便利，离通商的大埠不远，若以常理说来，文化本不应该十分低下的。无奈这个地方的人，都有一种奇特的性质，不大喜欢读书，到今天莫说西洋的近世文明一些都没有沾得着，就连中国固有的旧文明也是毫无所有。这地方离徽州不过是一江之隔，而徽州的经学只往浙江跑，我们合肥人连戴震、江永、胡培翚、俞正燮的名姓都不知道。离桐城也不过两天的路程，而桐城的文章也不到合肥

① 李泽厚：《李泽厚十年集·中国近代思想史论》，安徽文艺出版社1994年版，第253页。

② 胡适：《四十自述》，中国文联出版公司1993年版，第49页。

来，我们“敝县”的那些硕学鸿儒竟没一个配做方苞、姚鼐的云礽。我生在这样的地方，是那幼年时代的思想，当然还是“原人思想”，对于宇宙，对于人生，竟没有丝毫的疑惑，以为人生就是人生，世界就是世界罢了。叔本华说“形而上学的观念是人人有的”，把人类叫作什么“形而上学的动物”，要以我十一二岁时候的思想说来，这句话竟是错了。照这样昏天黑地的活到十二三岁，胡乱读了些“经书”和“古文”，会做些“今夫天下，且夫人……”的文，心里全是些“扶清灭洋”的思想，现在回想起来，觉得当时竟是一只毫无理性的动物。[1]

刘文典的父亲刘南田，本在合肥从事布庄生意。八个子女当中，要数刘文典最聪明，自幼读书过目不忘，因此被父亲寄寓厚望，期盼着他长大后能够继承家业，与洋人做“大买卖”。父辈的这一期许，让刘文典有机会较早接触到西方的新知识、新思想、新文化。

恰好这时，合肥来了几个美国的传教士，办了一个基督教会医院，顺便教儿童学习一些英文、生物知识。对于第一次走进基督教会医院的学习的经历，刘文典曾有过一段详尽而生动的回忆：

这是我第一遭和西洋的文化接触，看见他用的器物无一件不十分精美，而且件件都有神妙莫测的作用，心里十分惊异。我这时候的心情，竟和那荒岛里野蛮人初见白人探险家一般。读者诸君想必也都读过欧美探险家的笔记的，那上面所叙的土人初见白人的情形，就是我当年的写照了。我心里细细想着，西洋人真有本事，他的东西件件比中国人的强，难怪我们中国打他不过。又看见他替人治病，真正是“着手成春”，那“剖腹湔肠”的手段，就连书上说的扁鹊仓公都赶他不上。他又教我用显微镜看微生物，看白血轮，用极简单的器具试验化学给

① 刘文典：《我的思想变迁史》，载《新中国》1920年第2卷第5号。

我看，这是我有生以来第一次受近世科学的恩惠，就是我现在对于生物学的兴味也还是在那个时候引起来的。我这时候虽然是大海里尝了一滴水，但是总算识得了咸味了。[1]

当然，这种新奇劲很快就会消失殆尽，毕竟当时的主流教育思想还是“中学为体，西学为用”。刘文典真正深入接触西学，尤其是进化论学说，是1908年赴日本留学期间，但此间并未进专门学校，而是以自学为主：“我就在日本沿门持钵，疗我头脑子里的饥，今天从人学这样，明天从人学那样。日本买书极其方便，我就把听见过名字的人的著作，买了许多，查着字典读着。”所买的书以西洋哲学为主，先看一两部哲学概论，再看一两部哲学史。他买来了奥地利哲学家耶路撒冷（Jerusalem，1854—1923）的《哲学概论》、德国哲学家文德尔班（（Wilhelm Windelband，1848—1915）的《哲学史教程》等书，一本一本地读。系统地读了一些哲学书籍后，刘文典感觉自己模模糊糊地晓得了一点哲学是个什么东西，古时的哲学家们又是用什么态度去解决这些问题的。

看到书上说生物进化，不懂进化论究竟是怎么一回事，又慢慢地读了达尔文的《种源论》（今译《物种起源》），却看不出味来，只好又寻了日本哲学家丘浅次郎、石川千代松的书来读，感觉稍浅一点。后来遇到了德国哲学家、博物学家海克尔（E. Haeckel，1834—1919）的《宇宙之谜》和《生命之不可思议》两部书，“读了真是无异‘披云见日’，把我所怀疑不解的问题，确实解决了”[2]。

通过借助字典阅读这些名著，一方面，刘文典日语、英语、德语水平有了较大程度提升，为他后来投身翻译工作打下了基础；另一方面，刘文典才逐渐意识到近世科学的可贵，晓得哲学万离不了生物学，晓得国家社会的一切问题都要依据生物学来解决，才晓得不但是

① 刘文典：《我的思想变迁史》，载《新中国》1920年第2卷第5号。

② 刘文典：《我的思想变迁史》，载《新中国》1920年第2卷第5号。

中国的学问，就连学西洋那些“没有科学上根据的哲学”都是不中用的，“我的世界观、人生观从此就略略定了，枝叶上虽然也学着时髦，时时有些变化，根本上却从来没有生甚么动摇”。

这一科学哲学思维的定型，意义重大，几乎影响了刘文典的一生。且不说他年轻时曾一度迷上了翻译事业，先后将丘浅次郎的《进化与人生》《进化论讲话》以及海克尔的《生命之不可思议》《宇宙之谜》等书籍译介到国内，遗泽深远；即便是他后来一直从事的古籍校勘工作，也并非如一般人所称的“钻进故纸堆”，而是注重比较研究，善于汲取西方近世科学的营养，为中国传统典籍“补注”。此时，他对早年刘师培“总是说西洋学问的什么原理，则是中国古时已经有的”等观点，逐渐产生了批判性的反思，开始意识到能够称得上“学”的，至少总要是“有系统有组织的知识”才能当得起的，而不是从古书里去找一两句话来比较谁比谁先进、谁比谁智慧。

由此可见，在日本求学的历程以及对进化论的深入接触，打开了刘文典的学术视野，拓宽了刘文典的研究门径。正如他自己后来所说，“具有综观世界各系文明的眼光，去了好虚体面的客气，晓得了近世科学的方法、性质、价值，明白了学术之历史的发达路径，把中西学术作个比较的研究，求两系文明的化合，这倒是学界一种绝大的胜业”。①

新文化运动前期对进化论的传播实践

刘文典是“西学东渐”的积极参与者和实践者。“在努力使中国能够走上真正现代化的道路的同时，知识分子从一开始就意识到传统文化所具有的吸收和转化能力。因而他们对民族心性的批判必须转换

① 刘文典：《怎样叫作中西学术之沟通》，载《新中国》第1卷第6号1919年10月15日。

角度，方能对同代人视为天经地义的价值观继续提出质疑。所以，他们求助于西方（更明确地说，他们大多读到的是经由日文转译的西方书籍和思想）。”[①] 刘文典自幼便开始学习英文，后来又到日本留学，熟练掌握英、日、意等多国语言，可直接翻译英文、日文的著作，自然成为启蒙运动中不可或缺的“急先锋”。

辛亥革命后，刘文典一度在《民立报》担任英文编辑。“二次革命”后，刘文典流亡日本，百无聊赖之中，尝试着翻译或推介一些介绍西方哲学、政治学、生物学尤其是进化论等领域新知识、新思想的文章，投给章士钊的《甲寅》杂志或陈独秀的《新青年》。后者直接开启了新文化运动的大幕。

《甲寅》是章士钊在日本东京的一次“思想复燃”，虽以反袁为主旨，但绝不是一味进行简单的政治攻击，而更注意从学理上分析有关问题，具有很强的学术色彩。且注重用新思想去号召国民，“使人豁然憬悟现实之外尚复别有天地”。[②]

1915 年 9 月，在章士钊主编的《甲寅》杂志第一卷第九号上，刘文典发表了他的学术“试水之作”——《唯物唯心得失论》，主要评点当时盛行于世的各种西方哲学思想。

这篇文章连正文带注释，共计 18 个页码，近万字，宛若一篇缩略版的“西方哲学史论稿”，从古希腊哲学家泰勒斯、德谟克利特、柏拉图、亚里士多德到叔本华、孔德、斯宾塞、海克尔、柏格森，视野之广，见识之高，论辩之精，令人惊叹，颇得西方哲学的根本与精髓，呈现出刘文典独具一格的学术趣味与功力。斯宾塞、海克尔、柏格森等都是社会科学领域进化论思想的重要创立者和传播者。

陈独秀创办的《新青年》杂志对于进化论思想的传播，主要体现在社会进化论层面，将进化论作为开启思想牢笼的钥匙。“《新青年》在传播生物进化论的初期只是简单的转载发表，但在后期慢慢转变为

① 〔美〕舒衡哲：《中国启蒙运动：知识分子与五四遗产》，新星出版社 2007 年版，第 7 页。

② 常乃悳：《中国思想小史》，上海古籍出版社 2005 年版，第 137 页。

并非达尔文、赫胥黎生物进化论的简单翻译，而是结合中国社会现实的需要对其加以改造和拓展，使其脱离了具体的生物学形态，而成为一种具有普遍意义的科学规律，异化为社会进化论。目的在于唤醒中国的青年们去除消极保守、畏缩退让，提倡积极进取、勇猛向前的人生观。”① 刘文典便是这一转化过程的见证者和参与者。

刘文典最早发表在《新青年》（当时还叫《青年杂志》）上的文章，是一篇译文，题为《近世思想中之科学精神》，原作者正是英国著名博物学家、“达尔文的坚定追随者”赫胥黎。② 这篇文章，选自赫氏谈自然科学价值的布道文稿《论改进自然知识的合理性》。

《近世思想中之科学精神》从1666年前后发生在英国伦敦的两大灾难瘟疫、大火说起，前者被认为“上帝之裁判”，后者则被为共和党或旧教徒的阴谋。两百余年后，赫胥黎站在近世科学的角度，设想穿过时间隧道，回到发生灾难时的伦敦：“以吾今日向公等所陈述之理，告吾辈之祖宗，谓彼等之说尽妄，谓大疫非上帝之裁判，犹大火之非某政治宗教之党派所为。谓火、疫二者皆彼等所自造成。”在赫胥黎看来，人类对于自然界了解得越多，就越能“施此知识于人生日用也”。而且，自然科学知识并不仅仅有益于提升物质文明，还能让人类逐步掌握自然界的本原，这比简单了解大火大疫的成因要重要得多。

由翻译赫胥黎的《近世思想中之科学精神》开始，刘文典便一发不可收拾，成为《青年杂志》阵营里相当耀眼的“高产作家”：从第一卷第三号，到第一卷第六号，期期都有刘文典的译文或创作。这些文章几乎都带有一个同样的印记——高举科学大旗，讴歌自由民主，其中相当一部分跟进化论思想（尤其是社会进化论）有关。

1916年10月1日，刘文典在刚刚复刊不久的《新青年》第二卷第二号上发表政论文章《欧洲战争与青年之觉悟》，感慨第一次世界

① 李楠、姚远：《生物进化论经由〈新青年〉在近代中国的传播》，载《西北农林科技大学学报》（社会科学版）2011年7月第11卷第4期，第182页。

② 刘叔雅：《近世思想中之科学精神》，载《青年杂志》第1卷第3号，1915年11月15日。

大战令其意识到“战斗乃人生之天职，和平为痴人之迷梦”，遂撰文呼吁：“青年而能自觉其责任，孟晋自强，努力奋斗，则吾青年自身之福祉亦邦家无疆之休；青年而苟偷怀佚，不能努力奋斗，则邦家覆败，吾青年亦必及身为虏。”此文数次提及“进化”，并将之与“好战”“威力”“强者”相提并论。

比如，在世界诸民族中，中华民族是最爱和平的，但却备受列强的侵入，谈及近代对外交涉，无一不是屈辱历史，甚至要受到强国“最后通牒”的胁迫。刘文典认为，这是由于缺乏“好战”精神所致。在他看来，“战争者，实创造进化之中心，此事一废，世界随灭。若必欲于此世界中强求所谓和平者，则‘灭亡’二字庶乎近之。好和平之民族，即自甘夷灭之民族也”。在这一点上，德国、日本都是榜样，“欧洲人以德人为最好战，故德意志在欧洲为最强。亚洲人以日人为最好战，故日本在亚洲为最强”。

如果说刘文典在这篇文章里所阐明的观点还有些含蓄理性且注重说理论证的话，那么，一个月之后，他在《新青年》第二卷第三号上发表的政论文章《军国主义》，则几乎是毫不掩饰、激情澎湃地张扬自己的观点了：“今日之天下，军国主义之天下。”

按照刘文典的理解，军国主义之所以兴起，全在于“求生意志”，“求生意志乃世界之本原，竞存争生实进化之中心，国家者求生意志所构成军国主义者竞存争生之极致也”。以欧战为例，德国之所以能在开战以来，“占领数千万里之地，奴虏三千万之民”，正在于德意志人倡行军国主义。而这正是值得中国青年学习的榜样。

在这篇文章里，刘文典一再强调，“军国主义，诚救国之良药”，“好战乃人类之本性，进取实立国之原则”。对于中国青年而言，只要能认识到弱国无外交、和平无尊严的残酷现实，以军国主义为样板，势必能奋起直追，挽狂澜于既倒，实现救亡图存的梦想：“可知天下无不能战争之民族，在高瞻深识者鼓舞提倡而已。但吾青年昆弟，能自觉己身之责任，扩观世界之潮流，深知军国主义为立国根本、救亡之至计，振作精神，则吾诸华未必不能化为世界最强毅之民族，中夏犹可兴也。”①

今天细读这两篇文章，或许会觉得有点危言耸听，甚至有饮鸩止渴的意味，但倘若能回到具体的历史情境里，便不难理解包括刘文典在内的“新青年人”的良苦用心：国势式微，国难当前，要救亡图存，就要下猛药，置之死地而后生。这或许就是进化论思想在中国逐渐演变为激进主义的原因。

新文化运动高潮期对进化论的传播实践

1917 年 1 月 15 日，陈独秀出任北京大学文科学长。经陈氏推荐，由日本归国的刘文典进入北大任教，开始了由革命者向学者的角色转型。对于刘文典的这一选择，香港学者陈万雄一语中的：“作为辛亥革命运动的党人的五四时期新文化运动的指导者，个别人物如蔡元培、陈独秀、刘叔雅、潘赞化等在辛亥革命中，在革命力量的组织、革命行动的推动上有较大的贡献。但总的来说，这批人包括蔡氏和陈氏，都是倾向学问钻研、学有专精的知识分子；在革命工作上又是较长于思想言论的鼓吹，教育文化的推广方面。尤其在辛亥革命后期，经多次革命行动的挫折，他们较疏离于日趋实际组织军事力量以图起事的革命主流力量。”②

与革命主流力量的疏离，并未影响到刘文典对于进化论思想的传播，只不过逐渐趋于理性，又慢慢从社会进化论传播的层面回归到自然进化论传播的层面。相反，在北大任教，反而让他有足够宽裕的时间、足够充沛的精力、足够迸发的才情，对进化论著作的传播有了更

① 刘叔雅：《军国主义》。

② 陈万雄：《五四新文化的源流》。

为系统、更为全面的译介。在此期间，他不仅在《新青年》《新中国》等杂志上撰写、翻译了《柏格森之哲学》《灵异论》等文章，还涉足进化论著作的翻译出版，如德国哲学家海克尔的《生命之不可思议》《宇宙之谜》以及日本著名生物学家、进化论普及者丘浅次郎的《进化与人生》《进化论讲话》等。

1918 年 2 月 15 日，刘文典在《新青年》第四卷第二号上发表译作《柏格森之哲学》。柏格森，法国现代哲学家，主张“直觉哲学”，认为直觉是一种理智的交融，可以使人们置身于对象之内，以便与其独特的、无法表达的东西相符合，这是外在的分析、解释所无法做到的。“在 20 世纪的中国，他虽然没有达到像达尔文、卢梭那样炙手可热的状况，至少也是与杜威、罗素齐名的大人物。”[①]陈独秀为《青年杂志》创刊号所写的《敬告青年》，就两次提及柏格森，把他的“创造进化论”思想当作批判封建主义、塑造自主人格和进取人生观的精神资源。

柏格森生命哲学是五四前后传入中国的西方现代非理性主义哲学思潮的代表者[②]，但在 1918 年以前国内尚无柏格森哲学的中译本。刘文典翻译的这篇文章原名《形而上学发凡》，刊登在 1903 年的法国哲学协会著名的《形而上学伦理学评论》（*Revue de Metaphysique Et de Morale*，今译作《形而上学与道德杂志》）上，曾被译为英国、德国、意大利、匈牙利、波兰、瑞典、日本、俄国等八国文字。刘文典认为，这是柏格森阐述“直觉哲学”的文章中最为经典的一篇。

在为这篇译作撰写的短序里，刘文典简单阐述了自己翻译这篇文章的原委：“千九百年，（柏格森）充教授于法兰西大学校，十稔以还，声誉日隆，宇内治哲学者仰之如斗星。讲学英、美诸大学，士之归之，如水就下。德意志无倭铿，此君当独步也。其著作甚富，而《创造进化论》一书尤为学者所宝，盖不朽之作矣。其他著述，每一篇

① 吴先伍：《现代性的追求与批评：柏格森与中国近代哲学》，安徽人民出版社 2005 年版，第 1 页。
② 董德福：《柏格森哲学与“五四”进步思潮》，载《社会科学》1996 年第 5 期。

出，诸国竞相传译；而吾国学子鲜有知其名者，良可哀也。”与“新青年群”所有怀有启蒙意识的知识分子一样，刘文典致力于唤醒青年、启蒙青年，觉得有责任通过自己的译笔，把柏格森这样的大哲学家及其哲学思想介绍给只知道“拜孔尊教”的国人。这也是他站在生命哲学高度去认知进化论思想的发端。

1919年2月，刘文典在《新青年》第六卷第二号上发表了题为《灵异论》的译作，这是德国哲学家、博物学家海克尔名作《生命论》的第三章。刘文典在译文前的小序里写道：“我看今日中国的思想界，和欧洲的中古时代差不多，除了唯物的一元论，别无对证良药……我所以发愤把 *Haeckel 的 Die Lebenswunder* 和 *Die Weltratsel* 两部书译成中国话，叫那些好学深思的青年读了，好自己建立个合理的人生观、世界观，仗着纯粹理性的光明，去求他们自己的幸福.”[①] *Die Lebenswunder* 即《生命论》，后来结集出版时更名为《生命之不可思议》。

这篇文章立足于科学和理性的精神，将一度甚嚣尘上的迷信和非理性视为“人类的大敌”，对于那些整天做着“不可知世界”大梦的人给予了有力的嘲讽与回击：“他们不晓得近世生物学的大进步，进化论更是不懂，全靠用一种淫辞诡辩去弥缝他们那超越的理想主义之罅隙。”[②] 这与《新青年》一直主张的科学精神严丝合缝，对当时社会上盛行的巫术、迷信、灵学等潮流，起到了较好的抨击的作用，真正彰显了近世文明的价值与意义。

其实，对于译介西方的进化论文章、著作，刘文典的心情其实是颇为矛盾的。1918年1月23日，北大同事钱玄同在日记里记下了刘文典谈翻译的一则观点，颇为有趣：

> 叔雅说译书最是无聊且最作孽之事。因为青年若研究欧洲

---

① 刘叔雅：《灵异论》，载《新青年》第6卷第2号，1919年2月15日。

② 刘叔雅：《灵异论》，载《新青年》第6卷第2号，1919年2月15日。

的新学问，显然应该学了西文去看原书，所以译是无聊。至于那班老不死的老顽固和“中外古今”派的学愿，我们何必译了书去开通他、教导他呢？他又不受教，以共和政制为周召共和，伦理为三纲五常，这种谬种岂可任其流传！如直称共和曰Re……伦理曰 Ethics，则青年学了外国文无有不懂。那些宝贝瞠目结舌读不下去也好，免得附会。若勉强定了汉名给那些宝贝去附会，这不是很作孽吗？①

刘文典的这一番话，显然有些许“恨铁不成钢”的意味。国人能够直接读原著，当然是最佳选择，但在当时外国文尚未普及的情况，这样的想法又未免有些求全责备了。

由此可见，刘文典之所以在北大教学之余全身心投入翻译工作，更多是缘于一种启蒙民智、教育国人的自省情怀。1927 年，刘文典曾讲过一番话，可以窥见其翻译选题的真实意图：“我在十多年前认定了中国一切的祸乱都是那旧而恶的思想在那里作祟。要把那些旧的恶的思想扫荡涤清，唯有灌输生物学上的知识到一般人的头脑里去。关于进化论的知识尤其要紧，因为一个人对于宇宙的进化、生物的进化没有相当的了解，绝不能有正当的宇宙观、人生观，这个人也就是绝不能算社会上的一个有用的分子了。”②

站在今天的角度，刘文典的这番话说得未免有些绝对、夸张，但倘若能让时间的脚步回溯到 20 世纪初叶的中国大地上，我们便立即能意识到：刘文典煞费苦心从事的是何等重要的一种思想启蒙！更值得关注的是，新文化运动中的启蒙者群体后来分裂为激进主义和理性主义等不同阵营。刘文典显然选择了后者。

① 杨天石主编：《钱玄同日记（整理本）》，北京大学出版社 2014 年版。

② 刘文典：《进化论讲话·译者序》，亚东图书馆 1927 年版。

对海克尔一元哲学的翻译与传播

1919 年 5 月，就在五四运动如火如荼之际，一本名为《新中国》的综合性月刊在北京诞生，16 开本，每期两三百页，自称“应新世界潮流而起”。经常为它撰稿的有北京各大报的记者如邵飘萍、孙几伊、刘少少等，也有大学教授如胡适、刘文典、高一涵、陈启修等，还有北大学生吴盛载、朱谦之等，偶尔还能看到瞿秋白、郑振铎、蔡元培等人的文章。

创刊号封二的位置，刊登了一则“本志新译名著特告”，是专为推介刘文典的译著而开辟的新书广告，整整占了一个页面，全文如下：

> 德国哲学博士、理学博士、法学博士、医学博士赫凯尔先生，为现代哲学界、科学界之斗星。所著《生命论》《宇宙之谜》两书，总括万殊，包吞千有，举政治、社会、法律、哲学、伦理上一切问题，皆以最新之科学、一元之哲学为根据，而下确当之解决。其书译本至十余种，行销至数十万册，真书契以来所未有也。欧美诸国曾受高等教育者，无不知有此两书，惟吾国尚未有译本，实为学界之大耻。本社以一元哲学为救济吾国思想界之良药、科学精神为民族发展之利器，特请刘叔雅先生取其原本译为华言，从本志第二期起按期登载，想必为思想界所欢迎也。[①]

赫凯尔即海克尔。这是刘文典系统性进行学术著作翻译的开始。其实，在此之前，1918 年 9 月 25 日，北京大学编译处曾开会商定编译各项图书，其中刘文典计划翻译的有两本：一本是与何伊榘合译

① 详见《新中国》创刊号封二，新中国杂志社 1919 年 5 月 15 日。

陆谟克（今译拉马克）的《动物哲学》，一本是奥地利哲学家耶路撒冷的《哲学概论》。[①]但不知何故，北大校方的这一编译计划似乎并未实施。

1919年6月15日起，刘文典翻译的《生命论》开始在《新中国》杂志上正式连载。为了让更多的人了解海克尔，杂志还专门用一个版的篇幅，刊登了这位“世界大哲学家”的照片。

对于海克尔及其著作，其实，当时的很多中国人已不陌生。最早向中国读者推介海克尔的是鲁迅。1907年，鲁迅发表《人之历史——德国黑格尔氏种族发生学之一元研究诠解》，实际上就是对海克尔《宇宙之谜》第五章的编译。文中鲁迅把海克尔与赫胥黎相提并论，称之为“近世达尔文说之讴歌者”，称其学为“近日生物学之峰极”。[②]

海克尔，1834年2月生于德国，早年在符兹堡大学和柏林大学学习，1857年获医学博士，后赴红海等地游历，进行科学研究。1862年起到耶拿大学担任动物学教职，后担任比较解剖学教授兼动物学研究所所长，直到1919年8月去世。海克尔是19世纪末20世纪初最重要的生物学家之一，也是同时代最具影响力的思想家、哲学家之一。

海克尔是达尔文进化论坚定的捍卫者和传播者。他提出的“物种起源说”“原始生殖说”及“生物发生律”，被认为是进一步证明了达尔文进化论的正确性。在达尔文理论的基础上，他“建立了一种完备而不调和的一元论哲学”，认为精神与物质是统一的，“照现在流行的那种二元的智识论，根据康德的哲学的，我本不懂。我不懂他们那内观心理法，不要一些生理学的、组织学的、系统发生学的基础，怎样能应纯粹理性的要求呢？我的一元的智识论和他们的全然不同。我这个是全然确实根据近世生理学、组织学、发生学的大进步的，根

① 详见《本校编译处开会纪事》，载《北京大学日刊》第214号1918年9月27日。

② 鲁迅：《人之历史——德国黑格尔氏种族发生学之一元研究诠解》，见《坟》，人民文学出版社1973年版，第5—6页。

据近四十年实验科学所得的效果的，这些科学效果是现行的哲学系统所不知道的”。[①]

在海克尔之前，哲学界普遍“供奉”着康德的二元哲学，主张人类的知识只有一部分是经验的、后天的，其余的都是先天的，并非来自经验，而是来自人类心里那“非物质的”本来组织。这种神秘的、超自然的见解，被康德哲学的拥护者当成了“天条”，触碰不得。而海克尔则凭借自身渊博的近世科学知识的修养，认为“认识是个生理的作用，其解剖学上的器官就是脑髓”。这对抨击宗教迷信无疑是个重要的转变。

“科学”与“理性”构成了海克尔哲学体系中不可或缺的两个关键词。而这对于正处于思想大变动过程中的中国思想界来说，无疑是个“意外惊喜”。在清末的时候，国人对于海克尔的译介还是零星的、不成系统的。而到了新文化运动时期，海克尔一举成为思想界争相译介的对象。据不完全统计，当时译介过海克尔著作、文章的就有马君武、刘文典、胡嘉、陈独秀、杨人杞、吴康、古应芬等人。[②]

海克尔一生著述颇丰，代表作有《自然创造史》《宇宙之谜》和《生命之不可思议》。而刘文典便与后两本结下了不解之缘。

《生命之不可思议》初版于1904年，是一部讲解生物、生命进化的通俗性著作，被海克尔视为自己“最后的哲学上著作”，可谓是他一生哲学思想的集大成之作。在这部书里，海克尔站在一元论的平台上，借助现代生物学的最近发展成果，比较全面地解释了与人的生命、生存、思想等相关的许多“不可思议”。当然，这些理论未必都是代表进步的，有的倾向如种族主义甚至是错误的。

刘文典决定翻译这部书的时候，正值国内思想界一片乱象，一些怪力乱神的学说甚嚣尘上：“我着手译这部书，是在三年以前，正当那《灵学杂志》初出版，许多‘白日见鬼’的人闹得乌烟瘴气的时

① 〔德〕海克尔：《生命论》，刘文典译，载《新中国》第1卷第2号，1919年6月15日。

② 欧阳军喜：《以科学与理性的名义：新文化运动中的海克尔及其学说在中国的传播》，见《历史与思想：中国现代史上的五四运动》，福建教育出版社2009年版，第97页。

候。我目睹那些人那个中风狂走的惨象，心里着实难受，就发愿要译几部通俗的科学书来救济他们，并且防止别人再去陷溺，至于我自己外国文的浅陋、科学知识的缺乏、译笔的拙劣，都顾不得了。经了几次的选择，就拣定了赫凯尔博士的两部书，一部是《宇宙之谜》，一部就是这个《生命之不可思议》。”[①] 由此可见，刘文典选择海克尔，是心有期许的。

当时刘文典手头并没有原著，于是找北大心理学教授陈大齐借了两部书的原本和英国翻译家 McCabe 的英译本，两相对照，于 1919 年春夏之交住进了京西香山的碧云寺里，每天到半山腰上的一个亭子里静静地译书，“这部书的三分之二，都是在那座亭子里译成的”。1919 年 8 月，也就是在这个亭子里，刘文典听到了海克尔先生逝世的消息，是罗家伦先生看到报纸后特意跑来告诉他的。

其实从这年 6 月起，刘文典翻译的《生命之不可思议》就以《生命论》为题，开始在《新中国》上连载，先后发表十章。后因蒋百里先生的邀约，列入“共学社丛书之哲学丛书”出版，一版再版。

而几乎与翻译《生命之不可思议》同时，刘文典着手翻译海克尔的另一部经典著作《宇宙之谜》。

《宇宙之谜》出版于 1899 年，写在《生命之不可思议》之前。书中不但对 19 世纪自然科学的巨大成就，特别是生物进化论做了清晰的叙述，而且根据当时的科学水平，对宇宙、地球、生命、物种、人类及其意识的起源和发展，进行了认真的探索。力求用自然科学提供事实，为人们勾画出一幅唯物主义的世界图景。革命导师列宁曾对《宇宙之谜》做出高度评价，“这本书的每一页对于整个教授哲学和神学的‘神圣’教义说来，都是一记耳光”。[②]

刘文典对这部书并不陌生。陈独秀创办的《新青年》杂志一直高度重视《宇宙之谜》，创刊不久就开始连载由留德博士马君武翻译的

---

① 刘文典：《生命之不可思议·译者序》，共学社 1925 年版。

② 袁志英：《〈宇宙之谜〉在中国》，载《读书》2006 年第 7 期。

《赫克尔一元哲学》[1]，即《宇宙之谜》。1917年，陈独秀又亲自翻译了《宇宙之谜》第十七章，以《科学与基督教》为题，分两次刊于《新青年》杂志上，用物质一元论批判当时盛行的灵学思潮。[2]当时，翻译海克尔的著作，成为一种潮流，似乎并不太在意"首译"与否。

1919年10月15日，《新中国》杂志再次拿出整版篇幅，作为插页广告，推介由刘文典刚刚译成的《宇宙之谜》。

> 你晓得有《宇宙之谜》吗？
>
> 现在世界上各国的知识阶级没有未读过这部书的。
>
> 这部书是德国现代最大哲学家、最大科学家赫凯尔博士著的，以一元哲学的见地，解决了宇宙间最大的、最难解决的问题，译了十几国的文字，行销了几十万册，其价值也就可想了。
>
> 你对于宇宙问题、人生问题要是有什么不得解决处，这部书就是个密钥。
>
> 你要想晓得欧洲近代科学，这部书就是一编总账。
>
> 你要想达到个高尚的人生观、世界观，这部书就是个指南车。
>
> 现在这部书已经由刘叔雅先生译成中国话的了，不久就可以刊行，这岂不是学界上一件快事吗？所以特特先报个好消息与列位。
>
> 等刊了出来，列位当然是以"先睹为快"的罢？[3]

《宇宙之谜》是一部自然哲学著作，涉及生物、生理、物理、化学、数学、天文、宗教、伦理、哲学、文学，举凡有关宇宙的问题，

---

① 马君武：《赫克尔一元哲学》，载《新青年》第2卷第3、4、5号。

② 陈独秀：《科学与基督教》。

③ 详载《新中国》第1卷第6号，新中国杂志社1919年10月15日。

无所不及，试图给世间所有重大问题一个说法，是海克尔最为重要的著作，核心思想仍是一元论。1908 年，列宁在《唯物主义和批判经验主义》里高度赞扬了海克尔及《宇宙之谜》："这位自然科学家无疑地表达了 19 世纪末和 20 世纪初绝大多数自然科学家的虽没有定型然而是最坚定的意见、心情和倾向。他轻而易举地一下子就揭示了教授哲学所力图向群众和自己隐瞒的东西，即那块日益宽广和坚固的磐石，这块磐石把哲学唯心主义、实证论、实在论、经验批判主义以及其他丢人学说的无数支派末流的一片苦心碰得粉碎。这块磐石就是自然科学的唯物主义。"①

对于这部书的翻译，刘文典亦是十分重视。据《钱玄同日记（整理本）》记载，其实早在 1919 年 1 月，刘文典就已开始用古文翻译这部书，但"译了许多，简直不行"，于是丢在火里烧了。"重用今语来译，比古文自然好一点，然而也不是很好，总之，区别词之谓词中国没有语尾变化，译书时候最为困难，因此叔雅要想改良中国话。"②

1920 年 1 月起，刘文典翻译的《宇宙之谜》开始在《新中国》第二卷第一号上进行连载。但遗憾的是，这本杂志只出到 1920 年 8 月第二卷第八号就停刊了，而刘文典翻译的《宇宙之谜》也只连载到第五章就没了下文。

目前没有发现刘文典的《宇宙之谜》译文全本。这里有两种可能：一是由于《新中国》杂志停刊，刘文典没有译完《宇宙之谜》；二是由于后来战乱频仍，译稿丢失。其中，后一种的可能性较大。这对于当时乃至今天的读者来说，不能不算是个小小的遗憾。

① 中共中央马克思恩格斯列宁斯大林著作编译局编译：《列宁全集》第 18 卷，人民出版社 2007 年版。
② 杨天石主编：《钱玄同日记（整理本）》，北京大学出版社 2014 年版。

对丘浅次郎进化论著作的翻译与传播

早年在日本留学时接触到的丘浅次郎、石川千代松等人的生物学著作，给刘文典留下了深刻的印象。

丘浅次郎，日本著名生物学家、进化论的普及者。1868 年 12 月 31 日生于静冈县，1944 年 5 月 2 日逝世。1886 年进入东京大学理科动物学科，学习 3 年后留学德国，在弗赖布格（Freiburg）大学从师于魏斯曼（A. Weismann），在莱比锡（Leipzig）大学从师于卢卡尔特（K. G. Leuckart）。回国后，先后任山口高等学校和东京高等师范学校的教授，继续任东京文理科大学讲师，直至 1936 年辞去教职。主要著作：《进化论讲话》（1904 年）、《雌雄的起源及进化》（1808 年）、《进化与人生》（1911 年）、《生物进化论》（1915 年）、《人类进化研究》（1915 年）、《生物学讲话》（1916 年）、《烦闷和自由》（1921 年）、《从猿群到共和国》（1926 年）。他在动物学方面以对蛭、海鞘及苔藓虫等的研究很有名，同时对日本进化论的普及也很有贡献。

丘浅次郎与中国的渊源很深。早在 1902 年，丘浅次郎就在日本弘文学院为中国留学生做有关生物进化论的演讲，后以《进化论大略》为题刊于 1903 年《新民丛报》第 28 期上。丘浅次郎的思想对鲁迅、李大钊等都产生了深远的影响。鲁迅关于“奴隶与奴隶主”关系的言说，基本上来自丘浅次郎。两者之间，已经不是“共同的时代教养”或“氛围”所表述的那种暧昧模糊、无法捕捉的关系，而是实打实的影响与被影响的关系。鲁迅读透了后者并将其化为自己的一块坚硬的思想基石。[①]1917 年 4 月，李大钊也曾在他的《战争与人口》一文中谈到丘浅次郎“人类灭种”的观点。[②]

刘文典素来怀有“用生物学知识打破旧恶思想”的抱负，而丘浅

① 李冬木：《“竹内鲁迅”三题》，载《读书》2006 年第 4 期。

② 李大钊：《李大钊文集》，人民出版社 1984 年版，第 372 页。

次郎的《进化与人生》正是一本凭借生物学研究的新进展来探讨人生哲学的书。比如第一章《人类之夸大狂》，直言并非只有精神病才需要治疗，在现实生活中同样存在一些有“夸大病”的人，认为“人为万物之灵”，并将动物叫作“畜生”。其实呢，“地球的表面上，除了人类以外，还有几十万种的生物住在上面，此等生物和人类的关系是怎样，读了进化论的书籍就可以懂得了。就是人也和其他的动物一样是从共同的祖先分支下来的，狗咧，猫咧，猪咧，人咧，追溯上去，都出于一个祖先，尤其是和那猿类的血统相近，一直到比较的很近的时期，还是毫没有分别的”。由于生物学上的这一发现，丘浅次郎“总望所谓有了学问的先知先觉的人士，要能快快地脱离了‘夸大狂’的范围，根据实验科学上确定了的事实，以公平的眼光观察人类，利用这个结果来研究救世的方法才好”。[①]

纵览《进化与人生》全书的内容，丘浅次郎从新兴生物学的基本要义出发，广泛联系社会与人生，全面诠释掌握生物学知识对于人类进步发展的重要性。在这本薄薄的小册子里，丘浅次郎用浅显易懂的专业语言谈到了哲学、教育、群体生活、民族、迷信、文明病、卫生、种族等方方面面的社会问题。尤其是教育这一块面，他认为过去的教育尽是些过于高远了不合于实际的理论，根本谈不上参酌生物学的知识，因此迫切需要各国教育家们意识到教育是“补生殖作用的不足”，“从生物学上看来，教育的目的和生殖的目的相同，都明明的，是为维持种属的”，因此“必然要以本民族的维持繁荣为教育的最后目的”。

在最后一章里，丘浅次郎谈到了“人类的将来”，观点似乎有点危言耸听：人类起先仗着脑和手的力，战胜其他的动物，占得绝对的优势地位，然而因为脑和手的动作进步，其结果就弄到今后贫富大相悬绝，生计越发困难，身体退化，神经过敏，不平怀疑的心念越深，私欲越重，势必至于不能协力一致的动作。就在人类里，也是一样，

① 〔日〕丘浅次郎：《进化与人生》，刘文典译，商务印书馆 1920 年版。

当初在生存竞争上最有效力的性质太发达了，后来却反变作祸胎，今后唯有向着灭亡的方面进行。

对于丘浅次郎认为“人类已害了不治之症”的观点，刘文典认为：且不管这些病症能治不能治，丘浅次郎所说的症状却是一点不差，我们中国人有几处尤其沉重——像那缺乏协力一致的精神——这真是好似听了医生说“另请高明”一般，不寒而栗。据他看来，但使人人能自觉病症的危险，设法医治，则灵丹妙药是仅有的，那振兴教育、改良社会经济的组织、革新道德的观念，都经别的民族吃过，颇有效验的。不过仅他病着不去理会，甚至于再做些不合卫生的举动，专吃那几千年前医生开的古方，那就真要应丘博士的话，“向着灭亡的方面进行”，恐怕不等人类灭亡，我们中国人就先要灭亡了。[①]

这正是刘文典立志潜心翻译海克尔、丘浅次郎等人著作的直接动因。1920 年 11 月，《进化与人生》中文译本由商务印书馆列入“共学社丛书”出版。后来，再版六次。

《进化与人生》是刘文典正式出版的第一本译著。胡适对此给予了高度评价，赞赏刘文典的“译笔竟是一时没有敌手”，鼓励他继续做一些翻译的工作，免得“社会受大损失”。[②]胡适甚至还将自己的至交、亚东图书馆的老板汪孟邹介绍给刘文典，希望他们在译书方面有好的合作。

在翻译界里，刘文典最佩服的人就是胡适。此番胡适来信夸赞，令刘文典非常激动，“舒服得大热天跑到山路后喝冰汽水似的”，甚至因此动了一个念头：从此抛弃装点教授门面的那些古籍，全力以赴译书。“现在发愤努力地干，每天总译他一千二千字，丘浅次郎和永井潜两博士（都是生物学家而兼哲学家，后者名气更大）的通俗一点著作，弟打算全都翻译”，“弟愿抛却一切，专心译书，一来聊以报良友劝勉的盛心，二来也得生活稳固，社会和个人都有益的”。

---

①〔日〕丘浅次郎：《进化与人生》，刘文典译，商务印书馆 1920 年版。

②《刘文典致胡适函》，见《刘文典全集》增订版第 5 卷，安徽大学出版社 2013 年版，第 496—497 页。

一开始，刘文典选定的是日本东京帝国大学名誉教授永井潜的《生物学和哲学的境界》，“为日本学术界之宝贝”。但没想到，译了一些样稿之后，寄给汪孟邹，却被泼了一瓢冷水。

> 《生物学和哲学的境界》，计稿105页，当即拜读一过。先生译笔，久已钦仰，惟此原书，较为专门，须略识生物学、化学门径者，方易明白，恐销路上较为狭小，为可惜耳。现已有四万余字，不知尚有若干，如稿过长以致定价昂贵，则更不宜，如何？[①]

无奈之下，刘文典决定选择了更为通俗的《进化论讲话》。《进化论讲话》是丘浅次郎早期的生物进化论著作，在日本出版的时间比《进化与人生》早六七年，影响也比《进化与人生》更大。这是一本关于进化论的科普读物，立足于生物的解剖学、发生学、生态学、分布学、生态学等领域的研究成果，向读者全面介绍进化论产生、发展、兴起的历史以及其主要理论观点、学术流派，并专门论述了生物学对哲学、伦理、教育、社会、宗教等的深远影响。可谓是一部生物进化论的“小百科全书”。

刘文典选择这部著作，显然直接缘于汪孟邹要求的“将来销路”：“至《进化论（讲话）》则完全通俗之书，分量亦不过大，与《进化与人生》页数相差无几。……此一部书三月后可以毕事，以后当事择小部头之通俗者译之，俾孟邹满意也。《生物学和哲学（的）境界》倘孟邹必以为不可，则弟即专译《进化论（讲话）》，亦无不可。”[②]

当然，还有一个考虑则缘于丘浅次郎本身的魅力：“他的特长是会用畅达的文辞说精微的学理，教人读着无异听一位老博士“口若悬河”似的在那里讲演，只觉得畅快，不觉得烦难。一场听到底，不费

①《汪孟邹致刘文典函》，见耿云志主编《胡适遗稿及秘藏书信》卷27，黄山书社1994年版，第455页。

②《刘文典致胡适函》，见《刘文典全集》增订版第5卷，安徽大学出版社2013年版，第484—485页。

事就把进化论的梗概都懂得了。这是原书的一点特色，可惜我的译笔还不能把他完全传达出来。鸠摩罗什说翻译好比是嚼饭哺人，这句话真不错啊！”[①]《进化论讲话》内容丰富，涵盖面广，涉及多个新学科、新领域，而且在体例上又要求必须是浅显明白的科普类文笔，翻译起来确实存在不少难度。但对于刘文典来说，这是一个充满智慧的挑战，“弟可以极平易之字句译之，使人人能解，此层确有把握”。

刘文典的翻译，以“忠实”“流畅”为基本原则，总是能通过通俗而浅显的白话文语言，重现原著的精髓，向读者生动展现生物进化学说的要义，既有力宣讲了生物哲学的基本理论，又普及了自然科学的基本知识。凭借多年的学术积累以及外文素养，丘浅次郎的理性文字在他的笔下几乎成为一个又一个的趣味科学故事，生动流畅，妙趣横生。比如在谈到“进化论的历史”时，早期有很多大学者都认为地球上的生物种类“是从天上掉下的”，刘文典就用略带调侃的文笔道出了丘浅次郎的观点：

> 我们平常总以为无论动物植物，在父母、子、孙这样亲近的一代代中间丝毫都看不出甚么显著的变化来，一代代的儿子总完全像他的父母，父母总完全像祖父母的。所以总觉得寻常生物无论经过多少代数，他的形状性质都是一点也不改变的，心里决不会生出“生物的种类是否在永久的岁月里进化呢”的疑问来的。所以自古以来，无论是谁都以为马的祖先无论如何总都是和现在完全一样的马，狗的祖先无论如何总都是和现在完全一样的狗。再要追问起他祖先的祖先来呢，就连“从天上掉下来的”“从地里涌上来的”的话都说得出，再不然就老老实实的自认不知道。要是奉耶稣教的人呢，就说是开天辟地的时候上帝就照这样创造的，此外再没有别的说法了。在我国一直到今天抱着这样见解的人还很多的呢。这也不单是门外汉们

① 刘文典：《进化论讲话·译者序》，亚东图书馆1927年版。

如此，就连那专门研究动植物的西洋的学者，在从前也都是这样的。[①]

学者金克木在回顾少年时代读《进化论讲话》时曾感慨：“书是通俗读书，译文是传统白话文体，一点欧化或日文化的句子都没有，比文言的《天演论》好懂多了。”[②]而刘文典本人对于《进化论讲话》翻译工作也是相当满意，这从他为这本书所写的译者序里便可略窥一斑：“这时候昭明太子庙一带十里的霜枫正红得火似的，山色湖光都格外的醉人，自然界正在‘尽态极妍’的逞他的美丽，恐怕就是赫凯尔所谓‘科学和诗歌合而为一’的时候罢。”[③]《进化论讲话》中译本于当年由亚东图书馆印行出版，分为上下两册。

这是刘文典在生物进化学说方面的最后一本译著。此后的刘文典，虽然多次明确表示要潜心翻译，做胡适最希望他做的这件事情，但岁月却将他卷进了更为纷繁复杂、更为惊心动魄的历史风云里，欲罢不能。

刘文典的鬼神观与宗教观

刘文典对海克尔、丘浅次郎等人进化论著作不遗余力的译介，其实是想将之作为倡导科学与理性的武器，“真正的目的是要借此来宣传自己的理想与主张”，“特别是海克尔的一元论思想及其对基督教的批评直接成了他们的思想武器”。[④]

① 〔日〕丘浅次郎：《进化论讲话》，刘文典译，亚东图书馆 1927 年版。

② 任建树：《陈独秀大传》，上海人民出版社 1999 年版，第 135 页。

③ 刘文典：《进化论讲话·译者序》，亚东图书馆 1927 年版。

④ 欧阳军喜：《以科学与理性的名义：新文化运动中的海克尔及其学说在中国的传播》，见《历史与思想：中国现代史上的五四运动》，福建教育出版社 2009 年版，第 100、102 页。

辛亥革命失败之后，封建迷信活动随着复古主义思潮的兴起，一起泛滥开来。民国初年的上海，阴风飕飕，妖气袭人。道士巫婆纷纷设坛扶乩，装神弄鬼。文化界的一些败类有鬼论者将乩书汇集成册，名曰《灵书丛志》，并进而成立"灵学会"，大肆散播妖言鬼话，蛊惑人心。[①] 这种灵学思想打着科学的外包装，在当时思想界、文化界颇有一些市场，甚至连《天演论》的翻译者严复也积极推崇鬼神。[②]

陈独秀、刘文典、易白沙、钱玄同、鲁迅等《新青年》同人，"哀其不幸，怒其不争"，决定给予沉重的回击。1918 年 5 月 15 日，陈独秀在《新青年》第四卷第五号上抛出全文不过七百余字的《有鬼论质疑》，投石问路，向当时迷茫全国的"鬼神妖雾"展开论争。

在《有鬼论质疑》中，陈独秀先摆出谦虚求教的姿态："哲学方盛，物质感觉以外，岂必无真理可寻？遂于不能以科学能释之鬼神问题，未敢轻断其有无。今予亦采纳尊疑主义，于主张无鬼之先，对于有鬼之说多所怀疑，颇期主张有鬼论者赐以解答。"顺着这个话题，陈独秀一口气提出了八大疑问，直指鬼神论的虚妄，最终得出的结论是："鬼不可能是真实的存在，否则鬼与普通物质没有区别；鬼既然不是实在的，那么有鬼论者所知的'鬼'只是不实在的幻觉而已，所谓的'鬼界'也就成了空幻的东西，根本构不成独立的精神世界。"易白沙、陈大齐、王星拱等纷纷撰文，响应陈独秀的观点。[③]

当时当地，这样的文章一经刊出，自然立即掀起惊涛骇浪。很快，一位叫易乙玄的灵学会成员写来反驳文章《答陈独秀先生〈有鬼论质疑〉》，逐一回应陈独秀的质疑。他的基本观点是：人之所以能见鬼神，或能听到鬼神的声音，是因为富有一种灵力，"若鬼，富有灵力之人易见，否则不易见，此盖有难见易见之别"。[④] 易乙玄最后也发出

① 任建树：《陈独秀大传》，上海人民出版社 1999 年版，第 135 页。

② 黄伟：《刘文典与新文化运动时期的鬼神观》，载《河南科技大学学报》（社会科学版）第 32 卷第 4 期，2014 年 8 月，第 21 页。

③ 朱文华：《陈独秀评传》，青岛出版社 2005 年版，第 91 页。

④ 易乙玄：《答陈独秀先生〈有鬼论质疑〉》，载《新青年》第 5 卷第 2 号，1918 年 8 月 15 日。

挑战说，鬼之存在，至今日已无丝毫疑义，以言学理，以言实事，以言器械，皆可用以证明之；有反对的只管发表意见，请勿稍存客气。

面对易乙玄的“叫板”，陈独秀亦感“《有鬼论质疑》言过简，读者每多误会”，于是决定借此机会进一步申论。与此同时，刘文典亦冲向前阵，撰写长文《难易乙玄君》：“陈独秀先生作《有鬼论质疑》，易乙玄君驳之，辨而无征，有乖笃喻，爰作此文，聊欲薄易子之稽疑云尔。”①

为了体现学术讨论的公平，陈独秀将刘文典的反击文章与易乙玄的文章同时刊登在《新青年》第五卷第二号上。精通中西方哲学思想的刘文典当然不会“稍存客气”，上来就给易乙玄“当头一棒”：“所谓灵力，即人心之虚灵，睿智聪明，是为圣哲；颛蒙嚚顽，谓之凡器。若如来论，圣贤当皆能见鬼，何以宣尼谓之‘未知’，圣人存而不论，而彼‘过阴’‘讨亡’‘捉鬼’‘看香头’者，又皆阘阘之贱丈夫，而崇信之者亦皆乡曲之俗士乎？”以子之矛，攻子之盾，直击易乙玄的“要害部位”。

易乙玄在文章里大肆宣称“西方的精密仪器已经证明鬼的存在”，刘文典恰好明白究竟，但他没有选择直接反击，而是娓娓道出科学史上的一个小故事：心理学名家达威氏曾招英国博物学家艾尔弗雷德·华莱士等聚会，当场向他们表演降灵术、活见鬼、扶乩等实验，为了证明实验的真实性，他还特意让这些著名学者们亲自加盖表演器具的封印，结果演出时“鬼怪毕现，警心骇目”，学者们当即为之出具证明书，信为实有，并认定这些现象只有超自然的方法才能表现。没想到，达威氏哈哈一笑，自我戳穿：“此皆市上眩人所用极简单之法！”这一真实的故事被记录在《心理学年报》里，鬼神实验真假，已是不言自明。

国民对于科学的愚昧、对于未来的迷茫，令刘文典忧心忡忡。他感叹说，鬼神论“害之所极，足以阻科学之进步，堕民族之精神。此

① 刘文典：《难易乙玄君》，载《新青年》第5卷第2号，1918年8月15日。

士君子所不可忽视，谋国者所当深省也”。在反击文章里，他借用韩非子的话说，“用时日事鬼神，信卜筮，而好祭祀者，可亡也”！之前国家“亡征毕备，唯未有此”，如今妖雾弥漫，乱象丛生，国人再不清醒，“亡其无日矣”！

刘文典的反击文章言之有据，入木三分，且从一开始就站在了哲学讨论的高度，横扫“妖雾”，自然赢得了读者的共鸣。“灵学”的“有鬼论”，说到底是一种唯心主义的“心物二元论”，刘文典透彻地分析认为，对于“灵学”的批判，“除了唯物的一元论，别无对症之良药”。当时情境，能有如此的眼光，确实难得。怪不得学者朱文华评价认为，“当年追随陈独秀参加批判‘灵学’的，还有刘叔雅、陈大齐、王星拱、钱玄同、刘半农、鲁迅和易白沙等人。但是，除了刘叔雅之外，其他人对于‘灵学’的批判，或指出‘灵学’没有科学依据，或通过对‘灵学’活动的破绽做审查而加以否定，或以先秦诸子的朴素的无鬼论来批判‘灵学’的‘有鬼论’，因而远没有像陈独秀那样把对‘灵学’的批判上升到严格的哲学层次”。[①] 在这一点上，刘文典以深邃的思考、理性的态度，赢得了学术界的高度赞誉。

在反击灵学派主张的过程中，刘文典尤其注意借用进化论的观点，“用生物学知识打破旧恶思想”。1919 年 2 月 15 日，刘文典在译出德国著名哲学家海克尔博士的《灵异论》后，曾在引言里吐露翻译此文的初衷：“这两年，国人因为精神的不安、政治的紊乱、生事的压迫，更加上缺乏科学知识、固执陈旧思想，所以群众心理，忽起变态，甚么《灵学杂志》、心灵学、四乘、十六司、城隍、土地、四大元帅、玉鼎真人、盛德坛、先天道，百怪千奇，纷纷出现。科学昌明的时代，万不能容这种这种惑世诬民的东西来作怪害人。”[②] 这与陈独秀、王星拱、钱玄同等“新青年群”的鬼神观是基本一致的。

从关注鬼神问题到关注宗教问题，几乎是一个顺理成章的逻辑。

① 朱文华：《陈独秀评传》，青岛出版社 2005 年版，第 91 页。

② 刘叔雅译：《灵异论》，载《新青年》第 6 卷第 2 号，1919 年 2 月 15 日。

在刊载刘文典《难易乙玄君》的同一期杂志上，陈独秀撰有《偶像破坏论》一文，将宗教列为批判的对象："天地间鬼神的存在，倘不能确实证明，一切宗教，都是一种骗人的偶像：阿弥陀佛是骗人的；耶和华上帝也是骗人的；玉皇大帝也是骗人的；一切宗教家所尊重的崇拜的神佛仙鬼，都是无用的骗人的偶像，都应该破坏！"① 当然，陈独秀、蔡元培等人在新文化运动中对基督教的批判还远远说不上深刻，他们只是在批判中国的封建礼教时，因着怀疑一切的态度和实证主义的逻辑，顺势旁敲侧击地说了几句批判基督教的话，并没有向基督教正面宣战。②

对于基督教，刘文典并不陌生。他早年曾跟随合肥基督教会医院的传教士学习英文和生物学，后来又曾再次跑到上海，进了一家美国人办的教会学堂，在那里除了学英文，就是做礼拜。刘文典自幼就不信鬼神，对宗教也毫无兴趣，却要每天走进教堂，跟着众人一道大念"阿门"，精神上颇觉苦痛，直到后来到了日本，接触到达尔文、海克尔、丘浅次郎等人的著作，才豁然开朗，并坚定了科学与理性的精神道路。

1922 年，上海、北京等地的青年学生发起"非基督教运动"，成立"非基督教同盟"，发表《非宗教者宣言》，将批判的矛头直指基督教。蔡元培便是积极参与者之一。各方观点针锋相对，互不相让。刘文典虽然没有直接参加这场论战，但却以翻译幸德秋水《基督抹杀论》这样一种方式推动了非基督运动。③

幸德秋水（1871—1911），日本高知县人，是日本早期社会主义者之一。1905 年，因传播社会主义思想引发日本政府恐慌，幸德秋水被捕入狱。出狱后，他接受友人小泉三申等人的建议，在相州汤河源山中养病，"时时援笔草此书，以为消遣"，不料书稿未成，再度被捕入狱，最终"借彼高而狭之铁窗送入微弱光线，耸病骨，呵冻笔"，

① 陈独秀：《偶像破坏论》，《新青年》第 5 卷第 2 号，1918 年 8 月 15 日。

② 杨天宏：《基督教与近代中国》，四川人民出版社 1994 年版，第 66 页。

③ 李长银：《幸德秋水〈基督抹杀论〉在近代中国的传播和影响》，《中南大学学报》（社会科学版）第 22 卷第 1 期，2016 年 2 月，第 220 页。

完成了书稿。[1] 不久后，幸德秋水即被执行绞刑。

《基督抹杀论》是“一部战斗的无神论著作”，“作者在本书中，否定基督是历史人物，论述了圣经是传说和虚构的产物，批判了宗教采取的虚构历史、欺骗人民群众的伪善本质，从而有力地宣传了无神论思想”。[2] 此书出版后，畅销一时，一个月内七次再版，且很快传播到中国，影响可谓深远。

颇为有趣的是，出于某种考虑，刘文典翻译此书，并未署真实姓名，而是以并不常见的“狸吊疋”作为笔名，于 1924 年 12 月交由北京大学出版部发行。[3] 这是国内关于此书的最早译本。当时恰逢国内“非基督教运动”如火如荼之际，可想而知，此译本引发的反击自不可免。目前可见，至少有《评基督抹杀论》《辟基督抹杀论》两本专书“讨伐”刘文典翻译的《基督抹杀论》。[4] 其中一篇冷嘲热讽地写道：“现在‘非基督教同盟’为要借用推翻基督教的武器底缘故，便有北京大学一位捏名叫什么‘狸弔疋’的滑稽家，从已经禁止出版的日本破书堆里找出了十五年前的炮弹壳当武器——想做一笔投机生意，把他翻译过来。”[5] 这也从另外一个层面可见刘文典翻译的这本书带给基督教拥护者们的沉重打击。

事实上，在对待基督教等宗教问题上，刘文典的心理存在一些微妙的变化。1942 年 11 月，他曾专门写有《中国的宗教》一文，谈及对于宗教问题的看法：“世界上宗教虽多，最大的不过是耶稣教、佛教、回教。这几个大宗教都有很多的经典，很高的哲理。我虽不是某一教的信徒，也曾读过些经典。觉得都有是处，都是劝人为善的。所以都是很好很好的。世上确有许多人因为受了宗教的感化而努力行

① 〔日〕幸德秋水著：《基督抹杀论》，狸吊疋译，北京大学出版部 1924 年版，第 2 页。

② 〔日〕幸德秋水著：《基督何许人也——基督抹煞论》，马采译，商务印书馆 1982 年版，第 4 页。

③ 此笔名仅此一见，可与《钱玄同日记》1925 年 1 月 3 日记载相印证：“幸德秋水之《基督抹杀论》，已由叔雅译出，今日购得一本。”

④《评基督抹杀论》，由王治心、沈嗣庄、张仕章、张孝侯等人合著，义利印刷公司 1925 年 6 月印行；《辟基督抹杀论》由苏格兰长老会传教士殷雅各著，聂绍经译，上海广学会 1925 年 12 月印行。

⑤ 王治心：《发刊的所以然》，见《评基督抹杀论》，义利印刷公司 1925 年版，第 1 页。

善，确乎有许多人因为信了宗教而不敢作恶。不过各种宗教都不免要说到天堂，说到地狱，说到这一点上，我觉得各种宗教似乎都不免犯了'利诱威吓'四个字的嫌疑，价值上未免要打点折扣了。"[①] 从早年《新青年》时期的猛烈抨击到此时的客观宽容，亦可窥见刘文典的宗教观少了很多激进的成分，而多了些许理性。

进化论对刘文典学术研究的影响

如前所述，刘文典一生最大的成就是在古籍校勘领域，但必须注意到的是，与前辈学者相比，刘文典更注重吸收西学的思想和观点，来做古籍的研究。1953 年，刘文典写过一份《思想总结》，虽因形势需要不免检讨成分，但亦可窥见他的学术路径："因为受到陈独秀先生的影响，要用西洋哲学来读中国旧书，又因自幼喜看生理学、解剖学、生物进化的书，养成一种机械唯物论"，"认为唯物论是扫清乌烟瘴气思想的利器"。[②] 由此可见，进化论是刘文典学术研究的重要滋养成分之一。

1919 年 5 月，刘文典撰写了《怎样叫作中西学术之沟通》一文，借助评价胡适新著《中国哲学史大纲》上卷的机会，阐述了自己的学术思想。

我的朋友胡适之，著了一部《中国哲学史大纲》，这部书的价值，实在可以算得是中国近代一部 Epoch-making 的书，就是西洋人著西洋哲学史，也只有德国的 Windelband 和美国的 Thilly 两位名家的书著得和他一样好。我尤喜欢的就是他

① 刘文典：《中国的宗教——中国的精神文明之二》，载《云南日报》1942 年 11 月 15、16 日。

② 刘文典：《思想总结》，见《刘文典全集》增订本第 5 卷，安徽大学出版社 2013 年版，第 386—387 页。

这书的第一篇里的几句话，他道："我所用的比较参证的材料，便是西洋的哲学。但我虽用西洋哲学作参考资料，并不以为中国古代也有某种学说，便可以自夸自喜。做历史的人，千万不可存一毫主观的成见，须知东西的学术思想的互相印证、互相发明，至多不过可以见得人类的官能心理大概相同，故遇着大同小异的境地时势，便会产出大同小异的思想学派。东家所有，西家所无，只因为时势境地不同，西家未必不如东家，东家也不配夸炫于西家。何况东、西所同有，谁也不配夸张自豪。"这是何等的胸襟、何等的识见！我看他有这样的学问、识见，就劝他再用几年的心力，做一部需要最切的、西洋学者都还想不到的、做不出的"比较哲学史"，把世界各系的古文明，做个大大的比较研究。我以为除了这种研究之外，再没有什么中西学术的沟通了。①

刘文典说这番话，是有历史背景的。19世纪初叶，西方人在用坚船利炮打开中国大门的同时，也带来了独有的西方文明与科学文化。但在很长一段时期内，中国人仍怀揣着"老大帝国"的幻梦，坚守着"中学为体，西学为用"的教条，根本无暇或者说不屑去做什么"中西学术沟通"的功夫，用刘文典的话说，"开动口、提起笔，总是说西洋学问的什么原理原则，是中国古时已经有的，哪位圣贤、哪位学者早经说过的，西洋的哪一科学问，中国古时已经很发达的，西洋学者的哪一句话，就是中国古书上的哪一句话。说到归结总是中国的古的好，西洋的新的没甚稀罕"。

刘文典自幼就对西方的"新学"兴趣浓厚。他后来说，"若是从那个时候起，就专去学这一派的科学，以我那样的年纪那样浓的兴味，到今天在生物、生理、医学上未必不能有所建树，于人群或者也

① 刘文典：《怎样叫作中西学术之沟通》，载《新中国》第1卷第6号，1919年10月15日。

有点裨益"。[1] 但是，当时整个中国仍处在新旧交替之际，旧思想的威权依然占据上风，"新学"根本就没有多少生长的空间。

再次深入接触到西方"新学"，是在赴日本留学之后，其间受到进化论思想的熏陶和影响尤其大。尽管刘文典后来主要从事的是古籍校勘的学问，但他同样是抱着如同胡适所说的"科学精神"去做那些工作的，与一般人所谓的"钻进故纸堆"完全不同。其中一个重要的证明是，在治学过程中，刘文典一直非常重视对于包括进化论在内的西方先进思想、先进理念的吸纳。

不过，刘文典的这种吸纳是批判性的，并不照单全收，更不牵强附会。刘文典一贯提倡在进行中国古籍研究时，要进行比较研究，汲取西方近世科学的营养，但他坚决反对一些学者"总是说西洋学问的什么原理，则是中国古时已经有的"。因为他认为，能够称得上"学"的，至少总要是"有系统有组织的知识"才能当得起的。

在刘文典的观念中，中国古代的学者在思路、观察力、组织力上固然并不比国外的一些学者差，对于一些现象也很早就提出了思考或解释，"然而见到提出不就算能研究能解决，零零碎碎的知识，比不得有系统组织的学问"。比如，希腊的辩者芝诺（Zeno）说极小的距离都是无限的，那终点是达不到的。即便是绝尘超影、战无不胜的神话人物阿喀琉斯（Achilles）和乌龟赛跑，无论距离怎样近，阿喀琉斯都追不上它，因为要追上龟，先要走过这距离的一半，再要走过这一半之一半，以至无穷，还是追不上。此即西方哲学里著名的"芝诺悖论"，假定时间和空间是可以分割的，且运动是间断的，这实际上在现实中是不可能出现的情况。

而类似的见解，《庄子·天下篇》里中国的辩者惠施同样表达过，就是那句著名的哲学论断："一尺之棰，日取其半，万世不竭。"而这句话就具有朴素的物质无限可分的科学思想。那么，这是否意味着惠施比芝诺高明呢？刘文典的回答是否定的。毕竟，惠施的某些观点

① 刘文典：《我的思想变迁史》，载《新中国》第2卷第5号，1920年5月15日。

同样存在错谬之处。“无论哪国的辩者、论师，都是逻辑或者因明的先驱，都有相当的功绩、相当的价值。要是以为中国出了辩者，就是莫大的光荣，硬说他比别国的辩者高些，甚至于说他比亚里士多德，比陈那，比密尔都还高些，那就是大错了。”

再比如，《庄子》里还有多处关于生物进化的记载，其中最突出的是《至乐篇》中的一段：“种有几，得水则为继，得水土之际则为鼃蠙之衣，生于陵屯则为陵舄，陵舄得郁栖则为乌足。乌足之根为蛴螬，其叶为胡蝶。胡蝶胥也化而为虫，生于灶下，其状若脱，其名为鸲掇。鸲掇千日为鸟，其名为干余骨。干余骨之沫为斯弥，斯弥为食醯。颐辂生乎食醯，黄軦生乎九猷，瞀芮生乎腐蠸。羊奚比乎不箰，久竹生青宁；青宁生程，程生马，马生人，人又反入于机。万物皆出于机，皆入于机。”

两千多年前的庄子即有如此见识，这让刘文典很是叹服：“庄子当日要不是经了许多细心的观察，绝说不出这一段话来。我们当然要承认庄子是曾经见到了生物进化的现象。”但是，这是否就意味着庄子在生物进化论方面已经超过西方的哲学大家达尔文、海克尔了呢？

刘文典的回答也是否定的。在刘文典看来，要说进化论，不仅是见到生物进化的现象就能了事，一定要推求出原理来，建立成系统来，提得出确实的证据，下得了不移的结论，才能算的。“要是中国古人有一两条说头，经了西洋近世科学的确实证明，固然是很可喜的，然而其价值也毕竟是有限度的，也不该就自夸自豪，甚至于把他来‘电光放大’。”

那么，如何才是真正意义上的中西学术沟通呢？显然，中国人不能仅仅满足于“古已有之”，而是要借助西方科学的助力、应用最新的方法，从“个体发生”推衍到“系统发生”，建立起一个“一贯的系统”，这样才能称之为学术。

要做到这一点，就要学会中西方学术理论、方法、材料的相互参证、比照差异，而不是从中间寻一两句话去比较谁比谁先进、谁比谁智慧。刘文典一向反对“始终把中国古代的学术思想看得和西洋近代的学术思想是个对峙的、匹敌的，硬要把两个不相干的东西往一起拉拢”。他认为，这样盲目地进行“中西沟通”，“既忘却本国学术的价值，把别国学术的价值又没有看清楚，所以费了老大的气力，其结果还是一场毫无意义的徒劳，或竟是许多令人发笑的喜剧”。

由此可见，在刘文典看来，中西学术之沟通的关键是思想意识与精神世界的沟通。他曾解读《庄子》第二十七篇《寓言》里“万物皆种也，以不同形相禅，始卒若环，莫得其伦，是诏‘天均’”的“天均”，“‘均’就是 Natural balance 嘛”！[①] 他还曾执着地推荐学子去看一部文艺影片《维也纳森林的故事》，“刘文典先生从庄公的‘逍遥游’‘弃智’‘天均’讲到维也纳的美丽自然衬度，发人所未发，提出物理学和化学中的‘物质不灭定律’以富释生态平衡”。[②] 从这个角度说，做个真正的“中西沟通家”，并不容易，绝对不是卖弄几个西方的新名词、新概念就能糊弄过去的。刘文典后来的学术成就便充分印证了这一点。

（作者单位：安徽日报报业集团新安晚报社）

① 吴晓铃：《忆刘叔雅先生数事》，见《吴晓铃集》第 4 卷，河北教育出版社 2006 年版。

② 李作新、刘兴育：《人灵博物与艺术生态》（未刊稿）。

现代庄子也是抗战文化战士

林文俏

一、四面刘文典

在百度输入“刘文典”三个字，循着海量文章寻去，你可看到三面刘文典。第一面是“国学大师刘文典”。百度百科这样介绍刘文典：现代杰出的文史大师，校勘学大师，研究庄子的专家。第二面是“狂人刘文典”。人们都知道他那句狂言：“古今懂庄子的只有两个半人，庄子算一个，我算一个，其他研究庄子的合在一起算半个。”因此国人称刘文典为“现代庄子”。中国刘文典研究专家章玉政在《狂人刘文典》一书的后记写道：“我将这个灵魂的底色称之为狂，他是一种对于权贵的蔑视与逃离，对于尊严的坚守与把握。”第三面是“民国范儿刘文典”。这是媒体最津津乐道的。对“民国范儿”的含义，当今有许多热烈的讨论。但有一点是统一的：它主要指民国年代一些杰出知识分子的高尚节操和魁奇风骨。刘文典的事例当然就是广为流传

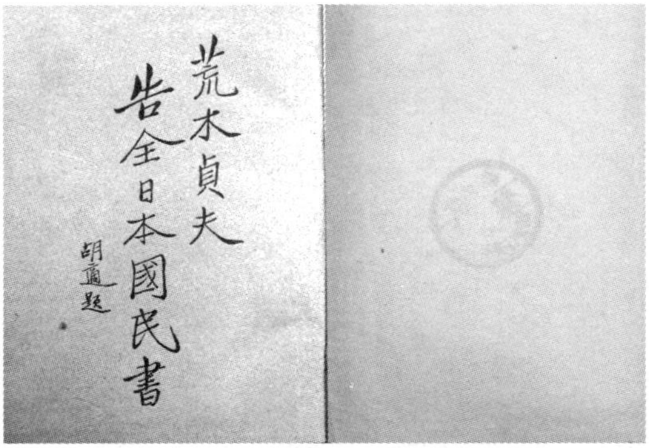

刘文典先生译《荒木贞夫告全日本国民书》，胡适为之题写书名

的和蒋介石的“对骂”，甚至有说“对打”。刘文典次子刘平章告诉笔者：顶嘴是有的，绝无对骂和对打。其实刘文典敢与蒋介石顶嘴，不只是文人风骨，还因为刘文典的革命资格要比蒋介石老——他比蒋介石早一年参加同盟会，1914 年加入中华革命党，并任孙中山秘书，而蒋介石 1914 年才第一次见到孙中山。

笔者要介绍的是刘文典鲜为人知的一面：抗战文化战士。长期以来，刘文典被说成是一个“脱离现实，思想消沉”的颓唐文人，这完全是一种误解。刘文典一生曾三赴日本，在日本待过数年时间。他对于日本的历史、政治、社会、文化有着深刻的了解和认识。刘文典认为抗战不能只依靠喊口号、游行等热情，必须深入研究日本，了解敌人。为此，从“九一八”事变前后到抗战胜利，刘文典在报刊发表不少与抗战有关的时评和诗文。他的抗战政论文章，透彻地分析了日本的民族性，日本军国主义的发源历史和侵略本性，呼吁国人放弃幻想，迅速觉醒，看清国际形势；分析了现实战局与形势，指出决定战争胜负的不是武器，而是精神；歌颂中华民族的抗战精神。其视角独特，观点深邃，笔锋锐利，是刺向日寇的锋利匕首。他在卢沟桥事变之前写的抗战文章，是在主和派在政府占主流的大势下写就，但其文看不到半个“和”字，而是呼吁积极备战。历史竟沿着一个庄子学者的预言发展，卢沟桥事变彻底粉碎了主和派认为可以通过外交手段遏制日本侵略野心的美好愿望，证实了刘文典的远见。刘文典提出战后可以不要日本赔偿和割让，但琉球必须收回。战后70年风云又一次证明他的建议是何等的真知灼见。

本文从刘文典与抗战有关的文章中选取8篇，展示一个作为“抗战文化战士”的刘文典。

二、日本侵略中国的发动机

兵者，舆论先行。刘文典深知此理。因此，他把日本最早制造侵略中国理论者视作“日本侵略中国的发动机”。他以此为题，1932年9月25日和10月2日，在胡适主编的《独立评论》分两天发表万字长文。傅斯年曾说该文是一篇“值得国人永久注意的好文章”。

刘文典在该文一开篇就提醒国人：日本“举国一致，定要吞并中国和亚细亚洲，以尽大和民族的天职，实现‘王道正直’的大理想”。刘文典说写该文是“实在按捺不住”，因为“九一八”后大家忙着请愿、游行、喊口号，却无人知道“日本是何时起就动手来并吞中国”。而国家是我们托命的场所，自古就说只有“十年生聚，十年教训”才能雪耻。刘文典指出：“日本之图谋中国，最早发源于向阳先生的讲学。”请看他在文章中怎么写的：

> 日本侵略中国的真正发动机，并不在东京，也不在横滨、神户、大阪，而在博多湾上福冈城头一座小小的房子里。主动的人物既不是去年九月十八日以来大家哭着咒骂的本庄繁、土肥原贤二，也不是南次郎、荒木贞夫。连那组织在乡军人会，著《国民总动员》，做上奏文，名震天下的田中义一也都不相干。说来也奇怪，这一位“有席卷天下，包举宇内，囊括四海之意，并吞八荒之心”的英雄却是个美貌的女子。这位女英雄

姓高扬，单名一个乱字，道号向阳先生。

根据刘文典的介绍，向阳先生世代书香，她熟读中国经典古书，群经诸子以及历朝史籍无不融会贯通；她看透中国政治的腐败，社会的昏乱，国民无知识而自私自利，断定中华民族决无发奋图强的希望；她认为日本自觉负有并吞东亚的使命，至少也要并吞中朝，才对得起天地鬼神。她抛弃眼科医世业，在家广收徒众，传授她的思想，为侵略造舆论。其弟子都是志趣远大，不怕死、不怕苦、不爱钱，肯为国出力的人。

由于元朝几次讨伐日本都是从博多湾登岸，在那留下许多罪行。那里的日本人特别仇视中国人。所以向阳先生结社讲学效果极好。不久就培养了许多决心实施向阳先生思想的亡命“爱国志士”。向阳先生逝世后，其弟子组织“向阳社”，纠合全国“抱经营东亚之大志”的人，往中朝蒙俄做种种侵略准备活动。“向阳社”后来改称“玄洋社”，并衍生出“黑龙会”，著名的黑龙会创办人头山满就是向阳先生的小门徒。

三、日本并吞各国的推进机

1932年2月29日清华举行总理纪念周，应梅贻琦之邀，刘文典做了“东邻野心侵略之计划”的演讲。3月11日《国立清华大学校刊》以《日本吞并各国之推进机——黑龙会》为题发表刘文典的演讲稿。刘文典指出：日本对外侵略是由黑龙会推进，国民必须放弃对国际条约的幻想。该文曰：

就空间上说，他岂但要吞灭满蒙，席卷二十一省，还要兼并亚洲各国，连欧美他都要妄想侵略啊！我们的近邻有几千万饥渴的虎狼，七八十年来，昼夜在打主意，要吃我们的肉，喝我们的血。而我们还在做梦呢。我希望大家快快的醒觉，研究日本，认识日本，想一个死中求生的自救方法罢。什么国联咧，非战公约咧，华盛顿条约咧，都是一文不值的废纸啊，我们就是被这些东西所误，以为高枕无忧，所以才有今天的国难。

1901年2月23日，头山满、内田良平等人在原玄洋社基础上成立黑龙会，目的在于谋取黑龙江流域为日本领土，其会名即从黑龙江而来。刘文典告诉国人：黑龙会专门以酿成祸乱，趁火打劫，吞灭人的国家为事。他们怀抱所谓“经营东亚之大志”，想吞并各国。刘文典列举黑龙会的众多策划侵略的罪恶事实：结纳朝鲜东学党人，助长朝鲜乱事，促起中日战争；在中日开火时，充当日军军事侦探；出入中朝蒙俄等各处偷绘地图，为侵略做准备；甚至到支配控制日本内政、军事、外交；他们煽动菲律宾的亚基那尔德在马尼刺起兵；勾结印度革命党在印度闹事，外面假托侠义之名，其实是阴谋攫取印度；就是对于美洲，他们也有很大阴谋，在民国十年（1921年）就督促日本政府从速对美备战；对于建立满洲伪国，他们早就有具体计划；他们迫害日本开明的政治家和主张正义的人士。

刘文典剑指“黑龙会”是要有胆识和勇气的。他1907年就参加同盟会，而同盟会正是由黑龙会帮助成立起的。1929年5月黑龙会首脑头山满到南京参加孙中山葬仪，还受到蒋介石欢迎。而且黑龙会无法容忍与他们观点相左的人，稍开明的日本政治家，都不知命在何时。但看清了黑龙会侵略本质的刘文典，为了国家与民族利益，才不管头山满是孙中山的好友和蒋介石的“座上宾”，也不顾个人的安危，在公开演讲场合，毅然以笔为匕首，投向黑龙会。

四、荒木贞夫告全日本国民书

“知己知彼，百战不殆”，这是中国兵法的千古良训。刘文典曾著文说：天地间最可怕的东西是“不知道”，任何可怕的东西，只要“知道”了就毫不可怕。1933年2月，日本陆军大臣荒木贞夫出版249页的《告全日本国民书》，打着“救济各民族，指导全人类上进”的旗号，疯狂宣传军国主义。刘文典不顾“某些爱国志士”骂他“不应该长他人志气，灭自己的威风”，立即赶译出了《日本陆军大臣荒木贞夫告全日本国民书》，先由天津《大公报》连载，反应强烈，后由大公报馆出版，由胡适题签书名。他在“译序”里写道：

> 自从沈阳的事变发生以来，当局和民众把日本误认为一个欧美式的现代国家，以致应付无方，把国事败坏到今天这样。推原祸始，全是由于对日本的认识错误。然而，从今天起痛自悔悟，也还不算过迟，所以我以一个学问知识思想都落伍的人，凛于“侨将压焉”之惧，把那些支离破碎的线装书暂且束之高阁，来翻译荒木贞夫的这部书。

刘文典还说：正因为一般人都在睡梦里，不肯认清楚我们的敌人，我更觉得自己责任的重大，所以敌人的飞机在头上飞翔的时候，我在下面一气把它译完。

刘文典又在1933年4月10日《大公报文学副刊》发表《荒木贞夫告全日本国民书》一文，详细介绍荒木贞夫的军国主义思想。希望能够警醒国人“知道日本统治者的意见、政策和野心”。刘文典指出：荒木贞夫和德国的希特勒、意大利的墨索里尼，是现在世界上最重要的三个大人物。他不但是日本军部的首领，简直是日本民众崇拜的偶像，他的意思就是日本的国策。他一举手一投足，立刻就可以使我们中国伏尸百万，流血千里。日本民众对荒木贞夫崇拜到何种地步？刘文典给出了数据：《告全日本国民书》1933年2月11日出版，3天时间就翻印到第10版，每一版印数在5万册上下。刘文典从朋友那里借到的是当年2月27日发行的，已到第28版，也即16天就发行了28版！该书是简明浅显的语体文，字大行疏，与小学教科书一样。而且定价便宜到只要“一圆”。显然，日本当局这样做，就是要把该书的军国主义思想普及到小学生以上的全民。

荒木贞夫要告诉全日本国民些什么呢？让我们从刘文典该文摘取若干段句：（1）日本负有指导全世界的责任。（2）日本之加入国联，跻于世界五大强国之列，不但不算光荣，简直可以说是耻辱。因为“皇国”和“皇军”对世界，对人类都负有特别重大的使命。（3）日本奉天神之命，有整顿世界的道德上任务，秉大和民族勇武的精神，扫荡妖魔，显扬正义于天下，这岂是欧美人所能懂得的？又岂是什么国联所能管的吗？（4）日本既是亚洲的先进文明大国，对于亚洲弱小的国家实在负有师保的任务。中国之祸乱相寻，印度之受英国压迫，沃野万里的西伯利亚，宝藏山积的中央亚细亚之被鹫爪（指苏联）所摄取，这都是尚武任侠的日本人所不忍坐视，要以慈爱的心肠，勇猛的手腕，起来救济保护的。（5）日本这回吞并东北，进犯内蒙古，也是为了要伸大义于天下，“作之君，作之师”的道理。（6）以最伟大最高尚的道德，来救济各民族，指导全人类上进，这是日本臣民天赋的责任，应尽的义务。因为除了日本，世界上并无懂得这种大道理的民族了。

对如此赤裸裸而又嚣张的军国主义宣传，中国国内第一个做出强烈反应、唤醒国民的却是一个大学国文教授。当时国民政府对日本侵略野心的软弱和麻木，可见一斑。

五、日本侵略政策的历史背景

对于日本侵略政策与明治维新两者的前因后果关系，世人一般都认为：日本是维新富强以后，需要向外发展，才侵略朝鲜、满洲、蒙古的。刘文典的见解恰恰相反。他在1932年11月13日的《独立评论》发表《日本侵略政策的历史背景》，指出：日本“侵略政策在前，明治维新在后”。日本是因为要侵略朝鲜、蒙古、满洲，所以才尊王倒幕，变法维新。刘文典举出远在明治维新以前，德川幕府时代日本著名思想家佐藤信渊著了一部《混同秘策》。从这部书的名称，其野心之大也就可想而知。“混”者是混一天下，即并吞全球的意思，“同”者是万国来同，书同文，车同轨，就是要同化世界各国的意思。至于“秘策”，就是怎样并吞全球、同化世界各国的计划了。就并吞满洲和中国全部而言，刘文典找出《混同秘策》一段话：

> 当今世界万国中，我日本最易攻取之地无有过于中国之满洲也。满洲之地与我日本之山阴、北陆、奥羽、松前等处隔一衣带水遥遥相对，距离不过八百里，其势之易于扰乱，可知也……夫岂但取得满洲而已哉，支那全国之衰弱，亦由斯而始，既取得鞑靼以后（编注：满洲原称鞑靼），则朝鲜、中国皆次第可图矣。

在本文末尾，刘文典直言不讳地写道：

> 日本这个民族，处心积虑要吞并中国，南自菲律宾群岛，北自黑龙江和俄属极东堪察加，在八九十年前早已视若囊中之物，志在必得……什么蒙满政策咧，大陆政策咧，拥护既得权咧，都不过是一时诌出来的口号罢了。当局诸公既昧于日本的

国情，又不能力图振作，把国家误到这步田地，是不足责的，今日号称知识分子的一班学者，如果不能看清楚这中间的因果关系，专在什么协定、什么条约上作精密的研究，也还是枝枝叶叶，无关大旨，决研究不出一点所以然来，和那些专讲究虚文的外交官之背诵非战公约、九国协定是一样的劳而无功。

六、中国的精神文明

1942年10月4日，刘文典在《云南日报》发表《中国的精神文明》。此文源于1933年3月4日承德失守，东北全境沦陷，悲观情绪弥漫全国。刘文典在清华园和某君发生激烈辩论。该君认为中国物质力量远逊于日本，如果自不量力和日本开战，是自取灭亡。刘文典则用匈牙利史学家埃密尔·莱希氏的话进行反驳："自古无以战亡国者。能战者纵一时败亡，终有复兴之日，唯不敢一战之国家民族必然灭亡，且永无恢复之期耳。"

刘文典并说古今中外各国兴亡成败的史迹证明了这句话。所以刘文典坚决地对某君说："纵然是战事毫无把握，必定亡国，为后世子孙光复旧物计，也不能不拼命一战。"针对该君说的中国武器远不如日本，刘文典反驳说："任何利（厉）害的飞机大炮，都是人发明的，制造的。是要有志勇足备的人来使用它。所以，现代炮火虽然猛烈，但决定战事胜败的到底还是人。如果我们的人是行的，器械虽然差些，仗还是可以打的。"

刘文典从那场辩论总结三条：第一，精神确乎重于物质；第二，中国的精神文明确乎崇高伟大；第三，国家的兴替固然依赖科学，然而最重要的还是这一国自己的哲学。

刘文典写此文是1942年10月，离那场辩论已过去9年，全面抗战也进入相持阶段的尾声。抗战虽然还没有取得胜利，但日寇无法打败中国已是事实。所以，刘文典写道：

只要看这五年来摆在眼前的事实就足够了。日本兵的飞机、大炮、坦克车，其数量品质固然远在中国之上，其运输的便利，以至兵的被服给养都不是中国所能及的。这在西洋的军事专家，尤其是机械化部队的专家，按照他们专门精密的方式计算起来，中国和日本简直是不能对打的。可是事实怎样呢？战事初期我们诚然是失利的时候多，到一两年后情形渐渐的改观了，两边打个平手。这一两年竟完全倒转过来，总是我们打胜仗了。

七、日寇最阴毒的地方

1943年2月26日《云南日报》发表刘文典《日寇最阴毒的地方》一文，文中说："日本人最可恨之处，是在他除了屠杀焚掠，毁灭我们的肉体和有形的财物之外，还千方百计地要想毁灭我们中国人的精神。"刘文典先以《顺天时报》为例。（笔者查到，该报为汉文报纸，是日本文化侵华的重要工具。1901年10月创刊，由中岛真雄主编，日出两大张，1905年3月成为日本外务省机关报。发行量最高曾达到17000多份，一度成为华北地区第一大报。在京城引领舆论，在反日的浪潮中于1930年3月27日停刊。）刘文典说：

这个《顺天时报》对于中国的政府自然是肆意胡说，闭眼造谣。其荒谬的程度，连周作人都忍不下去，他的《谈虎集》上有许多篇斥责《顺天时报》的文字。《顺天时报》的使命，除在政治上极力地诬蔑挑拨之外，还要想腐化中国的社会。报上有公然提倡嫖妓的一栏，天天登些捧妓女的文字，什么“才游花园，又过柳城”，什么“碧玉年华，绿珠风貌”等等肉麻的话和不堪入目的诗词，连篇累牍登之不已。

八、第六纵队

《第六纵队》是1942年11月13日刘文典在《云南日报》发表的文章。他用此文和《中国的精神文明》一文，从一反一正两个角度说明国人的精神状态对抗日战争的影响。文中，刘文典说：

> （第六纵队）既不劳日本的训练总监来训练，也不属日本银行拨款豢养。连奔走活动用的汽车，接受训令用的广播收音机，都是由队员自己出钱备办的。东京的参谋部海陆军省不用费半点心力，他们竭忠尽力地为“帝国”“皇军”服务。他们的工作是在经济的、社会的方面。但是直接间接也影响到军事上。

刘文典列举涣散抗战意志的“第六纵队”的种种表现：传播敌特广播，轻信谣言，因物价腾贵就悲观叫苦，无理抬高物价等等。他说：第五纵队的活动，只要军警防范得严密，就可以无虞。“第六纵队”的活动是在每一个住宅商店的深处，军警是稽查不出来的。这班人自己替敌人组成“第六纵队”，一半是由于无知，一半也由于无耻。要知道在今天国家危急存亡的时候，自己忍耐劳苦，勉励别人也忍耐劳苦，这是一个国民最基本的义务。这点道理都不明白，还算得是一个人么？刘文典指出：第五纵队把一城一地取去，大军一到就可以克复，所以并不可怕。唯有这种“第六纵队”，侵蚀整个组织的细胞，动摇国民必胜的信念，他们无意地做了国家民族的罪人而不自知，真是既可恨而又可怜的众生。我们对于这班人，一面要以慈心视之，一面也要痛痛地鞭挞策励，望他们忏悔，促他们觉悟。

九、日本败后我们该怎样对他

1943年7月，抗战进入战略反攻阶段。1943年11月，罗斯福、丘吉尔、蒋介石在开罗开会，通过《开罗宣言》，要求战后日本归还占领中国的所有领土。由于蒋介石对收回琉球群岛态度含糊，故《开罗宣言》在写到日本应归还中国的领土时，只提到“满洲、台湾、澎湖列岛等”，没有提琉球群岛。刘文典闻说后，于1944年3月30日和31日，在《云南日报》发表一万多字的长文《日本败后我们该怎样对他》。浓墨重笔谈到琉球问题，批评了蒋介石对琉球群岛的放弃：

> 我对于战后和约的主张，可以说是个“无割让，无赔偿”的，不过“侵地”必须要“尽返”“旧物”必然要全“光复”，不能含糊了事，以收复东北四省为满足。台湾固然要收回，琉球是关系国防的要害之地，无论如何，必然要收归自己的掌握。中国之不能放弃琉球，犹之美国之不能放弃珍珠港，英国之不能放弃直布罗陀，澳邦之不能放弃所罗门群岛。关于这一点，政府固然要在和会上力争，国民更要一致的为政府后盾。总要举国上下，一齐努力，把这个地方收回来，切不可视为一个无足轻重的小岛，稍有疏忽，贻国家后日无穷之害。

后来，蒋介石也很后悔此事。如果刘文典是个“颓唐文人”，他能有这种惊世骇俗的远见和卓识吗？

十、国仇家恨

刘文典从现代庄子变成抗战文化战士，除了其高度的国家与民族责任感外，离不开其家庭在抗战中的遭遇。

刘文典次子刘平章告诉我，他每次到日本旅行，都会专寻已很少的黄包车坐，而且宁可多花钱，也要车夫尽量绕远路，跑快些。他要用自己的特殊方式，“奴役”一下日本人，雪国仇，报家恨。才不管别人说他是“民族狭隘”呢！因为他一家的命运全因日本侵华而大变！

1931年“九一八”事变发生。东三省沦陷后，11月北平学生500余人组成“南下救国示威团”赴南京请愿抗日，在前门东站被军警阻拦。12月7日，北平各校学生在前门东站卧轨，经过三天三夜的斗争，迫使当局下令开车。18岁的刘文典长子刘成章时为辅仁大学一年级学生，正是满腔热血，参加了卧轨行动。当时北平已进入了滴水成冰的严冬季节。以前得过肺炎的刘成章在雪风交加的野外铁路上三天三夜，不幸身染风寒，导致旧病肺炎严重复发，咯血不止。刘文典夫妇四处寻医无效。最后病情恶化，在1935年2月19日而亡，时只有23岁。

刘成章是刘文典的掌上明珠。他自幼聪慧。三岁就能认识一百多个汉字，八岁时的两幅绘画《雪景》《耕牛》曾在北京大学书法研究会的展览上大受赞赏，观者无不称赞。到了十岁的时候，有一次，他偶然听到母亲诵读顾太清的《东海渔歌》，当即模仿填成《江南好》八首，赢得刘文典好友李辛白夫妇啧啧称奇。十七岁在辅仁大学附属高中毕业，已将大学程度之《代数》《解析几何》《微积分》学过一遍。他极尽孝道。他母亲张秋华以妇科病入协和医院施行手术，当时刘成章自己也病，他虑其母有万一危险，竟数夜未眠。张秋华出院后患胃痛症，刘成章每夜必数起，立窗外静听，一闻其母呻楚声，即泣涕祷天，愿以身代，又磨刀欲割股和羹以进药。刘成章对父亲说：“男学数理科者，岂不知割股未必能愈母疾，惟希冀精神感应，或有万一之效，且以此少分吾母之痛苦耳。”

爱子离去，如同晴天霹雳，让整个家庭沉入悲痛的深海。张秋华终日以泪洗面，有三个星期更日夜悲号，以致脑病、心脏病大发。刘文典尽管平时里嬉笑怒骂皆成文章，为人坦荡无羁，但也是一个性情中人，一时难以承受这突如其来的命运打击。每每想起儿子往日的言行，或是看到儿子留下的画作书本，便悲得不能自拔，神志消沉，情绪低落。家人看在眼里，急在心里，也实在想不出什么宽解的办法，也只好劝他吸食鸦片，借助麻木暂时消除内心的痛楚，解心身之困。刘文典因此与烟土结缘。后虽屡有戒意而不能根绝。

1935 年 3 月 19 日，北平的《大学新闻周报》刊出署名平林的一篇文章《刘叔雅先生最近给我的印象》，用失去儿子后刘文典上课例子，真实地记述刘文典的失子悲痛：

> 上课铃摇了五分钟，刘先生夹了白布书包提帽子来到教室门口。同学们却似乎急于要给刘先生一个安慰似的都站了起来，向他点头。那一股严肃的空气，是在别的教室中看不到的。先生说：“我实在太抱歉了，今年就没有好好的上过一点钟课，为了私事，耽误诸君这许多时间，实在抱歉之至。”当他说到“死者异矣，生者可怜”这话，眼泪夺眶而出。接着，刘先生说了一句很沉重的话：“此后我倒可以安心地上课了。”他把这话说了有五六遍。在这时候，他说出这样一句话，使我们觉得分量特别沉重。刘先生也许觉得：“吾有道可传，虽无子，亦何害？”

鲁迅先生有一句话：“无情未必真豪杰，怜子如何不丈夫。”刘成章过世不到一月，1935 年 3 月 14 日，刘文典致函商务印书馆总经理王云五，拟将著作《庄子补正》《宣南杂识》《群书校记》《三馀札记续编》汇刻为《望儿楼丛书》，纪念亡儿刘成章。信里写道：

（儿）因性好数学，用心过度致疾，于夏历正月十六死矣。弟近年之治《庄子》，原是借以忘忧。书成后，清华、北大均愿印行。所以急欲出售者，因亡儿虑弟日日赶清华公共汽车，辛苦万状，在病重时犹力劝弟购一车代步，又妄冀购一小车外，余数百元稍补助其医药费耳。前奉大札时，正是亡儿疾革，命在旦夕之际，忧劳万状，未暇奉复，且去夏杀青后续有所得，亦拟补入。加之拙著究用新式标点，抑用简式句读，未暇商定，故延缓至今。拙著《宣南杂识》，字太潦草，万不能径付手民，请人抄写，仅成一册，欲加改削，因心绪恶劣，不能动笔也。现拟将《庄子补正》及《宣南杂识》、《群书校记》、《三馀札记续编》均汇刻为《望儿楼丛书》，以为亡儿纪念，以《庄子补正》为第一种，余者陆续付印。《庄子补正》拟用宋字大版，照《淮南集解》式，余者用小册。妄冀亡儿附庄子而不朽耳。如何？乞即示知为盼。临楮凄恻，诸希原宥。

顺颂著祺。不一。弟文典挥涕。

3月23日，王云五复函先生，痛悼刘成章早逝，并谈《望儿楼丛书》事：

叔雅先生大鉴：奉三月十四日手书，惊悉文郎以笃学致疾，遽遭不治，痛悼实深；执事明达，尚祈勉抑悲怀，无任企祷。承示拟将尊著《庄子补正》、《宣南杂识》、《群书校记》及《三馀札记续编》等汇印，定名为“望儿楼丛书”以资纪念一节。查□□书以□□，故用□科为名，俾便读者选购，尊意为文郎纪念，似可仿欧美通例，在里封面志启言，不必另定以书名目，尊意以为如何？又，执事以需款甚殷，嘱于大著《庄子补正》及《宣南杂识》清稿到后即行汇款，自当俟全稿寄到后提早办理，以□尊嘱。专此驰复，顺颂台安。①

4月9日、10日，刘文典两度致信胡适，请其为刘成章撰写碑文：

（刘成章）计其生二十三年，未尝有疾声厉色，事亲纯孝，处朋友笃厚，同学有困乏者，必节省乘车钱午膳费以周之，犹不足则为弟言某人穷困状，自请乞弟济以资而自请减少月费以抵补其数。其月费只十二元，周学友之急恒六七元也。自休学后，悒悒寡欢，每谓人曰："吾父之学足以抗手石臞，恨我病废，不能如伯申，死不瞑目矣！"呜呼！写至此事，真肝肠寸断矣！如此子之聪慧、好学，世亦多有之，独其至性过人，实为难能。其最令人伤怀者亦唯此一端也。倘蒙吾兄表扬，存殁均感。②

刘文典又道：

亡儿成章不幸早夭，本无学行足述，碑文请注重"纯孝"一点，余皆庸言庸德，人家佳子弟多有之，不必详叙；且碑文过长则碑石甚大，运输树立皆不便也。除碑座、碑额不算外，碑身最高不过三尺（二尺半最好），宽亦不过尺五寸，文字以简为要。正面乞题"故大学生刘成章之墓"，文则刻于碑阴，寥寥数行尽足尽之，不必铺叙，例如弟之所开前半段，可以"幼慧，性醇谨和厚，八岁善画，十岁能词"十五字包括之，质之高明，以为如何？③

① 王云五：《致文典函》，未刊稿。

② 刘文典：《致胡适函》，见《胡适遗稿及秘藏书信》卷39，第744–746页。

③ 刘文典：《致胡适函》，见《胡适遗稿及秘藏书信》卷39，第748页。

胡适见其用情至深，满口应承。

刘成章在北平逝世后，按照安徽农村的风俗，没结过婚的男子早逝不能立即安葬，于是运回来祖籍地安庆，暂时停葬在一个尼姑庵旁。后来抗战爆发，刘文典一家四处逃难，也无心顾及刘成章的正式安葬问题，甚至连具体停葬的位置也没来得及打听清楚。等到后来局势稍定，再回乡寻儿的坟茔时，已是满目苍凉，荒烟四起，竟无从找起了。这加重了刘文典心中的痛。1947 年，商务印书馆出版刘文典的《庄子补正》，在作者“自叙”里，他仍难以割舍盛年失子的伤痛：“呜呼，此书杀青，亡儿宰木已把矣！”长子去世后，每次上课，刘文典都要先讲一段“国势的阽危”，以激发学生的爱国热情。

卢沟桥事变后，刘文典未能及时离开北平，日军得知他曾留学日本多年，精通日语，多次利诱，劝他继续到北大任教。日本人还通过周作人来劝他合作，他断然予以拒绝。见劝说无效，日本人便两次派宪兵抄了刘文典的家。刘文典与夫人张秋华安坐在椅子上，“身穿袈裟，昂首抽烟，怒目而视，以示抗议”。日本人问他话，刘文典不置一词，翻译官责问他为什么对太君的问话一言不答，他仍不言。后对人说：“我以发夷声为耻！”他堂弟刘管廷经不住诱惑，下水做了汉奸，在冀东捞到一个肥缺，他愤怒地拒绝与这个堂弟共餐，并将其逐出家门。

1938 年，刘文典辗转数千里，取道天津从海路到香港、越南，历时几个月来到西南联大。一路上，眼见山河破碎、草木荒凉，刘文典的心里百般不是滋味。反复默念着文天祥的诗句：“臣心一片磁针石，不指南方不肯休。”当他抵达云南蒙自与西南联大的师生会合时，禁不住泪流满面。看到刘文典，清华校长梅贻琦泪水差点夺眶而出。他头发花白，身着一件破旧的蓝布长衫，袖口和领口上沾满了油渍，肩上挎着的一个小包袱，就是全部行李了。后来刘文典在课堂上沉痛地说：“书籍资料没有了，我就把脑子里的东西给你们吧！”

他说的“书籍资料没有了”，指刘文典离开北平不久，夫人张秋华和次子刘平章，带着他的四大箱珍贵书籍、资料，经香港辗转到云南。书籍资料在香港不幸被日本人掠劫。这是继长子早逝后，刘文典又一次经历战争之深痛。因为那些书籍资料，是他视为生命的财富。直到1958年去世之前，刘文典仍在苦苦打听这批书籍的下落。后来后人寻觅60年，在台湾找到却拿不回。

刘文典是安徽安庆人。他父亲在合肥经营布号。在安庆盖起27间房屋的花园宅院。就在刘文典离开北平流亡时，日军的铁蹄踏进安徽。刘家花园宅院被日军强占用来养马。刘文典两个哥哥逃难到湘西染疾而亡。一个留在安徽的弟弟被日机炸死。刘文典母亲年事已高，行走不便，又不愿离乡，独身留在安庆故里。无人照顾。几年后也在贫困交加中离世。战乱又夺取一家4条人命！

（作者单位：广东财经大学）

参考文献：

1. 章玉政，狂人刘文典. 桂林：广西师范大学出版社，2008.

2. 章玉政，刘文典年谱. 合肥：安徽大学出版社，2011.

3. 章玉政，刘平章·刘文典笔下的日本. 合肥：合肥工业大学出版社，2012.

恃才的狂狷与晚年的归依

——刘文典的大学教书生活

郭旺盛

狂狷的大学校长

刘文典（1889—1958年），字叔雅，祖籍安徽怀宁县。父亲刘南田是个商人，育有六子二女，对自幼聪明过人的刘文典寄予厚望，刚会走路时就请了私塾先生，教他学习经书与古文。到十二三岁时，家里将他送到教会学校读书，希望儿子能学会“洋话”，今后好与洋人做“大买卖”，光宗耀祖。

鸦片战争后，随着沿海通商口岸的开放，一些中国人充当了中国商人、官府和洋人之间的联络人和协调者，这就是最初的“买办”。依靠自己的语言优势，买办成为近代中国第一批“先富起来的人”。

当时，中国社会生态是个奇怪的三角关系——“朝廷怕洋人，洋人怕百姓，百姓怕朝廷”，这是个生存的食物链。商人比较务实，刘南田从商人的角度给儿子选择了热门专业——英语、日语、德语。

刘文典先生在授课

刘文典聪明好学，所习外文无一不精，但他的追求与父亲的企望显然相去甚远。17岁时，刘文典慕名前往芜湖的安徽公学求学。商人有自己的人生价值，是资本最大化，但对文人这一群体来说，赚钱是伴生物，是附带物，不是最高的价值所在，立功、立言、立德，才是他们安身立命所在。如果他们执着于金钱，就会成为自己价值的对立物。官员、商人、知识分子他们之间的价值取向是泾渭分明的，一旦逾越自己的界限，就会痛苦万分。

在安徽公学，刘文典刻苦用功，思想上有了很大转变。一个人年轻时所受的教育是浃髓沦肤的，影响到人的一生。安徽是个出人才的省份，虽然历史上天灾人祸不断，但它既是桐城派的渊薮，又是新文化运动领袖的故里。中国文化唯有“新文化运动”堪与先秦“百家争鸣”媲美，我们甚至可以危言耸听地说，如果没有陈独秀和胡适，中国现代史也许是另外一个样子。当时，陈独秀等人创办的《安徽俗话报》、领导的岳王会，以及曾活跃于芜湖的光复会、华兴会等，都对刘文典的革命思想产生过积极的影响。

1906年，也就是秋瑾就义前一年，刘文典加入中国同盟会，所以说刘文典是地道的革命元老毫不含糊。当普遍的国人把革命党人看作乱臣贼子，当革命党人不时人头落地时，刘文典即做好牺牲准备加入这个危险的职业。

同盟会等组织和一些进步师生在安徽公学的活动逐渐引起清政府的注意。随着刘文典最崇拜的老师陈独秀、刘师培、苏曼殊等先后赴日，1909年，他也东渡扶桑，求学于东京高等学校。在那里，他结识了章太炎，曾随堂听《说文》，又应章氏之邀，参加编辑同盟会的机关报《民报》，宣传爱国思想和反清政纲。刘文典看上去身体瘦小，但就是这一文弱书生一度舞枪弄棒，学习军事，练习施放手枪和炸弹。

1911年，突如其来的辛亥革命结束了中国长达两千多年的皇权专制，孙中山于1912年1月1日就任中华民国临时大总统。同年，刘文典兴奋异常，由日本启程返沪。

革命虽然胜利，但后革命时代的问题，复杂程度倍于从前。袁世凯处心积虑导演的一幕幕活话剧渐次登场。更大的问题在于，辛亥革命的成果没有普及穷乡僻壤，没有为生活在底层的平头百姓带来好处，建设和享有公民社会，需要每个人去发言、去参与，一群冷漠、不知自由、民主为何物的民众，是与现代社会格格不入的。因此，开启民智，铸造新国民，就成为迫切而又首要的任务。

这时，刘文典的同乡范鸿仙、吴忠信在上海和于右任、邵力子、宋教仁等创办《民立报》。刘文典刚开始先搞翻译，旋以记者的身份写下一些鼓吹革命、倡言民主共和的文章，以“天明”或“刘天明”的笔名发表。结果，他也被北洋政府列入暗杀的黑名单。后来宋教仁果然遭到暗杀，刘文典亦遭到暗算，手臂中弹幸免于难，不得不再次亡命日本，其报社也遭查禁。接着，孙中山等人发起的“二次革命”失败。

1914 年，孙中山在日本组织中华革命党，刘文典立即加入，并担任孙的秘书。他参与处理机要事务，多方联络同志，积极奔走呼号，鼓吹再造共和，一干就是三年。许多当年跟随孙中山的革命党人，后来凭借资历在国民政府内飞黄腾达，但刘文典却仅做了一个本分的文人。这与他个人的性格大有关系。

1916 年，袁世凯一命呜呼。迅速回国的刘文典看到的却是他不愿看到的事实：各路军阀混战，饿殍遍野，经济每况愈下，市面百业凋零，中国的前途渺茫。他彳亍彷徨。在革命的神圣号召下，牺牲了大量的同志，流淌了大量的鲜血，结果是什么呢？他十分失望，政治就是一些职业政客玩弄权术的工具，普通的人只是他们登上权力宝座的铺路石。由此，刘文典愤而远离政治，决意专心研究学问。他言必行，行必果，从此再没踏入政治一步，以书斋生活度过了他的一生。

恰在此时，陈独秀应蔡元培之邀，出任北京大学文科学长，他遂介绍 27 岁的刘文典到北大作预科教授，并兼任北大研究所国学门教员，同时担任《新青年》编辑部英文编辑和翻译。北京大学在蔡氏接手之前，是北洋政府的官僚学校，学生多是官宦子弟，治学风气相当差，大多数人就读北大就是想获得一纸文凭，以作为进阶官场的门票。学生不尊重老师，老师也无心去教。北大校长，走马观花式地换了一茬又一茬。蔡元培接手北大后，以自己的智慧、威望、远见卓识，雷厉风行地改造着北大，他把大学真精神带到了北大，北大由一所不起眼的大学，猝然间成长为中国最好的大学。中国大学虽然起步很晚，但它的起点很高，在蔡元培先生“囊括大典，网罗众家，兼容并收，思想自由”精神的提倡下，北京大学一时聚集了当时中国最优秀的人才，他们把世界最前沿的文化带进北大，一所婴儿期的大学倏然为世界所瞩目。北大也得以培养出了引领整个中国现代史潮流的一群人。刘文典就是当时北大精英团队中年轻的一员。

刘文典和陈独秀私谊深厚。1918年，有个叫易乙玄的写了一篇诘难陈独秀的文字《答陈独秀先生"有鬼论质疑"》，刘文典马上援手，做了一篇《难易乙玄君》进行反诘。1919年6月11日，陈独秀被捕。刘文典积极参加学界的签名活动，还动员安徽旅京同乡会的各界知名人士（包括省长）一起积极营救。更为可贵的是，"陈先生虽然出了狱，但随时还有再次被捕的危险，他不得不在刘文典先生家中隐藏下来"。

从1917年初到1938年初，刘文典断断续续地在北京大学从事教学和研究，总共约20年时间（中间曾一度在安徽大学和清华大学工作），开课多达10门，主要有"《文选》学""校勘学""先秦诸子研究"和"庄子研究"等。可以说他教一门精一门，精一门再钻一门。

刘文典授课不喜照本宣科，既注重疑难字句的考订，又不囿于烦琐的训诂，善于旁征博引。对学生不得要领地乱用参考书，他会诙谐地说："去神庙烧香拜佛，烛光闪闪，烟雾袅袅，神佛真容常常模模糊糊、影影绰绰，只有拨开云雾，才能看清庐山真面目。"文史大家游国恩、王力、张中行、任继愈等都曾沐浴过他的教泽。张中行回忆："一次是讲木玄虚《海赋》，多从声音的性质和作用方面发挥，当时觉得确是看得深、谈得透。又一次，是泛论不同的韵的不同情调，说五微韵的情调是惆怅，举例，闭着眼睛吟诵'风压轻云贴水飞，乍晴池馆燕争泥。沈郎憔悴不胜衣。'念完，停一会，像是仍在回味……对他的见解，同学是尊重的。"

中国20世纪的前半叶，迅速成长起来的知识分子群体或多或少带有一些现代公共知识分子的况味，即便是学理工科的知识分子，他们也不是钻在书斋或实验室里不问时事，他们时刻关注着国内时局的发展，注意着民众的疾苦。他们凭借自己的社会地位在报纸上发表独立的观点和见解，他们批评政府，用自己敏感的心和锐利的目光监督着政府的一举一动。这是现代公民社会的征兆，有了这种政府之外的第三只眼，政府为所欲为的做法不得不收敛许多。司法与舆论对政府行使监督矫正的职能，报纸揭丑，法律惩恶，双管齐下，令居心叵测的人不敢为所欲为。即便是丁文江、胡适，陈独秀、辜鸿铭、鲁迅、林语堂等人，平时言语冲和，但在一些大是大非面前，他们对政府的意见基本一致。例如，在“三一八”惨案发生后，他们都撰文强烈谴责政府的暴行。所以那个时候即便是与政治脱节的知识分子也是有一定道德底线和价值标准的。尽管革命党人对民国建设十分失望，但用历史的眼光去观照，民国看上去很乱，但乱中有序。

民国期间的教授待遇优厚，稍微好一些的教授一个月薪水 400 大洋，可以在北京买一个四合院。然而，不是谁都可以登上大学讲台的。大学不搞终身制，聘任关系，来去自由，没有一点真才实学，根本不会给你这么高的薪水，这么高的社会地位。

此间，刘文典悉心钻研，这段时间是他在学术上最有成就的时期。1923 年，他出版专著《淮南鸿烈集解》，胡适亲自作序，此书一出，就受到学术界极大重视。继《淮南鸿烈集解》之后，刘文典又从事《庄子》《说苑》等书的校勘，写了《三馀札记》。

从刘文典的身上，我们可以看出其童心的一面。他在清华任教时，需要查阅某种佛经，听说北京西山香山寺有此佛经。但该寺藏书有严格规定，非佛教人士，不准借阅，借阅必须在寺内念经堂正襟危坐，也不得以手指沾口水翻书页，必须用寺院制作的蔑子翻阅，违者受罚。寺中和尚深知刘文典是知名学者，特准他借阅，阅前详细介绍了阅读规则，刘先生当即承诺，严守规约。和尚去后，刘静坐读经，因车马劳顿，未看多久，便生困意。见室内有一空床，便趁机持书卧床阅读，不料竟进入梦乡，手中佛经也掉在地上。不知过了多久，正在梦中的刘忽然听到骂声，感觉头部受痛。他睁眼一看，老和尚边打边斥责说：“你言而无信，竟把佛经丢在地上！”无奈，刘文典只好一面承认错误，一面“抱头鼠窜”（自称），佛堂是关闭的，既逃不出去，自己也不想逃出，因外面还有游人，出去难免丢人现眼！只有且喊且逃，苦苦求饶。老和尚见刘先是狼狈不堪，后又甘心挨打，全无名教授的架子，竟然“扑哧”一声笑了，也便赦免了他。因这一打，刘竟和老和尚成为好友，还在清华园设素斋招待这位朋友。刘后来回忆此事说：“我的脑袋虽然不太高贵，但也不是任何人可以打的。但这次挨打应该，君子不可失诺！”

1926年，安徽准备筹建安徽大学，教育厅长洪逵发出聘函，邀请刘文典主持安大筹建事宜，刘欣然前往。安徽大学成立后，他被推举为文学院筹备主任，并代行校长之职，主持校务。

1928年，安徽大学闹学潮，恰逢蒋介石途经芜湖抵达安庆，安庆女中校长程勉抢先在蒋介石面前告御状。此时的蒋介石踌躇满志，北伐一路势如破竹，统一大业唾手可得。当听到安徽学风不正、学潮嚣张的报告后，马上条件反射地想到一定是有共党分子在捣乱，他也没多动脑子，就想显摆下全国军队总司令的威风。

11月29日下午，蒋介石在省府召见刘文典和程勉。刘文典入室，不脱帽子，昂然坐下，不向主席行礼致敬。老蒋心里很不痛快。刘文典更来劲了，他打开烟盒拿出香烟，搽着火柴猛抽。蒋介石压住怒火，准备将刘文典一军：“你就是刘文典吗？”

说起来，刘文典也算得上是国民党的元老级人物，如今被这个军事暴发户呼来唤去，心里早窝了一肚子的火，就不客气地回敬道：“你就是蒋介石吗？文典字叔雅，父母生我，取之名字，岂是随便给人叫的！”

蒋介石平时养尊处优惯了，就是那些手握重兵的一省都督也畏他三分，何曾有人敢当面顶撞他。对于这个不知天高地厚的家伙，他终于忍无可忍，暴声呵斥道：“身为校长，纵容学生学潮四起，该当何罪？”刘文典毫不示弱：“我这里只有老师学生，共产党不晓得。我是大学校长，大学的事我来负责；你是总司令，应当带好你的兵！”蒋介石的脸被气成了猪肝色，悻悻直叫：“疯子，十足的疯子！”盛怒之下的蒋介石严令陈立夫，将刘文典送交安庆公安局关押，严加惩罚。并宣布解散安大，把为首滋事者访拿归案。

此时，刘文典的妻子出现了。

她叫张秋华，在刘文典一生的颠簸中，始终默默地尽着一个妻子的责任。丈夫遭蒋介石关押，张秋华心急如焚，于次日乘轮船至南京，拜见徽籍人士蔡元培、胡适等人，请求他们搭救自己的丈夫。

蔡元培是革命元老，胡适社会威望无以复加，在他们言辞恳切的说情下，蒋介石终于网开一面，宽恕了刘文典。关押七天后，刘文典获释，条件是必须离开安徽。

在蒋介石的一生中，宽恕过两个有名的人，一文一武：文有刘文典，武有张学良。前者打了蒋介石，后者扣押了蒋介石。两者都让他颜面无存，后者甚至几乎要了他的命，断送了他的事业。从这点上说，蒋介石还是有几分雅量的。

刘文典离开安徽大学，于1929年初专程去拜访老师章太炎。章当时卧病在床，听刘文典讲述当面怒斥蒋介石的经过，激奋难已，于是挥毫写下“养生未羡嵇中散，疾恶真推祢正平”的文字。章太炎是民国时有名的疯子，而刘文典的疯狂行径也真得其真传。两人惺惺相惜。

民国就是这样一个精彩纷呈的时代，许多人有故事，他们身上的魏晋风骨能够在那个时代持续保有。

南下，南下

当头国难让向心书斋的刘文典坐不住了，他开始关心时事。

“九一八”事变后，刘文典翻译了日本陆军大臣荒木贞夫的《告全日本国民书》，当时有很多人反对，认为“不应该长他人志气，灭自己的威风”，而刘文典却觉得“这些爱国志士连‘知己知彼’的古训都忘记了”。此书翻译出版后，社会影响极大，很多书店供不应求。

“七七事变”后，刘文典写了《对日本应有的认识和觉悟》，以他早年在日本的经历和对日本文化的了解，敏锐地指出日本当局的狼子野心。

日军即将占领北平，为保存中华民族文脉，政府组织北方的高校陆续南迁。其中，北大、清华、南开南下联合办学，组成国立西南联合大学，1937 年 10 月迁到长沙，第二年 4 月又迁至四季如春的昆明。

当北平沦陷时，刘文典未能及时离开，日军知道他留学日本多年，精通日语，多次利诱，劝他出来襄助教育，一时说客盈门，包括旧友周作人。刘文典宁做苏武不做李陵，不冷不热地回敬道：“读书人要爱惜自己的羽毛。”

当一切劝说无效，日本人派宪兵两次查抄刘文典的家，翻箱倒柜，这位狂人“身穿袈裟，昂首抽烟，怒目而视，以示抗议”，夫人张秋华也正坐在椅子上，沉默以对。翻译官责问刘文典是留日学生，为什么对“太君”的问话一言不答，他白了一眼说：“我以发夷声为耻！”

在北平困守半年，刘文典内心很痛苦。直到 1937 年底，在英国大使馆朋友的帮助下，他化装离开北平，取道天津从海路到香港、越南，辗转几月，目的地是云南。一路上他反复默念文天祥的诗句：“臣心一片磁针石，不指南方不肯休。”

1938 年 5 月 25 日，刘文典终于抵达云南蒙自——西南联大文学院所在地，再次看到中国的国旗，他禁不住泪流满面。因路途艰远，图书资料全部丢失，他自我解嘲：“只剩这一身衣裳了！”

联大落户昆明后，由于有龙云的支持和保护，昆明一时俨然成为中国的文化中心。从那里走出了一批具有世界性影响的人物，以至在今天，西南联大成为中国教育史上一个高不可攀的神话。

国家的变故，让刘文典痛失爱子。

刘文典长子刘成章自幼聪颖好学，8 岁能填词，英语基础也很好，稍大后立志要走“科学报国”的路子，刘文典夫妇对他寄予厚望。“九一八事变”后，在北平学习的刘成章参加学生运动，以卧轨的决绝行动来苦谏，呼吁政府抵抗日本帝国主义的侵略，刘文典支持儿子的行动。张秋华爱子心切，十分不情愿，刘文典就开导说，有国才有家，国家残破了，家庭又有何用？北方时值千里冰封，天寒地冻，几十天下来，身体原本虚弱的刘成章受风寒侵袭，身体彻底垮下，最终不治身亡。

在中国人的心理中，儿女不仅是自己身体血肉的延续，也寄予了自己一生未做完的梦想。因此，即便卑微如农民，也有“望子成龙”“望女成凤”的想望。刘文典夫妇中年丧子，悲痛之情难以言表，他将内心积郁的伤痛化作典雅的古诗词：“故国飘零事已非，江山萧瑟意多违。乡关烽火音书断，秘阁云烟典籍微。岂有文章千古事，更无消息几时归。兰成允抱离群恨，独立苍茫看落晖。”这首律诗把个人私情与国家灾难联系在一块，无论是作为一名父亲，还是一位国民，都是万分沉痛的。

诚然，那一代人，民族主义和国家主义情怀都是很强的。北京沦陷后，日伪政权建立，一时间，各界附逆者如过江之鲫，知识分子中亦多有变节者。刘文典的四弟刘蕴六（管廷）也在冀东日伪敌府中谋到一个肥缺。当刘蕴六兴冲冲地回家道喜时，刘文典愤恨难当，板着脸说：我有病不与管廷同餐。接着又绝情地说：新贵往来杂沓不利于著书，管廷请另择新居。这种大义灭亲的行为让刘文典的弟弟心痛不已。道德上的对与错，仁者见仁智者见智。那一代人的民族感情，是今天的人们很难体会的。

轻视沈从文

西南联大，是个奇人荟萃的学校。

西南联大，是个故事百出的地方。

一所大学，只有经常演绎有很多的故事，大概就不会办得很差。

中国兴办大学，迄今已有百年之多，两个大学被久久传颂。一所是蔡元培的北大，骨架仍然健在；一所是梅贻琦的西南联大，云南师范大学至今留有遗址。而刘文典的一生，和这两所中国最牛的大学都有交集。

北大以"兼容并包、思想自由"名垂青史，同样，西南联大的办学精髓也依然是思想自由。新锐、遗老、浪漫、保守、古典、现代、浪漫、理性，都恰到好处地在这里得到包容与施展。虽然没有了昔日北大激烈的新旧之战，但新文化和旧文化之间的火药味还是很浓，尤其是搞学术研究的，看不起那些写诗作文的。这不，没有文凭、学历、专著，仅能在报刊上写写小说散文的沈从文就躺着中枪。

可以说，以研究《淮南子》《庄子》起家的刘文典对传统文化的热爱达到了偏执的地步，他认为"文学创作的能力不能代替真正的学问"。因此，他打心底就瞧不起沈从文，多次在众人面前挖苦这个老实的年轻人。

沈从文是一位极富涵养的文化人，他生于湘西农村，即便后来声名鹊起，但一直以"乡下人"自居。他以前是一名军中文书，几乎没什么像样的学历，是胡适先生慧眼识珠，他才得以登上大学的讲坛。那个时代，在大学讲台上立足不是依赖资历和胡须的长短，仅看一个人学术水平和能力的高低。大学校长也没有太多的陈腐观念，例如，蔡元培看到梁漱溟关于印度的著作特有思想深度，就把梁请到北大执教；而顾颉刚把同样是中学教员的钱穆请到燕京大学做教授。这些被慧眼相中的人都经受住了历史的检验，在中国现代文化史上，他们比其他那些科班出身的文人更加熠熠生辉。沈从文也一样，才华横溢的他不仅写出《边城》，而且开创了一种独特的写作风格，他描写的故乡湘西，就像是雨后的天空，干净而清新。

尽管沈从文国学的造诣不如刘文典深厚，但在白话语言的驾驭上，刘文典并不如他。沈的那种飘逸冲淡的文风，在中国现代文学史上少有人及。在个人性格上，沈从文也绝不是一个无主见的懦弱之辈，当年作为大学教授，不顾一切穷追自己的学生张兆和，甚至以“自杀”相威胁，最后，张兆和不得不束手就擒。

“在北大教授中，刘文典尤以狂傲与辜鸿铭齐名。”刘文典并不否认自己的目中无人，他曾反省自己：“以己之长，轻人之短，学术上骄傲自大，是我的最大毛病。”不过，他又说，“但并不是在任何人面前都骄傲自大。”这“任何人”就包括为他写过序的胡适和陈寅恪。1939年，刘文典的《庄子补正》出版，文化昆仑陈寅恪亲自作序，评价很高：“先生之作，可谓天下至慎矣。……此书之刊布，盖将一匡当世之学风而示人以准则。岂仅治《庄子》者所必读而已。”

可刘文典对业师刘师培却颇有微词，认为他“著述征引的材料，有时只凭记忆”，所以难免失误。然而，民国时代的人物就是怪，刘师培过世后，因为他名声不好，人们对他不太热心，偏偏又是刘文典租了一条船，把刘师培的灵柩放在上面，亲自从江苏送回老家安葬。

一日，有人问刘文典：对以“激流三部曲”名噪一时的巴金怎么看？刘文典沉思片刻后，喃喃地说：“我没有听说过他，我没有听说过他。”

刘文典先生的长相就是一绝，他既没有传统读书人的儒雅，也没有当代读书人的粗粝。他的身躯面目就像是依他的性格量体裁衣定做的。有学生曾这样形容：“记得那日国文班快要上课的时候，喜洋洋坐在三院七号教室里，满心想亲近这位渴慕多年的学术界名流的风采。可是铃声响后，走进来的却是一位憔悴得可怕的人物。看啊！四角式的平头罩上寸把长的黑发，消瘦的脸孔安着一对没有精神的眼睛，两颧高耸，双颊深陷；长头高举兮如望空之孤鹤；肌肤黄瘦兮似僻谷之老衲；中等的身材羸瘠得虽尚不至于骨子在身里边打架，但背上两块高耸着的肩骨却大有接触的可能。状貌如此，声音呢？天啊！不听时犹可，一听时真叫我连打几个冷噤。既尖锐兮又无力，初如饥鼠兮终类寒猿……”刘文典的形象叫人不敢恭维，但透过表面，我们会发现羸弱的身躯隐隐透出的一股傲然独立的魏晋风骨，这种卓然不群的高邈和他的行为处事孑然独立是相统一的。

刘文典的上课方式也派头十足。当年在西南联大上课前，他先由校役沏一壶茶，一根两尺来长的竹制烟筒不离手。讲到得意处，他就一边吸旱烟，一边解说文章中的精义，下课铃响也不理会，其忘情“俨如《世说新语》中的魏晋人物”。

有一次，刘文典教下午课，结束了一讲内容后，学生们都以为他要开讲新课。可这时他却忽然宣布提前下课，新课改在下星期三晚饭后七时半继续上。原来，下个星期三是农历五月十五日，他是要在皓月下讲《月赋》。

届时，校园里摆下一圈座位，刘文典坐在中间大讲《月赋》，生动形象，见解精辟，让听者沉醉其中，不知往返。这不是现代教育学所倡导的“情景教学法”吗？通过移情入境，学生们对于文章的理解往往能够达到心灵默契。

“明月出天山，苍茫云海间”，有月就有海。同样，刘文典讲《海赋》的情景也给学生留下深刻的印象。学生宋廷琛回忆：“当他解说《海赋》时，不但形容大海的惊涛骇浪，汹涌如山，而且叫我们特别注意到讲义上的文字。留神一看，果然满篇文字多半都是水旁的字，叔雅师说姑不论文章好坏，光是看这一篇许多水旁的字，就可令人感到波涛澎湃瀚海无涯，宛如置身海上一般。”问题是，他一个学期只上了半篇《海赋》。

每逢讲授诗歌，刘文典总是摇头晃脑、浅吟低唱，每到激越处则慷慨悲歌。他不仅自己吟诵，还要求学生模仿。有的同学不遵命，他虽不悦，但也不苛责，只是打比方点拨："诗不吟，怎知其味？欣赏梅先生（兰芳）的戏，如果只是看看听听而不出声吟唱，怎么能体会其韵味呢？"

吴宓对刘文典很敬重，常把自己的诗作送过来请他润饰。吴还喜欢听刘的课，刘讲课时喜欢闭目，讲到自以为独到之处时，会忽然抬头看坐在后排的吴宓，然后问："雨僧（吴宓）兄以为如何？"每当这时，吴宓照例起来，恭恭敬敬一面点头一面说："高见甚是，高见甚是。"惹得学生们在底下窃笑。

其实，吴宓跟刘文典的关系颇为微妙。

吴宓在西南联大开过《红楼梦》讲座，自认红学家的刘文典对吴的观点不能苟同，就唱"对台戏"。有一次，原定在西南联大一小教室中开讲《红楼梦》，后因听讲者太多，容纳不下，只好改在教室前的广场上去讲。届时天色已晚，讲台上燃起烛光。不久，刘文典身着长衫，慢步登上讲台，缓缓坐下，一女生为他斟茶。他忽然有板有眼地念出了开场白："只——吃——仙——桃——一口，不——吃——烂——杏——满——筐！仙桃只要一口就行了啊……我讲《红楼梦》嘛，凡是别人说过的，我都不讲；凡是我讲的，别人都没有说过！今天给你们讲四字就够！"接着在身旁小黑板上写了"蓼汀花溆"四个大字，并解释说："元春省亲大观园时，看到这幅题字，笑道：'花溆'二字便好，何必蓼汀？花溆反切为薛，蓼汀反切为林，可见当时元春已然属意薛宝钗了……"

刘文典最自得的就是对庄子的研究。每次登堂讲授《庄子》，开头第一句必是："《庄子》嘛，我是不懂的喽，也没有人懂！"有人问刘古今治庄子者的得失，刘文典大发感慨道："古今以来，真懂《庄子》者，两个半人而已。第一个是我刘文典，第二个是庄周，另外半个嘛……还不晓得！"谁也不知道，他指的半个，是到底哪个？

刘文典讲清人吴梅村的诗，一个晚上只讲了"攒青叠翠几何般，玉镜修眉十二环"两句。他讲到自然美与体态美有相通处，可以用自然美来形容仕女的美；也可以用仕女的顾盼生情来描绘山水自然之美。刘文典香烟不辍，袅袅烟雾把下面学生的思绪带入到一个如诗如画的宁静世界。但讲完后又称："这元好问和吴梅村两位诗人，尤其是梅村的诗，比我高不了几分。"

刘文典自己经常看人不顺眼，但他自己身上也毛病多多，首先他就有抽大烟的恶习。其次，好多时候，"知易行难"的毛病在他身上体现得淋漓尽致。

有一次，刘文典讲课不知怎么一下讲到现实的不平等现象，他突然起立，情绪激昂，睁大眼睛，愤怒地大声批驳有人坐火车，有人却拉车云云。下面的同学听了都很惊异和感动。下课后，有同学由窗口目送他走出校门，一辆旧人力车走过，他坐上去，车夫提起车把向西跑去，原来恩师正是"有人坐车"的人。

闻一多的震怒

不久，刘文典那我行我素的性格，终于闹得过火了，他被解除联大教席。不是冤家不聚头，坚持将他赶出校门的居然是以新诗写作闻名的闻一多。

1943 年春天，刘文典突然中断在联大所担任的课程，"携妇将雏"，一家三口随着一个有独立武装的马帮，一路南下，最后来到距昆明千里之遥的哀牢、无量大山接合处的磨黑井，为当地一名叫张孟希的土豪当幕僚，并答应为张母写"墓志铭"，酬劳是获得一大笔钱财，其中包括 10 两上好的"云土"（即鸦片）。

要知道，刘文典是有名的"二云居士"，嗜好云土和云腿。

当时清华大学中文系主任是闻一多。闻一多是 20 世纪中国文化界一个独一无二的人才，他以新诗起家，留学美国，同样，在做研究方面，也绝不逊色刘文典。要说，早在清华时代，他们还是稍有交谊的。据张秋华回忆，闻一多最初到清华求职时，经常去刘文典家。经代理系主任刘文典同意，闻才到清华任职。

但两个人的性格十分不合，刘文典认定闻一多只是一名吟风弄月的诗人，做研究，不是那块料。另外，当年的乖学生，如今成为领导，他本能上就不服。刘文典资历甚老，又是一个真性情的人，连蒋介石都不放在眼中，何况是闻一多。因此，两人心中早存芥蒂。

刘文典的擅离职守，让联大同仁十分鄙视。一是因为吸食大烟，堂堂大学教授居然跑去一个老财主家卑躬屈膝，气节何在？二是确实耽误了联大的课程，当时中文系教授仅有 7 人，陈寅恪远在香港。刘的一走，就剩下罗常培、朱自清、闻一多、浦江清、王力 5 人，不仅要为中文系开课，而且还承担着全校一年级的通课。实在捉襟见肘。

1943 年 5 月，西南联大各校按惯例给教师发聘书。清华大学没有与时为系主任的闻一多商量，就径自把聘书发给了刘文典。闻一多本就对刘文典的普洱之行不满，对学校不和他打招呼就发聘书很恼火。闻一多寄了封信讽刺刘文典：昆明物价涨数十倍，切不可再回学校，试为磨黑盐井人可也！

发此信前，闻一多找到时为联大文学院长（亦清华文学院长）的冯友兰，建议对刘停薪，并考虑解聘。冯对刘文典的擅离职守也有意见，就同意解聘刘文典。曾是刘文典的学生，此时为刘的同事的王力为其说情，据他回忆，“我们几个同事去见闻先生，替那位老教授（指刘）讲情，我们说这位老教授于北平沦陷后随校南迁，还是爱国的。闻先生发怒说：‘难道不当汉奸就可以擅离职守，不负教学责任吗？’他终于把那位教授解聘了”。

刘文典接到信件后，刚开始还不以为然，后来另有朋友告知解聘确有其事，他才坐不住了，在 7 月 25 日写信给清华校长梅贻琦进行申辩：

典虽不学无术，平日自视甚高，觉负有文化上重大责任，无论如何吃苦，如何贴钱，均视为应尽之责，以此艰难困苦时，绝不退缩，绝不逃避，绝不灰心，除非学校不要典尽责，则另是一回事耳。今卖文所得，幸有微资，足敷数年之用，正拟以全副精神教课，并拟久住城中，以便随时指导学生，不知他人又将何说。典自身则仍是为学术尽力，不畏牺牲之旧宗旨也，自五月以来，典所闻传言甚多，均未深信。今接此怪信，始敢胜以奉询究竟。

清华《教师服务及待遇规程》第十四条规定："本大学教师在聘约期内，若遇下列事故之一者，本大学得解除其聘约：……（丙）旷职或不称职者；（丁）不遵守校章者。"性格一向平和宽厚的梅贻琦也对刘目无校纪的出轨行为有些看法，再加上作为校长，他也不便干涉系主任的人事权，他只是几天后含糊其辞地给刘文典回了一封信，表示自己无能为力：

叔雅先生大鉴：

日前罗莘田（即罗常培）先生转来尊函，敬悉种切。关于下年聘约一节，盖自琦三月下旬赴渝，六月中方得返昆，始知尊驾亦已于春间离校，则上学期联大课业不无困难，且闻磨黑往来亦殊非易，故为调整下年计划以便系中处理计，尊处暂未致聘，事非得已。想承鉴原

刘文典失去联大教席，云南大学如获至宝地延聘他到那里上课。

开除一名教授，是件大事，刘文典又是蜚声海外的国学大师，怎么会"事非得已"，将之解聘呢？

梅校长的无可奈何和闻一多的壮士断腕背后还有一种今天被渐渐淡化掉的情节。

当时联大办学的宗旨是力求避开政党的活动，因此，对于国民党的党化教育，教授们深恶痛绝，自觉地进行抵制。例如1941年前后，国民党想加强对西南联大的控制，要求当时担任院长以上职务的教授都参加国民党，当时法商学院院长陈序经先生知道后淡淡一笑，对他的一个学生很坚决地说："如果一定要我参加国民党，我就不做这个院长！"后来此事不了了之。

当时的大学比较独立，大学的独立是教授人格独立的保证。对于刘文典的磨黑之行，有各种各样的猜测。此外，刘文典这样一个狷介之士怎么会轻易和一个马帮首领做交易，不珍惜自己的羽毛呢？一般情况下，知识分子将自己的名誉看得比什么都重要，事情的真相是怎样的呢？我们还能找回事实吗？请看资料《吴显钺同志逝世10周年祭》：

> 参照党的"隐蔽精干，长期埋伏，积蓄力量，以待时机"的方针精神，他们俩拟定了下去后工作的具体做法为："联络士绅、站稳脚跟、办好学校、培养学生。"……他们到磨黑一年，已经初步站稳脚跟，也取得了张孟希的信任。由于感到力量单薄，才回到昆明多找几个同志，以办好一所中学，使磨黑成为能荫避更多同志，开辟革命工作的基地。至于邀约刘文典教授同行，是因为他们同张孟希闲谈时，曾介绍过西南联大许多著名的教授，张对这位号称"二云居士"（"二云"指运土、云腿）的国学大师特别感兴趣，想请刘来为他的母亲写墓志铭，抬高自己的声望。刘文典教授愿意接受邀请，则是因为张孟希保证他的生活供应。当时对邀刘文典教授同赴磨黑，我们曾有过不同意见。但老吴认为，刘文典教授在联大虽属保守派，但并不过问政治，到磨黑后只要应付得好，对我们的工作不会有妨害；而能把这位"大师"请去，也可以为我们树立威望，取得张孟希更大的依赖。

1941年皖南事变后，中共云南工委根据南方局避免无谓牺牲、保存革命力量的指示，将昆明大中学里比较暴露的党员和进步骨干转移到了各县，仅联大就移出了一百多人。其中西南联大地下党领导的“群社”成员吴显钺、董大成等到普洱中学任教，当校长。

作为一位单纯的知识分子，刘文典的政治敏锐性特别差。当年在安徽大学任校长，他只知道热心教育，爱护青年，积极创导民主办学，在他的眼中，只有上进的青年与堕落的青年，对于政治斗争与教育本质的区别，他不管。结果，在当时，安徽大学汇集了大量大革命失败后流散的共产党员，如俞昌准、刘树德、王金林、陈一煌、欧阳良劭、刘复彭等。他们在校内秘密成立党团支部组织马克思主义研究会，宣传革命思想。后来俞昌准的活动被人告密，刘文典以查斋为由，在俞的宿舍内发现藏有《通俗资本论》《国家与革命》等马列书籍，当即劝其迅速离校，免遭迫害。接着就因学潮问题和蒋介石发生了顶牛，差点送命。

所以，此次的磨黑之行，他只是抱着天真的想法，对于背后的政党活动一无所知，即便知道了，他也不会深想。刘文典主观上冷淡政治，但客观上有利于处于隐蔽状态的党工作的开展。那么，在磨黑半年刘文典的作为怎样呢？

> 作为校长，老吴主持了开学典礼，刘文典教授也讲了话……磨中成立后，张孟希一有空就提着水烟筒找老吴他们聊天……再就是陪伴刘文典教授了。他几乎整天躺在烟榻上吞云吐雾，张孟希经常来同他谈古论今。关于学校要解决的问题，老吴就在这种场合提出来，刘文典在旁会帮几句腔。张董事长无不痛快地答应，马上交给来学校当军训教官兼管总务的张云程去办。另外，张孟希和一些读过点旧书的士绅也请刘大师讲学。刘文典大约每周给他们讲一两次，无非是《庄子》《昭明

文选》及温李诗等。

当时吴显钺（吴子良）和董葆先（董大成）都是西南联大地下党领导的进步社团“群社”的成员。张孟希是个有野心、有见识，能接受新事物、爱附庸风雅、自我标榜进步的人，再加上号称“国宝”的名教授的支持，作为磨黑中学的董事长，他对吴、董的办学极力支持，从不刁难。

吴显钺等按照党提出的“勤学、勤业、勤交友”的精神努力办学，发展一批学生参加秘密读书小组，学习马列主义和革命书刊，磨黑逐渐发展为党在思普地区活动的中心据点。

两本书　一辈子

1916年，刘文典到北大上班。那时在大学混必须凭学术立足，一位教授如在学术方面没什么成就，是会被别人非议的。一个毛头小伙子搞点翻译或写点感受之类，难登大雅之堂，必须要有一两部拿得出手的学术专著才行。他选定古籍校勘和注疏学的研究，而研究的重点放在子部，在诸子著作中他又选择《淮南子》突破。

刘文典做学问是很严谨的，他是夜猫子，每天从晚上9点钟后开始，做到天亮以后才睡觉。中午张秋华做好饭叫他起来吃，他还是迷迷糊糊的。有一次，因为需要一种资料，刘文典专门跑到日本去找。

《淮南子》也称《淮南鸿烈》，为西汉淮南王刘安及其门客苏非、李尚、伍被等人著，是一部以道家思想为主，糅合了儒、法和阴阳五行等思想的杂家著作，学术性和文学性皆强。

书中提出的“道”和“气”的学说，反映了朴素的唯物主义观点，书中也包含不少自然科学史材料和一些迷信思想的糟粕。由于其艰奥难懂，除东汉高诱有《淮南鸿烈解》外，历代很少有人对其做专门研究，注本更是鲜见。

刘文典攻《淮南子》，从音韵、文字、训诂、版本诸方面全面深入，寒暑数易，其志不移。1923年，他的第一本专著《淮南鸿烈集解》由商务印书馆出版，成为《淮南子》研究的代表作。

胡适在为该书写的序言中说："整理国故，约有三途：一曰索引式整理，一曰总账式整理，一曰专史式整理。典籍浩繁，钩稽匪易，虽有博闻强记之士，记忆力终有所穷。吾友刘叔雅教授新著《淮南鸿烈集解》，乃吾所谓总账式国故整理也。淮南五书，折衷（中）周秦诸子厖其自身亦可谓结古代思想之总账也。"

"前人校释是书，多凭空臆断，好逞新奇，或者所得，亦茫昧无据。"继《淮南鸿烈集解》后，刘文典发奋不止，又继续进行《庄子》和《说苑》等书的校勘工作，他的《庄子补正》《说苑校补》《三馀札记》等著作陆续出版。其中《三馀札记》为笔记体，取三国董遇"冬者岁之余，夜者日之余，阴雨者时之余"意，记录了自己平素积累的一些治学心得和体会。

《淮南鸿烈集解》和《庄子补正》多次再版，海内外研究者将其作为研究《淮南子》和《庄子》的必备参考书。

"别人不识的字，我识，别人不懂的篇章，我懂。你们不论来问什么问题，我都会予以解答。""一字之微，征及万卷"是刘文典的治学格言。校勘古籍不仅字字讲究来历，就连校对他也从不假他人之手。在致胡适的信中，刘文典大叹校对的苦经："弟目睹刘绩，庄逵吉辈被王念孙父子骂得太苦，心里十分恐惧，生怕脱去一字，后人说我是妄删；多出一字，后人说我是妄增；错了一字，后人说我是妄改，不说手民弄错而说我之不学，所以非自校不能放心，将来身后虚名，全系于今日之校对也。"

刘文典征引的材料，特别强调"查证原文"，以免以讹传讹灾梨祸枣。他的一位学生李埏，在20世纪40年代曾向他借阅过一本唐三藏取经的书，发现书的天头地脚及两侧空白处都布满了他的批注。注文除中文外，还有日文、梵文、波斯文和英文。“其知识之渊博，治学之严谨，令人叹为观止。”

刘文典学识渊博，精通德、英、日语，涉猎广泛，不断地把叔本华、布哈林等人的哲学著作、史学著作和社会学著作介绍给中国读者。他讲授的课程，从先秦到两汉，从唐、宋、元、明、清到近现代，从希腊、印度、德国到日本，古今中外，无所不包。他先后讲授过“文选学”“校勘学”“先秦诸子研究”“大唐西游记研究”“庄子”“淮南子研究”“文心雕龙”“史通”“文赋”“今古文研究”“玄奘传校注”“温庭筠李商隐诗”“陶渊明”“中国化的外国语”等课程，且有很多独到的见解。

拦腰折断的“士”气

抗战过后，有人向刘文典提出重回家乡安徽执教的建议，盼望叶落归根的他也萌生回乡的愿望，但因时局动荡没能成行。

民国时代的那批教授，不仅扮演了“传道授业解惑”的角色，更重要的是他们以提携后进为乐，那种精神气质、人格魅力直接融化在生活中，让自己的弟子一生受益无穷。

陶光是刘文典在清华时的学生，1947 年到云大教书后，常约刘文典去看滇戏。在看滇戏的过程中，陶光认识了滇戏名伶耐梅，并对其渐生好感，要跟耐梅结婚。当时耐梅惹上了戏班子里的黑道势力，怕结婚当天出什么事，刘文典就特地把在昆明有一定威望的庾晋侯请去。婚宴摆在商务酒店，当天平安无事。陶光和耐梅结婚的第一天住在酒店，第二天没有地方住了，刘文典就向孙乐斋租了一间房子给他们。

吴进仁是刘文典在云大的学生，经常来老师家请教问题。国民党“九九整肃”时，吴不知道因为什么事情被冤枉，被抓了关起来。刘文典得知这一消息，马上跑去警备司令部以身担保他的学生。警备司令部的人敬重云大教授，马上就释放了吴进仁。

袒护学生还不算，送佛送到西，1949 年后，刘文典成人之美，帮吴进仁和孙乐斋先生的二女儿撮合，全家总动员，由老妻张秋华做媒，两人顺利完婚。

1949 年，胡适打算把刘文典带到美国，并已为他联系好了大学，还为他一家三口办好了签证，买好了机票。刘文典跑去和云南大学校长熊庆来商量，熊当时正在外地开会，得到消息后，当即给刘文典捎来意见：“暂时别动，等我回来再做决定。”

决定的结果是：刘文典留在了大陆。他以中国人不离开自己的祖国为由拒绝了胡适的好意。胡适随了国民党，自然已不再是共产党的朋友。从此，刘文典扎根于云南大学，除了偶尔跟学生谈谈陈寅恪外，几乎从未主动谈起一生中曾给过自己无数次恩典的胡适。

有人说，抗战胜利后刘文典没有北归的原因是舍不下“二云”。事实上，磨黑事件后，刘文典不仅失去联大的教席，也失去了清华的教席，同时声名也受到影响。年事渐高的他即便以纾难之士回去，又何以在同僚中立足。当然，他也可以在其他学校上课，但是，和云南大学相比，优势在哪呢？再说，昆明四季如春，环境优美，实在是一个适合文化人居住的好地方。

1949 年，刘文典精神焕发，曾为自己印制了名片，但上面只有“刘文典，安徽合肥”寥寥几字。

与那些滞留大陆的同时代知识分子一样，刘文典张开双臂，热烈地拥抱新生的政权。云南大学为了让他集中精力搞学术研究，一度没排他的课。但他坚持要上课，并声色俱厉地说：“教授怎能不教书？不教书就是失职！”

然而，此时的文化氛围和民国截然不同了。刘文典似乎还想像以前一样没心没肺，口无遮拦地品评时势，藏贬人物，这种被新政权认为是“主观主义”的思想刚冒头便熄灭了。

当年7月11日晚，刘文典应云大中文系师生邀请在学校泽清堂（一说至公堂）作了两个小时关于鲁迅的演讲。为什么偏要选择这个话题呢？原因有三：一、刘、鲁是幼时同学；二、刘、鲁是北大同事；三、刘知道鲁许多旁人所不知道的琐事。

诚然，刘文典很多经历和鲁迅有交集，例如，他们同是章太炎的弟子，都在日本留学过，同样发生过兄弟“投敌”。他们都参加过反清革命事业，都在北大当过教授。但两人性格不合，以前在北大共事时，讲完课大家经常在教员休息室见面，鲁迅面冷心热，一下堂就披大衣走人，刘文典一个孤傲之人，他们互不服气，仅有过几次浅浅的谈话。

谁都知道，鲁迅在后来已经成为一尊神。然而，刘文典每每好发惊人之论，在这之前，他在昆明作过多次演讲，都没有引起注意，但关于鲁迅这次，却在昆明引起了意想不到的轩然大波。讲后不几天，当地的一些报纸，如《观察报》《正义报》《大观晚报》等刊登了十几篇“批驳”性质的文章砸向刘文典。对于这种火药味极浓的结果，刘文典事前都没有料想到，他无限委屈地辩称“那是尊敬他的示”。

到底刘文典先生“大放厥词”了什么？当事人遮遮掩掩，语焉不详。

按理说鲁迅对刘文典还是有“私德”的，刘应该嘴上积德才对啊！鲁迅当年在杂文《知难行难》一文中是称赞过刘文典不畏强暴精神的：“安徽大学校长刘文典教授，因为不称‘主席’而关了好多天，好容易才交保出外，老同乡、旧同事，博士当然是知道的，所以……”

其实，刘文典所说鲁迅的毛病或多或少自己也存在。刘文典和鲁迅都属于那种不“为尊者讳”的人物，鲁迅可以为自己的道和多年的老朋友割袍断义，刘文典先生不也是和他如出一辙吗？鲁迅不是圣人，这些现象是否就一定如批驳者所言是刘文典泼向鲁迅的脏水呢？

刘文典除此之外，平素里在闲谈中从没鄙薄过鲁迅，而他又是一个天生不会恭维别人的人，永远直来直去。对于鲁迅，他仅是将自己的印象和理解在一个公开的场合和盘托出，结果就惹起了麻烦。鲁迅先生值得人尊敬，但任何对之不加分析的崇拜都是有害的，都是先生身前身后所不愿看到的。

新政权建立初期，总的说来，虽然有各种运动，但作为整体的知识分子，还没有迎来如履薄冰的环境。即便有“演讲鲁迅”事件，刘文典也只是受到某些报纸轻微的点名批判，毫发无伤。只是，形势之下，刘文典不得不自觉地收敛了。

李广田接任云大校长后，对刘文典也十分尊重，言必称其“老师”“刘老”，每逢开会，都请刘文典先作发言。刘文典知恩图报，尽心尽力地在云大先后讲授“杜诗研究”“温李诗”“《文选》学”“文赋研究”“历代韵文选”以及顾炎武、夏完淳评介等课程。而云大担心其年事已高，就在王九龄的故居里，专门给他备了一间工作室，让其潜心撰写整理《杜甫年谱》和《王子安集校注》。初稿刚刚出来，政治运动便扑面而来。

让人百思不得其解的是：这以后，有关刘文典狂狷的事例再没听说。1954 年，全国开展批判胡适思想的运动。在云大的批判会上，刘文典既没有对胡适落井下石，也自始至终没为胡适说过一句好话。此时的他，已学会掌控什么话该说，什么话不该说了。也许，这就是所谓的“政治上的成熟”吧！

从什么时候刘文典开始变得中规中矩，我们不得而知，什么事让刘文典失去了以前的傲气，我们不晓得。在思想改造中，刘文典比较顺利地过关。他承认自己缺点很多，但无罪行，还把鸦片彻底戒掉了。他在不同场合多次说：“出于反动统治的旧社会，走投无路，逼我抽上了鸦片。中华人民共和国成立后，在共产党领导下，社会主义国家蒸蒸日上，心情舒畅，活不够的好日子，谁愿吸毒自杀呢！”他还曾兴高采烈地向世界宣称，“今日之我，已非昨日之我，我再生了！”

刘文典因有杰出的表现，受到相关部分的优厚礼遇。评定职称时，他是云南省唯一一名一级教授（文科），并被推选为全国政协第一届、第二届委员，1957 年 3 月，作为九三学社的成员，刘文典在北京开政协会议，在怀仁堂受到毛泽东等党和国家领导人的接见。当时大家都在讨论超英赶美的事，刘文典和华罗庚两人在向毛泽东敬酒时表态：要在中国文学和数学上超过英国。

刘文典在政协大会上发言：“我很侥幸地、很光荣地赶上了这个伟大时代，更高兴的是以一个九三学社成员的身份来做一个共产党的助手。我愿意献出我的余生，献出我的全力，为国家社会主义文化而奋斗！”

“毛主席把马列主义的理论，和中国的革命实践相结合，这是人人都知道的。依我这一个古哲学书《老子》的读者看来，他是把马列主义的政治理想和中国古代政治哲学上的崇高理想都拿来一齐实现了。我常说：中国共产党和毛主席是中国革命的旗帜和导师，并对世界人民革命做出了巨大的贡献，让我们为全世界人民革命的胜利，高呼共产党万岁！毛主席万岁！”这是刘文典 1956 年 9 月 29 日发表在《云大》上一篇文章的段落。

刘文典还曾不无得意地对儿子刘平章说，自己一生中见过毛泽东两次。他年轻时在北大和清华教书，放暑假时就到碧云寺避暑、看书。一天，他和张秋华正在小院子里坐着，看到北大教授杨昌济也来游玩，而毛泽东穿着一件很旧的灰布长衫来看他岳父。他当时就知道毛泽东是共产党。

尽管刘文典努力想跟上形势，但时势还是不肯放过他。1957 年，反右运动发生时，他差点被戴了右派帽子，不仅向自己先前的旧识、学生、同仁低头，而且向整个社会低头，并承认那些所谓“与女艺人周旋”及“一肚子黄色东西”等莫须有的罪状。即便这样，他依然没有得到社会和“热血先进青年们”的宽大处理，依然被当作顽固派学术权威一批再批。

1958 年 6 月 11 日上午，云南大学各系主任向学校党委会交心，校党委书记李某强调：“交心的目的在（于）团结提高大多数，尤其是对刘文典、方国瑜等顽固派，反动立场坚决的，火烧一下，将来和他们长期斗争，推着他们走！”

于是，对刘文典进行批判，成了中文系的“家常便饭”。按规定，刘文典还得每场都到，否则就是思想问题，就是立场问题。无奈之下，刘文典不顾年老体弱，强打着精神，做出虚心聆听的表情。当别人质问他的时候，他都要恭恭敬敬地站起来，不断点头：“您说的是！您说的是！”

云大教师李埏讲过一个故事：反右时有人揭发刘文典，说他有一首黑诗，就拿出来念。诗的前面有一段序，说他有一个姬人非常可爱，明媚窈窕，温柔体贴，可惜短命死矣，他晚上伤感睡不着觉，于是写诗怀念她。那诗写得确实缠绵悱恻、哀婉动人，怎么成黑诗了呢？揭发者说，刘文典根本就没这么个姬人，中华人民共和国成立后不准抽大烟，他就只好怀念他那杆烟枪。

在经历长时间的批判之后，刘文典身心俱疲，一回到家里什么话都不说，倒头便睡。后来他被检查出患上肺癌。1958 年 7 月 14 日深夜，刘文典突感头痛，还没一会儿工夫就昏迷过去，意识全无。15 日下午 4 时半，没有留下任何遗言的刘文典永远地离开了人世。

追悼会冷冷清清。

一个月后，远在四川的吴宓听说刘文典病逝，在当天日记里沉痛写下：“我辈殊恨死得太迟，并无陈寅恪兄高亢之气节与深默之智术以自全，其苦其辱乃不知其所极。”

这天下午，吴宓仍在埋头撰写《对我教学工作之检查总结》，“力陈宓痛悔之情及学习改造之决心，并将随时自作批判”。

（作者单位：昆明新道设计文化公司）

参考文献：

1. 刘平章．刘文典传闻轶事．昆明：云南美术出版社，2002.

2. 刘文典全集（第 1—4 册）．合肥：安徽大学出版社，1999.

3. 谢轶群．民国多少事．北京：九州出版社，2008.

刘文典晚年的政治理念

杨　园

一

中华人民共和国建立，刘文典先生欢欣鼓舞，精神振奋，戒断了多年习染的鸦片。但他并不热衷于政治，大多数时候不过表态发言而已。历来政治运动他都不积极参加，幸而亦无大碍。如1954年的胡适思想批判运动，刘文典本是胡适在北大的同乡好友，民国时期两人常年保持通信，而他始终没有出声批判胡适，是留在大陆的胡适之朋友中为数不多的几位。

云南大学校刊《云大》1950年代刊登的刘文典先生在云大工会的发言照

直到1956年，他作为特邀人士，由政协第二届全国委员会第二次会议增选为全国政协委员，才真正在重要场合表达他的政治思想和对当时政治的看法。1957年3

月全国政协会议期间，他在政协第二届委员会第三次全体会议上发言，3月12日《人民日报》刊登了他的发言稿，其实这篇文章的主要内容1956年9月已经在云大校刊上发表，题为《对中共第八次全国代表大会的感想》。刘文典反复以此为论，而且最终刊登于《人民日报》。可见这篇文章他甚为看重，因此也最能代表和说明他中华人民共和国成立后的政治理念。兹抄录如下：

我是一个古典文学教授，喜欢读古代哲学书，请让我以这个立场观点来说几句话。中国古代哲学书，为世界各国一致赞美的要算老子，老子政治哲学的精义，也就是中国古代最高的政治理想，据我看只有三句话，就是“生而不有”“为而不恃”“长而不宰”。在短短的五千言中，这三句话重复了三四遍。据我看，人类最大的弱点，就是创造生产了的东西总就想占有，发展下去，就成为不想劳动生产只想占有的思想，历史上的政治、经济、社会一切不良制度，都是由这种不良思想产生的。只有老子这样的思想家，才能有“生而不有”的崇高理想，也只有无产阶级的共产党才能实现这个理想。

有点功劳就要居功，执掌大权就要专权，这几乎是人之常情，要说做了极大的事业，毫不恃功而骄，这叫作成功不居，那是历史上稀奇的事，所以“为而不恃”这句话，也只是一个理想。至于“长”和“宰”，在从前的人看起来，就是一件事，要说“长”而同时又“不宰”，那几乎是不能想象的。

今天全国建设生产事业突飞猛进，取得空前的成绩，一切都是为了人民，而不是为了一党一派，只有创造，没有独占，这岂不是“生而不有”么？共产党艰苦卓绝，牺牲奋斗三十多年，建立新国家以后，兢兢业业的做出今天这样的成绩，毫无骄傲自满之意，还要邀请各民主党派互相监督，去年“八大”开会，邀请各民主党派以及无党派人士参加，这岂不就是“为而不恃”么？共产党虽然居领导地位，但是一切措施都是十分民主的，决不独断独行，这岂不就是“长而不宰”么？

总的说来，中国古代政治哲学的崇高理想，今天由毛主席领导的共产党用马列主义的理论结合中国的实际一一实现了。我很侥幸的、很光荣的赶上了这个大时代，更高兴的是以一个九三学社的成员来做一个共产党的助手。我愿意献出我的余生，献出我的全力，为国家社会主义文化而奋斗。[①]

这篇发言以《老子》“生而不有，为而不恃，长而不宰”的政治观赞美中国共产党的领导，向来认为是表态颂扬而已。但是，借《老子》评论政治，而且对《老子》评价极高，却殊为可怪。如他说，“中国古代哲学书，为世界各国一致赞美的要算老子，老子政治哲学的精义，也就是中国古代最高的政治理想”，但老子未必是世界各国一致赞美的哲人。而论中国古代的政治理想，一般都是举儒家《礼记·礼运》篇所说的大同、小康，或以三代以上作为治世，未尝举《老子》的政治哲学作为共识。况且粗识中国思想文化者，都知《老子》政治哲学的精义是无为而治，“生而不有，为而不恃，长而不宰”正是无为而治理念的表述，这一点刘文典不会不知。尤为奇怪的是，发言依《老子》义讲到“为而不恃”“成功不居”，即不居功自伟，但发言内容看起来就是歌功颂德，这本身即是矛盾。据此看来，如果不是故弄狡狯，刘文典是否还想表达什么？

二

按《老子》通行本二章、十章、七十七章三处皆道及此语。二章原文是：“是以圣人处无为之事，行不言之教，万物作焉而不辞，生

① 见《刘文典全集》第3册，安徽大学出版社、云南大学出版社1999年版，第779—780页。

而不有，为而不恃，功成而弗居。夫唯弗居，是以不去。”[①] 十章是：“生而不有，为而不恃，长而不宰，是谓玄德。”[②] 七十七章是：“是以圣人为而不恃，功成而不处，其不欲见贤。”[③] 所以“生而不有”“为而不恃”“长而不宰”三句话都是讲圣人之治，“圣人”是《老子》理想统治者的代称，大意是说理想的圣人治理国家，生养万物但不据为已有，有所作为但不自恃功高，长养百姓而不自居为主宰。刘文典在发言中的解释即如此。值得注意的是，这三句话的本意并不旨在描述理想的政治状态，而是批评有为政治，主张无为放任，倡导为政者不干预社会自然的发展。如《老子》的经典注本魏王弼注第二章云：

自然已足，为则败也。智慧自备，为则伪也。因物而用，功自彼成，故不居也。使功在己，则功不可久矣。[④]

意谓在上者有所作为反而会影响事物的自然发展，顺应事物自身的需求变化，自能成其事。成功是顺应自然的结果，所以为政者不必居功自伟。又如王弼第十章本句注云：

不塞其原，则物自成，何功之有？不禁其性，则物自济，何为之恃？物自长足，不吾宰成，有德无主，非玄而何？凡言玄德，皆有德而不知其主，出乎幽冥。[⑤]

此段解释也是说为政者不要因自己的有为阻碍影响事物的自然生长，真正的成功，都看不出施政者所为。王弼的注解是对有为政治提

---

①（魏）王弼注，楼宇烈校释：《老子道德经注》，中华书局 2011 年版，第 7 页。
②（魏）王弼注，楼宇烈校释：《老子道德经注》，中华书局 2011 年版，第 26 页。
③（魏）王弼注，楼宇烈校释：《老子道德经注》，中华书局 2011 年版，第 194 页。
④（魏）王弼注，楼宇烈校释：《老子道德经注》，中华书局 2011 年版，第 7 页。
⑤（魏）王弼注，楼宇烈校释：《老子道德经注》，中华书局 2011 年版，第 26 页。

出批评，更能揭出《老子》此义无为放任思想的批判精神。据此以观刘文典的引述，他是不是想曲折表达他的政治理念，或对当时政治提出意见和期望？

其实，刘文典引《老子》此言不单见于《老子》，也见于《庄子》。刘文典精研《庄子》，以《庄子》名家，不如引其所校订的《庄子补正》，足证他深明此理。《庄子·达生》云：

> 扁子曰："子独不闻至人之自行邪？忘其肝胆，遗其耳目，芒然彷徨乎尘垢之外，逍遥乎无事之业，是谓为而不恃，长而不宰。"①

"为而不恃，长而不宰"，两句郭象注云："率性自为耳，非恃而为之。任其自长耳，非宰而长之。"成玄英疏云："接物施化，不恃藉于我劳；长养黎元，岂断割而从己？事出《老经》。"② 可知此意无非是说：真懂做官的"至人"是放任无为，万物自然生长，不必依靠在上者发号施令，在上者也不必自认为是万物的主宰而横加干预。可见《庄子》的论说和《老子》阐发的道理是一样的，刘文典引述此义，不可能全不在乎其放任无为之旨而妄为之解。所以，更可能的是，他想借此表露自己仍崇尚老庄之学，并借老庄的无为政治观评论当时政治，他在全国政协上的发言看似是表态颂赞，其实有谲谏的意味。不过这样的话，非真懂老庄者莫能理解。

刘文典的发言是否真有此意，笔者一直不敢妄下断言，近年读到他当年的学生云大陈红映教授《我所认识的刘文典先生》一文，始敢坐实推论。陈红映 20 世纪 50 年代在云南大学跟从刘文典先生读研究生，是刘文典很喜欢的学生。晚年他回忆刘文典 1957 年全国政协会

---

① 刘文典：《庄子补正》，见《刘文典全集》第 2 卷，安徽大学出版社、云南大学出版社 1999 年版，第 534—535 页。

② 刘文典：《庄子补正》，见《刘文典全集》第 2 卷，安徽大学出版社、云南大学出版社 1999 年版，第 535 页。

上的发言，仍清楚记得先生私下跟他说的一番话：

> 当话题转到先生在《人民日报》上的发言时，先生说："我是想借老子的理想寄托我对中国共产党的期望。'生而不有，为而不恃，长而不宰'的后一句'领导而不专断'是主要的。"我顿时豁然开朗。停了一会，先生补充道："老子的理想，离林肯的'of the people, by the people, and for thepeople'（民有、民治、民享）特别是'民治'的理想只差一步。"说到这里先生陷入沉思，接着慨然叹道："想不到走了两千多年还是差一步！"先生年轻时追随孙中山先生参加革命，做中山先生的英文秘书，对西方的民主理念有所企慕是不足为怪的，而且看来还是老而弥坚。①

幸有陈红映先生的这段回忆作为证明，后人始能窥知刘文典的真实想法。刘文典对当时政治过于专断无疑是有看法的，他希望政府更加开明，但不能直言，便正话反说，明颂暗讽，看似无理，其实有至理存焉，如此发言实在绝妙。

《老子》《庄子》的行文，有一特点即正话反说，使文意模棱两可，此即《老子》七十八章所谓"正言若反"。唐陆德明《经典释文·序录》概说《庄子》旨趣亦云："然庄生弘才命世，辞趣华深，正言若反，故莫能畅其弘致。"②"正言若反"是老庄一路的文风。刘文典深谙老庄，既引《老子》为说，复能"正言若反"，更以老庄精神实践之，自诩为"两个半庄子"之一，意谓天下除他之外，没有人更懂《庄子》。③此话在中华人民共和国成立后亦常自道，似乎是在无奈嘲世：我是真懂老庄之人，今世既无真懂老庄者，自无人理

① 陈红映：《我所认识的刘文典先生》，见《庄子思想的现代价值》，人民文学出版社 2009 年版，第 241 页。

②（清）郭庆藩：《庄子集释》，中华书局 2004 年版，第 4 页。

③ 参见章玉政《刘文典年谱》所引当时云大毕业生李必雨文，安徽大学出版社 2011 年版，第 367 页。

解我的言论本意究竟为何。

三

从陈红映先生的记述看，中华人民共和国成立以后刘文典内心仍保持着民国时期自由主义知识分子的政治理念。在他的心目中，老子放任无为的政治观和林肯“民有、民治、民享”的政治观是相接近的。所以他的发言会说到“中国古代哲学书，为世界各国一致赞美的要算老子”，原来他认为老子的理想，近于民主自由的理想。其实，将老子的政治观和自由主义的政治观相比附，并非刘文典兴来之谈，亦非独到见解，而是自严复、胡适以来民国时期普遍存在的观点。如严复《老子评点》对《老子》十章“生而不有，为而不恃，长而不宰”句的评论：

> 夫黄老之道，民主之国之所用也，故能长而不宰，无为而无不为。君主之国，未有能用黄老者也。汉之黄老，貌袭而取之耳。君主之利器，其惟儒术乎！而申韩有救败之用。[①]

严复认为“长而不宰”而达到无为无不为，就是西方近代民主国家的为政之道，君主专制国家不能行此道，只能将儒术当作治术，将法家当作挽救败亡的工具。严复是将西方自由主义引进中国的第一人，他对老庄思想和自由主义观念做了很多融通解释，《老子评点》《庄子评点》是他借自由主义政治观解释老庄思想的代表作。[②]民国时

① 见《严复集》第 4 册，中华书局 1968 年版，第 944 页。

② 有关严复将老庄思想与自由主义进行融通比较的问题，可参看〔美〕史华兹著《寻求富强：严复与西方》（中信出版集团 2016 年版），也可参看熊铁基等著《二十世纪中国老学》（福建人民出版社 2002 年版）的相关评述。

许啸天（1886—1946）所著《老子概论》解释《老子》十章也引及严复此言，可见此说在民国时期甚有影响。[①]不难看出，刘文典的观念不过是祖述严复，他中华人民共和国成立后所服膺的，仍旧是民国时期西方自由主义式的政治理念。

刘文典的好友胡适之，同样将老子的无为放任思想与西方自由主义传统相联系比较，而且胡适的分析更为深入、影响更为广泛。胡适的《中国哲学史大纲》是最早的中国哲学史专著之一，也是胡适的成名作，在新文化运动时影响甚巨。其中分析老子的思想说：

> 欧洲十八世纪的经济学者政治学者，多主张放任主义，正为当时的政府实在太腐败无能，不配干涉人民的活动。老子的无为主义，依我看来，也是因为当时的政府不配有为，偏要有为，不配干涉，偏要干涉，所以弄得“天下多忌讳，而民弥贫；民多利器，国家滋昏；法令滋彰，盗贼多有”。……老子理想中的政治，是极端的放任无为，要使功成事遂，百姓还以为全是自然应该如此，不说是君主之功。[②]

胡适所说欧洲18世纪的经济学者、政治学者，即是以英国亚当·斯密、戴维·休谟、埃德蒙·伯克等为代表的一批自由主义学者。自由主义的核心要义是倡导自由放任的市场经济，所以要求约束限制政府权力，予人民自由，经济社会才能健全发展。胡适此书出版后，刘文典推崇备至，1919年他在《怎样叫做中西学术之沟通》一文中称赞说：“我的朋友胡适之，著了一部《中国哲学史大纲》，这部书的价值，实在可以算得是中国近代一部Epochmaking（可译为“划时代的”——笔者注）的书，就是西洋人着西洋哲学史，也只有德国的Windelband（当指文德尔班《哲学史教程》——笔者注）和美国的

---

① 见许啸天《老子概论》，知识产权出版社2015年版，第81页。

② 胡适：《中国哲学史大纲》卷上、卷中，广西师范大学出版社2013年版，第37—38页。

Thilly（指梯利《西方哲学史》——笔者注）两位名家的书著得和他一样好。”[①] 刘文典认为胡适此书是中西学术沟通比较的典范之作，而胡适在书中通过中西比较，认为老子理想中的政治就是政府放任无为，这和欧洲 18 世纪的放任主义是相接近的。据此来看四十年后刘文典在政协的发言，他所说老子的理想，仍是和胡适的看法一致。刘文典发言中说“老子政治哲学的精义，也就是中国古代最高的政治理想”，中国古代最高的政治理想，在他看来是和老子的无为放任主义密切联系的。他仍然追随着胡适的思想主张。由是观之，中华人民共和国成立后即使经过思想改造学习和接连不断的政治运动，刘文典的政治理念也始终未变，他甚至通过全国政协全体会议这样的场合隐晦表达他所持的观念主张，并借此评论政治，其志当真不可夺也。

联系刘文典生平行为和文风，也完全能理解他正话反说的谲谏方式。刘文典在新文化运动时执教北大，和鲁迅、胡适一道，同为传播民主科学的斗士。《刘文典全集》中收录有他当时翻译的大量科普著作，1916 年他在《青年杂志》还翻译发表有 18 世纪英国保守主义著名政治学家埃德蒙·伯克的《美国人之自由精神》一文，可见他的政治观向来是以西方近代以来的自由民主观为主。而他生性幽默，好滑稽反讽，在北大就已出名。周作人《知堂回想录》记有他在北大时的一段名言：“你们攻击中国的庸医，实在大错而特错。在现今的中国，中医是万不可无的。你看有多多少少的遗老遗少和别种的非人生在中国，此辈一日不死，是中国一日之祸害。但是谋杀是违反人道的，而且也谋不胜谋。幸喜他们都是相信国粹的，所以他们的一线死机，全在这班大夫们手里。你们怎好去攻击他们呢？”[②] 如此反话，令人绝倒。而他如此为文，也是有自觉认识的。任继愈回忆刘文典在西南联大讲文学，即认为：“文学作品贵在以正写反、以实衬虚，用华丽的

① 诸伟奇等编：《刘文典全集补编》，黄山书社 2008 年版，第 11 页。

② 周作人：《知堂回想录》，北京十月文艺出版社 2013 年版，第 621—622 页。

辞藻写荒凉，以欢快的词藻写悲哀。”[1]所以他的话果真是反讽谲谏，倒并不奇怪，但若是在全国政协全体大会上的发言，其谲怪狂肆也足令后人惊骇了。

四

实际上，1957年四五月间，正是全国开展“整风运动”，号召党外民主人士“大鸣大放”，所以刘文典在此前后并没有顾忌，是将自己的心里话放开来讲，甚至在不同场合反复宣扬他的这一看法。他同时期在全国政协另一场合的发言也说：

> 出席会议的委员同志都说出了许多问题，指出了许多缺点，也就是对政府许多严厉的批评，本着知无不言、言无不尽的精神，看到相互监督的责任。这一方面固然是大家政治觉悟更加提高，一方面也是毛主席领导的共产党真能做到老子的“长而不宰”。我这一次在大会上的发言，特别提到老子所说的“生而不有”“为而不恃”“长而不宰”，并不是偶然的。[2]

他说“毛主席领导的共产党真能做到老子的‘长而不宰’”，可见他即是用“长而不宰”作为标准，评价政治得失，希望政策开明，在颂扬的同时不失自己的原则主张。但是，这一年下半年起便形势陡变，反右运动全面到来。1958年，反右运动之后开展交心运动，刘文典在云大不得不做出思想检查：

---

① 任继愈：《自由与包容：西南联大人和事》，江西教育出版社2017年版，第173页。

② 刘文典：《谈谈“求同存异”》，载《政协会刊》1957年第2期。

去年党开始整风，希望党外人士的帮助，我口头上随时说共产党真拿我当朋友，我愿做共产党的忠实的挚友，不做献媚的小人，但是，实际上说的是些什么呢？一种是满腹的牢骚，和许多无根据之说，当时我找了两句《淮南子》，说共产党是“处上而民弗重，居前而民弗害”。意思就是说：“党处于领导地位，而人民不感觉到压力；党在前面领导，民众在后面跟着走，而不感觉得党在前面拦着。”当时我觉得这两句话很不错，很得体，现在想起来，拿古代的政治哲学来比喻今天的共产党，还是不对的，歪曲的。现在检查起来，这也是权威思想，总觉得我知道《淮南子》上有些什么话，老子上有些什么话，要摆出来给人看看。①

刘文典检讨自己之前引《淮南子》的话，其实原本也是出自《老子》。《老子》六十六章云：“是以欲上民，必以言下之；欲先民，必以身后之。是以圣人处上而民不重，处前而民不害，是以天下乐推而不厌。”②此段大意是说为政者无论处上处前，都让人民感觉不到他的影响和压力，所以人民都拥护他。显然刘文典同样是借此希望“领导而不专断”，这和他政协大会发言引《老子》“生而不有，为而不恃，长而不宰”的用意相同。可知他都是在借道家的无为思想表达他对当时政治的看法，只不过语涉反讽而羚羊挂角，无迹可求。即使是做思想检查，他也只批评自己的比附不对，绝不说所引《老子》《淮南子》的话本身有什么问题。无怪他在 1958 年 4 月 10 日受到批判时抵触说：“古今中外了解老子最深的是老子自己，之外，就算我刘文典了。”③说古今中外只有他真懂《老子》，无非是说别人的解释都不对，那么他引用《老子》的意思，也就是他说了算。当时云大集中批判他的权

① 刘文典：《我的检查》整理稿，载《云南文史》2009 年第 2 期。

②（魏）王弼注、楼宇烈校释：《老子道德经注》，中华书局 2011 年版，第 175 页。

③ 此据云大张德光教授当年日记所述，参看张有京《国学大师刘文典之死》，载《炎黄春秋》2013 年第 9 期。

威思想，而他自己也自命权威，今天看来，他其实是以“权威”为面具，不暴露自己真实的想法。所以他宁愿检讨自己是权威思想，也不检讨自己的思想到底有什么错。这似乎也是在嘲笑批判他的人，根本不懂《老子》道家，批判他连要点都找不到。但是，刘文典在做出上面这番检讨后，精神终于被拖垮，于1958年7月15日突发脑溢血溘然长逝。如今看来，刘文典至死都没有背弃自己向来的理念，他自始至终都没有违心接受改造，而且他其实是将自己的政治理念公开表达出来了。如果以为刘文典的发言不过是歌功颂德，岂不冤枉了他？

刘文典通过全国政协会这一重要场合，以谲谏的方式表达他对政治的看法。虽然，他真实的想法可能并非欲令世人皆知，兴许这样的话是说给真懂他的人，或是后来人听的，因为历史才是真正的评判者。他放言天下只有自己才懂老庄，而他在全国政协会议借《老子》评论政治，这是将解释权归于自己，以佯狂作为面具，实有不得已的苦衷。但放眼天下，不论老庄学术研究的高下如何，当时中国，谁又能比他更懂老庄精神呢？“两个半庄子”，先生当之无愧。

交心运动中，刘文典做出检讨说：“我以前自命是‘名士’‘才子’，有时还故意做出一些奇奇怪怪的事，以阮籍自命。”[①] 所以，稍知魏晋名士阮籍之为人，自能懂得刘文典何以谲怪狂肆。阮籍身处魏晋易代之际，司马氏家族通过政变掌权后，鼓吹儒家名教。阮籍向来为司马昭所待见，但他又推崇老庄自然，与嵇康诸人相过从，同为“竹林七贤”，因此身陷政治旋涡中，不免忧虑自危，常以佯狂谲怪示人，以此自免。阮籍的处世之道，正如其《达庄论》所云，是“至人清其质而浊其文”，[②] 即保持内心的高洁但污浊其身，从而避免政治祸患。刘文典之所为大概也是如此，在谲怪狂肆的背后，保持自己的思想理念。但是即便这样，他还是未能幸免，悲夫！

有一件巧合的事似乎还值得一提。在刘文典政协发言的几乎同一

① 刘文典：《我的检查》整理稿，载《云南文史》2009年第2期。

② 陈伯君：《阮籍集校注》，中华书局1987年版，第152页。

时间，他远在海峡对岸的老友胡适之也借道家的无为放任学说向蒋介石进谏。1956 年 10 月，台湾的《中央日报》刊登了胡适《述艾森豪威尔总统的两个故事给蒋总统祝寿》一文，胡适说他曾经专门送给蒋介石一部《淮南王书》，盼望蒋介石少管些细事，节制自己的作为。最后他说：“我们宪法里的总统制本来是一种没有行政实权的总统制，蒋先生还有近四年的任期，何不从现在起，试试古代哲人说的‘无智，无能，无为’的六字诀，努力做一个无智而能‘御众智’，无能无为而能‘乘众势’的元首呢？”[①] 相较于刘文典的“谲谏”，胡适的祝寿可说是“直谏”，虽然此时二人殊途遥隔，身份悬绝，但所谏则一也。当年同为北大新文化运动的两位安徽籍好友，多年以后，竟在同一时间，对各自政府提出旨趣相同、出处相似的谏言，这其中的巧合，是值得我们深思的。

（作者单位：云南大学文学院）

① 欧阳哲生编：《胡适文集》第 11 册，北京大学出版社 1998 年版，第 822 页。

论刘文典诗歌中的忧国情怀

蔡耀鹏

提及刘文典先生，其文献点校考证不得不令后学钦佩，而其与蒋介石的冲突也常引起人们的关注。对于其中的趣闻，也一直是学界所津津乐道的，在此其中更是衍生出了刘文典先生“脚踢”蒋介石这一说法。这一说法明显不符合情理，虽然刘文典先生性情狂狷，但时任安大一校之长，起码的庄重还是有的，出手打人有失风度。笔者认为这大概是后人牵强任意所为，于是便对其中细节添油加醋，所以也就有了这一出“脚踢”之戏。而这在某种意义上讲，这是人们对刘文典先生的“误读”。后来，刘文典之子刘平章在《“脚踢蒋介石”系演绎——被误读的父亲刘文典》一文中就证实了这一点。[1] 由此说来，刘当时面对蒋介石的责骂，只是口头回击，并未与之发生肢体冲突，作为傲骨文人，其风度、尊严从未丢失。而这一误读，或许也是因为人们对其独立人格之精神品质的赞美所致。

在刘文典先生的一生中，他留下的财富不仅仅是其校勘考据方

---

① 刘平章口述，章玉政整理：《“脚踢蒋介石”系演绎——被误读的父亲刘文典》，载《晚报文萃》2015年，第1页。

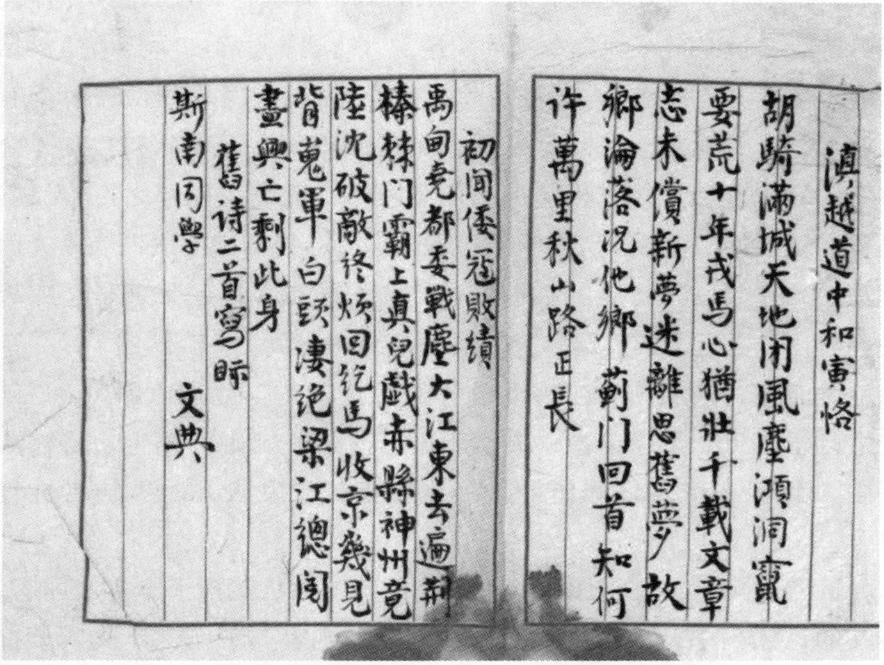
滇越道中和寅恪
胡騎滿城天地閉風塵澒洞竄
要荒十年戎馬心猶壯千載文章
志未償新夢迷離思舊夢故
鄉淪落況他鄉薊门回首知何
許萬里秋山路正長

初聞倭寇敗績
禹甸堯都委戰塵大江東去遍荊
榛棘门霸上真兒戲赤縣神州竟
陸沉破敵終煩回紇馬收京幾見
背嵬軍白頭淒絕梁江總閱
盡興亡剩此身
舊詩二首寫眎
斯南同學　文典

2016 年 12 月北京百衲国际艺术品拍卖有限公司拍卖的刘文典先生诗札手稿（图片来源孔夫子旧书网该公司网站）

面的学术瑰宝，更有先生历年诗作值得人们为之探索。然而，直到目前为止，学术文章方面只有学者诸伟奇的《〈刘文典全集〉佚诗考补》①，其文主要针对 1999 年版《刘文典全集》未收录的 10 题 13 首诗歌进行辑佚和考究。而编著方面，就只有 2013 年出版的增订本《刘文典全集》所收录诗歌最多，共 25 首诗词。然对于刘诗，目前尚无人对其诗进行较系统的赏析品鉴。

刘文典对国对民的忧虑与希冀，作为一位文人的民族大义，从其现存诗歌当中便可窥探，而能否合理、科学地探析刘文典诗歌背后的含义，直接关乎对刘文典先生的评价是否足够全面，是否能看到刘文典先生的忧国情怀，而不至于出现上述所言的“误读”。

① 诸伟奇：《〈刘文典全集〉佚诗考补》，安徽大学古籍办 2008 年版，第 2 页。

本文据增订本《刘文典全集》收录的刘文典现存25首诗词，梳理如下：诗有《过奈良吊晁衡》《黄鹤楼》《杜湖》《静安学会诸儒英招饮宴席上感赋》《有感》《读潜庵集感赋》《西庄》《移居西庄舍南有流水松竹》《天兵西》《赠栗成之》《送彭郎》《五十八初度》《金陵怀古》《怀寅恪》《姬人杨嫣逝三年载矣寒夜无憀诗以悼之》《无题》《壬辰中秋进仁结婚诗以贺之》《观剧诗》《寿张子谦老人四首》《丙申仲秋游草堂诗》《伏老降临敬赋一律》。词有3首，分别是《鹧鸪天·独上高楼豁远眸》《鹧鸪天·瀌瀌清溪水半篙》《浣溪沙》。

总体而言，刘文典先生诗歌创作的数量较少，究其原因，“一则因先生诗学多见于课堂讲授，无出版专著流传；二则因先生之诗作为数不多，且多在诗友之间传抄，极少数于报刊发表，故夫传者亦复不多”。[①]

可虽然刘文典先生创作诗歌不多，但其诗歌仍包含了丰富的内容。在本文的论述当中，因先生的三首词的创作内容与意图与本文所要探讨的方向无甚关系，于是笔者分析先生诗词作品便排除了这三首词。笔者就22首诗歌的创作内容进行分类，并将其分为了咏诗怀旧诗、即事感怀诗以及交游酬唱诗此三类。咏诗怀旧诗有5首，占诗歌总数的22%，分别是：《黄鹤楼》《杜湖》《过奈良吊晁衡》《金陵怀古》《丙申仲秋游草堂诗》。即事感怀诗有12首，此部分占据诗歌总数的大部分，高达56%，分别是：《读潜庵集感赋》《静安学会诸儒英招饮宴席上感赋》《有感》《天兵西》《西庄》《移居西庄舍南有流水松竹》《五十八初度》《怀陈寅恪》《姬人杨嫣逝三年载矣寒夜无憀诗以悼之》《无题》《无题（天禄传经愿已乖）》和《观剧诗》。交游酬唱诗有5首，占诗歌总数的22%，分别是：《赠栗成之》《送彭郎》《壬辰中秋进仁结婚诗以贺之》《寿张子谦老人四首》《怀寅恪》。

先生曾问其学生何谓诗？诸生一时不能应答。先生曰：“诗者，观世音菩萨。观世者，观事，观物也，阅世深方可为诗，若杜甫者是

① 刘文典著，诸伟奇等编：《刘文典全集补编》，黄山书社2008年版，第133页。

也。音者，音乐之美也，平平仄仄，调声协律者是也，有音韵之美方能言诗。菩萨者觉有情之谓也，寓意深刻。”[①]可以说，就刘文典创作的诗歌而言，就充分体现其诗才与爱国忧民之心，充分包含了“观世”“音韵”及“菩萨之心”这三要素，这些特征集中体现在咏诗怀旧诗和即事感怀诗中，以后者为甚。

关于“观世”，刘文典生于乱世之中，一生辗转多处求学。幼年时就赴上海读书，接受了民族主义教育，而后又就读于安徽公学师从名门，拜陈独秀、谢无量、刘师培等名师，最后又东渡日本，深入学习西学。1911 年 12 月 25 日，孙中山离开日本，回到上海。首访《民主报》，先生并为之作中英文题字，先生时在《民主报》任编辑，首次晤见孙中山。此后，刘文典更是多次参与了爱国抗日运动。故而，刘文典先生阅世之深自不必言。尤其在关于如何处理中日战后关系上，更显示出了其远见与才略。“先生曾在《云南日报》发表《日本败后我们该怎样对他》，建议政府和国民‘务必要连最初丧失的琉球也都收回来’，并一再强调了收回琉球的重要意义。”[②]由此，我们不禁感叹，先生虽处在战乱之中，却未失去理性，而是早已洞悉国家民族大兴之紧要，从长远处考虑国家的利益，具有超乎常人的远见与谋略。足见，刘文典先生阅世之深，对于国家社稷亦有深刻理解。

先生对于国家民族的种种理解，对于战乱与民生，皆都体现在其诗歌中。在咏诗怀旧诗中，作于 20 世纪 20 年代的诗作《黄鹤楼》集中体现了一种莫名的历史沧桑感。20 世纪初，正值中国外忧内患之际，军阀混战，帝国主义掠夺。面对这样一个历史现实，刘的感叹在此诗中得到反映：

① 刘文典著，诸伟奇等编：《刘文典全集补编》，黄山书社 2008 年版，第 133 页。

② 章玉政编：《刘文典年谱》，安徽大学出版社 2011 年版，第 288 页。

黄鹤楼

荆山云树望中收，嶎峉高城百尺楼。
叔伟仙踪余断碣，仲谋霸业付寒流。
征帆影带潇湘月，过雁声惊溢浦秋。
莫语渚宫与废事，烟波渺渺动人愁。

此诗以描景起兴，“荆山云树望中收，嶎峉高城百尺楼”。读此一句，便让人瞬间有了登高遥望，尽收群山之貌的状态。颔联用典，引古代仙人叔伟驾鹤仙去，而驻留黄鹤楼之典，随后又征引孙权征战三国之典，此二典紧扣黄鹤楼，不禁让人叹息：纵使辉煌不过的历史，也终将逝去，余下的只是晚秋的悲凉。最后刘以“莫语渚宫与废事，烟波渺渺动人愁”收尾，借楚国的别宫——渚宫抒借故伤今之情。秋意萧瑟，雁声震荡，此情此景不禁引发先生对社会、对革命的迷茫之感。整首诗对仗工整，音律和谐，而夹杂其中的是刘文典先生对国家与革命的感慨。

类似于《黄鹤楼》的诗作，还有《金陵怀古》。《金陵怀古》于中国抗美援朝时期而作，朝代兴亡的悲意溢于言表。《金陵怀古》还有另一版本，题为《五十八初度》，另附有小序。

此外，《丙申仲秋游草堂诗》等皆有类似情感。而到了《过奈良吊晁衡》，其情感的爆发则更为突出，先生对于国家政教的忧虑以及对军阀兴军而不顾百姓水深火热的谴责表达得更为坦露。“1913年时二次革命失败，孙中山再次流亡日本。叔雅先生亦二度赴日”，[①] 遂作此诗：

过奈良吊晁衡

当年唐史著鸿文，怜汝来朝读典坟。
渤国有知应念我，神舟多难倍思君。

① 刘文典著，諸伟奇等编：《刘文典全集补编》，黄山书社2008年版，第105页。

苍梧海上沈海越，嫩草山头看碧月。
叹息而今时事异，不修政教但兴军。

不难发现，充斥于诗歌之始终的，是一种历史的苍凉之感。历史洪流所过之处，只剩荒凉。物是人非，白云苍狗，已是几度春秋？这是一股令人难以捉摸的悲叹。此情此景，诗人亦有思念亲友之情。颈联“苍梧海上沈海越，嫩草山头看碧月”一句中的“苍梧海”指代我国南海，而李白就有《哭晁衡》诗：“明月不归沉碧海，白云愁色满苍梧。”“嫩草”则是指日本奈良山名。刘文典先生来此异地，山头之碧月引诗人之思。到了尾联处，一句“叹息而今时事异，不修政教但兴军”直接抒发了诗人心中对国之不国的不满，对军阀兴军的讽刺。此情的表达，建立在了诗辞的对仗之工整基础上，“君”“军”合韵，保障了最后情感的深刻流露。

在此类诗中，唯有《杜湖》是表达隐逸之情的诗歌，但先生抒发的更多的仍是积极出世，关心社稷民生的民族大义。如刘文典先生于1957年所作之《伏老降临敬赋一律》“鲰生敢献成平颂，极目长空意未休”一句，犹见先生对于民族中华人民共和国成立，对于国泰民安的渴望是强烈的，自谦“鲰生”来献此颂，而“极目长空意未休”又表先生爱国赤子之心。

在即事感怀诗中，除了1941年所作《西庄》以及1953年所作《姬人杨嫣逝三年载矣寒夜无憀诗以悼之》之外，其余之诗皆与国家动乱时事相关。刘一生对杜甫推崇备至，或多或少的，刘所作之诗也有了“诗史”的性质。在这其中，《读潜庵集感赋》《有感》《天兵西》此三首最具代表性。

《读潜庵集感赋》为先生1938年南下昆明所作。时值日本侵华，烽烟四起。刘文典1938年5月，“在友人帮助下由塘沽搭外轮，经香港、安南（今越南）等地，辗转达云南蒙自（西南联大文学院所在地），在西南联大任教”。[①]《读潜庵集感赋》就是其此段时间以来的所观所感，全诗如下：

读潜庵集感赋

胡骑满城天地闭，风尘澒洞窜要荒。
三边鼓角声尤壮，千载文章志未偿。
新梦迷离思旧梦，故乡沦落况他乡。
觚稜回首知何许，万里秋山路正长。

面对外族入侵，继而烽烟弥漫，天地震荡，刘痛斥外敌为“胡骑”。而“三边鼓角声尤壮，千载文章志未偿”一句，又道出刘无限感慨。在此之前，先生曾投身革命，但迫于军阀割据、革命无望的现实，先生无可奈何，于是转向了教育事业。但在安大任职期间突发闹学潮运动，之后与蒋介石的矛盾，让自己的抱负又彻底落空。直至今日，刘心系天下却未尝得志，不免落下满腔遗憾。而此刻，日军大军所过，又一地变为沦陷区，刘不得已而飘零他乡，所以有了“新梦迷离思旧梦，故乡沦落况他乡”一句。尾联“觚稜”一词，指古代宫阙上转角处的瓦脊方角棱瓣之形，《刘文典全集补编》则认为此处指“北京”。[②]而笔者以为，“觚稜”一词还有借指“故乡”之义。如梁启超《游箱根浴温泉作》诗云“忽起觚稜思，乡心到玉关”，此处“觚稜”便有“故乡”这一层意义，刘诗此处“觚稜”应也有类似含义的表达。

《有感》也作于《读潜庵集感赋》的同时期，南下昆明之行因为日军的监视显得异常艰险，此时先生又与家人失去联络。

① 章玉政编：《刘文典年谱》，安徽大学出版社 2011 年版，第 228 页。
② 刘文典著，诸伟奇等编：《刘文典全集补编》，黄山书社 2008 年版，第 110 页。

有　感

故国飘零事已非，江山萧瑟意多伪。
乡关烽火音书断，秘阁云烟典籍微。
岂有文章千载事，更无消息几时归。
兰成久抱离群恨，独立苍茫看落晖。

关于《有感》的情感流露，笔者认为此诗已与杜诗《春望》有异曲同工之妙，皆有感念家国破败衰亡之情，字里行间也足见诗人饱受难以启齿的辛酸，家书随着“乡关烽火”的到来而中断，对家人的牵挂之情可想而知。纵观全诗，《有感》对仗精巧，讲究平仄押韵，“伪”“微”“归”“晖”合韵。而更重要的，是贯穿全诗的家国情怀，对于家人与国家无时无刻的忧虑。“兰成”是“庾信”的小字，也即是诗人自比“庾信”，此刻先生切身体会了庾信当年之“离群恨”，但此时唯有独立苍茫，遥望落晖，心中无限悲凉。又再如1944年秋所作诗作《天兵西》：

天兵西

雪山万尺点苍低，七萃军声散马蹄。
海战方闻收澳北，天兵已报过泸西。
春风绝塞吹芳草，落日荒城照大旗。
庾信生平萧瑟甚，穷边垂老听征鼙。

1994年中国远征军进攻位于龙陵县腊勐乡的松山，中国军队“攻克由日军驻守的松山阵地，全歼守敌3000余人，并缴获山炮15门，机枪、步枪300余支……此为著名的滇西松山战役”。[①] 先生有感于滇西松山战役中中国铁血军队与敌军浴血奋战的勇猛，也为战斗的胜利而喜悦不已。首联中“七萃”指“七支精锐的军队，原周天子的禁卫

① 章玉政编：《刘文典年谱》，安徽大学出版社2011年版，第297页。

军”[1]，现则泛指精锐的军队，此处则喻指我国士兵势如破竹、勇猛不凡地拿下澳北之地。“沪西”指“滇西腾冲，为当时滇西战役的主战场”。[2]颈联当中，刘文典先生又以“天兵”象征中国军队前进之英勇。紧接着，颔联“春风绝塞吹芳草，落日荒城照大旗”一句，刘勾勒出了战地之荒凉萧瑟。而尾联又道出了刘对战争事态的急切关注与渴望击退敌人，并取得胜利的心情。

即事感怀诗中，除去上述的三首诗，其余十首也或多或少地表明了刘之心境，即使移居西庄时，见新舍有流水松竹之景，作《移居西庄舍南有流水松竹》之时，仍吟叹“永生群生一涕零”。纵观刘诗，不难发现，“庾信”这一诗歌形象反复出现。笔者认为，刘自比“庾信”，盖二者生平皆如风絮飘零，同样遭受国难当头之厄运，身世凄凉，这是先生与“庾信”之间的联系，于是将其引入到诗歌当中。另外，庾信对故国之思与刘文典对国家正处于危难之境的焦虑心境有相似之处，于是便也借“庾信”表明其清高气节，国家衰败，遭受外族欺凌的深深忧虑。

至于交游酬唱诗，其诗作或赠诗他人，或怀念亲友，诗歌的创作内容较前两类诗歌而言，表现家国情怀的则少了许多，但字里行间仍表露出刘对于独立人格的坚守，《怀寅恪》中的“中天霜月一轮孤”便是其清朗如月之精神格调与人格的写照。

总的来说，刘文典先生的诗，不管是咏诗怀旧，还是即事而作，或祝贺或赠友怀人，皆对仗工整，格律严谨，音律优美，读来典雅浑融，似有杜诗“沉郁顿挫”之遗风。刘诗的感情也极为充沛，可谓情真意切。张文勋先生也曾说：“先生论是如此，则其诗亦可知也。或伤时感事，或怀古鉴今，或师友酬唱，或触景生情，其情真，其意切。”[3]刘诗的感情基调多以悲慨为主，着实是一位心系国家安危与民

---

① 刘文典著，诸伟奇等编：《刘文典全集补编》，黄山书社2008年版，第113页。

② 刘文典著，诸伟奇等编：《刘文典全集补编》，黄山书社2008年版，第113页。

③ 刘文典著，诸伟奇等编：《刘文典全集补编》，黄山书社2008年版，第134页。

生疾苦的诗人，而刘文典先生作为“诗人”这样一位诗人的身份，也应当被世人认识，而不仅仅是众人心目中的学贯中西、性情狂狷的文献学家，也唯有如此，我们才能更全面地看待刘文典先生。

在动乱的时代中，个人坎坷遭遇，屡遭不平，于是心中不快便一再积蓄，以至悲愁满怀，如鲠在喉，不吐不快。故而无论写战火烽烟，怀亲念友，还是写处境之窘困，其爱国之情长存，其感情皆是充沛的“菩萨之心”，是沉郁深厚的，这种强烈的感情力量在现实面前多是深深叹息，最后又不能不令人深思，留下无尽意味。

（作者系云南大学文学院硕士研究生）

大师的风骨：刘文典与熊十力

侯　敏

20世纪是一个文化振荡、心灵焦灼的时代。困顿与支撑，颠覆与重建，分化与整合，构成时代复杂的精神征候。在这历史长河中，总有一些刚毅不朽的身姿，通过精湛的著述、隽永的思维，积淀在时间年轮上。对于知识分子来说，这是一种深刻的磨难与砥砺。正是这个时代，为我们塑造了一些风骨甚猷、奋拔流俗的学术大师，这些大师如同矗立在群山中的高峰，让人敬仰。刘文典与熊十力，就是其中的两位。

一、狂狷自守的学术性格

当我们今天瞻仰刘文典和熊十力的肖像时，我们不能不为他们风骨高古的形象所吸引。骨气奇高，卓尔不群；几分老成，几分精悍。

1956 年刘文典先生为杜甫草堂题诗

貌由心生，心有灵牵。灵魂底色掩不住“狂放”。事实上，两人以狂狷者形象著称于世。在他们的生命里，有对道统与学统的值守与承继，有对西方文化的感触与吸纳，其学术履痕与性格禀赋，令人印象深刻。

狂狷者自有不凡的历程和性格。在这里，我们不妨把两人的生平经历与个性特征比较如下：

两人都曾参加过民主革命。刘文典（1889—1958），字叔雅，安徽合肥人，祖籍怀宁，早年追随孙中山先生投身民主革命，1906 年加入同盟会，1909 年赴日本留学；1912 年回国后任上海《民立报》编辑兼英文翻译；1912年复去日本，加入中华革命党，担任孙中山先生的秘书。熊十力（1885—1968），字子真，湖北黄冈人。1903年参加张之洞的新军，考入湖北陆军小学堂仁字斋，成为一名军校生。1906年发起成立湖北同盟会和日知会的外围组织——黄冈军学界讲习社。1911年武昌起义爆发，熊十力参加了黄冈的革命暴动，不久赴武昌任湖北都督府参谋。1917年熊十力参加“护法运动”，奔赴广州，担任孙中山元帅府的幕僚。他痛感党人竞权争利，革命终无善果，遂对政治颇觉失望，弃政向学，研读儒佛。从早期的社会经历看，刘文典与熊十力十分相似，两人均是反清斗士、革命先觉。由于这番参加民主革命的生涯，故1949年后，两人都被选为全国政协委员。

两人都曾在高等学府执教。刘文典1916年从日本回国，次年任北京大学中文系教授，期间参加《新青年》撰稿、编辑工作。1927年创办安徽大学，任校长。后历任清华大学、北京大学、西南联大、云南大学教授。天资聪颖的熊十力，基本上是自学成才，机缘巧合使他步入学界，进北京大学教书是在1923年，由梁漱溟推荐，任特约讲师。1937年后，熊十力入蜀，担任过马一浮创办的复性书院和梁漱溟创办的勉仁书院的主讲。1947年后返回北京大学，任哲学教授。从任教经历看，刘文典和熊十力均在著名的高等学府从事教学和研究工作，是学院派的知识分子。他们早期由于投身社会改造的顿挫，转为“退而结网”，传道授业，研求国学，以至诚之本心，树立学统。

两人都有的嶙峋个性。一个是狂放不羁，一个是常作“狮子吼”。

两人都曾蔑视权贵，决不阿谀奉迎。刘文典在安徽大学时，曾骂蒋介石一顿，被蒋关过两个星期。熊十力面对蒋介石的晤谈邀请，不予理会，资助研究费用，也坚决谢绝。由此可见，刘、熊二人性情刚直、放浪形骸，绝不摧眉折腰侍奉权贵。

两人都拥有学术上的自负。两人都自视甚高。20世纪30年代初，在北京的公园里，熊氏对着几位教授猛拍桌子，厉声大叫“当今之世，讲晚周诸子，只有我熊某能讲，其余都是混扯”之类的话。同样在50年代初，刘文典声称“全世界真正懂《庄子》的人，总共两个半，一个就是本人，一个就是庄子自己，还有半个就是中国的所有《庄子》学研究者加上外国所有的汉学家”。这些狂言大话，似乎带有文人名士疯癫自傲、忘俗自高的意味，但也表现了两人纯挚的性情。

两人一生的行止，以及对先生和弟子的情怀，秉持了中国传统士人的气概。熊氏早年拜欧阳竟无为师研习佛学，后因学术观念的差异，引起争论，被逐出师门，但丝毫不减损他对老师的尊重。熊十力曾痛骂徐复观看书只会挑不好的地方，通通忽略了那些好的地方，只会搞小聪明，这样读书太没有出息了。徐复观正是受了熊十力“起死回生”的一骂，才知道做人不能聪明自负，才从心里佩服老师。刘文典早年曾拜刘师培和章太炎为师，耳提面命，刻苦钻研国学，晚年在云南大学，刘文典将自己的书斋定名为“一适斋”，显然是取北齐士人邢邵“日思误书，便是一适”的典故，也凸显出他本人的“独立书斋啸晚风”的心愿。

作为同时代人，两人虽然学有专攻，但闻道则一、性情类同。刘文典与熊十力都是学界出名的怪杰，嵚崎磊落之书生，吐论峥嵘，奇言浩荡，具有关注现实的愤激。在纷繁复杂的时代里，他们无意于以一副圣贤的“气象”面对世界，宁愿以本真的“气质之性”自处。奇崛而简傲，勤奋治学而特立独行。学坛有些浅人，总凭道听途说，将刘、熊两位先生说成食古不化、不问政治的迂腐之人。其实两位虽然不事钻营、不懂官场，但他们也有学术报国的一腔热血，属于爱国的正直的纯粹学者。抗战时期，刘文典在《云南日报》发表“中国精神文明”系列文章，彰显吾国深厚的民族精神；熊十力在重庆复性书院，开讲义理之学，力使莘莘学子深造自得，养成刚大贞固之才。两人一生最可贵的就是保持了己性，坚守了“真我”。

嶙峋的个性与狂狷的性情，是紧密相连的。刘文典与熊十力两人都不拘小节、我行我素。识量馨逸，而性情褊急。原因是忧世之思深，愤世之情急。如此，给人一种颇有“智及”，而不能“仁守”的印象。两人不合时宜，偏于愤世嫉俗的一面，但不是阴冷险怪，而是不知含蓄的狂气和狂狷。事实上，两人的狂狷，是学术上自信得近乎顽固与拙于世故的混合物，也是精神个体形式的强烈彰显。为着所坚信的学术，他们选择了乖时脱俗因而也就更加孤独的路程。

二、深湛高妙的学术境界

真正的学者将生命和学术联系在一起，在时代文化转型的风云中直面人生的曲折，以高人逸士的风范、吞吐中外的胸襟，深研学问，独出机杼，从而铸造出深湛高妙的学术境界。刘文典和熊十力二人就是开出新境界的学者与哲人。

1. 学术视野。刘文典和熊十力这一代知识分子一方面继承了中国传统学术的精髓，另一方面又在“西学东渐”潮流中接受了西方文化的浸染。中西学术，合之两美，离则两伤。表现在治学门径上，就是开阔的学术视野。他们珍视传统文化，反对全盘西化，又不赞成抱残守缺，同时也与“中学为体，西学为用”论者不同声调，而有自己独立的中西文化思想体系。

刘文典早年写过一篇学术文章——《怎样叫做中西学术之沟通》，提倡在进行中国古籍研究的同时，要进行比较研究，汲取西方近世科学的精华。他认为，“综观世界各系文明，时间上虽然难免有些参差，那路径却都是一致的。地理上、政治上、经济上、社会上的条件齐备了，那自从原人时代积累的文化，必然要大起发酵作用，发生一种光辉灿烂的文明，那希腊的文明、印度的古文明、中国晚周的文明，就是在这种条件法则之下产生出来的”[①]。刘文典在1919年提出的这个高瞻远瞩的学术观点，要比德国哲学家雅斯贝尔斯类似的理论要早30

① 刘文典：《怎样叫做中西学术之沟通》，载《新中国》1919年第1卷第6号。

年。雅氏给世界上古文明时代贴了一个标签——“轴心时代”。1949年雅氏在《历史的起源与目标》一书中认为：“人类的精神基础同时或独立地在中国、印度、波斯、巴基斯坦和古希腊开始奠定，而且直到今天，人类仍然附着在这种基础之上。”事实正是这样。今天我们精神的基础，仍是这些人类先哲们创造的这些东西，我们没有超越，我们也不可能超越。“人类一直靠轴心时期所产生的思考和创造的一切而生存，每一次新的飞跃都回顾这一时期，并被它重燃火焰……轴心期潜力的苏醒和对轴心期潜力的回归，或者说复兴，总是提供了精神的动力。”[①]英雄所见略同。更重要的是，刘文典主张中西方文化需要“沟通”，把中国古代的思想学术和西洋古代的思想学术沟通，研究当中的一致点，互相参证。

熊十力在《略说中西文化》一文中说：“中国哲学，归极证会。证会则知不外驰，情无僻执。要须涵养积渐而至。此与西人用力不必同，而所成就亦各异。”[②]现代中国哲学建构，非知不外驰、情无僻执，无由臻达精深微妙的境界。“中国人诚宜融摄西洋以自广，但吾先哲长处，毕竟不可舍失。”正确的做法是，以中国的“返己之学”立本，努力求智，依自性而起大用，融思辨以入体认。事实上，熊十力平章华梵，囊括大宇，折中众圣，通物我而观其大原，会天人而穷其真际，合内外而冥证一如，融动静而浑成一片，从流行中识真宰，于现象内睹真实。其《新唯识论》一书，援佛入儒，归本《大易》，将本体论、宇宙论、人生论融为一体。

无论是刘文典还是熊十力，在重视国学的同时，也不忘观照西学。刘文典对德国叔本华的“唯意志论”的青睐，熊十力对法国柏格森“生命哲学”的垂青，都说明他们不是僵化守旧的“冬烘先生”，而是善于吸纳西学的先驱。向西方学习，学习他们的科技文化，这都是两位大师所赞成的，问题是不要失去自性。

① 〔德〕雅斯贝尔斯：《历史的起源与目标》，魏楚雄、俞新天译，华夏出版社1989年版，第14页。
② 熊十力：《略说中西文化》，载《学原》1947年第1卷第4期。

2. 学术方法。有志尚者，总爱浸淫于典籍，寻古人线索，而得其精神，领悟自振，遂能磨砺以就素业。刘文典呼唤现代中国“要有好学深思，具有综观世界各系文明的眼光，去了好虚体面的客气，晓得了近世科学的方法、性质、价值，明白了学术之历史的发达路径，把中西学术做个比较的研究，求两系文明的化合，这倒是学界一种绝大的胜业，要照这样的沟通，中国的玄学、心学、政治哲学、人生哲学，可以和西洋学术沟通的处所多着哩”[①]。刘文典认为学者读书，终当持有远大的目标和严谨的功夫。他称赞陈垣的《元典章校补释例》是一部杰作，“深佩先生校订古籍之精而勤，与方法之严而慎”。表示当谨守先生所用之法则。

熊十力体悟治学之道，曾经对美学家朱光潜说：“哲学之事，基实测以游玄，从观象而知化，穷大则建本立极，冒天下之物；通微则极深研几，洞万化之原，解析入细。茧丝牛毛喻其密；组织精研，纵经横纬尽其巧，思凑单微，言成统类，此所以笼群言而成一家之学，其业诚无可苟也。”[②] 熊十力主张学问之道，由浅入深，由博返约。初学必勤求普通知识，将基础打得宽博稳固，而后才能谈得上深造。基础不宽博，则狭陋而不能上进；基础不稳固，则浮虚而难望有成。

3. 学术态度。治学必出于真知，真知必出于真学。作为学者，刘、熊两人受不了“名流”的浮躁与“浮滥”。他们认为今人对于传统学术如果未有深厚涵如，而以浅躁之衷心，急谋更张，终必无成。

熊十力试图振衰起敝已久的士风和学风。他痛恨肤廓无根的学风，在给同乡朋友严位三的信中，熊十力说：“凡人心思若为世俗浮浅知识及肤滥论调所笼罩，其思必无从启发，眼光必无由高尚，胸襟必无得开拓。”（《尊闻录》）熊十力认为近世一些学人，慕浮名而不务潜修；骛虚荣而不甘枯淡，故造成知识与品节之败。熊十力一生求真忌俗，批评那些耐不住寂寞，往来中外都邑，扬誉公卿名流，自荒所

① 刘文典：《东方西方：刘文典随笔》，北京大学出版社 2012 年版，第 11 页。

② 熊十力：《新唯识论》，中华书局 1985 年版，第 24 页。

业，而以浮气为宏学，一意博取浮名的所谓“学人”；鄙夷那些浮浅芜杂、转手稗贩、妄自矜炫、奴颜媚骨的“海上逐臭之夫”。

刘文典主张治学须“务去陈言，独标真谛，游词臆说，并无取焉”（《杜甫年谱》序）。

学术上如果一味守旧，会把自我湮没，学术便趋朽败；一味依附潮流，仰人鼻息，亦一样丧失自我，学者必须把握学术的真谛。

4. 澄明之境。刘、熊两人具有学问家的宏富、思想者的深刻，学贯东西，才力富健，会证万理于心源，熔铸百家于毫端。熊十力强调哲学作为思维方式的立意与哲思可能，标识一种理解思维和原创的方法，自有其独特意义。马一浮在为《新唯识论》所作的序言中，称赞熊十力“深于知化，长于语变”，“十力精察识，善名理，澄览冥会，语皆精微。其称名则杂而不越，其属辞则曲而能达，盖确然有见于本体之流行，故一皆出自胸襟，沛然莫之能御”。高山流水，知音相惜。

刘文典对道家与庄学素有研究，痴迷“玄冥独化”的境界。其代表作是《淮南鸿烈集解》和《庄子补正》，这两部书分别是由胡适和陈寅恪作序的。胡适一向主张白话文运动，但在为刘文典《淮南鸿烈集解》作序时竟刻意运用了文言文，足见他对其学术价值的认可。而陈寅恪在《庄子补正》的序言中则说：“先生此书之刊布，盖将一匡当世之学风。”慧眼识才，评价公允。

深湛高妙的学术境界，是以深厚的学养为前提的，确切地说，是建基于对中西学术的观照。20 世纪二三十年代，刘文典和熊十力在学界崭露头角，奠定了自身的学术基础，此时正是中国传统士人向近代知识分子转化的特殊时期。他们以一颗赤子之心优游于钟情的学术天地，追溯生命的意义，发掘人生、宇宙的真趣，探测事物的本源，观照现实人生的现象。彼此在方法、领域和手段上虽有差异，但在学术精神的攀升上并无不同。学术主体意识的充沛，使两人面对中国文化学术时，心具灵光，自辟户牖，广采博取，沉潜证悟，建立自己的阐释系统与学术规范，臻达具有东方神韵的智慧境界。

三、执着坚定的文化理想

古人曰："学术者，天下之公器也。"凡是有志气、有抱负的现代学者均对宋代大儒张横渠的豪迈宣言服膺不已。"为天地立心，为生民立命，为往圣继绝学，为万世开太平"成为知识分子砥砺意志、激扬理想的座右铭。在严峻的学术文化追问中，刘文典和熊十力以真血性、真情怀，追求真理，担当世运，坚定不移地弘扬了中国文化所蕴含的内在智慧和超越精神。

（一）关注中国文化的原典精神

刘、熊两人自觉负有文化上的重大责任，在学问宗趣的方向上或有不同。熊十力致力于保存并发扬儒学血脉，赋予社会世人更多的古儒精神，影响了唐君毅、牟宗三、徐复观等一些现代新儒学的传人。

据学生回忆，在熊十力的寓所，有一副集自《论语》中的对联："道之将丧也，文不在兹乎"，巧妙地表达了熊十力对往圣之学在现代的断潢绝港的忧虑，当然也包含熊氏自身在此"道之将丧"时节的雄心和抱负。早在20世纪40年代，他就主张"建本立极"，提出"寻晚周之遗轨，辟当代之弘基，定将来之趋向"（《十力语要》）。呈现出一代学人在思想传承中的宏愿与意志。

刘文典认为，我国先哲之思想，开物成务，务使人人要享幸福，万物各遂其生，其人生观何等伟大。中国儒、道、墨、法各家，均系由修身以治人，从根本上做起的。中国古代哲人那种敏锐的思路、透彻的观察力、绵密的组织力，本来不在西洋学者之下。近世科学上的许多大问题，真难为他们早就见到、早已提出，但这种古老的学说需要甄别，以达成一种现代转化。

（二）弘扬中国文化的学统道统

对于学人而言，守正求创乃是不易之道。刘、熊二人全力以赴，一方面接续学统，另一方面创辟发明，挺立民族文化精神。

刘文典注意到，儒家以仁义为主，谓礼为人生日常所践履，出入必由之门径。道家以仁义为对待的，视宇宙是随时变更，循其自然，见地极真。我们懂得中国古代儒道哲学，才知道整个中国文化的记录。熊十力决意"寻邹鲁久坠之绪，竟宋明未逮之业"，《新唯识论》《读经示要》《原儒》《体用论》等，赓续了《大易》的宇宙论、孔孟的"仁道"论、宋明儒家的心学，以此为主干，融会儒释，重建儒学本体论，重建仁道道德自我，重建中国文化的主体性。熊十力以"宇宙大生命与吾人生命不二""体用不二""翕辟成变""反求自识""性修不二""思修交尽""性智统摄量智慧""生生乾元性海""良知呈现"诸论说，高扬了中国道德理想主义哲学与生命美学。

（三）建构中国人文学术的独特系统

凡作传世之文者，必先有传世之心。在给西南联大校长梅贻琦的信中，刘文典决心撰写《玄奘法师传》，"妄想回校开班，与东西洋学者一较高下，为祖国学术争光吐气"，雄心壮志，可见一斑。刘文典在抗战时期研究《庄子》，是为了"修内圣外王之业，明六通四辟之道，使人纪民彝复存于天壤"①。学人的责任担当与岗位意识极为自觉。

熊十力强调中国学术与思想的原创力，当然也不避艰深的学理阐释、哲性建构，更不避济润西方之用心。熊十力说："吾国人今日所急需要者，思想独立，学术独立，精神独立，一起依自不依他，高视阔步，而游乎广天博地之间，空诸依傍，自诚，自明。以此自树，将为世界文化开发新生命。岂敢自救而已哉！"②他提倡真正的学术研究，"自本自根，自信自足，自发自辟"，反对尽弃固有宝藏，唯西方学术马首是瞻。

在治学的道路上，两人不管如何颠沛流离、受尽艰难，但却坚贞不拔、坚守学术。他们心怀诚挚理想，高擎人文主义的心香，致力于

---

① 刘文典：《庄子补正》卷首，见《刘文典全集》第2册。

② 熊十力：《熊十力学术文化随笔》，中国青年出版社1999年版，第246页。

人文学术的探究。以理想滋润生命，又以生命护持理想，其苦心孤诣乃在于中国传统文化的现代转化，重新发现、发掘中华文化的灵根与精髓，寻找中国文化生命的真正意义和未来愿景。

四、学术大师的当代启迪

当代学者刘梦溪指出："中国20世纪现代学人的知识群体，他们的独特与秀出，性情与著述，谈吐与风致，精神与信仰，确有足可传之后世而不磨的典范意义。他们精神世界所具有的优长，恰好为我们今天的学术界所缺乏。"[①] 刘文典和熊十力就是两位学识渊博、个性鲜明的学术大师。在人们慨叹"大师远去的时代"的今天，我们研究并且把握刘文典与熊十力两位大师的学术思想，对于建构有中国特色的人文哲学理论体系，具有十分重要的意义。

其一，真精神与旧途径。

刘、熊两人以人文睿智，为喧嚣的现代留下了庄严的学术纪念碑。陈寅恪说过："其真能于思想上自成系统，有所创获者，必须一方面吸收输入外来政治学说，一方面不忘本来民族之地位。此两种相反而适相成之态度，乃道教之真精神，新儒家之旧途径，而千年吾民族与他民族思想接触史之所昭示者也。"[②] 独立的精神，是知识分子的个性表露和学术的自立之道，恰与民族精神的活跃和挺立有着密切的联系。

没有独立的学人，就不可能有独立的学术；没有独立思考的学术，就没有我们民族人文学术的建构和崛起。刘、熊两人均是"孤往而深入"的学者，深识精思之士，真积力久，故能辨章学术、有所创发。

其二，真性情与真个性。

两人著述中的人文关怀、诗意的追求，粲然可见。他们批判社会

① 刘梦溪：《现代学人的信仰》，商务印书馆2012年版，第3页。

② 陈寅恪：《金明馆叢稿二编》，上海古籍出版社1980年版，第253页。

文化中一切浅薄的庸俗的、丑恶的和反文化的东西，追求自我的心性和人生的终极价值。把自己的生命精华调动起来，倾力一搏，这才不枉为“活着”。在强调的物质化之“有”面前，承受生命不可承受之重、生命不可承受之轻，以其孤绝的勇气，开榛辟莽，洞察人类的心性，返回内在的明镜灵台，追寻更高形式的存在。

两人有志于学术，充满“孤往精神”，即“不孤冷到极度，不堪与世谐和”，这种堂堂巍巍做人、独立不苟为学的精神，正是现代学人精神个体性的卓越彰显。

其三，真学问与真心志。

两人的学问体现了一种深度的精神文化。这种深度的精神文化的主要特征，就是它的人文品格，也提示我们建构这样的人文精神：以人为本，尊重人、爱护人、关怀人的情感世界，珍视人的智慧世界，促进人的感性、知性和理性的全面发展。

两位学术大师一生尊重传统、融化新知，以昌明博大为宗。在动荡不已的年代，甘于贫困、心忍淡薄，黜浮拔俗，故能沉潜深悟，取精用宏，通贯古今，以绝大的才力，开拓出风骨苍健的天地。

刘文典和熊十力两位文哲大师虽然遁迹于历史的深处，但鲁殿灵光，应受今天的知识分子之长久的怀念与景仰。1985年冬在湖北黄冈，武汉大学与北京大学联合召开“纪念熊十力诞生一百周年学术讨论会”，编辑出版《玄圃论学集》，推动了现代新儒家代表人物熊十力哲学思想的研究。如今，在昆明云南大学召开的首届刘文典学术思想研讨会，必将掀起学界对刘文典学术思想的抉发。处于承平之世的我们，更当追问的是，面对世相纷繁、人心不古，知识分子应当何为？前贤已矣，我们后来者步履至此，能否对得起前辈的重托？也许，坚守心性，捍卫真理，究天人之际，通古今之变，成一家之言，仍是我们抱持的圭臬。

（作者单位：苏州大学文学院）

我读《淮南鸿烈集解》

张双棣

刘文典先生是我国近代成就卓著的重要学者，在古代文献领域有卓越的贡献。他著作宏丰，影响广泛且深远。今仅就其《淮南鸿烈集解》谈一点学习的体会。

《淮南鸿烈集解》（以下简称《集解》）是刘文典先生的一部成名之作，也是他最重要最具影响的一部著作。刘先生对这部著作投入了很大的心血，体现了极大的责任心。

《淮南子》是继《吕氏春秋》之后，集先秦诸子之大成，而且对汉初文景之治的黄老思想做了全面系统的总结的又一部大书，由于流传久远、晦涩难读，历代都有注释文字，特别是清代考据训诂之学兴盛，对《淮南子》的考校，也随之兴起，先有庄逵吉的校本，后有王念孙的《杂志》、陶方琦的《异同诂》、俞樾的《评议》等等，还有些则散见于各人的笔记、随笔之中。这些对研读《淮南子》都是重要的参考，然而因散见，寻觅起来十分困难。刘先生作《集解》，将明清学者二十余家之说搜集在一起，大大方便了阅读与研究，这对《淮南子》研究起了极大的推动作用。数十年间，一直是学习和研究《淮南子》的最佳版本。由于《集解》的问世，《淮南子》研究热一直持续不断。杨树达、吴承仕、于省吾、王叔岷、马宗霍等相继有研究《淮南子》的著作出现。这种热情一直延续到现在。

刘先生精于校勘，在《集解》的校勘上十分用力。各种传统的校勘方法，刘先生尽皆采用，且多有发明。刘先生作《集解》大量利用了各种典籍、类书和传注。有人统计过，引用典籍有四十余种，包括了经史子集各个类别；引用类书也将近十种，如《艺文类聚》《北堂书钞》《初学记》《太平御览》《太平广记》等；引用传注如《毛诗》传笺、《文选》注等。

淮南鴻烈集解敘目終

淮南鴻烈集解序

整理國故，約有三途：一曰索引式之整理，一曰總帳式之整理，一曰專史式之整理。典籍浩繁，鈎稽匪易，雖有博聞彊記之士，記憶之力終有所窮。索引之法，以一定之順序，部勒紊亂之資料，或依韻目，或依字畫，其為事近於機械，而其為用可補上智才士之所難能。是故有史姓韻編之作，而中下之材智能用廿四史矣，有經籍籑詁之作，而初學之士能檢古訓詁矣。此索引式之整理也。

總帳式者，向來集注集傳集說之類，似之。同一書也，有古文今文之爭，有漢宋之異，有毛鄭之別，

《淮南鸿烈集解序》胡适所作

刘先生引用这些，在于以此印证或纠正《淮南子》正文，许、高注文及清人笺释。其中，有很多发明，很多独到的见解。比如（仅举《原道》《俶真》两篇为例，下同）：

《俶真》："夫藏舟于壑，藏山于泽，人谓之固矣。虽然，夜半有力者负而趋，寐者不知，犹有所遁。"文典谨案："'犹有所遁'上，疑脱'藏小大有宜'五字。《庄子·大宗师》：'夫藏舟于壑，藏山于泽，谓之固矣。然而夜半有力者负之而走，昧者不知也。藏小大有宜，犹有所遁。若夫藏天下于天下，而不得所遁，是恒物之大情也。'郭注：'不知与化为体而思藏之使不化，则遂至深至固，各得其所宜，而无以禁其日变也。'今脱此五字，与'寐者不知'连读，文义遂不可通矣。"

《俶真》:“狡狗之死也,割之犹濡。”文典谨案:“《御览》九百五引,‘濡’作‘蠕’。疑是许本。”

《俶真》:“智终天地,明照日月。”文典谨案:“‘终’当为‘络’,形近而讹也。《庄子·天道篇》‘故古之王天下者,知虽落天地,不自虑也’,即此文所本。(落与络同。《秋水篇》‘落马首,穿牛鼻,是谓人’,本书《原道篇》作‘络马之口,穿牛之鼻者,人也’。)《御览》四百六十四引此文正作‘智络天地’,尤其明证矣。”刘先生在《校补》中对此条又有所补证。

当然,《集解》的缺失也是很明显的。杨树达先生在《集解》问世的第二年即发表文章,在肯定其成就的同时也指出其缺失,条条都很中肯。我觉得其最大缺失是成书略过仓促,据说刘先生仅用一年多的时间即完成了这部著作,所以无论是利用类书,还是引用清人校说,一是缺少作者的评议,只是摆在那里。二是引用类书、《选》注等,有不够严谨之处。比如:

《原道》:“张天下以为之笼,因江海以为之罟。”文典谨案:“旧作‘因江海以为罟’,与上句‘张天下以为之笼’不一律,今据《御览》七百六十四、八百三十四补‘之’字。”此条补“之”字是对的,实则刘绩补注本、王鎣本、朱东光本、叶近山本等都有“之”,而《御览》八百三十四并无“之”字。此皆刘先生校之疏忽。

《原道》:“所谓一者,无匹合于天下者也。卓然独立,块然独处。”文典谨案:“独立、独处,于辞为复。《文选·与侍郎曹长思书》注引,下‘独’字作‘幽’。”杨树达先生认为:“一无匹合,故立则独立,居则独处,作‘幽’则失其义。《选》注不可从。”我在《校释》中则举出《文选》张华《鹪鹩赋》、刘琨《答卢谌》诗注引作“块然独处”。这处失误是刘先生校读不细匆忙下结论所致。

有人批评《集解》没有采用《道藏》本为底本,是其失误。我在《校释》序中说:“刘文典《集解》本因当时条件的制约仍以庄本为底本。”我说“当时条件的制约”是指《道藏》本藏于白云观,白云观在京城西南角的城外，距离北大红楼有相当的路程，以当时的交通条件，往返一趟是很困难的。我的老师周燕孙（祖谟）先生曾说过，刘先生曾多次骑着毛驴去白云观校书。刘先生在北大有教职，不能每天都去，又不能将书带回学校，所以只能采用当时较为通行的用庄逵吉本做底本。后来上海涵芬楼影印了《道藏》，这时人们利用《道藏》本就方便多了，我的《校释》就是采用了涵芬楼的影印本。虽说我们不能苛求于刘先生，但采用被清人诟病的庄本为底本，不能不说是《集解》的一大缺憾。

《集解》出版后，刘先生仍在不断地本着精益求精的精神，进行补充和订正，体现了极大的责任心。他在《三馀札记》中收有《淮南子校补》等，《校补》共收入 169 条校语，涉及全书的 21 篇，多能纠正前人之误，发前人所未发。比如：

《原道》："雁门之北，狄不谷食，贱长贵壮，俗尚力气。"《集解》引王念孙谓"俗"当为"各"字之误，并未有按语。《校补》中加"典案：俗尚气力，义自可通，不必改字释之。类书所引孤证，未足为据。且如王说，误自汉代，则宋代类书引文安得不误乎？王氏但欲证明'俗'为'各'字之误，不知所举二证实难并立也"。后来杨树达先生也有同样的观点。

《原道》："气者，生之充也。"王念孙云："充本作元，此涉下文'气不当其所充'而误也。元者，本也。言气为生之本也。《文选·养生论》注引此正作'元'，《文子·九守篇》亦作'元'。王冰注《素问·刺禁论》云：'气者，生之原。'语即本于《淮南》，原与元同。"《集解》此处无按语，《校补》增加云："典案：下文'气不当其所充而用之则泄'，即承此而言，正此文'充'字不误之证。下文又云：'气为之充，而神为之使也。''无所不充，则无所不在。'并可证此文'充'非误字。本书《精神篇》'使神滔荡而不失其充'，《素问·解精微论》'髓者，骨之充也'，谊皆与此文'充'字相类。王说未谛，不可从也。"

《俶真》："夫秋毫之末，沦于无间而复归于大矣；芦苻之厚，通于无慭而复返于敦庞。若夫无秋豪之微，芦苻之厚，四达无境，通于无圻，而莫之要御夭遏者。"《集解》无按语，《校补》加之云："典案：慭，古垠字，又或从斤作圻。上既言'通于无慭'，此不得复言'通于无圻'。上文'通于无慭'与'沦于无间'相对，句法一律，下文有'通于无圻'四字，不惟重复，句法亦不一律。此疑一本作'通于无慭'，一本作'通于无圻'，校者旁注，写者误入于此。慭字下无注，而圻字下有注云：'圻，垠字也。'疑亦后人所加，非高氏旧注也。"

《俶真》："逮至夏桀、殷纣，燔生人，辜谏者，为炮烙。"文典谨案："辜当为罪，字之误也。罪古作辠，传写遂误为辜耳。《预览》六百四十七引，辜作辠。"这个意见，刘先生在《校补》里仍在坚持。但据说他后来在书的批语中修正了自己的看法，认为辜字不误，引《周礼》及郑注并本书《说林》为证。他还自责说："余据类书改之，实乃大谬，余乃荒陋至此，真愧死矣。"这条批语我最近才听人说起，从这条批语中，我们可以看出，这是何等的胸襟！这种敢于自我否定的精神，乃真学者！后来杨树达、于大成也认为"辜"字不误，并举出例证；我在《校释》中也举出例证，并从词义、语法角度分析"辜"字不误。

除《校补》之外，刘先生还有《淮南子校录拾遗》《淮南子逸文》《淮南鸿烈集解补遗》，另外，据说刘先生在书中还有若干批语。十分遗憾的是，刘先生未及将这些批评汇集起来，出版《淮南鸿烈集解》的增订本，来减少学习者的翻检之劳。

总之，刘文典先生的《淮南鸿烈集解》是适应当时学术界需要而产生的一部重要著作，它总结了前一百多年《淮南子》研究的成果，又开启了后一百年研究的热潮，有着深远的影响。

（作者单位：北京大学中文系）

论《淮南鸿烈集解》的校勘学成就

杨胜朋　张祖洲

国学大师刘文典先生曾先后师从刘师培、章太炎，得其经学、小学、考据学之真传，精通文字、音韵、训诂、目录、版本；又能融会晚清以来的新学风气，贯通文、史、哲诸学科。毕生致力于古籍校勘，从早年的《淮南鸿烈集解》，到晚年的《群书校补》，成就斐然，尤其是《淮南鸿烈集解》，震动学界，好评如潮，以其精湛的校勘成就，一举奠定了先生的学术地位。今以《淮南鸿烈集解》为例，从校勘学角度总结先生之成就，让后学知前贤“筚路蓝缕，以启山林”之不易与伟绩。

一、征引之广博

校勘的重要途径就是征引诸家学说及相关资料，详加比较，考订

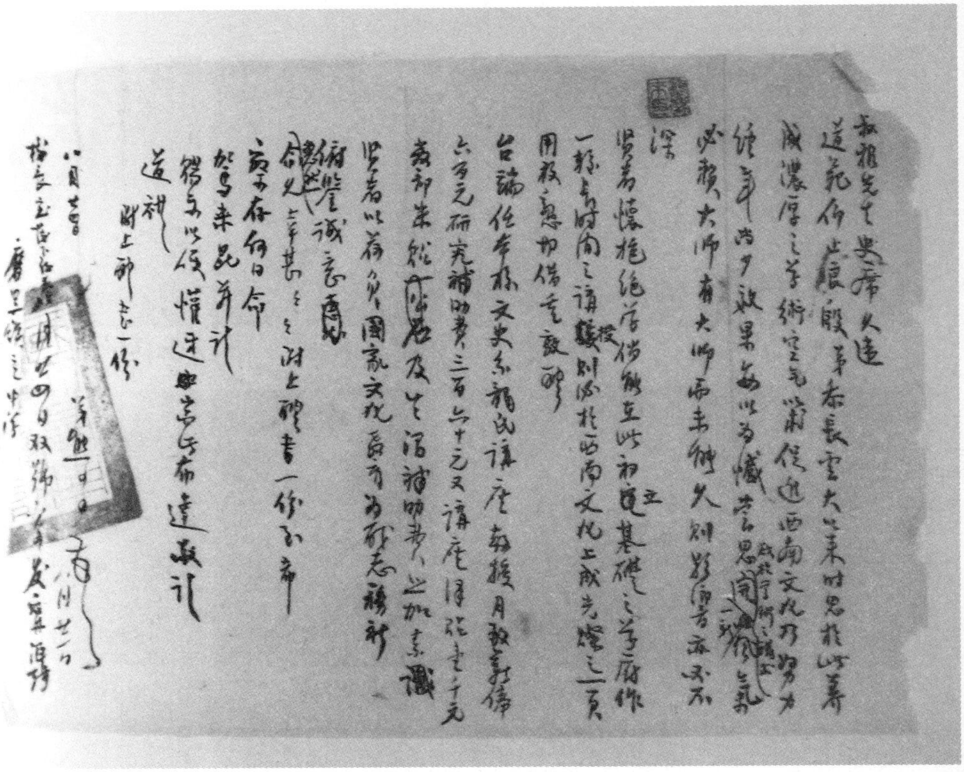

1943年云大熊庆来校长致刘文典先生函，邀请其至云大任教

异同，最终确定原文真相。文典先生的《淮南鸿烈集解》在这方面堪称典范。

关于《淮南子》的研究，胡适先生评断云：“其书作于汉代，时尚修辞；今观许慎、高诱之注，知当汉世已有注释之必要。历年久远，文义变迁，传写讹夺，此书遂更难读。中世儒者排斥异己，忽略百家，坐令此绝代奇书，沉埋不显。迄乎近世，经师旁求故训，博览者始稍稍整治秦、汉诸子；而《淮南王书》治之者尤众。其用力最勤而成功较大者，莫如高邮王氏父子；德清俞氏间有创获，已多臆说矣；王绍兰、孙诒让颇精审，然所校皆不多。此外，如庄逵吉、洪颐煊、陶方琦诸人，亦皆瑕瑜互见。计二百年来，补苴校注之功，已令此书稍稍可读矣。”[①]

① 刘文典：《淮南鸿烈集解·胡序》，中华书局1989年版，第2页。

降至清代，《淮南子》研究蔚为大观。实际上除了胡适先生所论述的诸家之外，涉及对《淮南子》的研究，尚有顾炎武、孙诒让、钱大昕、钱晓徵、桂馥、王绍兰、汪文台、李赓芸、陈观楼、曾国藩、刘台拱、王仁俊、孙冯翼、蒋曰豫、黄爽、任兆麟等。清儒近三百年间审音、辨义、校订、辑佚，成就卓越。然各家学说，多散见杂记中，有时不载全文，给读者和研究者带来诸多不便，至民国初，《淮南子》研究客观上需要一次系统的清理工作。杨树达："近数十年来读《淮南子》者，普通莫不用庄本，今读者若仍用庄本，则清儒校勘成说皆不可得见。"①

因此，爬罗剔抉、绳贯珠连诸家之说，并加以句读，成为文典先生校勘《淮南子》的首要任务；就校勘本身而言，"集诸家之善"，为自己所用，方能形成自己的学术创新。所以博采清儒之说是《集解》的一大成就。仅以《原道训》为类，文典先生收集了王念孙 39 条、王引之 8 条、庄逵吉 23 条、俞樾 18 条、陶方琦 18 条、洪颐煊 6 条、孙诒让 1 条、桂馥 1 条、姚范 1 条、李赓芸 1 条、王绍兰 1 条、汪文台 1 条。几将清儒学术网罗一空，故胡适《中古思想史长编》云："今年刘文典的《淮南鸿烈集解》，收罗清代学者的校注最完备、最方便适用的本子。"② 今人何宁亦云："淮南王书，诸多流失，盖二千年钞刊累误使然也。乾、嘉以还，尽心思学力于此书者，颇不乏人：高邮王氏，德清俞氏，瑞安孙氏，其尤可观者也。近人刘叔雅教授，甄综诸家之说，为《淮南鸿烈集解》，世推详赅。"③

文典先生详采诸家，"苟又引发，皆为辑出，不以其为前人所已及而遗之"④。亦为其招致批评。杨树达《读刘文典君淮南鸿烈集解》论刘文典缺失有六，其四云："成说之失勘与失引。夫前人校书，虽

① 杨树达：《积微居小学金石论丛》，中华书局 1989 年版，第 228 页。

② 严昌编著：《民国新语》，安徽文艺出版社 2015 年版，第 244 页。

③ 何宁：《刘文典〈淮南鸿烈集解〉举正》，见中"华文史论丛"第 4 辑，上海古籍出版社 1985 年版，第 283 页。

④ 胡适：《淮南鸿烈集解》序言，第 3 页。

极精能，然亦容有疏失。集解者不当仅引其成说，自当细加检校。刘君于此，似未注意也。”[1] 批评其未能详加考辨成说，致使疏漏，如俞樾之说，胡适先生云“已多臆说”。例：

《淮南子·修务篇》：“称以楚庄王之琴，侧室争鼓之。”高诱注曰：“‘侧室’或作‘庙堂’。”俞樾认为：“侧室”及“庙堂”均无义。疑《淮南子》原文本作“则尚士争鼓之”。其实，这里的“二字误为一字例”存在两种可能，一是合文，二是上下二字连写而误读为一字。不过，此说多推测之词，绝非合文问题。即使以“堂”乃“尚士”二字误合论之，若“止戈为武”“背厶为公”，然，古文字中未有此字例可证。颇多臆想。九店简 53 有“堂”字，假若是合文，它也只能是“尚”与“士”之组合，或“堂士”“堂尚”之合。[2]

《原道训》竟引 18 条之多。无有一条加以考辨，盖文典先生师承章太炎，章太炎师承俞樾，故不便多言；又俞樾之说，虽不严谨，然“间有创获”。

文典先生是书集清儒学说之大成，又广征相关文献，特别是唐宋类书，其中间关《淮南鸿烈》者，几乎一网打尽，成就非凡，今以《原道训》为例，窥一斑以求全豹。《原道训》一篇共有“文典谨按”46 条，其中引类书做考证者 29 条（引《太平御览》20 次、《北堂书钞》3 次、《艺文类聚》3 次、《群书治要》2 次、《意林》2 次），引《文选》11 条，引《风俗通》1 条，引本书 2 条，未征引古籍总共 4 条。以《太平御览》为类，据《御览》改字出校 1 条，据《御览》出异文校 17 条，据《御览》证许、高旧注 2 条。

征引类书，易出成果。然唐宋类书传承至今，其中不免讹误，虽至当下，亦罕见好的校勘版本。故用类书校勘古籍需要慎之又慎，这点文典先生亦有自己的法度。胡适序云：“类书之不可尽恃，尽近人盖尝言之。叔雅校此书，其采类书，断制有法。若上文所引《御览》

① 杨树达：《积微居小学金石论丛》，中华书局 1989 年版，第 225 页。

② 张伯元：《出土法律文献丛考》，上海人民出版社 2013 年版，第 276 页。

八百九十九，引原文而并及久佚之古注，其可依据，自不待言。其他一文再见或三见而先后互异者，或各书同引一文而彼此互异者，或仅一见而与今微异者，其为差异，虽甚微细，亦必并存之，以供后人之考校。其用意甚厚，而其间亦实有可供义解之助者。如《说林训》云：以兔之走，使犬如马，则逐日归风。及其为马，则又不能走矣。孙诒让校此句，谓'归当为遗，声之误也'；其为臆说，无可讳言。叔雅引《御览》九百九引，作：以兔之走，使大如马，则逐日追风。及其为马，则不走矣。此不必纠正孙说，而使人知此句之所以可疑，不在'归'字之为'遗'为'追'，而在'犬'字之应否作'大'。盖校书之要，首在古本之多；本子多则暗示易，而向之不为人所留意者，今皆受搒榨而出矣。上文之'兑'，此文之'大'，皆其例也。"①

又文典先生《淮南鸿烈集解》引古籍格式多为"某书引，'某字或句'作'某字或句'"之类校勘标准用语。然当其有把握证明类书所引为正确时，才在前面加上自己的判断，如《原道训》"卓然独立，块然独处"条："文典谨按：独立、独处，于辞为复。《文选·与侍郎曹长思书》注引，下毒字作幽。"

《淮南鸿烈集解》广泛征引、小心求证，故胡适先生云"宜其成就独多也"，成为民国古籍校勘的经典之作，并对当下的古籍校勘产生了重大影响。

二、版本之考究

《淮南鸿烈集解》出版以前盛行的本子是清代乾隆进士、江苏武进人庄逵吉在钱坫校订的《道藏》本基础上"校其同异，正其伪舛"，

① 胡适：《淮南鸿烈集解》序言，第2-3页。

“抒一得之愚，为之疏通旁证”的校本。[1] 庄本影响很大，为后代众多丛书如《四部备要》《子书二十五种汇涵》《二十二子》《诸子集成》《子书四十八部》《十子全书》等收藏。梁启超说：“自庄书出而诵习本书者认为唯一之善本盖百余年。”[2]

文典先生校勘《淮南鸿烈》参考了宋本、道藏本、庄本、刘绩本等多家校本，然先生未言明以何本为底本。“罗浩教授通过对勘，认为刘文典用的是1876年浙江书局刊刻的庄逵吉本作底本。”[3] 在此之前，杨树达先生以为是庄本，中华书局标点集解本亦认为“该书以庄逵吉校本为底本”，张文勋先生在《淮南鸿烈集解》点校本跋中亦认为庄本是其底本。《原道训》“冀以过人之智植于高世”条文典谨按：“庄本无注，今据传写宋本补。”由校勘语言可知先生确实是以庄本为底本的。

以庄本为底本，为先生招来不少非议。最典型者是杨树达先生，其《读刘文典君淮南鸿烈集解》论刘文典缺失有六，其一“所据本之失择”曰：“‘（高邮王念孙云）余未得见宋本，所见诸本，惟《道藏》本为优。’……如是，则刘君似宜根据王氏数年精校之结果，以《道藏》本为底本，而以他本辅之，乃为得策。”[4] 道藏本，把《原道》《俶真》《天文》《地形》《时则》《主术》《氾论》七篇分为上下，成二十八之数，最早为明英宗正统十年（1445年）刻本，入《道藏·太清部》八百六十三册至八百六十七册。后有人质疑道藏就藏在北京白云观，且刘文典本人也经常往来白云观，与这里的道士交流学问，友情甚厚。先生缘何不得一见？检先生《淮南鸿烈集解·原道训》“于、越生葛絺”条云“道藏本于作干”，其后引王念孙说，又检王念孙原文，知此五字为先生语，由是知先生参校道藏本。先生师承章太炎、刘师培，精通小学、训诂等古籍校勘之门道，就版本而言，肯定知晓

① 刘文典：《淮南鸿烈集解·庄序》，中华书局1989年版，第3页。

② 梁启超：《中国近三百年学术史》，人民出版社2008年版，第263页。

③ 陈静著：《自由与秩序的困惑：〈淮南子〉研究》，云南大学出版社2004年版，第109页。

④ 杨树达：《积微居小学金石论丛》，中华书局1989年版，第223页。

时代较早的道藏本比晚出的庄本更接近原貌，然终弃道从庄，必有缘由。今猜测如下：

1. 道藏本亦非全本。庄序云："岁甲辰，逵吉读《道藏》于南山之说经台，览《淮南》内篇之注，病其为后人所删改，质之钱别驾坫，别驾曰：'道书中亦非全本，然较之流俗所行者多十之五六。'……盖即别驾所校道书中本也。"[①]指出道藏本亦非全本，且庄本源自道藏本。

2. 庄本虽有讹误，但就校勘而言，是当时最好的本子。庄序云："（钱坫）爰（摺）其箧笥，以示逵吉。逵吉因是校其同异，正其伪舛，乐得而刻之。……别驾校订是书，既精且博，逵吉亦抒一得之愚，为之疏通旁证。举以示歙程文学敦，阳湖孙编修星衍，皆以为宜付削刀，时侍家君咸宁官舍，谨刊而布之，略考《淮南》作书之始末及高、许注书之端绪。刺于叙目之后，盖即别驾所校道书中本也。若此书不亡于天，而逵吉亦附名以传，斯为厚幸云尔。"[②]指出庄本校勘以钱坫为主、庄逵吉为辅。钱坫，为钱大昕之侄，精通训诂校勘之学，《清史稿》："字献之。副榜贡生。游京师，朱筠引为上客。以直隶州州判官毋陕，与洪亮吉、孙星衍讨论训诂舆地之学，论者谓坫沉博不及钱大昕，而精当过之。……《诗音表》一卷，《车制考》一卷，《论语后录》五卷，《尔雅释义》十卷，《释地》以下四篇注四卷，《十经文字通正书》十四卷，《说文斠铨》十四卷，《新斠注地理志》十六卷，《汉书十表注》十卷，《圣贤冢墓志》十二卷。"[③]钱坫"精当过"钱大昕，校勘成果斐然，其校《淮南鸿烈》当为精品。

3. 自庄本出世至今，历来校《淮南鸿烈》者多从庄本。据吴则虞《淮南子书录》知顾广圻、孙志祖、梁玉绳、梁履绳、顾逵、张文虎、陈奂、周广业、陶鸿庆、李慈铭、蓼荃孙、许宗彦、许在衡、汪文

① 刘文典：《淮南鸿烈集解·左序》，中华书局 1989 年版，第 1 页。

② 刘文典：《淮南鸿烈集解·左序》，中华书局 1989 年版，第 2-3 页。

③ 国史馆校注：《清史稿校注》第 14 册，（台北）台湾商务印书馆股份有限公司 1999 年版，第 11044 页。

台、朱帮衡等校勘《淮南子》皆用庄本。又孙诒让《淮南子札迻》亦据庄逵吉校本。前人多用庄本，可证庄本价值。又今人何宁《淮南子集释》以光绪二年（1876年）浙江书局刻庄逵吉校刊本为底本，校以《道藏》本、《道藏辑要》本、中立四子本、茅一桂刻本、刘泖生影写宋本、唐写本《兵略》残卷暨唐宋类书所引及诸书凡《淮南》所出及出自《淮南》者。

文典先生站在“巨人的肩膀上”，集众家之所长，此为《淮南鸿烈集解》成为古籍校勘样板的重要原因之一。

三、精神之慎独

校勘古籍，需要抛弃主观情绪影响，排除前人学说的诱导，从客观材料出发，做出正确判断。但在实际操作过程中，因清人考据极喜排列证据，往往诱人入彀，从而改动文本、产生谬误；又因枯燥校勘中或得新见，大喜之余，往往趋于选择论证，遂至硬伤。故无有慎独之精神，则无校勘之成就。文典先生以其慎独为20世纪以来的文献学者们树立了榜样。

《淮南鸿烈》一书堪称慎独之典范，胡适亦称“叔雅此书，读者自能辨其用力之久而勤与其方法之严而慎”，序云：“及其为《集解》，则凡其所自得有与前人合者，皆归功于前人；其有足为诸家佐证，或匡纠其过误者，则先举诸家而以己所得新佐证附焉。至其所自立说，则仅列其证据充足，无可复疑者。往往有新义，卒以佐证不备而终弃之；友朋或争之，叔雅终不愿也。如《诠言训》：‘此四者，耳目鼻口不知所取去。心为之制，各得其所。’俞樾据上文‘目好色，耳好声，口好味’，因谓‘鼻’字为衍文；然《文子·符言篇》上文言‘目好色，耳好声，鼻好香，口好味’，而下文亦有‘鼻’字。叔雅稿本中论此一条云：此疑上文‘口好味’上脱‘鼻好香’三字。《文

子·符言篇》及此处耳目口鼻并举，皆其证也。俞氏不据《文子》以证上文之脱失，反以‘鼻’字为后人据《文子》增入，谬矣。惟余亦未在他处寻得更的确之证据，故未敢驳之耳。此可见叔雅之矜慎。”[①]

再如《原道训》。

“以其无争于万物也，故莫敢与之争。”王念孙云：“‘莫敢’本作‘莫能’，此后人依《文子道·原篇》改之也。唯不与万物争，故莫能与之争，所谓柔能克刚也。若云莫敢，则非其指矣。下文曰：‘攻大礛坚，莫能与之争，《老子》曰：‘夫唯不争，故天下莫能与之争。’又曰：‘以其不争，故天下莫能与之争。’皆其证也。魏澂《群书治要》引此，正作‘莫能与之争。’”

其考证坚实有力，“敢”当作“能”，为不疑之论。文典先生未据之以改字，固有作“敢”字，句亦通之原因，更有恐为《淮南鸿烈》独特之文风，对此，罗根泽先生颇有见地：“当《淮南子》著作时代，正是黄老之言最占势力的时候，故引用《老子》的地方非常多。例如《原道》一篇，即以《老子》中语组织成文。……这样地把《老子》中的文辞、成语和主义融化在作者自己的文章之中，而不一称‘《老子》曰’，也是可有的事。”[②]化用或者活用《老子》内容或是《淮南鸿烈》的独特文风。

因为慎独，《淮南鸿烈》虽有瑕疵，遭人评论，多为爱之愈深、责之愈切，不失为古籍校勘的典范之作。与其大致同时成书的刘家立先生的《淮南集证》，因擅自改动，遭到极大批评，杨树达先生在《淮南子证闻》中称其书“妄为改乙，浅陋殊甚”，台湾学者于大成先生明确指出：“书内每据王氏杂志、俞氏平议改字，引诸家校语亦多节略。不知清儒校书，于讹误显白者，亦不轻改正文，但于校语中详其致误之由，使读之者疑团冰释。如集证之为，则昔贤功力，多不能

① 胡适：《淮南鸿烈集解》序言，第3页。

② 罗根泽：《从吕氏春秋推测老子的成书年代》，见《古史辨》（4），上海古籍出版社1982年版，第468页。

见，后学不达，反滋疑窦。其自逞胸臆无据妄改者，尤足疑误后学。”[1]最终，杨树达、于大成二位先生皆认为此刘（家立）不如彼刘（文典），可见慎独确为校勘之不二之精神。

文典先生校勘《淮南鸿烈》至慎，当年交稿后又多次修正。“拙作出版的事，承你的盛情，代典去办，典是感谢无既的。但是稿子上很有几处要修正的，总要在成交之前再修改校订一番才好。”[2]甚至要求在出版前自校一遍，“拙著《淮南鸿烈集解》，当售卖之日，本由我们这方面要求自己校对，这是我所晓得的。弟目睹刘绩、庄逵吉辈被王念孙父子骂得太苦，心里十分恐惧，生怕脱去一字，后人说我是妄删；多出一字，后人说我是妄增；错了一字，后人说我是妄改，不说手民弄错而说我之不学，所以非自校不能放心，将来身后虚名，全系于今日之校对也。”[3]“非自校不能放心”，可见先生兢兢翼翼，小心至慎。

即便如是，先生也未能杜绝犯错，《记〈淮南子校录拾遗〉》：“余少时，尝辑清代诸师校录，为《淮南鸿烈集解》，未加搜讨，遽付剞劂，粗疏荒陋，受嗤大雅。然版式久定，不及改订。”[4]如原校《淑贞训》中“逮至夏桀、殷纣，燔生人，辜谏者”云：

> 文典谨按：“罪”古作“辠”，传写遂误为“辜”耳。《御览》六百四十七引，“辜”正作“辠”。

1946 年之补校中，叔雅先生自我否定上述结论云：

> “辜”字不误。《周礼·掌戮》可证。余据类书改之，实

① 于大成：《六十年来之淮南子学》，见肖伊绯《民国温度——1912—1949 书影流年》，清华大学出版社 2013 年版，第 124 页。

② 刘文典：《东方西方：刘文典随笔》，北京大学出版社 2010 年版，第 158 页。

③ 刘文典：《东方西方：刘文典随笔》，北京大学出版社 2010 年版，第 161 页。

④ 刘文典：《东方西方：刘文典随笔》，北京大学出版社 2010 年版，第 16 页。

为大谬。《庄子·则阳》篇："至齐见辜人焉，推而强之，解朝服而幕之。"《周官·掌戮》："杀王之亲者，辜之。"郑注："辜之言枯也，谓磔之。"《说林篇》："桀辜谏者，汤使人哭之。"是桀实磔辜谏者，《淮南》书中固屡言之也，余乃荒陋至此，真愧死矣。[1]

正因先生至慎，恪守校勘原则，故利远大于弊，得远大于失，《淮南鸿烈集》遂成典范，"价值足与王氏《荀子集解》相埒"。[2]

（作者单位：盐城师范学院文学院）

① 张文勋：《淮南鸿烈集解点校本跋》，载《思想战线》1996年第5期，第46页。

② 梁启超：《中国近三百年学术史》，上海古籍出版社2014年版，第235页。

从《三馀札记》看刘文典古籍校注之特色

孙兴义

刘文典（1889—1958），字叔雅，其学术成就主要体现在古籍的校勘和训释方面。论叔雅先生的古籍校注，大都以《淮南鸿烈集解》和《庄子补正》这两部在学术界久享盛誉的著作为讨论对象，对其《三馀札记》的关注，相对较少。其实，《三馀札记》在校注方面的成就是极为突出的，正如《三馀札记》的点校者管锡华所指出的那样：

> 本书有两大显著特点，一是容量大，它包括了《淮南子校补》《韩非子简端记》《庄子琐记》《吕氏春秋校补》《论衡校补》《读文选杂记》等内容；二是校释精审，考证详密，广征博引，信而有征，它的每一条札记即是一篇说理透彻、结构可靠的论文。本书示以校书方法、治学门径，有很高的学术价值，对校勘贡献尤钜，堪与高邮王氏《杂志》、德清俞氏《平议》相匹俦。[①]

① 管锡华：《三馀札记·点校说明》，见《刘文典全集》（三），云南大学出版社、安徽大学出版社联合出版，1999年版，第345页。按，后文所引叔雅原文，凡出《全集》（三）之《三馀札记》者，只注篇名和页码。

刘文典先生部分著作

王念孙、俞樾二人是清代著名朴学家，其学本“实事求是”之精神，反对空谈义理和无根之臆说，注重实证研究，主张言必有据、无征不信，在古籍校勘和文字训释方面取得了杰出成就。论者将《三馀札记》与王念孙之《读书杂志》，俞樾之《群经平议》《诸子平议》鼎足为三，这个评价是极高的。

《三馀札记》的学术价值，管锡华已将之概括为“校释精审，考证详密，广征博引，信而有征”，且能“示以校书方法、治学门径”，“对校勘贡献尤钜”，不过这个概括还显得较为含糊笼统，不易让人有切实感受。有鉴于此，笔者撰写本文，即在于通过对《三馀札记》校注特色的具体疏理，来加深对叔雅先生古籍校注之特色及成就的理解。

一、别具只眼，驳难成见之失

校注古籍，不可避免地要面对旧说。对旧说之失，叔雅一般来说不会轻易加以讥讽，但如错得过于荒诞，也会毫不客气地加以批评。综观叔雅批评成说之失的用词，有时用“迂”，有时用“谬”，有时用“大误”，有时用“巨谬”，视所“失”之程度不同而择用之。

对程度较轻的失误，叔雅先生一般以“其失也迂”来进行批评。先看一个王念孙校《淮南子·齐俗训》的例子。《齐俗训》中有这样几句：“故趣舍合，即言忠而益亲；身疏，即谋当而见疑。”王念孙注曰：“趣，谓志趣也。‘趣合’与‘身疏’相对为文，则‘趣’下不当有‘舍’字，盖即‘合’字之误而衍者也。《文子·道德篇》正作‘趣合’。”王氏之校既有文法方面的考量，又有文献方面的证据，看来是确凿无疑的了——但叔雅先生还是凭其慧眼，发现了其中的问题。

> “趣”“取”通用，“趣舍”即“取舍”也。《韩非子·奸劫弑臣篇》：“今人臣之所誉者，人主之所是也，此之谓同取；人臣之所毁者，人主之所非也，此之谓同舍。夫取舍合而相与逆者，未尝闻也。”即此文所本。《五蠹篇》：“故法之所非，君之所取；吏之所诛，上之所养也。法、趣、上、下，四相反也。”可证趣者，取也。王氏误以“志趣”释之，遂以“舍”为衍文，其失也迂矣。《文子》脱“舍”字，当依此文及《韩非子》增，未可据彼删此。①

叔雅指出：《齐俗训》中的“趣舍合”即本于《韩非子·奸劫弑臣篇》中的“取舍合”，乃“听取与舍去意见相合”之意，不当望文生义，而将“趣”训为“志趣”，由此而将“舍”视为衍文。叔雅之说，探本溯源，应该说较王氏之说是更为妥帖的。

古籍校注中的失误，有相当一部分是由于校注者不加深思从而望文生义造成的；而之所以会使得校注者望文生义，是因为某些词句本

---

① 刘文典：《淮南子校补》，第386页。按，叔雅《淮南鸿烈集解》对王氏之说并无异议，当是后来再次系统整理时发现王氏之说未妥，故以《校补》揭出。叔雅治学之严谨，由此可见一斑。

身就具有很大的迷惑性，如稍不留意，就会造成一些莫名其妙的错误。比如，《吕氏春秋·任地》篇有言曰："人肥必以泽，使苗坚而地隙。人耨必以旱，使地肥而土缓。"[①] 高诱注"人肥必以泽"句曰："人肥则颜色润泽。"这就是典型的望文生义了。《任地》通篇皆言农业耕种之事，何以此句突然说起人的颜色来了？刘叔雅《吕氏春秋校补》中说：

> "人肥必以泽，使苗坚而地隙"，与下文"人耨必以旱，使地肥而土缓"相对为文，谊亦相类。"肥"谓粪田，非言人身之肥瘠也。高注望文生义，其失也迂矣。[②]

叔雅之说极是。从《吕氏春秋》的行文来看，上句"人肥必以泽"之"肥"与下句"人耨必以旱"之"耨"相对成文，"耨"既用为动词（"以耨除草"），则"肥"亦应作动词解（"粪田"即施肥使田地肥沃），而高注将"肥"理解为形容词（"人体的丰腴"），故使句意不伦不类，"其失也迂矣"。

古籍校注中诸多类似高注之望文生义造成的失误，只要校注者深思熟虑、仔细考量，大多是可以避免的。但有的时候，这样的失误却极难避免，原因是很多习见之词即使以"望文"所生之"义"解之，亦大都可通，由此而形成了古籍校注中许多不易为人发现的错误。如《韩非子·内储说上》中载有应侯范雎对秦昭襄王说的一段话：

> 王得宛、叶、蓝田、阳夏，断河内，困梁、郑，所以未王者，赵未服也。驰上党在一而已，以临东阳，则邯郸口中虱也。

① 许维遹：《吕氏春秋集释》（下），中华书局2009年版，第688-689页。

② 刘文典：《吕氏春秋校补》，第491页。

这段话说的是范雎劝秦昭襄王放弃上党而移兵东阳，由此则攻取邯郸即如瓮中捉鳖之易矣。其中“则邯郸口中虱也”句颇不易解。王先慎《韩非子集解》释曰：“‘口’即‘围’之古文。”[①]照王氏之说，则此句即为“则邯郸围中虱也”，把邯郸喻为被围守中的虱子。刘叔雅认为王氏之说也属望文生义，且是“巨谬”：

> 王说迂谬难通。邯郸口中虱，以喻邯郸之无所逃，犹虱之在口中也。《御览》九百二十三、九百五十一引曹子建《贪恶鸟论》云：“得蚤者莫不糜之齿牙，为害身也。”王莽校尉韩威云：“以新室之威而吞胡虏，无异口中蚤虱。”《战国策》：“应侯谓秦王曰即‘王得宛，临陈、阳夏，断河内，临东阳，邯郸犹口中虱也。’”即此文所本。刘义庆《宣验记》：“晋义熙中，长年寺道人惠祥梦有人众以绳缚其手足，问何故啮虱。”知此风由来久矣。今之贫人，得虱固犹多内口中啮杀之也。虱非可围守之物，王氏以围中虱释之，实为巨谬。[②]

叔雅的驳难，既有社会风俗的考察，又有文献资料的佐证，其结论是有较强的说服力的。王先慎望文生义，强为之解，难怪叔雅讥之为“迂谬难通”。

叔雅先生对旧说之失的驳难，并不仅仅局限于如上述那样只是针对个别字词而发，有时还涉及文史研究中的许多重大问题。比如，西汉著名赋家枚乘著有《七发》，此篇被认为是汉散体大赋确立的标志。而关于“七发”篇名之由来，《文选》李善注曰：“《七发》者，说七事以起发太子也。”[③]显然，李善认为“七发”之名篇，是以其内容为依据的，是对篇章内容的概括。但雅叔却不赞同此说，他指出：

① 王先慎：《韩非子集解》，钟哲点校，中华书局1998年版，第234页。

② 刘文典：《韩非子简端记》，第439页。

③ 李善等：《六臣注文选》，中华书局2012年版，第634页。按，云南大学出版社、安徽大学出版社出版社之《刘文典全集》（三），引李注误以“起发”为“启发”。

七者，古赋之流也。崔骃既作《七依》，而假非有先生之言曰：“呜呼，扬雄有言：‘童子雕虫篆刻。’俄而曰：‘壮夫不为也。’孔子疾小言破道。斯文之族，岂不谓义不足而辩有余者乎？赋者，将以讽，吾恐其不免于劝也。”可知当时作者亦以七为赋也。昭明太子赋外别选枚叔、曹子建、张景阳文三首，区为一类，命之曰“七”已为巨谬。傅玄集《七林》尤为不识文体。洪氏《容斋随笔》讥之谓“使人读未终篇，往往弃诸几格”，未为苛论也。①

叔雅先生得出了另外一个看法，即“七发”之篇名，并非因此篇之内容乃“说七事以起发太子也”，而是“七”原本就是赋的一个流别，是一种文体。“七”之作为文体与“七”之作为数字，在叔雅这里是决然不能相混的。昭明太子不明此义，于赋外“别选枚叔、曹子建、张景阳文三首，区为一类，命之曰‘七’”。故叔雅评之曰“巨谬”。

二、旁征博引，助证旧说之是

对前贤已有之校注成果，如其结论确凿可信，叔雅会明确加以承认，从不贪前贤之功以为已有，并且还经常为之疏解使其义更为显豁，或补充证据使其论更为坚实。诚如胡适先生在《淮南鸿烈集解》序言中所言：“及其为《集解》，则凡其所自得有与前人合者，皆归功于前人；其有足为诸家佐证，或匡纠其过误者，则先举诸家而以己所得新佐证附焉。……叔雅于前人之说，乐为之助证，而不欲轻斥其

① 刘文典：《读文选杂记》，第549页。按，原整理者将引文中“孔子疾小言破道斯文之族”连读，误。此当以“孔子疾小言破道”句绝，“斯文之族”与下句连读。

失，多此类也。”[①] 叔雅先生的此种做法，在《三馀札记》中也是体现得较为充分的。

我们先看《韩非子简端记》中的一条校注。《韩非子·孤愤篇》有言：“处势卑贱，无党孤特。”王先慎《韩非子集解》在“处势卑贱”句下注：“乾道本‘势’作‘世’。顾广圻云：藏本、今本‘世’作‘势’。先慎案：作‘势’是。此对官爵贵重言，不当作‘世’，今据改。”叔雅先生赞同王说，并为之助证曰：

> 王校是也。古语“处势”犹今言“地位”耳。《庄子·山木篇》“地势不便，未足以逞其能也”，《新序·杂事篇》“处势不便故也”，《史记·蔡泽传》“翠鹄犀象，其处势非不远死也”，《汉书·陈汤传》“故陵因天性，据真土，处势高，敞其义”，并同。乾道本作“世”者，后人不知“处势”二字之义，妄改之也。《难三篇》“夫处势而不能用其有势”，乾道本亦作“世”，并浅人所改。[②]

将叔雅之说与王说相较就能清楚地看出，王说以“势”为是，其理由仅据顾广圻语“藏本、今本‘世’作‘势’”及“此对官爵贵重言”数字，显得粗略了些；而叔雅则广征博引，以确凿的文献材料证明“势”字乃正字，可谓校释精审，考证详密者也。

再如傅毅的名篇《舞赋》，其中有两句描写舞女的情态美貌：“貌嫽妙以妖蛊兮，红颜晔其扬华。”[③]《文选》五臣本“蛊”作“冶”，但无解释。叔雅为之助证曰：

> “蛊”“冶”古通用。《西京赋》：“妖蛊艳夫夏姬。”注：

① 胡适：《淮南鸿烈集解》序，中华书局1989年版，第3-4页。

② 刘文典：《韩非子简端记》，第428页。按，原整理者将引文中《史记·蔡泽传》“其处势非不远死也”之“势”误为“世”。

③ 李善等：《六臣注文选》，中华书局2012年版，第321页。

“蛊，媚也。”《后汉书》章怀太子注：“蛊，音冶。”《汉书·马融传》“田开、古蛊”注引《晏子春秋》作“古冶”，云：“‘蛊’与‘冶’通。”皆其证。《初学记·舞部》引《古文苑》亦并作“冶”。①

如果我们初看五臣以“蛊”作“冶”还感觉摸不着头脑的话，那么叔雅通过旁征博引，以实实在在的文献作为依据所得出的解释，是会让我们豁然开朗的。

叔雅先生还有以版本为依据来助证旧说者。此方面之特色，当以其校宋玉《神女赋》开篇之“王”“玉”互误最为典型。《神女赋》写楚襄王梦遇高唐神女事，文中对神女容貌、情态之描写，令人心驰神往、拍案叫绝。开篇一段曰：“楚襄王与宋玉游于云梦之浦，使玉赋高唐之事。其夜王寝，果梦与神女遇，其状甚丽，王异之。明日，以白玉。玉曰：‘其梦若何？’王曰：‘晡夕之后，精神怳惚，若有所喜，纷纷扰扰，未知何意？……’玉曰：‘状如何也？’王曰：‘茂矣美矣，诸好备矣。……’”② 此段文字中楚王与宋玉的对话，究竟何属王、何归玉，早在北宋时代就有人提出了疑问。叔雅先引他说辩之曰：

沈括《补笔谈》云：“人君与其臣语，不当称‘白’。又赋既称‘王览其状’，即是宋玉之言，不知‘望予帷而延视’者称‘予’者为谁。以此考之，则‘其夜王寝’，‘梦与神女遇’者，宋玉也。‘明日以白玉’者，‘以白王’也。‘王’与‘玉’互书之耳。”宋姚宽《西溪丛语》、明张凤翼《文选纂注》、清梁章钜《文选旁证》、六臣本《文选》校语皆以为

① 刘文典：《读文选杂记》，第545页。

② 李善等：《六臣注文选》，中华书局2012年版，第349页。

"王""玉"互误。[1]

沈括"王""玉"互误的结论，主要是从文本内部找证据，通过推论而得出的。叔雅则通过实在的版本依据，证明此说之是：

> 诸家校是也。日本岛田翰《古文旧书考》云："日本松方伯爵家藏残卷子本《文选》第十九卷《神女赋》，'王'与'玉'正与今本相反。文义于是始归正矣。"校勘之不可忽，而古文旧书之不可不贵，如此，是其确证矣。[2]

由此，上引《神女赋》内之"王""玉"互误，遂成铁案矣。

三、自出机杼，创为自得之论

叔雅先生在校注中，多有发前人之所未发之处，体现出其作为一个文史大家的卓越见识。其自得之论，有的体现在对篇旨的理解方面，有的体现在对某些习见字词的训释方面，有的体现在对中国文学特有之表达的体悟方面。下面我们分别对此三方面加以阐述。

先看对篇旨的理解方面。陶潜有一篇风格很特别的作品《闲情赋》，关于此赋之篇旨，自昭明太子萧统"白璧微瑕，唯在《闲情》一赋"的评价以来，论者大多持否定意见。叔雅先生则自创新说，认为论者（叔雅讥之为"浅人""俗士"）之所以对此赋颇有微词，主要原因就在于他们对渊明作此赋之真正用意缺乏"了解之同情"，以致误读了渊明。叔雅先生指出："自萧统序《渊明集》有'白璧微瑕，

① 刘文典：《读文选杂记》，第547–548页。

② 刘文典：《读文选杂记》，第548页。

唯在《闲情》一赋'之语，浅人乃力诋渊明为诲淫，真东坡所谓'小儿强作解事'者也。"[①] 叔雅先生接着为渊明辩护：

自张平子作《定情赋》、蔡伯喈作《静情赋》，后世文人颇多继作，王仲宣之《闲邪赋》，曹子建之《静思赋》，应德琏之《正情赋》，陈孔璋、阮元瑜之《止欲赋》，并事出沉思，义归闲正，不谬作者之意。[②]

他举了自东汉张衡以来直至建安七子的诸多相关赋作，说明此类作品均是"事出沉思，义归闲正"的，渊明之赋亦当归入此类，不当视为"诲淫"之作。如果仅辨析至此，说服力显然是不够的。叔雅先生接着又从训诂学的角度进行了更为有力的论证：

即以"闲"字之谊言之，《说文·门部》："闲，阑也。从门中有木。"《广韵》二十八山："闲，阑也，防也，御也。"《春秋繁露·循天之道篇》："故君子闲欲止恶以平意，平意以静神，静神以养气。"是"闲"本防检之谊。观仲宣赋名《闲邪》，孔璋、元瑜赋名《止欲》，则渊明所谓"闲情"之义可知矣。……或又改"闲"为"閒"，后之读者误以为"閒暇"字，去渊明本意乃愈远矣。[③]

所以，渊明之"闲情"，当是防检、抵御"情"，哪有"诲淫"之义？叔雅此一结论，应当说是极为新颖的，为我们解读渊明之《闲情赋》，提供了一个全新的、独特的视角。

其次，在对某些习见字词的训释中，叔雅的自得之论也常令人有

① 刘文典：《闲情赋》，第 349 页。

② 刘文典：《闲情赋》，第 349 页。

③ 刘文典：《闲情赋》，第 349 页。

耳目一新之感。被称为“建安七子”之首的王粲，其被人广为传颂的名作《登楼赋》中有“惧匏瓜之徒悬兮，畏井渫之莫食”两句，关于“惧匏瓜之徒悬兮”句，《文选》李善注曰：

> 《论语》子曰：“吾岂匏瓜也哉？焉能系而不食？”郑玄曰：“我非匏瓜，焉能系而不食”者，冀往仕而得禄。[①]

李周翰注亦曰：“匏瓜为物，系而不食者也，而仲宣自喻，惧无寸禄之给。”[②]“匏瓜”究竟为何物，二李的注释并未明言，究其原因，极有可能是他们认为此物乃寻常所见之物，故不烦特别注出。到朱东润先生主编的《中国历代文学作品选》中，在对《登楼赋》“匏瓜”句的注释中，就把“匏瓜”是何物说得极为清楚了：

> 《论语·阳货》：“（子曰）吾岂匏瓜也哉，焉能系而不食？”匏瓜，葫芦的一种。意思是说，我不能像匏瓜那样的只是挂在那里，而不为世所用。[③]

杨伯峻在《论语译注》中释孔子此言中之“匏瓜”，亦曰：“即匏子，古有甘、苦两种，苦的不能吃，但因它比水轻，可以系于腰，用以泅渡。”[④]由此看来，视“匏瓜”为葫芦之一种，已为诸家之共识。

然叔雅先生并不赞同此说。他在训释《登楼赋》中之“匏瓜”句时，从“匏瓜”典故的源头入手，分析其可能具有的别的含义。他说：

> 《论语》：“吾岂匏瓜也哉？焉能系而不食？”皇侃《义疏》云：“匏瓜，星名也。言人之才智，宜佐时理务，为人所用，

---

① 李善等：《六臣注文选》，中华书局2012年版，第208页。

② 李善等：《六臣注文选》，中华书局2012年版，第208页。

③ 朱东润主编：《中国历代文学作品选》（上编第2册），上海古籍出版社1979年版，第188页。

④ 杨伯峻：《论语译注》，中华书局1980年版，第184页。

岂能如匏瓜系天而不可食？”宋《黄氏日钞》亦主此说。……此文之“匏瓜”，亦当以《论语》皇疏谊为是。[1]

叔雅显然认为“匏瓜”不能释为“葫芦之一种”，而应解为星名方妥。为证成皇侃之说，叔雅又以其渊博之学识推阐曰：

罗愿《尔雅翼》八：“匏瓜系而不食，犹言南箕不可簸扬，北斗不可挹酒浆也。按：《楚辞》王褒《九怀》、曹植《洛神赋》、阮瑀《止欲赋》皆以匏瓜为星名。”《洛神赋》“叹匏瓜之无匹兮，咏牵牛之独处”，《止欲赋》“伤匏瓜之无偶，悲织女之独勤”，牵牛、织女莫非星名，则匏瓜之为星名，实无疑义。[2]

经过叔雅此番疏理，“匏瓜为星名”的结论，应该是有极强的说服力的。但综观现今诸多对“匏瓜”的注释，将之释为星名的几乎没有，到底是何原因让注者不采叔雅之说，值得进一步探讨。

再如对傅毅《舞赋》中“文人不能怀其藻兮，武毅不能隐其刚”句之“毅”字的训释，《文选》李善注引《左氏传》释“毅”为“致果为毅”；李周翰则串讲此两句之大意，曰：“文人之醉不能藏其辞藻也，武毅之人醉则不能隐其刚勇，谓密坐去君臣之礼也。”[3]可见，句中之“武毅”乃“武毅之人”之简称，这在他们这里并不成其为问题。但叔雅先生却凭其敏锐之眼光与博雅之学问，发现了其中的问题：

“武毅”当为“毅武”，作“武毅”者，疑后人不解“武”字之义，妄乙之以与上句文字相对也。《史记·淮南衡山列

① 刘文典：《读文选杂记》，第529—530页。
② 刘文典：《读文选杂记》，第530页。
③ 李善等：《六臣注文选》，中华书局2012年版，第321页。

传》“即遣辩武”《索隐》：“徐广曰：‘淮南人名“士”曰“武”。’”《淮南子·齐俗篇》“为天下显武”，许注：“楚人谓‘士’为‘武’。”辞赋多用楚声、楚语，故以“武”为“士”。《洞箫赋》“状若捷武”，“武”亦当训“士”，谓轻捷善超腾逾曳之士也。枚叔《七发》“毅武孔猛，袒裼身薄”，此“毅武”二字之见于本书者。[1]

依叔雅之见，“武毅”应为“毅武”之倒，“毅武”即“毅士”，由此而与上文之“文人”形成了极工整的成对关系，符合赋的表达习惯。如照李周翰增字解之，将“武毅”解为“武毅之人”，[2]虽于意义无碍，却在无形中将作者用“武”字之本意遮蔽了，从训释的角度来说，这是不准确的。叔雅先生的训释，可谓拨雾见日。

最后我们来看叔雅先生在校注中所体现出来的对中国文学独特品质的揭示。叔雅的古籍校注，不独校勘，训诂精悍绝伦，为诸大家所服，且其对中国文学异于他国文学之独特处，比如某种文体、某种表达方法、某种篇章结构……常有不同寻常的独到体悟。此一特色，是叔雅先生古籍校注中独具异彩的一个方面，惜乎论者大都未曾致意于此。下面我们举例来加以说明。

中国文学中有一类别，曰“回文诗”，关于此类诗的由来、发展概貌、特点及影响等，叔雅先生在注江淹《别赋》之“纤绵曲兮泣已尽，回文诗兮影独伤”句时，做了非常精到的评述：

回文诗自苏伯玉妻《盘中诗》为肇端，而窦连波妻苏惠《旋图诗》尤为奇巧，惟诸家传本不同，读法亦各异。奕代名贤，如秦淮海、黄山谷、苏东坡、孔毅甫之伦，感有题咏。宋桑世昌广收各家之作，纂成《回文类聚》四卷，明张之象增订

① 刘文典：《读文选杂记》，第544页。

② 按，《六臣注文选》王褒《洞箫赋》“状若捷武，超腾逾曳”句吕向注曰“箫声状如捷武之人，超腾于空也”，亦把“捷武”解为“捷武之人”，其失与善同。

重刻为一帙行世，清朱象贤又增达磨、唐宗二图汇刻之，其中所收虽非尽若兰之作，然诸家考释略备。近代泰西学者研究苏氏璇玑图者，颇不乏人。依吾国旧有之五色读法，纵横反复，得诗益多，不止前人所读成之三千七百五十二首矣。然文皆牵强，多不成义。要之，此等诗皆伤于纤巧，大雅所不尚也。又此事当以《晋书》、《列女传》为正。唐武后如意元年《御制序》颇类小说家言，不足征信。[①]

这段文字完全可以视为一篇浓缩的关于“回文诗”的分体文学史，其思之精、虑之周，非叔雅之类的大家不能办到，穆克宏先生称其“为中国文学史增加了新的内容”。[②]

中国古典文学的表达技巧中，“数字”的运用是一个颇值得注意的方面。上文所引傅毅《舞赋》中有几句描摹舞女容貌、装扮的文字，曰：“于是郑女出进，二八徐侍。姣服极丽，姁媮致态。貌嫽妙以妖蛊兮，红颜晔其扬华。”[③]《文选》李善注“姁媮”为“和悦貌”，张铣注“二八”为“十六人也”。到叔雅先生这里，他先对“于是郑女出进”句做了校勘：“《初学记》十五引‘出’作‘并’，是也。”接着又对下一句之“二八”做了如下发挥：

《楚辞·招魂》“二八齐容起郑舞些”，《大招》“二八接舞投诗赋只”，傅武仲此文亦言“二八徐侍”者，“二”为偶数之最小者，“八”为最大者。言“二八”则见其行列整齐之美，言“十六”则历落难数矣。故自修辞上言之，“二八”与“十六”意义迥然不同，文学上用字之难有如此者，学者不可不察也。[④]

---

① 刘文典：《读文选杂记》，第540-541页。

② 穆克宏：《〈文选〉校诂三家论述》，载《福建师范大学学报》2009年第5期。

③ 李善等：《六臣注文选》，中华书局2012年版，第311页。

④ 李善等：《六臣注文选》，中华书局2012年版，第544-545页。

经叔雅此番解释，我们对中国文学中数字之用法，应该会别有一番体悟的。

叔雅还注意到了汉字的特点及其在文学表达中的特殊作用。如在点评西晋木华（字玄虚，生卒年不详）之《海赋》时，叔雅曰：

> 木玄虚此赋，全用今之修辞家所谓拟声辞 Onomatopoeia，以字音摹（模）拟自然之音。文中所摹（模）拟之波涛声水石相击声，无不毕肖，使读者如闻天风海涛之声。所用之字体既甚茂密，又多从水读之，自然感觉大水汪洋、滉瀁、弥漫之状。斯实吾国文学之特征，它国文字所罕见者也。文中之双声叠韵字，大抵如此，不胜枚举。①

这是从修辞学角度，对中国文字在文学表达中的特殊作用的揭示。《海赋》对波涛情状之刻画描摹，完全可以和枚乘《七发》“观涛”一段相媲美，甚至还凌轶其上！玄虚在描绘中用了大量同偏旁的、能给人的感官造成巨大冲击的词语，如“洪涛澜汗”“泱漭澹泞”“沥滴渗淫”“涓流泱瀼”“湫湠潋滟”“浺瀜沆漾”“渺弥淡漫”“洗涤淮汉”“濆沦湓滐”“泄泄淫淫”“浤浤汩汩”“沸溃渝溢”“灌泋濩渭”等等，② 由此而形成了一种特殊的审美效果，即叔雅所赞：“所摹（模）拟之波涛声水石相击声，无不毕肖，使读者如闻天风海涛之声。所用之字体既甚茂密，又多从水读之，自然感觉大水汪洋、滉瀁、弥漫之状。”可见，叔雅对中国文字在文学表达中所具有的特殊效用，是足够的重视的。

当然，尽管叔雅先生的校注被誉为考证详密、精悍绝伦，但其中还是有一些值得进一步讨论的地方。比如其对鲍照《芜城赋》的校

---

① 刘文典：《读文选杂记》，第 533 页。

② 李善等：《六臣注文选》，中华书局 2012 年版，第 231-236 页。

注，就存在着明显的可商榷之处。《芜城赋》中有这样几句描摹广陵形胜的句子："是以板筑雉堞之殷，井幹烽橹之勤，格高五岳，袤广三坟，崪若断岸，矗似长云。制磁石以御冲，糊赪壤以飞文。观基扃之固护，将万祀而一君。"[①]其中"观基扃之固护"句，《文选》李善注曰："固护，言牢固也。"李周翰注同。[②]叔雅则对此注颇不以为然，他分析说：

> 《礼·曲礼》"毋固护"郑注："欲专之曰固，争取曰护。"得其谊。马季长《长笛赋》："或乃聊虑固护，专美擅工。"注："精心专一之貌。"亦通。此文之"固护"，与上文之"殷勤"谊实相类。李注望文生训，失之。[③]

李善、李周翰均以"牢固"释"固护"，则"观基扃之固护"即可释为"看那城阙是多么的牢固"，可谓言简意赅。前蜀韦庄《秦妇吟》："城壕固护教金汤，赋税如云送军垒。"其中的"固护"正释为"牢固"，即是其证。不过在叔雅看来，这个注解却是犯了"望文生训"的错误。他引了两个关于"固护"的例证来对李注加以批驳：其一是《礼·曲礼》郑注，其二是《长笛赋》李善注，此两例中之"固护"均不可释为"牢固"：前者应将"固护"分别释为"专之"和"争取"，后者则应释为"精心专一貌"。[④]在叔雅看来，这两种训释方为《芜城赋》"观基扃之固护"之"固护"的正确解释，而尤以前者为最佳。不过，要是依叔雅的这个训释，则"观基扃之固护"的意思，反倒被弄得隐晦难解了：上文之"殷""勤"，乃指"板筑雉堞"（修

① 李善等：《六臣注文选》，中华书局 2012 年版，第 214 页

② 李善等：《六臣注文选》，中华书局 2012 年版，第 214 页。

③ 刘文典：《读文选杂记》，第 531 页。按，此处"殷勤"连在一起标点，笔者以为不妥，易使人误以为"殷勤"乃上文之联词。此句应标点为"与上文之'殷''勤'谊实相类"为宜。

④ 李善等：《六臣注文选》，中华书局 2012 年版，第 328 页。另，马季长《长笛赋》"或乃聊虑固护"句，吕延济注曰："聊虑，精心也；固护，坚志也。"则又提供了"固护"的另一种解释。

筑城墙）与“井幹烽櫓”（架构瞭望台）之繁盛而言，而“观基扃之固护”则显然是指城阙之坚牢而言，何以叔雅会认为其“望文生训”呢？依笔者之见，叔雅此处对李注之批驳，是颇值得商榷的。

不过，上述笔者以为可进一步讨论的地方，丝毫无损于叔雅先生作为一代文史大师、校勘学大师的光辉，其古籍校勘成果不仅对古籍研究贡献巨大，而且对匡济一时代之学风，也具有重要意义。诚如陈寅恪先生为叔雅《庄子补正》所作之序言所言：“先生之作，可谓天下之至慎矣！……然则先生此书之刊布，盖将一匡当世之学风，而示人以准则，岂仅供治《庄子》者必读而已哉！”[1]

（作者单位：云南大学文学院）

① 陈寅恪：《〈庄子补正〉序》，云南人民出版社 1980 年版，第 1 页。

郭象“独化”哲学中俯仰与《庄子》虚静的整合

张锡坤

一、“俯仰”与“虚静”之比较

无论是俯仰，还是虚静，都是天人合一宇宙观和美学观的体现。俯仰的“上下察也”，虚静的“独与天地精神往来”，均表明它们是天人合一总体文化背景下的动态整体直观。但因各自不同的天人合一观念，两种审美观照的性质又存在着明显的差异。《周易》的俯仰立足于人与天地参，以效法天地变化为准绳，推天道，明人事，奉天人同构为最高理想。道家的虚静亦未尝不是追求天人同构，所不同的是，它要彻底舍弃人为，忘怀利害得失，中止认知活动，以恬淡无为的心态与自然合一。前者的同构是就主客体相对应来讲的，属“吻合”型。后者的同构是就主客体浑然不分来讲的，属“物化”型。此种差异直接关系到各自观照功能的发挥，对于艺术创造有不同的价值，如加以比较，可以说各有所长，亦各有所短。

俯仰之长在于确立了“观物取象”的原则。《周易》的卦爻系统

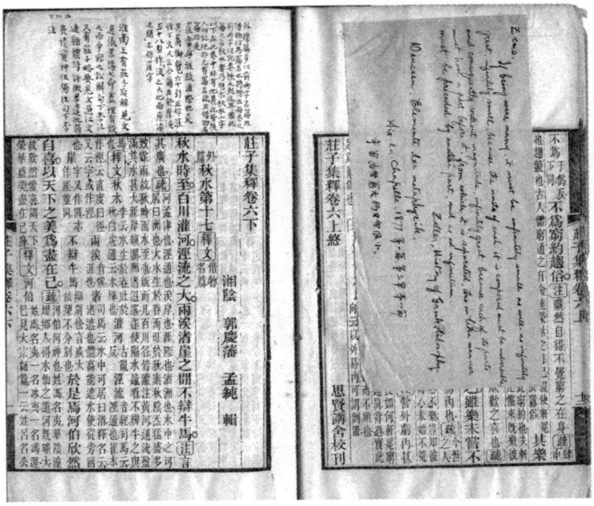

新近所发现的刘文典先生批校《庄子集释》手书

即“观物取象”的结果。它从“观物”中取象，又以所取之象“尽意”，使形而下与形而上合而为一，为“象”所附，这从感性世界出发又落实于感性之中的特征，显然与艺术形象的创造原则相似相通，故而“观物取象”一直被视为艺术创作论的代名词。俯仰之观是视知觉的直接体验。中国抒情艺术的构思以“观物”为心理起点，以“取象”为其终点。无论是起点还是终点，都体现了对艺术表达中视觉性的突出和强调。《系辞下传》讲：“见乃谓之象。”“见”强调的正是其可视性。与西方艺术直接宣泄情感的表达方式迥异，中国古代艺术采取以言造象的曲折方式来代替具体的情感铺陈。艺术家仰观俯察，盘桓绸缪于外物之中，在大自然的撞击下，创造出融凝物我的“灿烂感性”，为内在情感寻得感性化的载体。“取象”是“以心为主”，重在“尽意”，超越物之实而得其虚，然得其虚并非失意之形。因为只有坚持从物出发，才能在观物中取象，以感性的物象凸显心灵。如王国维所云：“然非物无以观我。”（王国维《人间词乙稿序》）王夫之更断言：“身之所为，目之所见，是铁门限。”（《薑斋诗话》卷二）可以说，视听等知觉的直接体验，是艺术创作不可移易的门径。这一门径的开启，始于《周易》的象思维，并在《诗经》的创作中显现出夺目的光彩。举凡鸟兽虫鱼、山川草木，都在诗人的笔下，成为表现内在情感的媒介。此后整个抒情艺术都十分强调感觉效果的重要性。汉以后历朝历代的创作论尽管面对的文学创作现状不同，基本文学主张也不尽一致，但在重视审美意象的视觉性、直觉性、个别性这一点上，无不高悬着一种理念：以物为起点，据物驰思，借物写心。这种认识的高度自觉性，其深刻的文化根源和美学根源，就在于俯仰宇宙的“观物取象”。

这俯仰之长，恰是虚静之短。虚静重在心灵的拓展，强调对道的体悟必须排除耳目感官对物的感受，所谓“以神遇而不以目视，官知止而神欲行”（《庄子·养生主》）。这种心灵的拓展，显然异于正常的感知活动。一般正常的感知活动是感官向外延伸，以耳目听视外物。感知是外物直接作用于耳目的结果，是一种“外通”。道的体悟则是自我超越的“内通”。它“循耳目内通而外于心知”（《庄子·人间世》）。即排除外物对感官、内心的干扰，把视听引向体内，以无染无杂的心胸“与道冥同”。这便是体道的“以神遇而不以目视”。“道不可闻，闻而非也；道不可见，见而非也。”（《庄子·知北游》）对它的体悟，只能是“内通”，“外通”的感知无从把握。《庄子》有一则“浑沌”的寓言，其中写道：“‘人皆有七窍，以视听声息，此独无有，尝试凿之。’日凿一窍，七日而浑沌死。”（《庄子·应帝王》）“浑沌”，乃道之别称。它的完美无缺，就在于它是宇宙整体生命的美。按人的模样加以改造，凿七窍，“以视听食息”，变“内通”为“外通”，反而断送了浑沌的性命。故事包含强调美在自然整体，而不在去感知有限现象的深意。自然整体之美，为“天地之大美”，有限现象，如《齐物论》里“毛嫱西施，人之所美也”，然“鱼”“鸟”“麋鹿”见之，竟纷纷躲避，感到可怕。由此证明美与丑是相对的，人的感官所感觉的美，本无所谓美还是丑。美丑的判断是感性的，离开人的感官，试问美在哪里呢？《齐物论》中谈及“物化”时说：“昔者庄周梦为胡蝶，栩栩然胡蝶也，自喻适志与，不知周也。”此“胡蝶”绝非“外通”的正常感知中与我对立的客观外物，因为客观外物已在“循耳目内通”中过而不留，化实为虚，消失在主客合一的心境中，既无感觉无主体，也谈不上被感的物和客体，心中如果还保留着对物的感知，就不成其为“物化”。“物化”是“内通”的“心斋”“坐忘”所能达到的境界。即在虚主以涵客、以外合于内上下功夫。就是说“内通”的主客合一只发生在心中，只局限于心灵这一精神世界。拿庄子所言的逍遥来说，需摆脱世俗的各式束缚，需借想象放飞内心精神，指向绝对自由的境界，它实是真人、神人，亦是离群索居、超世拔俗的隐者的终极目标和人格表征。他的人籁不如地籁、地籁不如天籁说，表明其对绝对的精神美的崇尚远胜于人间的具体感性。论者常引用《知北游》中的“山林欤，皋壤欤，使我欣欣然而乐欤”，作为庄子肯定自然美的凭据，却忽略了他接着又说：“乐未毕也，哀又继之，哀乐至来，吾不能御，其去弗能止，悲夫！”（《庄子·知北游》）虽说没有否定山林皋壤之美，至少对流连物态还是否定的。

而具体艺术形象的创造却是主体与客体、心与物相互作用的产物。它必须指向感性的外在世界，以对外在世界的感性实践为前提，舍此就没有什么情景合一和感觉效果可言。庄子的心斋、坐忘却把心灵的超越推向虚幻，无法落实到具体的认识途径中，因此于具体的艺术创作完全不具备可操作性。其实，道家对艺术的否定，就是拿艺术对感官的作用说事的。在老子，是“五色令人目盲，五音令人耳聋，五味令人口爽是以圣人为腹不为目”（《老子》第十二章）。在庄子，是“五色乱目，使目不明”“五声乱耳，使耳不聪”（《庄子·天地》）。如此看待艺术对感官的作用，无异于设一道屏障，封堵视听等知觉的直接体验通向艺术创作的门径，自然与“观物取象”大相径庭。就此而言，俯仰与虚静孰长孰短，自判然而别。

这虚静之短本身又是其所长。它虽然封堵了具体艺术形象的创造之门，却开启了另一扇心灵的自由之门。与“外通”的外见外闻不同，“内通”是一种“自见”“自闻”。“吾所谓聪者，非谓其闻彼也，自闻而已矣。吾所谓明者，非谓其见彼也，自见而已矣。”（《骈母》）“自见”“自闻”何以“聪”而“明”，就在于“心斋”“坐忘”，忘物、忘我、忘天下，万物无足以挠心，心灵从有蔽到无蔽地敞开，就是“明”。“水静犹明，而况精神！圣人之心静乎！天地之鉴也，万物之镜也。”（《天道》）这是心游内观与外观的统一。内观是照亮了自身，“虚室生白”（《人间世》），外观是“观乎天地”“观乎宇宙”“照之于无”，内外观统称无目的的合目的性的心观。无目的性是“忘”，合目的性是万物与我为一，无目的的合目的性，便是心灵的自由、美的观照。心灵的自由突出表现于庄子的“逍遥游”。“若夫乘天地之正，而御六气之辩，以游无穷者，彼且恶乎待哉。”（《逍遥游》）“乘云气，骑日月，而游乎天地之一气。”（《大宗师》）这逍遥游是“听之以气”养生气化功能的发挥，它非以形遇，而以神遇，离开气化中神的活动，就无心斋、坐忘。就养生、气化来说，心斋、坐忘不仅要求去物、去知、去为，还需忘已、离形。只有意识不到自身的存在，使神与形离，神才获得充分的自由。“听之以气，随气而行，气之高度运化与神之自由飞翔合一，乘物游心，出入六合，上下古今，独与天地精神往来。”[①] 真是无限自由。无限自由意味着生命体验的深邃。如庄子所说：“游心于物之初。”（《田子方》）“物之初”，原朴之浑沌。“游心”是“修浑沌氏之术”（《天地》）。这当然不是回到动物状态，而是文明的闪光，浑沌中的感悟，将养生之道与宇宙本体联系在一起。明乎此，就能大致理解，精神遨游何以会打破时空，“游于无穷”，何以会“万物齐一”，蝴蝶与庄周、醒与梦、物与已、鱼与人完全失去界限，而又无不合目的，从而把心灵的自由推到一个亘古未有的与西方迥异的特殊高妙的境界。

对比虚静心灵的自由之长，俯仰确有自由创造受限之短。此处二者之长短，为不同的哲学根源及不同的观照方式所决定。从哲学根源上说，首先,《周易》以“气”为道,《庄子》以“无”为道。“气”者，有也，为大有，无限之有。“无”者，顶级无限也，比大有之无限又高出一层。需要详加阐明的是两种观照方式的不同。两者都可以说是“游”的观照方式，一为心神之游，一为视点之游。俯仰的视点之游如扬雄所谓“仰而视之在乎上，俯而窥之在乎下，企而望之在乎前，

① 于民：《气化谐和》，东北师范大学出版社 1990 年版，第 100 页。

弃而望之在乎后”（《太玄·太玄》）。它是视点的无限扩大，不为自己所处的狭小空间局限，目不能至，而心向往之，由近及远，由远返近，使视点不断变化，达到“以大观之”的境界。这种整体的把握也需要直觉的体悟，否则是不会达到视点不断变化的有机统一的。但俯仰毕竟是在类比基础上进行的直觉体验，必然给思维的自由度带来先天的不足。类比是人与自然相互关联性感应的产物，为先秦时期人们认识世界所运用的基本思维。《周易》的卦象就是类比，其中的一些爻辞运用了比兴，堪称中国古代诗歌比兴的萌芽。比兴在于“取类”，即是类比。其目的旨在引发联想。比兴的首要条件是用于类比的自然现象和人事两端必须类似，类似才有可比性。就是说类比的两端处于比较紧密的结构模式中。这种结构模式的内在规定性、逻辑性，造成联想的简单和粗糙，正像人们常说的印象精确性强，而模糊性差，规定性强而随意性差，不能包容更丰富的联想内容。汉以后，兴的作用愈发突出，抒写的范围明显扩大，自由度大大增强，尤以自然变迁感召拨动人的心弦，着重于表现自然季候对文人创作的触兴、起情作用，在诗学上形成广为流行的物感说。如曹植的“秋风发微凉，寒蝉鸣我侧。原野何萧条，白日忽西匿。归鸟赴乔林，翩翩厉羽翼。孤兽走索群，衔草不遑食。感物伤我怀，抚心长太息”（《赠白马王彪》其四）。诗人触物兴怀，被入秋一派萧索的景象勾起对自身生存境遇的忧思。其联想不再是直接和简单的单一对应关系，索物以托情的隐喻趋于淡化，“秋风”“寒蝉”“原野”“白日”“归鸟”“孤兽”尽属诗人眼中之情。尽管如此，物感说作为比兴方法的延伸和深化，仍未脱一边是自然，另一边是人事的结构模式，仍滞留于四时物容的变化同人的情感处于一种对应关系的层面。诚如刘勰所概括的“春秋代序，阴阳惨舒，物色之动，心亦摇焉”（《文心雕龙·物色》）。并且这种自然与人的吻合对应，被看作是人类的极致和理想的境界。而庄子的心灵之游则是在比兴、物感同构对应之上更高一级的天人合一。如果说《易传》以“生”为宇宙本体，喜欢用人的生殖来比拟、界说天地自然的原生之美，“忘”不掉人之生命实体性的存在，那么《庄子》却将人之“神”置于“形”之上，把心灵的自由等同于生命的自由，忘物、忘己又忘形，这就使得心灵获得了彻底解脱，无拘无束而优游自若。比兴、物感却不是这样，由于清晰地区分主客、物我、情景之二元，为世俗的兴衰际遇和功利伦理所羁绊，与物相接总会有所限隔，不可能达到在体验中齐同物我的境界。

总之，俯仰与虚静，一具有具体艺术形象创造之长，一具有心灵的自由之长，两者恰成互补。实际上，对于这种互补，《易传》和《庄子》原来就有使其成为可能的思想因素。《系辞》的“无思也，无为也，感而遂通天下”，以及《象传》对《咸》卦加以引申的“山上有泽，《咸》，君子以虚受人”，已很贴近《庄子》的虚静。《庄子》的庖丁解牛等技艺创造故事，把心灵的自由引向感性的外部世界，与《易传》《乾》卦着重于外在世界的能动创造，也有某种相通之处。当然，把恰成互补的俯仰与虚静变成现实的整合，还有待于适逢时代所提供的契机。这契机便是魏晋玄学开创的“文的自觉”的历史际遇，而为此做出重要贡献的当首推郭象的“独化”哲学。

二、“独化”与“无心玄应，唯感是从”

“独化”是一种崇有哲学，它的突出表征是破而立之，在否定王弼本体“无”的同时，把万事万物的本源落实到具体存在物上。王弼以为天地万物都生于“无”，“无”是“有”的创生者。郭象则反复申明物之本在自身，不待“无”而“生”。

无既无矣，则不能生有；有之未生，又不能为生。然则生生者谁哉？块然而自身耳。（《齐物论注》）

无者遂无，则有自生，明矣。（《庚桑楚注》）

皆其自尔，非无所生。（《则阳注》）

非唯无不得化而为有也，有亦不得化而为无矣。（《知北游注》）

所有这些无不主张万物自本自根、自发自生。郭象既肯定“有”是唯一的真实存在，同时又认为“有”是各自独立的，一物即是一自在自足的生命实体。

故造物者无主，而物各自造。（《大宗师注》）

自天地以及群物，皆各自得而之。（《天下注》）

“物各”是活生生的存在之“有”，“天地以及群物”为“群有”。以上所谓“自生”“自尔”“自然”“自造”“自得”，说的是事物的存在和变化是自然而然、不假外求的，“独化”的含义即在于此。

“独化”作为新生的哲学范畴，看似简单，其实并不简单。王弼的本体“无”既有抽象义，又有生成义。抽象义为共相，生成义无以显示抽象义，只能是具体的存在，是没有资格充当本体的。抽象义与生成义的不能兼容，是本体“无”无法解决的一般与个别的矛盾。同是崇“有”的裴頠，虽然破除了王弼的“无”本论，以群有即具体的“有”为本，但群有各有名有状有象，不能物众形，自然就不能为具体的存在提供终极依据，仍未解决一般与个别的矛盾。这一矛盾在郭象“独化”的“自性”理论中得到了解决。“自性”是事物自身质的规定性。他说：“天性所受，各有本分，不可逃，亦不可加。”（《养生主注》）又说："物各有性，性各有极。"（《逍遥游注》）每一事物各有自己的"性分"，这种"性分"，非指事物的外形，而是就事物间的"彼我相因"的联系而言的。事物的存在不可能是孤立的，只有每个本体与别的个体相联系，个体才能现实地存在。从事物间的联系出发，则能看出事物内在的性。每一事物都有"有"和"无"两种规定性，"有"的性质决定物物间的差异，"无"的性质决定物物间的共相。这是郭象在否定王弼的本体"无"之外，所树立的另外一种"无"。此"无"是存在于事物本身的无，虽被称为"无"，却不是零或是没有，它有，它存在。《大宗师注》说："玄冥者，所以名无而非无。""无不待有而无也。"

《齐物论注》说："物各自然，不知所以然而然，则形虽弥异，其然弥同。"这个"同"虽是物之共相，即存在之"理"，却非形而上的抽象义，它无处不在，一物有一物存在之理，每一物都是"有""无"一体的架构存在，自足而圆通。"有""无"一体即"独化"的本质，它有而无之、无而有之，相生相济，相反相成，生生不息，才有事物自身不假外求的存在和变化。把"无"导入具体事物中，从而消解了个别与一般的矛盾。对于王弼的"无"本论来说，是一种修正，使其成为真正的本体，对于裴頠的无本之"有"来说，是一种提升，使其实现质的飞跃。作为对王、裴二人哲学的扬弃，"有""无"一体，亦具有现象学的意蕴。如康中乾所解析："'有'的性质使物得以保持自己的存在，维持自己的质，'无'的性质使一物与他物相联系相作用，得以打开。敞开自己，显现自己，有无相生，它的所是、所然就是其所以是、所以然，现象亦即本体，这不就是'独化'的现象学意蕴吗？"①

郭象哲学上承老庄、下启佛禅，是魏晋南北朝思想的转折关捩。"独化"哲学的突出贡献就是它的本体论，如多位论者所指出，郭象的"自本自根"，把"无"导入具体事物中的观念，使人们的运思态

① 康中乾：《有无之辨——魏晋玄学本体思想再解读》，人民出版社2003年版，第265页。

度不为形而上的问题所困扰，而直指感性现象本身，所以能物物无碍、事事无碍地任物自由兴现。青山自青山，白云自白云，青山、白云自是圆足的世界。这种彻底的现象实在论，必然引起人对自然审美关系的巨大变化。汉代重经世致用而轻情，人们在实践和观念上都与自然隔着一层，自然之美只是政治伦理观念的外在体现，一种牵强附会的“比德”化身。魏晋玄学将士大夫从烦琐的经学束缚下摆脱出来，带来了个性的解脱、个性主义的高扬。郭象“独化”哲学的掺入，以万物为各自独立的生命实体，又带来了自然的解脱，山水自然由此以独立审美对象的姿态出现，变得虚灵生动而具有千情万趣，成了与士大夫相亲和的友朋。中古诗歌创作遂一改将自然万物作为背景和道德比附的表现方式，在古代诗歌史上首开“山水即道”“山水即天理”的咏物之风，真正把自然感性引入审美的殿堂。有人说，郭象的“独化”哲学引发了一场“美学革命”，实非过誉之词。

从道理上厘清了“独化”的本体论，再考察其认识论就有了基础。本体论的运思方向制约着认识论的发展，使之与其相应。郭象的认识论亦如此。它与本体论之相应，就集中表现在注重从心物关系上致力于俯仰与虚静的整合。围绕这一“整合”，郭象提出了他的方法论三原则：

> 无心玄应，唯感是从。（《齐物论注》）
>
> 寄言出意。（《三木注》）
>
> 冥而忘迹。（《三木注》）

这三原则呈现逐层递进的态势，是分别从不同侧面所做的阐发，而以“无心玄应，唯感是从”为阐发的根基。以下着重解析其内涵及美学意义。

“无心”，以无心为心，按“泊然无心，枯槁其形”（《徐无鬼注》），实指虚静。“感”，为接物之感。“唯感是从”即以接物之感是从。“玄”为玄学崇尚的自然。整句话的意思是无心自然而然地随感而应。这是魏晋玄学首次把“无心”与“感”联系起来加以论说。类似的意思还有：

无心以顺有。（《大宗师注》）

无心而随物化。（《应帝王注》）

常无其心而付之自然。（《在宥注》）

神顺物而动。（《在宥注》）

“无心”与“感”的顺序是“物感而后应”（《天地注》），“神明由事感而后降出”（《天地注》）。在此，郭象把外通置于内通之前，由外通而内通，把外通与内通连成一体，对庄子的“以神遇而不以目视”的虚静来说，显然是一种更新和改造。这一改造对东晋、南朝的影响极大，具有多方面的美学意义。

（一）“寓目辄书”蔚然成风

郭象讲“感”，重“感”，是“独化”本体论必然的逻辑要求。既然万事万物“自生”“自尔”“自造”，就不能不对万物视而不见、听而不闻。《达生注》：“然视其所以，观其所由，察其所安，搜之有途，亦可知也。”这涉及认识论的立脚点和出发点问题。“无心”虽是被动之应，却与“感”有本质的区别。“不虑而知，开天也；知而后感，开人也。”（《达生注》）“人之所因者，天也。”（《齐物论注》）感物难免不为个人好恶左右，要避免个人好恶，就要“无心”，戒掉人为的主观性，客观如实地与外物相接，不假他求。“无心”是脱离得失、是非、善恶的忖度而回归心灵自然的虚静心，那么，与之相通的“感”就不再为个人好恶所左右，心目不相睽离。与易传的“见乃谓之象”所见所感不同，这已是经无心过滤清洗的所见所感。“唯感是从”和“顺有”意在强调还原生命精神的原发印象，保持当下寓目的鲜活。所谓“无心玄应，唯感是从”要求认识事物要注重当下视知觉的直接经验。这一方法论原则在东晋的诗歌创作领域予以实践，就形成了“寓目”成咏的风气。“寓目”，即以精深直觉点悟即目即景的经验，捕捉强烈的异常清新的印象和感受，创造鲜活的审美意象。据肖驰所论，“即事即目乃与山水诗的酝酿、发生大致同步‘寓目’的经验开始在诗中广泛被书写，也在此一时期。在庾阐的诗里，‘目散’、‘盼’、‘目翫’、‘寓目’、‘运目’、‘仰盼’、‘睨’、‘眺’等词语大量出现。‘寓目’这个词也是自晋开始与赏玩山水的诗有了关联”[①]。时人由“寓目”而产生对即时即刻景色变化的敏感，借佛学之“色”一词表达出来，如“山色”“水色”“秋色”“景色”“日色”等，成一彰显天地间风物随日光变化的词汇系统。此前历代的诗作也不乏寓目成咏之例，却未如东晋已衍成普遍的社会风气。齐梁的钟嵘以“即目”“所见”“直寻”论诗，主要是就这一风气而言，并在论谢灵运的山水诗中，将此称为“寓目辄书”。诗的艺术极致，全赖以精深直觉点悟此当下经验。宋诗有“眼边处处皆新句”“开门拾得一篇诗”，将这奉为经验之谈。明王夫之高标的“现量”说，就以寓目的“当下美”为准的，把“一触即觉，不假思量计较”以“显示真实”义，视为作诗的上乘。肖驰称：“山水诗发生的即目而兴的风气，是由与郭象玄学相似的思想文化脉络中生发出来的文化现象。或者说，郭象玄学画出了山水诗得以产生的观念上的

① 肖驰：《郭象玄学与山水诗之发生》，载《汉学研究》第27卷第3期，第43页。

轮廓。”[①] 此言甚当。

（二）“巧言切状”的追求

“巧言切状”出自《文心雕龙·物色》对山水诗艺术传达特征的概括。它所展现的令人耳目一新的感性形式美，仍受惠于“无心玄应，唯感是从”的导引。认识的起点在感官接物，随之形诸于言。所谓“唯言随物”（《外物注》）“付之于物而用其言”（《外物注》）他的“寄言出意”虽说以把握言之后的“意”为最终目的，但“出意”还是要求助于“寄言”。庄子贬低言的功能，对流连物态持否定态度，甚至视艺术的感官作用为洪水猛兽。郭象的“唯感是从”“唯言随物”，则从认识上为塑造视觉的艺术形象提供了精神支撑。它不仅启示人们充分领略自然美，而且促使诗人在为寻觅与目不暇接的美的物态相符的辞藻殚精竭虑。由是诗风大变，东晋的山水诗中充满着自然声色的描写：

> 肆眺崇阿，寓目高林。青萝翳岫，修竹冠岑。谷流清响，条鼓鸣音。玄崿吐润，飞雾成阴。（谢万《兰亭诗二首其一》）

> 姑洗斡运，首阳穆阐。嘉卉萋萋，温风暖暖。言涤长濑，聊以游衍。漂萍汉流，绿柳荫板。羽以风飘，鳞随浪转。（孙绰《三月三日诗》）

两诗虽说还在玄言诗之列，却见不到抽象的玄理，诗人全身心沉浸于物态的吟咏，文字清新流丽，尽现辞章之美。至刘宋时更导致

① 肖驰：《郭象玄学与山水诗之发生》，载《汉学研究》第27卷第3期，第43页。

“声色俱开”（陆时雍《诗镜总论》）。时人穷形尽相模山范水，刻意追求语言技巧，“自近代以来，文贵形似，窥情风景之上，钻貌草木之中；吟咏所发，志惟深远；体物为妙，功在密附”（《文心雕龙·物色》）。“巧言切状”确有过分注重形式之弊，远不如唐的“不着一字，尽得风流”来得高明，但它对山水诗之兴盛所起的推波助澜作用，以及丰富和发展文学创作的艺术表现力，变功利审美为自由审美，却是不可磨灭的贡献，而这，也只有在郭象认识论开辟的语境中才能发生。

（三）“目击道存”观照方式的确认和推行

前面屡屡谈到作为“寓目”“即目”的当下。“当下”在时间上是不期然而然的发生，纯属偶然。这个“偶然”，对于理解“目击而道存”（《庄子·田子方》）至关重要。肖驰就此所做的阐释令人印象深刻。他循着郭象追问万物存在的最后依据的思路，敏锐地注意到他不只否定了王弼的本体“无”，还否定了汉儒的“阴阳”。否定阴阳，便是否定汉儒的“天地之理”“天次之序”和天行之“消息盈虚”的结构模式，解构了汉儒宇宙图式时间系统的连贯和规则。肖氏说：“其以‘忽然’、‘块然’、‘欻然’、‘掘然’、‘诱然’等副词强调：万物的再生是一无根的偶然发生，时间上无规则可言，宇宙只是一无预设模式的变化流行。”[①]这“偶然”，既无比照，亦无期盼，的确彻底颠覆了汉儒的宇宙图式，正因为此，万物才独立无待，以一个具有自身价值的自足整体存在。可以说，郭象比任何人都更无所保留地将一个本然无主的天地万物还给世人。接着肖氏又由“偶然”说到“当下”：“肯认宇宙的本质即本然内在于此无主的、各然其所然、各美其所美的当下如如。其中因万物的自造、自生而呈现无时而不移的变化。此变化却绝无规律可言，一切只是无根的偶然发生。人只有冥于

① 肖驰：《郭象玄学与山水诗之发生》，载《汉学研究》第27卷第3期，第47页。

此大化才有无所不通的自由。由于天地之间只有不中断的偶然的‘自造’、‘自生’，人也只有凭借一次性当下在场的原发精神，方可冥于大化。”[①]“冥于大化”，亦即“独化于玄冥之境”（《齐物论注》），是齐物我的超越之境。达此境的是“当下”功夫：“不瞻前顾后，而尽当今之会，冥然与时世为一。”（《人间世注》）“不瞻前顾后”，一刻不为另一刻立限，即时间上瞬刻的自主。其认识论层面即“冥而忘迹”。“冥”乃物化，自我与对象分际的消失。“迹”，有迹可循，有形有象，可用名言把握。“玄冥”之境则无迹可循，无形无象，它就是万物自身中的“无”，只能靠“忘迹”来体悟。为了说明“迹”与“忘迹”，肖氏这样写道：“迹是行走后留下的脚印，在时间上是第二义的，暗示出一种连续，即自现在回顾、追随过往。与此相对的是表示当下行走的‘足’和‘履’。”[②]“忘迹”就好比是“当下行走的‘足’和‘履’。”但“忘迹”（无迹）是超越迹而又不离迹，因为“当下”之“忘”，迹与无迹已成一体，所迹就是所以迹。故“忘迹”实为对“目击道存”的确认。而“无心玄应，唯感是从”与“忘迹”又具有同一内涵。“无心”本就是遣是非的“忘”，这一点毋庸置疑。再者，经“无心”过滤清洗过的“唯感是从”，是戒掉人为主观性的心念“自然”，这“自然”与万物“忽然”“欻然”自生乃不期然而然的偶然发生一样，是不期然而然的直觉和直感，即当下自然生命的原发精神。那么，原发的当下之我与无时不移、变化日新的天地万物相撞击，“冥于大化”，不就是“目击道存”吗？！自此，这种即物即真的观照方式，便在东晋直至宋元的诗歌创作中广泛推行开来，从其间的传承关系，正可以看出郭象所开掘出的庄子艺术精神的巨大影响。

以上围绕“无心玄应，唯感是从”所做的探析，目的只有一个，就是以此说明它可作为俯仰与虚静整合的完整表述。如此认定，首先需明了“感”与俯仰的关系。

---

① 肖驰：《郭象玄学与山水诗之发生》，载《汉学研究》第27卷第3期，第51页。

② 肖驰：《郭象玄学与山水诗之发生》，载《汉学研究》第27卷第3期，第48页。

前面谈到，俯仰旨在“观物取象”。通过“观物”，心目与外物交接，使主客体相吻合对应，其交接点就是“感”。这是一种天人合一背景下的整体直观，或者说“天人感应”，非二元对立思维之感。周易《咸之彖》说：“圣人感人心而天下和平，观其所感，而天地万物之情可见矣。”“天地万物之情可见矣。”不正是俯仰之观吗？魏晋之交的王弼讲“感”，嵇康讲“感”，东晋佛学的领军人物慧远说：“《易》以感为体。”（《世说新语·文学》）可见，“感”在当时何等深入人心。因连带关系，“俯仰”常被道及，于诗赋中屡见。郭象把“感”与“无心”联系起来，即表示所论是与俯仰和虚静相关的问题。

“无心玄应，唯感是从”构成俯仰与虚静之间的互补。这种互补见之于：“无心”过滤清洗过的“唯感是从”，以俯仰的类比之短补入虚静的心灵自由之长；“唯感是从”的“无心”，以隔绝“外通”之短补入俯仰的接物之长。经此整合的审美观照，既具有冥于大化齐同物我的超越精神，又有着视点游动的具体意味。这一点，从宗炳的《画山水序》中“澄怀味象”及“以形写形，以色貌色”的思想中，可见出反馈的信息。同时，由于将对玄远的境界的追求落实到具体的认识途径之中，此观照对艺术创作又具有实际操作价值。自东晋起众多“以玄对山水”诗作的涌现，即是明证。

“俯仰万机而淡然自若”的界定。此话见于《大宗师注》：“常游外以弘内，无心以顺有。虽终日挥形，而神气无变；俯仰万机而淡然自若。”话虽不长，却包含四层意思。前三层的“游外以弘内”是外通与内通的合一，“虽终日挥形，而神气无变”是儒家入世与道家超世的合一，“无心以顺有”是“独化”认识论的具体心理特征。其中，“无心以顺有”为关键环节，外通与内通的合一取决于它，入世与超世的合一又是它展现的学理性质。而“无心以顺有”最终归结为“俯仰万机而淡然自若”。“淡然自若”即“虚静”顺其自然的心态。这一界定进一步从话语上验证了郭象对俯仰与虚静的整合。此前，魏晋的嵇康也有同样的表述：“俯仰自得，游心太玄。”（《四言赠兄秀才入军诗十八首》）从视点之游转化为心神之游，但并未涉及特定时空山水的“物色”之美，与郭象的整合不可相提并论。对郭象而言，整合的双方是一而二、二而一的密切交融，在“俯仰”，开始虚灵化，是用心灵编织的天地大网，反映了“冥然与造化为一”的精神气质；在“虚静”开始现实化，不再是闭塞外物的心理功夫，它自由地行走于出世与入世之间，将对外物的直观感受升华为对个体生命自由的体认和思索。且看王羲之的《兰亭诗》：“三春启群品，寄畅在所因。仰视碧天际，俯瞰渌水滨。寥朗无涯观，寓目理自陈。大矣造化工，万殊莫不均。群籁虽参差，适我无非新。”诗人于阳春三月，在无限的天水景观中，感受着造化的功夫所带来的一个新变的世界。他将对自然的深情瞬间升华为对宇宙无限和大化周流的思索。诗歌对万象纷呈的世界的感性认识，即视听感官的瞬间感受通过内心的体悟转化为对自然的玄思，当下寓目的“至理”之外再无超越的本体。这正是“俯仰”和“虚静”整合的完美诠释。

三、“道无所不在”·“目击道存”·“独化”

在《庄子》一书中，不仅有只讲内通的心斋、坐忘，还出现了外通而内通的“目击道存”，与郭象整合俯仰与虚静的“无心玄应，唯感是从”不谋而合。相比之下，后世普遍认同的还是“目击道存”，常常为诗论所征引。在诗论中，被视为“目击道存”的理论依据亦即“山水即道”来源的“道无所不在”，也见于《庄子》一书。这其实代表着庄子思想中的另一面，因受其主流思想遮蔽，未能引起足够的重视。为全面把握郭象对整合俯仰与虚静所做的贡献，有必要探明庄子思想另一面的究竟。

东郭子问于庄子曰：所谓道，恶乎在？庄子曰：无所不在。东郭子曰：期而后可。庄子曰：在蝼蚁。曰：何其下邪？曰：在稊稗。曰：何其愈下邪？曰：在瓦甓。曰：何其愈甚邪？曰：在屎溺。（《知北游》）

明言道不离物，道在具体的物中。道不是实体性的存在，所以“道无所不在”，即道在物而不是物。道在物而不是物当如何理解？《知北游》说：“物物者与物无际，而物有际者，所谓物际者也。”“物物者”，道也；“际”，界限也。说的是道物之间没有界限，物之间有界限，此物非彼物。道物之间何以无际，物物之间何以有际，在于时间性。崔宜明的《生存与智慧》一书就此做了透辟解析。他认为，物有形有色，只有在“同时性”的条件上，才能分辨出物物之间感性特征之同异，只有在“历时性”的条件下，才能有此物或彼物的感性特征发生的变化。关于时间与道的关系，庄子说：“以有形者象无形者而定矣，出无本，入无窍，有实而无乎处，有长而无乎本剽。有所出而无窍者有实，有实而无乎处者宇也，有长而无本剽者宙也。”（《庚桑楚》）崔氏指出：“‘以有形者象无形者而定矣’，这第一句话就点明了把有形之物联系到无形之道来考察的宗旨。”[①]“出无本，入无窍。”为时间永恒的流逝。物有形有色，时间无形无色，尽管时间之“在”与物之“在”有此不同，但仍然是实在的，即“有所出而无窍者有实”。空间之“在”就是无所在而无所不在，时间之“在”就是不断地生成却无始无终。因时空都是实在而无限的存在，时空之“在”，一方面因其实在性而与物相联系，另一方面又因具有无限性的品格而与道相联系。所以，有限性的物的界限显示着时间之“在”，也就呈现着道之“在”，道物之间没有界限。结论是：“道存在，道的存在就是永恒的时间中一切存在者的整体存在；物存在，物在时间中的有限存在呈示出道的绝对存在。故曰：道在物而不是物。”[②]道在物而不是物，道无所不在，触目皆道也，是谓“目击道存”。

① 崔宜明：《生存与智慧》，上海人民出版社1996年版，第179页。

② 崔宜明：《生存与智慧》，上海人民出版社1996年版，第183页。

在庄子的《知北游》中，还有一处与“目击道存”有同样的逻辑关系：“夫昭昭生于冥冥，有伦生于无形，精神生于道，形体生于精。而万物以形相生。”此话先说昭昭有伦之物产生于冥冥无形之道，以道为物的本根和始源。这与他所说的“物物者非物，物出不得先物”同一旨趣，都指创生万物的终极不可能是物，只能是超越一切存在的道。接下来的“万物以形相生”，就分道扬镳了。其意为万物之所以生，乃物自相生，非从道生，与“独化”论竟如出一辙。同一段文字中，庄子既讲“道生物”，同时又讲“物生物”，“道生物”与“物生物”两者并行不悖，这是庄子存有论哲学中最特别之处。崔氏指出：“这里所含的意思是，如果把世界分为现象界和本体，那么本体是现象界的根源；但就现实的世界本身说，只有这一个现实的世界，故在本然性上，世界自生。这样，庄子的存有论哲学区分开两个世界，一个是现实存在的本然世界，另一个是形而上学思辨在观念中所把握的可能世界。”[①]“可能世界”的道生物，在现实中不存在，只存在于人的思维中，是从逻辑上讲的。“本然世界”的物生物，在现实中存在，是从时间上讲的。从时间上讲，本然世界中没有本体和现象的分野，只有永恒地生灭、运动着的物。所谓“犹其有物也，犹其有物也，无已”（《庄子·知北游》）。万物自生油然自足，万物相生永无止息，其存在和变化的原因只在自身，这与“道生物”的体用两分完全不同，是体用一如，即体即用，那么“道无所不在”的提出，乃是顺理成章之事。所以跟着才有“目击道存”应之而出。据此，我们认为，庄子思想中的这另一方面，绝非孤立存在的个案，而确确实实在其整个体系中占有一席之地。郭象注《庄》，当然不会忽略这一点，就此而言，庄子还真称得上郭象“独化”哲学的引路人和奠基者。

虽说“道无所不在”“目击道存”的发明权在庄子手里，但却“明而未融”。他的哲学充满了悖论，同一问题不仅观点对立，还常常在搅在一起。其本体论自始至终未能解开“道生物”与“物生物”纠缠在一起的死结，其认识论更多倾向心斋、坐忘一方，重内心体验、轻

---

① 崔宜明：《生存与智慧》，上海人民出版社 1996 年版，第 168 页。

外在感性的倾向尤其突出。而这又与养生、气化紧紧纠合在一起密切相关。养生、气化从根本上去知去欲，要求将视听引向内，闭塞外物，泯灭情思，显然与创作思维相左。否则，刘勰也不会说出“老庄告退，山水方滋”这番话来。

郭象的“独化”论能够圆贯如一，刚好得益于魏晋以来的离养生而究本体。因为哲学与养生、气化合一的状况不破，哲学便难以获得自身的独立。更重要的是他以“自性”理论创造性地发展了庄子思想中的另一面。

其一，把时间之“在”转化成“无”。庄子用时间将物与道统一起来。时间被他比喻为“天门”：“有乎生，有乎死，有乎出，有乎入，入出而无见其形，是谓天门。”（《庄子·庚桑楚》）指物之生死出入都在时间中，而时间“无见其形”，故时间为万物存在之门。庄子又说“天门，无有也。”（《庄子·庚桑楚》）较之于物，时间的无限性品格使之可称为“无有”，即道呈现为时间之“在”。郭象对此深感共鸣，注道：“天门者，万物之都名也。”（《庚桑楚注》）就是说时间之动为万物的共性。他认为万物时时刻刻都在变化之中，变与时间同在。按他的事物自身有无一体“相因”说，变的根本原因不在有，有只使物存在，成就其“所是”，无才能使物得以显现，成就其“所以是”。显现是在时间中的显现，无与时间在本质上是一致的。因此，我们完全可以这样推论，郭象是为庄子的“天门”之“无有”所启发，把它转换成事物自身之“无”的。与庄子当初说出“道无所不在”不同，这种转换既表示剔除了“道生物”，还意味着对王弼本体“无”的扬弃。

其二，理顺了庄子的人性说。虽说庄子的“目击道存”与“无心玄应，唯感是从”同属以直觉点悟的当下视觉经验，但“目击道存”却与其追求的人生价值理想存在着无法解决的矛盾：人性的悖论。依庄子的“万物自形相生”，万物平等，人性即物性，没有一个与万物之性分别的物性。因为人和万物都以时间性为存在性，以变化日新为其存在方式。然而，人不可能沉溺于物性，又必须提升自己，以现实的实践活动把世界实现为自身，从而创造世界。庄子是怎么说的呢？“彼民有常性，织而衣，耕而食，是谓同德。”（《马蹄》）肯定“耕、织”之所为，毫无疑问是把历史过程中的生产和生活方式当成了人之本性。在此，超越性、创造性又成了人性，人性与物性被区别开来。这也是庄子所以赞赏庖丁解牛、梓庆削鐻、吕梁丈人蹈水等实践活动的根因。可是，庄子却终止了这一思路，仍然坚持先在地拒绝人的社会性、历史性的主张，否定、取消人的意志实践的价值。这样，在《庄子》一书中就出现了两种逻辑上根本不相容的人性说。郭象则吸取了庄子的人性即物性说，进而主张以彻底平等的态度待物。“夫大小虽殊，而放于自得之场，则物任其性，事称其能，各当其分，逍遥一也。”（《逍遥游注》）于是，随着对庄子的人性即超越性品格的否定，也消解了他的关于人性的悖论。以彻底平等的态度待物，丝毫不计较物物间的分别，任物自为，就是“顺性”，即“无心玄应，唯感是从”“无心以顺有”，同时也便肯定了“目击道存”。表面上，这是把人性等同于物的自然性，脱离人的社会性和实践活动。其实不然，所谓“顺性”是把人的自由当作现成自在的东西，人只要无为，安命适性就是逍遥。这种无为并非与有为对立，而是包括有为：“无为者，非拱默之谓也，直各任其自为，则性命安矣。”（《在宥注》）庄子把逍遥归结为脱略凡尘的超世性方外性，以为不为俗世所累，洒脱无为，才能达到人生自由之境。郭象却认为，庄子之逍遥实为过高，可望而不可即，“虽当无用”“虽高不行”遂调整为“夫圣人虽在庙堂之上，然其心无异于山林之中”（《在宥注》），把入世与超世、业务营禄与精神自由统一起来。由于务实可行，切合时人的口味，大大增强了郭象哲学的可接受性。拿“目击道存”来说，尽管其命名因突出对现象即本体的体悟而广为流行，但深层原因却是因郭象理顺了庄子人性说而流行。

（作者单位：吉林大学文学院）

《庄子》“卮言”辨析

刘　畅

一、材料梳理与文献综述

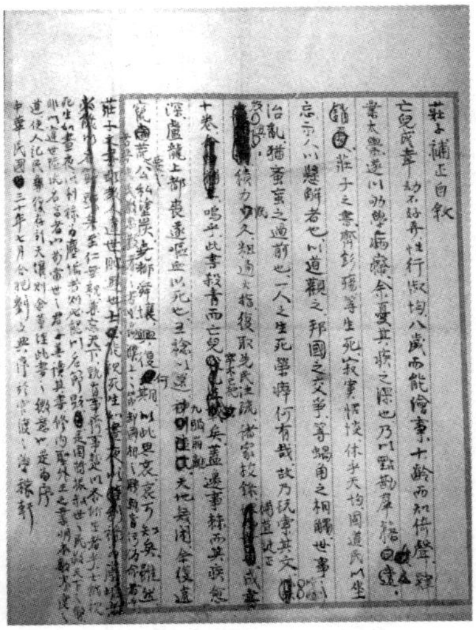

《庄子补正》自序文稿

（一）“卮言”的文本依据

对于“卮言”，庄子用墨多于“寓言”和“重言”，后人诠释也是众说纷纭、莫衷一是，可见其重要性及复杂性。语词意义上，《庄子》中直接提到“卮言”的有两处。其一，见于《寓言》篇：

> 寓言十九，重言十七，卮言日出，和以天倪。……卮言日出，和以天倪，因以曼衍，所以穷年。不言则齐，齐与

言不齐，言与齐不齐也，故曰言无言。言无言，终身言，未尝言；终身不言，未尝不言。有自也而可，有自也而不可；有自也而然，有自也而不然。……恶乎可？可于可；恶乎不可？不可于不可。物固有所然，物固有所可。无物不然，无物不可。非卮言日出，和以天倪，孰得其久！万物皆种也，以不同形相禅，始卒若环，莫得其伦，是谓天均。天均者，天倪也。①

其二，见于《天下》篇：

惚漠无形，变化无常，死与生与，天地并与，神明往与！芒乎何之？忽乎何适？万物毕罗，莫足以归。古之道术有在于是者，庄周闻其风而悦之。以谬悠之说，荒唐之言，无端崖之辞，时恣纵而不傥，不以畸见之也。以天下为沈浊，不可与庄语。以卮言为曼衍，以重言为真，以寓言为广。独与天地精神往来，而不敖倪于万物。不谴是非，以与世俗处。其数虽瑰玮，而连犿无伤也。其辞虽参差，而諔诡可观。彼其充实不可以已。上与造物者游，而下与外死生、无终始者为友。其于本也，宏大而辟，深闳而肆；其于宗也，可谓调适而上遂矣。虽然，其应于化而解于物也，其理不竭，其来不蜕，芒乎昧乎，未之尽者。②

但由于“卮言”之出现往往与“天倪”相伴随，所谓“卮言日出，和以天倪”，而《庄子》又说“天均者，天倪也”，而“天均”“天倪”与“道枢”“两行”等概念范畴又有所关涉，因而就又扩大了如何理解、分析“何谓卮言”的材料范围——对“天均”“天

① 陈鼓应：《庄子今注今译》，商务印书馆2007年版，第836页。
② 陈鼓应：《庄子今注今译》，商务印书馆2007年版，第1016页。

倪”“道枢”“两行”等词语的诠释及其思维意涵究竟何指，也纳入本文辨析“卮言”究竟何谓的范围。据此，《齐物论》中的一段话虽只论“天倪”，但对理解何为“卮言”也至关重要，这一点在下文论述“卮言”与“化声”的关系时要提道：

> 既使我与若辩矣，若胜我，我不若胜，若果是也，我果非也邪？我胜若，若不吾胜，我果是也，而果非也邪？……化声之相待，若其不相待，和之以天倪，因之以曼衍，所以穷年也。“何谓和之以天倪？”曰：“是不是，然不然。是若果是也，则是之异乎不是也亦无辩；然若果然也，则然之异乎不然也亦无辩。忘年忘义，振于无竟，故寓诸无竟。”①

“三言”之中，“卮言”之解歧义纷出，最为扑朔迷离。理解它有词语诠释和实际运用意涵两个层面，以下分别辨析、论述之。

（二）“卮言”的词语诠释层面

依据目前可见文献，在古代汉语中，《庄子》最早使用“卮言”一词，而郭象、成玄英等最早为其做注，对于“卮言日出，和以天倪”，郭象注：“夫卮，满则倾，空则仰，非持故也。况之于言，因物随变，唯彼之从，故曰日出。日出，谓日新也。日新则尽其自然之分，自然之分尽则和也。”成玄英疏：“卮，酒器也。日出，犹日新也。天倪，自然之分也。和，合也。夫卮满则倾，卮空则仰，空满任物，倾仰随人。无心之言，即卮言也，是以不言，言而无系倾仰，乃合于自然之分也。又解：卮，支也。支离其言，言无的当，故谓之卮言耳。”② 其后注庄者，受此影响较大，其中不乏全盘接受者。如曹础基《庄子浅注》：“卮言，司马彪注：‘谓支离无首尾言也。’支离的合音则为卮。日出，时常出现。和，合。天倪，自然。可见卮言是穿

① 陈鼓应：《庄子今注今译》，商务印书馆2007年版，第105页。

② 郭庆藩：《庄子集释》，中华书局2013年版，第831页。

插在寓言与重言之中，随其自然，经常出现的一些零星之言。”[①] 陈鼓应《老庄新论》：“在庄子而言，寓言或重言都是无心之言，这就是《寓言》所说的‘卮言’。卮言是比喻思想言论无心而自然的流露，所以说‘卮言日出，和以天倪’。意谓卮言层出不穷，合于自然的分际。”[②] 由于《庄子》中“卮言”每与“天倪”相随，故欲得到“卮言”的确解，也必须理解何为“和以天倪”。据以上注解，和，即合；倪，边界、分际；和以天倪，即合于自然的分际。

据《汉语大词典》：“卮：古代盛酒器。《礼记·内则》：‘敦牟卮匜。’郑玄注：‘卮匜，酒浆器。’”并解“卮言”：“卮言：谓随和人意，无主见之言。清王韬《〈英语汇腋〉序》：‘近且卮言日出，人人自矜秘本。’亦用以谦称自己的著作。……又如《诸子卮言》，清孔广森《经学卮言》。”又解“卮辞”：“亦作‘卮词’。谓随和人意，无主见之辞。清戴世明《丁丑房书序》：‘无用之卮辞，不切之陈言，无所得入乎其间。’清梁章钜《北东园日记诗》：‘一纸卮言何足算，三年五度遣杨枝。’”[③] 颇有些“满纸荒唐言，一把辛酸泪”的意味；荒唐言，即卮言。案其他以“卮言”命名的书籍还有：王世贞《艺苑卮言》、姚灵犀《瓶外卮言》、徐书城《美学卮言》、张燕瑾《煮字斋卮言》、江瑔《读子卮言》、詹东华《不惑卮言》、曾希圣《绘事卮言》、张柏然《译学卮言》等。据《辞源》：“卮：酒器，容量四升。”《史记·项羽本纪》：“项伯即入见沛公，沛公奉卮酒为寿。”并解“卮言”：“卮言：随人意而变，缺乏主见之言。一说为支离破碎之言。……后人用卮言，作为对自己著作的谦称。”又有《卮林》词条：“《卮林》：明周婴撰。十卷，又补遗一卷。此书广征博引，纠正群书及其注疏的讹误，共四十家。每条以两字标目，系以作书人的姓氏。如‘格鲍’是纠正鲍彪的《国策注》，‘驳鱼’是驳论鱼豢

① 曹础基：《庄子浅注》，中华书局 1982 年版，第 421 页。

② 陈鼓应：《老庄新论》，商务印书馆 2014 年版，第 362 页。

③ 罗竹风主编：《汉语大词典》，汉语大词典出版社 1990 年版，第 512 页。

的《魏略》。书名《卮林》，取《庄子》‘卮言日出’之意。”[①]

（三）卮言在《庄子》的实际运用意涵层面

据张洪兴《〈庄子〉“三言”研究综述》[②]，并结合其他材料，目前学界对于“卮言”约有如下诠释：

1. 因随变化、无心之言。卮言，郭象注：“夫卮，满则倾，空则仰，非持故也。况之于言，因物随变，唯彼之从，故曰日出。日出，谓日新也，日新则尽其自然之分，自然之分尽则和也。”成玄英疏：“卮，酒器也：日出，犹日新也。天倪，自然之分也。和，合也。夫卮满则倾，卮空则仰，空满任物，倾仰随人。无心之言，即卮言也，是以不言，言而无系倾仰，乃合于自然之分也。又解：卮，支也。支离其言，言无的当，故谓之卮言耳。”[③]

2. 支离破碎之言。《经典释文》引司马彪云：“谓支离无首尾言也。”成玄英说：“又解，卮，支也，支离其言，言无的当，故谓之卮言耳。”杨柳桥在《庄子译诂》序言中说：“卮言就是‘支言’，就是支离、诡诞，不顾真理、强违世俗、故耸听闻的语言。”钟泰等人也持此说。此种学说是音训的结果，与卮的形器不相关联。

3. 酒器，引申为宴饮之辞，或祝酒词。罗勉道《南华真经循本》中说：“卮言，如卮酒相欢之言。”陆西星《读南华真经杂说》：“卮言者，旧说有味之言，可以饮人，看来只是卮酒间曼衍之说。”谭元春则说：“繁绪单辞，触情触物，谓之卮言。此则手口之间，无日不出，如人饮酒，日弄一卮，天倪融美，穷年不休，所谓闭门著书多岁月也……庄子非如是立言，连犿无极，决难持久。”王闿运《庄子内篇注》说：“卮，觯同字。觯言，饮燕礼成，举觯后可以语之时之言，多泛而不切，若后世清谈。”李炳海则进一步认为，卮言为“先秦祝酒词”。

① 辞源编写委员会：《辞源》，商务印书馆 1979 年版，第 435 页。

② 张洪兴：《〈庄子〉“三言”研究综述》，载《天中学刊》2007 年 3 期。

③ 郭庆藩：《庄子集释》，中华书局 2013 年版，第 831 页。

许慎《说文解字》："卮，圜酒器也。一名觛。所以节饮食，象人。"段玉裁注："《内则》注曰：'卮匜，酒浆器。'"①

4. 不一之言。王雱在《南华真经拾遗》中说："卮言，不一之言也。言之不一，则动而愈出，故曰'日出'。言不一而出之必有本，故曰'和以天倪'。天倪，自然之妙本也。言有其本，则应变而无极，故曰'因以曼衍'。言应变而无极，则古今之年有时而穷尽，而吾之所言无时而极也，故曰'所以穷年'。此周之为言，虽放纵不一而未尝离于道本也。"

5. "漏斗式"之辞。张默生在《庄子新释》中说："卮是漏斗，卮言就是漏斗式的话……漏斗之为物，是空而无底的，你若向里注水，它便立刻漏下，若连续注，便连续漏，就是江河之水，只要长注不息，它便常漏不息，汩汩涛涛，没有穷尽，几时不注了，它也几时不漏了，而且滴水不存。庄子卮言的取义，就是说，他说的话，都是无成见之言，正有似于漏斗。他是替大自然宣泄声音的，也可以说是大自然的一具传音机。"

6. 矛盾之言。悖论之言。孙以楷、甄长松在《庄子通论》中说："'卮言'应释作矛盾之言——'卮言'即'是不是，然不然'之类超然于是非彼此的矛盾语式。"

7. 合道之言。此解主要源于"合乎自然的分际"的理解。边家珍说："《庄子》中的'卮言'，是合乎'环中'、'道枢'之言，即合道之言。所谓'寓言'、'重言'，均可统领于'卮言'；'寓言'、'重言'是为'卮言'服务的。'卮言'在语言形态上可以分为悟道之言、体道之言和'言无言'三个层面，成为庄子及其学派的基本言说方式。'卮言'是战国'百家争鸣'的产物，它包含着对言、意、道关系的认识，又与庄子的体道方式密不可分。"②

8. 卮言是一种直接的议论性文字。刘生良认为："庄子把'寓

① 许慎著，段玉裁注：《说文解字注》，上海古籍出版社1981年版，第430页。

② 边家珍：《〈庄子〉"卮言"考论》，载《文史哲》2002年第3期，第94页。

言'、'重言'之外自己的直接议论文字称为'卮言',是有意和此前诸子的自言、直言相区别的,说明自己的议论是有所依托附丽的自然流衍,是替人自然宣泄声音而不卞成见,是在乎天人之际、'和于天倪'而与物无伤的,不像其他诸子那样无所依托附丽,纯乎人为,全然成见,擅兴是非,使天下'樊然淆乱'。至于'卮言'在书中所占比重,庄子未曾提及,但以'寓言十九'推之,'卮言'盖为'十一',即约占全书的十分之一。据笔者粗略统计,在全书约七万字中,作者的议论文字为六七千字,正好符合这个比例。庄子之所以运用'卮言',除能够'和以天倪'外,主要是为了'因以曼衍,所以穷年',即将文章的意旨以及读者的思路引向'道'的精神和境界,使人得以悟道而终其天年。"①

9. 卮言即"优语",即俳优滑稽之言。过常宝等认为:"'卮言'是《庄子》的一种写作方式。学者认为'卮言'是对散漫无谓之言的比喻性说法,或是先秦饮酒礼中的祝酒词。事实上,'卮言'即'扬解之语',它的散漫嘲戏的特点,说明它是徘优在酒席上的语言表演,又称'优语'。'优语'的内容包括插科打诨、谜语、神怪故事和说唱等。'优语'因其娱乐性质而享有豁免的权利,徘优可以利用这一职业特权进行劝谏,因此,'优语'又是一种有所承担的话语形式。'优语'因其似有似无的姿态和充满了隐喻性的表达方式,而得到道家的认同。《庄子》大量采用了'优语'即卮言的形式,或模仿了它的表达方式。《庄子》自云'卮言日出',确非虚语。"②

10. 卮言是一种事实论证。曾昭式认为:"《庄子》的'卮言'论式要求不带有价值偏好等个人成见,是一种事实陈述。在庄子看来,自然规律不需要言说;如果真要言说,也只能合于自然的规律,即这种言说只是描述自然规律。就其作用而言,即如《天下》篇所言'以卮言为曼衍'。也就是'以卮言为曼衍',其依据正如上引文'有自

① 刘生良:《〈庄子〉"三言"新解说》,载《中州学刊》2012年第1期,第159页。

② 过常宝、侯文华:《论〈庄子〉"卮言"即"优语"》,载《北京师范大学学报》2007年第4期,第28页。

也而可……物固有所然，物固有所可，无物不然，无物不可’。值得注意的是，此段话与《庄子·齐物论》篇的叙述完全一致，它要强调的是‘事实胜于雄辩’的论证作用。”①

11. 卮言即“小说”。王光福等认为：“中国的小说，源于何时？无人知晓；来自何方？人亦语焉不详。就是‘小说’之名，亦最早见于庄子之口：‘饰小说以干县令，其于人达亦远矣。’庄子所说的‘小说’，与我们所要求的‘小说’，不是一个概念，这是所有研究者的共识。那么，在庄子的意识里，有没有与现代‘小说’相似的概念呢？有，那就是‘卮言’。……它无牵无碍，张口就来，来去自如，收放随意，这自然是‘自然随分’之言。它来无征兆，去无踪影，似真似幻，若有若无，这自然是‘支离破碎’之言。”②

以上所列，仅为笔者目前所能搜集到的解释，即使这样，亦可见出“卮言”意涵的多义性、模糊性和复杂性。

（四）“天倪”“天均”等诠释

“卮言日出，和以天倪”，可见欲明“卮言”义，不可不明“和以”及“天倪”义。据笔者所见，从语词意义上，目前学界对“天倪”一词，主要有三种解释：

一释为“自然之分”，天，自然之意；倪，分界、分际之意。《大宗师》云：“假于异物，托于同体，忘其肝胆，遗其耳目，反复终始，不知端倪。”天倪，即天分、天边。此说已见于上文所引郭象注、成玄英疏，不赘。

一释为“天然之音”，天，天然之意；倪，通兒，小儿啼哭之声。提出此说的学者说：“《庄子》中‘天倪’一词通常解释为‘自然之分’、‘倪’被视为‘厓’的通假字，解释为‘边际、界限’、但是此种解释与《庄子》上下文意颇多扞格之处、我们通过考察‘兒’‘倪’‘婗’字形和词源，发现‘兒’字的字形当是描绘小儿啼

① 曾昭式：《庄子的“寓言”“重言”“卮言”论式研究》，载《哲学动态》2015年第2期。

② 王光福、姜维枫：《“小说”即“卮言”》，载《山东省农业管理干部学院学报》2009年第1期，第148页。

哭状，其语源义也正是‘啼哭’，‘倪’与‘兒’在早期时同源通用。再结合历代文献的使用情况和对《庄子》文本具体语境的理解，我们认为‘天倪’意为‘天然之音’，或如刘文典所云：‘道家恒言。’而不应该理解为‘自然之分’。”①

一释为“天然之和”，持此论的为涂光社先生云：“‘倪’在‘天倪’中义即为‘和’。‘天倪’与‘天均’也相通，经常互释、并用。……‘天倪’是自然的和谐，‘和之以天倪’中的‘和’字是动词，指以‘和’为宗旨的协调整合。”②

《寓言》篇又说：“天均者，天倪也。”则“天均”也应纳入诠释“天倪”的视野。晁福林认为：“《庄子》书中钧、均两字混用无别，两字皆有平均、均齐之意。这两个字皆从匀，其造字本义，当出自陶均。制作陶器时，坯在陶轮上飞旋，手抚使平整均齐。《寓言》篇谓‘始卒若环，莫得其伦’，《盐铁论·遵道》篇谓‘辞若循环，转若陶钧’，正用其本义，皆由陶钧而取义。《释文》在解释此句时引崔氏说谓‘钧，陶钧也’，是很正确的。庄子所说的‘天钧’即自然均平的道理，一切是非都可以在它而前泯灭，故谓‘和之以是非而体乎天钧’。……‘体乎天钧’之后的结果就是‘两行’，各随其便。在这种状态下，外物和自我都各得其所，互不纠结干扰，达到绝对自然的境界，用庄子的话来说，这就是‘道通为一’了。总之，庄子在《齐物论》中提出‘天均’的概念是为了解决齐是非问题中的逻辑上不可避免的矛盾。”③据此，则“天倪”亦含有“自然均平”“泯灭是非”的意涵。《庚桑楚》篇亦提及“天钧”：“学者，学其所不能学也；行者，行其所不能行也；辩者，辩其所不能辩也；知止乎所不能知，至矣，若有不即是者，天钧败之。”“天钧”，成玄英云：“自然之性。”即人的自然天性，在此指人日新进取的本性永不满足，在求知悟道的过

① 胡海宝：《说“天倪”》，载《宁夏大学学报》2013年第5期，第24页。

② 涂光社：《读庄心解》，学苑出版社2013年版，第285—286页。

③ 晁福林：《读〈庄子·寓言〉篇札记》，载《云南社会科学》2001年第5期，第84—85页。

程中不断接近自然本真。《徐无鬼》中亦提道："知大均……大均缘之。"郭象注："因其本性，令各自得，则大均也。"所谓的"大均"，亦即"天均"；大均缘之，意即人应当遵循天然自得的道路。又《天地》篇："天地虽大，其化均也。"于上可知，天均，即普遍而没有偏私。天均、天倪、天德、天和、天乐等均属于《庄子》一书"天"系列概念范畴，意蕴相通。

各家说法均有道理，在此，"天倪"一词，无论释为"自然之分"还是"天然之声"或是"天然之和"，均属于庄子阐释其自然之道的"天"范畴系列，与庄子心目中与"天"相关的道德至境息息相关，理解为自然之道即可。

二、"和以天倪"还是"合于天倪"？

"和以"，还是"合于"？虽只一字一词之差，但在决定"卮言"性质定义这个问题上，其所导致的理解方向却迥异，所谓"差之毫厘，失之千里"。

将"和以天倪"理解为"合于天倪"始于成玄英，其疏"卮言日出，和以天倪"，云："卮，酒器也。日出，犹日新也。天倪，自然之分也。和，合也。夫卮满则倾，卮空则仰，空满任物，倾仰随人。无心之言，即卮言也，是以不言，言而无系倾仰，乃合于自然之分也。"[①]这样，原本"和以天倪"就成了"合于天倪"，而被一些学者接受并广泛传播。如曹础基注亦云："日出，时常出现。和，合。天倪，自然。"[②]陈鼓应注循此："和以天倪：合于自然的分际。天倪，天道自

① 郭庆藩：《庄子集释》，中华书局2013年版，第831页。

② 曹础基：《庄子浅注》，中华书局1982年版，第421页。

然。”[①] 又：“和以天倪：合乎自然的分际。天倪，天道自然。”[②] 其“卮言日出，和以天倪，因以曼衍，所以穷年”译文云：“无心之言层出不穷，合于自然的分际，散漫流衍，悠游终生。”其“非卮言日出，和以天倪，孰得其久！”译文云：“要不是无心之言日出不穷，合于自然的分际，怎能维持长久！”[③] 在《老庄新论》中，陈鼓应又解释说：“卮言：在庄子而言，寓言或重言都是无心之言，这就是《寓言》所说的‘卮言’。卮言是比喻思想言论无心而自然的流露，所以说‘卮言日出，和以天倪’。意谓卮言层出不穷，合于自然的分际。”[④]

按此处“和以天倪”中的“和”本义应为“调和”“调适”“中和”，而非“符合”。据《汉语大字典》：“和，调和，调制，调适。”《周礼·天官·食医》：“食医掌和王之六食、六饮、六膳、百羞、百医、八珍之奇。”郑玄注：“和，调也。”[⑤] 据《辞源》：“和，调和。”《国语·郑语》：“和六律以聪耳。”含有相反相成之意。《左传·昭公二十年》：“和如羹焉，水、火、醯、醢、盐、梅，以烹鱼肉。……君臣亦然。君所谓可，而有否焉，臣献其否以成其可；君所谓否，而有可焉，臣献其可以去其否。”此以水火相反而成和羹，比喻可否相反相成以为和。[⑥] 按此解最为接近“卮言日出，和以天倪”中之“和”之本义。所谓“和”，是指一种状态，其中不是没有矛盾、对立、相异的因素，而是以高度的智慧将其协调、整合起来。如涂光社先生所总结的：“‘和’在华夏文化传统中是理想的境界：事物的构成和相互关系虽有多种相异乃至矛盾对立因素，由于互补互动、互相制约或者相反相成而形成的一种协调平衡状态。”[⑦]《礼记·中庸》所谓：

① 陈鼓应：《庄子今注今译》，商务印书馆 2007 年版，第 837 页。

② 陈鼓应、林光华：《庄子解读》，中国人民大学出版社 2014 年版，第 228 页。

③ 陈鼓应：《庄子今注今译》，商务印书馆 2007 年版，第 840 页。

④ 陈鼓应：《老庄新论》，商务印书馆 2014 年版，第 362 页。

⑤《汉语大字典》，第 602 页。

⑥《辞源》，第 502 页。

⑦ 涂光社：《读庄心解》，学苑出版社 2013 年版，第 278 页。

“天命之谓性，率性之谓道，修道之谓教。道也者，不可须臾离也，可离非道也。是故君子戒慎乎其所不睹，恐惧乎其所不闻。莫见乎隐，莫显乎微，故君子慎其独也。喜怒哀乐之未发，谓之中；发而皆中节，谓之和。中也者，天下之大本也；和也者，天下之达道也。致中和，天地位焉，万物育焉。”① 又：“万物并育而不相害，道并行而不相悖。”

而查“合”字，本义为闭合、合拢、聚集、符合。《孟子·尽心下》：“万子曰：‘一乡皆称原人焉，无所往而不为原人，孔子以为德之贼，何哉？’曰：‘非之无举也，刺之无刺也，同乎流俗，合乎污世，居之似忠信，行之似廉洁，众皆悦之，自以为是，而不可与入尧舜之道，故曰‘德之贼’也。”此处的“合乎”，为符合、相配之义。《礼记·礼器》：“先王之立礼也，有本有文。忠信，礼之本也；义理，礼之文也。无本不立，无文不行。礼也者，合于天时，设于地财，顺于鬼神，合于人心，理万物者也。”此处的“合于”，为相符相合之义。《礼记·礼运》：“故治国不以礼，犹无耜而耕也；为礼不本于义，犹耕而弗种也；为义而不讲之以学，犹种而弗耨也；讲之以学而不合之以仁，犹耨而弗获也；合之以仁而不安之以乐，犹获而弗食也；安之以乐而不达于顺，犹食而弗肥也。”“合”之众义中，只有一义是“和同，融洽”之意，如《诗·小雅·常棣》：“妻子好合，如鼓琴瑟。”②

在此，还应注意古汉语介词“以”和“于”的差别。以，用；“和以天倪”，用天倪去协调使之均衡无偏颇。于，及，到；“合于天倪”，与天倪相吻合，或合于自然的分际，即合于自然均衡无偏颇之道。要之，“和”还是“合”，“以”还是“于”，“和以天倪”，还是“合于天倪”？虽只一字一词之差，却关乎对于“卮言”文义的理解方向。如果是前者，那么“卮言”与“天倪”就具有相异、矛盾，甚至对立

①《十三经注疏》，中华书局影印本1979年版，第1625页。

②《辞源》，第478页。

的性质，因此才要用“天倪”去调和，最终使之与自然之道相均衡、协调；如果是后者，那么“卮言”与“天倪”就具有同一、同构、同等的性质，就可理解为“卮言”是符合“天倪”的，是与“天倪”为一的，“卮言”就是“天倪”的具体体现。理解方向的不同，决定了对“卮言”义涵界定的迥异。于是自然引出了第二个问题，“卮言”是否就等同于“天倪”？

三、“卮言”：是否等同于“天倪”或合道之言？

如上，如果把“和以天倪”（“用天倪去调和”）理解并诠释为“合于天倪”（“合于自然的分际”），那么，“卮言”就具有符合天倪，并与之一致的性质。如前所论，“天倪”属于庄学范畴的“天”系列概念，具有公允、协调、调和、均衡的性质，如果视“卮言”等同于“天倪”，那么，它也就具有了上述性质。自成玄英乃至于当今学界，这样理解的不在少数。

清人浦起龙《庄子钞》曰：“卮者，和之象，所以只从‘和’之著解也。一部《南华》，以此章（指《寓言》，蔽之，直以‘和以天倪’一言蔽之，无余旨也。”郭嵩焘也认为二者实为一物，据郭庆藩《庄子集释》：“家世父曰：‘不言则齐，谓与为卮言，曼衍以穷年，犹之不言也。卮言之言，随乎言而言之，随乎不言而言之；有言而固无言，无言而固非无言，是之谓天倪。’”[①]按“不言则齐”“不言之言”云尔实为“天倪”而非“卮言”的特征。

涂光社先生也指出：“‘寓言’、‘重言’在《庄子》中很容易看出来，那么具体的‘卮言’又是哪些呢？它们当间出于各种议论之中，然而就其学术精神而言，我以为《天下》篇算得是‘卮言’最集

① 郭庆藩：《庄子集释》，第833页。

中处。公允‘自然’（客观）地认识和肯定诸子各自的成就，是对先秦学术的‘和以天倪’。‘独与天地精神往来’的庄子笑傲尘俗，冷嘲的是世人观念的悖谬、陈腐、僵化和政治的残暴、伪善及其对人的异化。其出世的倾向决定了他不会为邀宠人主势要而力排众议，其高于同时代人的理性精神使他选择了‘和以天倪’的学术态度。”① 在此，将“卮言”与“天倪”等同起来是很明显的。进而言之，“卮言”之所以与“天倪”等同，是因为：“‘卮言’则在日新月异的思想演变过程中承担着协调、整合的重任。它追求怎样的境界呢？《齐物论》已有‘化声之相待，若其不相待，因之以曼衍，所以穷年也’之论，且这样解释：‘何谓和之以天倪？曰：是不是，然不然。是若果是也，则是之异乎不是也亦无辩，然若果然也，则然之异乎不然也亦无辩。忘年忘义，振于无竟。’其中‘曼衍’是不拘常规的演变和推而广之；‘天倪’是自然而然的平衡协调；‘无竟’是‘无穷’的至境，也即‘无待’之境或者‘逍遥游’所至的‘无何有之乡’。由此可知，《寓言》自谓‘卮言日出，和以天倪’，所致力的有如自然天成的包容与和谐，既是一种‘无辩’的理论境界，也是论者‘所以穷年’、‘忘年忘义’的人生境界，又是一种自然的‘和’美充盈的艺术境界。”② 又说：“阐释‘卮言’的时候重申肯定与否定、是与非的相对性，既是为不断完善、修正自己的学说提供依据，有兼取诸子所长的意义，也是对‘卮言’的一种描述。”③

方勇先生在《庄子学史》中论“卮言”也说：“‘卮言’在《庄子》中游衍不定，庄子以‘卮言’命名，是想表明他自己所说的话便如酒器里的酒，‘卮满则倾，卮空则仰，空满任物，倾仰随人’，都是无心之言，所以称为‘卮言’。正因为是无心之言，时倾时仰，因此‘卮言’大多是些不着边际的议论，想到哪便说到，在处于战国乱世

① 涂光社：《读庄心解》，学苑出版社 2013 年版，第 314 页。

② 涂光社：《读庄心解》，学苑出版社 2013 年版，第 316 页。

③ 涂光社：《读庄心解》，学苑出版社 2013 年版，第 381 页。

之中的庄子看来，百家争鸣，各执一端，尤其儒、墨一家，他们妄分是非、善恶、贵贱、高下，完全是由于自私用智，为成见所固蔽，所以庄子想以'卮言'的形式，跳出是非争辩的圈子，避开自我成见的干扰，期合于天然的端倪，顺应大道的运行，而代为立论。"[①]在此值得注意的是，方勇先生已经将"卮言"视为顺应自然之道运行的"代为立论"，因为大"道"本身无言，也无须言，如若言之，也是出于不得已，所谓"强名之曰道"，此即"道言"；如果循照"合于自然的分际"，将"卮言"理解为"代道立论"，那么，"卮言"又与"道言"等同一致了。刘生良也是这样理解的，认为："'天倪'，一般多释为'自然之分'，即自然的分际。最近有人考释其原型为'磨盘'，与'天钧'（轮子）同类，都环绕着'道枢'（转轴）轮转无穷。因而所谓'天倪'、'天钧'实即庄子所谓'道'的境界。和者，合也。那么，'卮言日出，和以天倪'，即如郭注、成疏所云：'夫卮，满则倾，空则仰，非持故也，况之于言，因物随变，唯彼之从'，'空满任物，倾仰随人'，其依附于负载之'物'的空满不时流出（日出），不待人为，'合于自然之分'，即'道'的境界。……由此可见'卮言'正是作者因随寓言、重言自然流衍而出且合于'道'的精神和境界的引申、阐发式的议论文字。"[②]

仔细寻绎上述将"卮言"等同于"天倪"（之言）及"代道立论"的思维逻辑，有一点不能忽视，那就是从词语释义层面上因循成玄英将"和以天倪"（"用天倪来进行调和"）释为"合于天倪"（"合于自然的分际"）的说法，没有仔细辨别二者的异同。

如上，此一问题实际还是源于对"和以"还是"合于"的理解。如果是后者，那么，"和于天倪"就可理解为"合于自然的分际"，也就是合于自然之道，这样，卮言就是"道"言，就是"道"义的体现了。有些学者就是这样理解和诠释的。如王夫之《庄子解》："凡

① 方勇：《庄子学史》导言，人民出版社2008年版，第23页。

② 刘生良：《〈庄子〉"三言"新解说》，载《中州学刊》2012年第1期，第159页。

‘寓言’、‘重言’与九、七之外微言间出、辩言曲折，皆‘卮言’也。和以天倪者，言而未尝言，无所凝滞；无言而不妨于有言，无所隐藏，要以合于未始出之宗也。”如因循成玄英疏，将“和以”释为“合于”，那么，将“卮言”视为“道言”的理解就难以避免。如边家珍所说：“《庄子》中的‘卮言’，是合乎‘环中’、‘道枢’之言，即合道之言。所谓‘寓言’、‘重言’，均可统领于‘卮言’；‘寓言’、‘重言’是为‘卮言’服务的。‘卮言’在语言形态上可以分为悟道之言、体道之言和‘言无言’三个层面，成为庄子及其学派的基本言说方式。‘卮言’是战国‘百家争鸣’的产物，它包含着对言、意、道关系的认识，又与庄子的体道方式密不可分。”[①]刘士林认为“卮”是一种形而上的象征道体的中空之物，“进而言之，《寓言》篇里的‘卮言’是从这里直接起源的。它不过是老子十一章中‘器’的形象化而已。卮在这里绝不是一种形而下的‘圆酒器”，也不是‘支’（支离之言），而是象征着道本身，而卮言就是描述道的‘大言’、‘大辩’和‘不辩之言’。也正因为此，它才能‘和以天倪’，才能‘不言则齐’‘得其久’，达到齐物的境界”[②]。高树海也指出：“天钧即天轮之意。……‘天倪’即天磨、天轮，即道磨、道轮，也就是说大道像磨盘、轮子一样，循环运转，演化无穷。‘天倪’就是佛家所说的‘法轮’一样，一切事理都随之运转，循环不已、变化不尽，正所谓‘法论常转’。‘卮’是一种酒器，《经典释文》引王云：‘卮器，满即倾，空则仰。随物而变，非执一守故者也。’器随物而变，或倾或仰，如大道之演化无尽，故‘卮言’实质上即‘道言’，也就是符合‘道’的、与道体衍流相一致的言论。”[③]

还有些学者虽没有明言将“和以天倪”释为“合于天倪”的思维逻辑，而是从其他方面解释“卮言”，最终也将其视为与“道言”等

① 边家珍：《〈庄子〉“卮言”考论》，载《文史哲》2002年第3期，第94页。

② 刘士林：《庄子“卮言”探源》，载《中州学刊》1990年第5期，第93页。

③ 高树海：《解庄的金钥匙》，载《河北师范大学学报》1997年第1期。

同，如从酒器入手，其云："从以上我们对'酒卮'形体及工艺制作的分析来看，无论它的叫法如何不一，制作材料、方法如何不一，但其中有一样是相同的，那就是：形状一定是有底的空心圆柱体。如果用它的形状作比拟，那就是：中虚。'卮言'就是'中虚之言'、'心斋'之言，是指人在'中虚'状态下的言语，'无我'、'无己'的得'道'之言，这个'道'即是'天倪'、'天均'，即自然造化之流行规律，没有丝毫人为之构想。达到了此种境界，那'卮言'就能随意说而不违造化之规则，故能'久'，故能'注焉而不满，酌焉而不竭，而不知其所由来'，故能忘年、忘义，无待而'物化'；故能两行而与万物为一。"[①] 又："我以为，卮器，像'道'之器，拟'道'之器也，卮言，道言也。卮器，圆而中空，满则倾，空则仰，不偏于一端，盛酒以饮人。道言，无心之言，自然吐露之言，中正之言，日新之言，无可无小可的圆言也，曼衍无始终、支离无首尾之言也，耐人寻味之言也。"[②] 如从"酒言"入手，其云："'卮言'当为'酒醉后的荒诞之言'。随天地而流转，故把'卮言'理解为，犹如天地之言，不偏不倚，无任何成见，也无判断的言论，更为符合《庄子》语言的本质特征。……庄子的思想来源于天地精神，而天地精神就是无任何成见的，并对万事万物始终保持都不做任何评价的立场和态度。'卮言'就是庄子沐浴天地精神之后对待万千事物的集中体现。"[③]

综上所述，可见将"卮言"理解为"合道之言"或"道言"者，在目前学界不在少数，这是将"卮言"等同于"天倪"的直接结果；而将"卮言"视为与"天倪"等同，则来源于对"和以天倪"还是"合于天倪"的理解。本文认为，不能将"和以天倪"理解并诠释为"合于天倪"。

① 魏崇周：《对"卮"的歧解与对"卮言"的误读》，载《河南社会科学》2008年第6期，第131页。

② 朱哲：《先秦道家哲学研究》，上海人民出版社2000年版，第231页。

③ 赵德鸿：《〈庄子〉诗化语言"寓言、重言、卮言"辨析》，载《北方论丛》2013年第2期，第25页。

四、"卮言"：一种整体的言说形式与思维方式

笔者认为，"卮言"不同于"寓言""重言"，之所以歧解纷出、莫衷一是，在于它不是一种具体的、可直接感知的"言"，而是一种整体的言说形式与思维方式。因而，不能像理解"寓言十九""重言十七"那样去理解"卮言"，坐实并计算其所占全书的比例。

例如就有学者认为"卮言"在《庄子》中所占的比重应为十分之一，其云："按照笔者对庄文的理解，并参考有关解说，认为'卮言'当是依附于寓言、重言随时自然流衍而出的作者的引申议论之言。……至于'卮言'在书中所占比重，庄子未曾提及，但以'寓言十九'推之，'卮言'盖为'十一'，即大约占全书的十分之一。据笔者粗略统计，在全书约七万字中，作者的议论文字为六七千字，正好符合这个比例。"[①] 曹础基也认为重言应占十分之一："重言，庄重之言，亦即庄语，是直接论述作者的基本观点的话。七，疑是'弌'之坏字，十一与十九对合。九成是借他人之口说的，一成是作者直接论说的。《庄子》一书实际也基本如此。"[②] 其实，《寓言》篇已经明确说了"卮言"的特点是"日出"。郭象注："日出，日新也，日新则尽其自然之分，自然之分尽则和也。"成玄英疏循其说："日出，犹日新也。"陈鼓应亦循此注："日出：谓日新。"（郭象《注》）唯有曹础基注："日出，时常出现。"按曹解最为贴近原义，因为"日出"是说其出现的频率很快，每天都在出现，也就是时常出现。既然是"日出"，时常出现，其占比例也就不会是"十一"了。

又：此处之"出"并无"新"的义涵，郭注乃至于"日新"的含义是从对于"日出日新"的理解上顺延而来的。所谓"卮言日出"，

① 刘生良：《〈庄子〉"三言"新解说》，载《中州学刊》2012年第1期，第158页。

② 曹础基：《庄子浅注》，中华书局1982年版，第421页。

是说卮言时常出现，是形容其普遍性，在《庄子》一书中无处不在，“曼衍”渗透，弥漫全篇，所谓“因以曼衍，所以穷年”，所谓“以卮言为曼衍”是也。陈鼓应注“曼衍”为：“散漫流衍，不拘常规。”[①]符合庄子文义。而这种“曼衍”显然不是具体的“言”的形态，而是一种整体上的言说方式和思维方式。具体落实到“卮言”而言，它具有整体性、全局性、统摄性、渗透性和人间性，左右着全书的整体构思、布局与结构。在这种判断下，我们只能找到“卮言”的一些表现，而难以确定具体的坐实的“卮言”的比例。

行文至此，自然难以回避这样的问题：卮言的具体含义及其表现究竟是什么？如上所论，“卮言”不同于“寓言”“重言”，它不是一种具体的、可以直接感知的“言”，而是一种更为抽象的整体的言说形式与思维方式。综合一些资料，可以看出，它具有整体性、全局性、统摄性、渗透性和人间性（即属于庄子“天人之辨”中的“人”的层面），左右着全书的整体构思、布局与结构。具体而言，“卮言”在《庄子》中有如下体现。

（一）散漫流衍，不拘常态

《寓言》云：“卮言日出，和以天倪，因以曼衍，所以穷年。”《天下》云：“以卮言为曼衍，以重言为真，以寓言为广。”据此，则“曼衍”实为“卮言”的本质特征之一。成玄英疏：“曼衍，无心也。随日新之变转，合天然之倪分，故能因循万有，接物无心；所以穷造化之天年，极生涯之遐寿也。”[②]曹础基注：“曼衍，支蔓推衍，犹今说穿插、发挥。”[③]陈鼓应注：“曼衍，散漫流衍，不拘常规。”[④]《齐物论》云：“化声之相待，若其不相待。和之以天倪，因之以曼衍，所以穷年也。”成玄英疏：“曼衍，犹变化也。因，任也。穷，尽也。和以自然之分，所以无是无非；任其无极变化，故能不滞不著。既而

① 陈鼓应：《庄子今注今译》，商务印书馆 2007 年版，第 838 页。

② 郭庆藩：《庄子集释》，中华书局 2013 年版，第 833 页。

③ 曹础基：《庄子浅注》，中华书局 2013 年版，第 422 页。

④ 陈鼓应：《庄子今注今译》，中华书局 2007 年版，第 838 页。

处顺安时，尽天年之性命也。”[1]曹础基注循之：“曼衍，变化。”[2]陈鼓应注如前：“曼衍，散漫的流衍，不拘常规。”[3]因《庄子》文本多次用“曼衍”来描述“卮言”的特征，则“曼衍”实为“卮言”的主要特征。“曼衍”者，变化多端，不拘常态，散漫流衍，不拘常规，随心所欲，不拘常形。恰如《天下》所描述的：“惚漠无形，变化无常，死与生与，天地并与，神明往与！芒乎何之？忽乎何适？万物毕罗，莫足以归。古之道术有在于是者，庄周闻其风而悦之。以谬悠之说，荒唐之言，无端崖之辞，时恣纵而不傥，不以畸见之也。以天下为沈浊，不可与庄语。以卮言为曼衍，以重言为真，以寓言为广。”恰如清人吴世南所说：“(《庄子》一书）有实写，有空写；有顺写，有反写；有淡写，有浓写；有远写，有近写；有半写，有全写；有加倍写，有分帮写等不同写法。言外立言，意中出意，层层相生，段段回顾，忽而羊肠鸟道，忽而重峦叠嶂。文法之变化，如行云流水，天马行空。”[4]如《秋水》所载：

> 夔怜蚿，蚿怜蛇，蛇怜风，风怜目，目怜心。夔谓蚿曰：“吾以一足趻踔而行，予无如矣。今子之使万足，独奈何？”蚿曰：“不然。子不见夫唾者乎？喷则大者如珠，小者如雾，杂而下者不可胜数也。今予动吾天机，而不知其所以然。”蚿谓蛇曰：“吾以众足行，而不及子之无足，何也？”蛇曰：“夫天机之所动，何可易邪？吾安用足哉！”蛇谓风曰：“予动吾脊胁而行，则有似也。今子蓬蓬然起于北海，蓬蓬然入于南海，而似无有，何也？”风曰：“然，予蓬蓬然起于北海而入于南海也，然而指我则胜我，鰌我亦胜我。虽然，夫折大木，蜚大屋者，唯我能也。”故以众小不胜为大胜也。为大胜者，唯圣人能之。

① 郭庆藩：《庄子集释》，中华书局2013年版，第103页。

② 曹础基：《庄子浅注》，中华书局1982年版，第40页。

③ 陈鼓应：《庄子今注今译》，中华书局2007年版，第106页。

④ 王充闾：《逍遥游：庄子传》，作家出版社2014年版，第291页。

此段文字出人意料，虚构了夔、蚿、蛇、风、目、心之间的对话，把这些世间本来毫不相干之物用“怜”（羡慕）字结合起来，随心所欲，不拘常规，要义归结说明“无”的妙处，主要在“风”上体现出来。

（二）荒唐谬悠，恣纵无端

有学者指出：“因为卮言充满悖论，无可无不可，层出不穷，支离无首尾，所以以物心观之，皆是荒唐谬悠之辞。肩吾闻之惊怖其言犹河汉而无极也，公孙龙闻之茫然异之，东郭子闻之惑而不应，惠子以之为大而无用之言，孔子以之为孟浪之言，皆由是也。”[①] 整体上看，卮言是看似无心的随机机智之言，荒唐诡异，不择地而出，遍布于《庄子》文本之中，无处不在，有时，以凝练的格言方式出现，有时则以寓言的方式出现。在这种情况下，“卮言”与“寓言”就有重叠交叉之处。

例如，在《齐物论》中，有一段关于事物是非标准的较为抽象的论述——“物固有所然，物固有所可。无物不然，无物不可。故为是举莛与楹，厉与西施，恢诡谲怪，道通为一。其分也，成也；其成也，毁也。凡物无成与毁，复通为一。唯达者知通为一。”这无疑是关于万物齐一、物无是非的抽象议论，但紧接着，庄子笔锋一转，以“劳神明为一，而不知其同也”为过渡句，将其“谓之朝三”。随后紧呈上句，解释“何谓朝三？”将一个小寓言穿插其中——“狙公赋芧，曰：‘朝三而暮四。’众狙皆怒。曰：‘朝四而暮三。’众狙皆悦。”这个寓言之短，只有24个字，它机智地穿插于庄子关于万物齐一、无拘泥于是非的议论之中，是为了说明“名实未亏而喜怒为用，亦因是也”的道理，进而引申出庄子心目中理想的处世立身之道——“是以圣人和之以是非，而休乎天钧。是之谓两行。”所以，这个小故事是寓言——一个生动的小故事，也是卮言——随机“曼衍”，变化无常，时露机锋。还有穿插于《知北游》中的这段“卮言”：“光曜问乎无有曰：‘夫子有乎？其无有乎？’无有弗应也。光曜不得问，而孰视

① 洪之渊：《卮言考释》，载《温州师范学院学报》2005年第6期，第42页。

其状貌，窅然空然。终日视之而不见，听之而不闻，搏之而不得也。光曜曰：'至矣，其孰能至此乎！予能有无矣，而未能无无也。及为无有矣，何从至此哉！'"成玄英在《庄子疏》中曰："'光曜'者，是能视之智者。'无有'者，所观之境也，智能照查，故假名光曜；境体空寂，故假名无有也。"[①]在此，庄子借助"光曜""无有"这两个虚构托名，来说明"无"是"道"的至高境界。在此，也是卮言、寓言并重。就前者而言，它体现出飘忽不定、随机"曼衍"的特征；就后者而论，它显然是一个假托虚拟的小故事，即寓言。

（三）支离散碎，自由穿插

这是从总体结构上对"卮言"的把握。成玄英疏："卮，支也。支离其言，言无的当，故谓之卮言耳。"庄文整体，以意运之，行于所当行，止于不得不止，因而在具体的结构安排上，《庄子》也不拘常态，时常以一些"思想片断"跳跃穿插其中，使整篇活泼灵动。

张涅先生就认为："'卮言'是《庄子·内篇》特有的语言表达形式和思想形式。它由片断组合而成，体现了一种旁逸跳跃、汪洋洛肆的语言风格，呈现了'内篇'各篇的思想脉络，是其自我不断否定和超越的思想过程的记录。"[②]究竟何为思想的"片断"，其云："众所周知，《庄子》一书中有'寓言'和'重言'这些思想表达形式。这些'寓言'、'重言'传统上称为章。笔者为了强调其意义的相对独立性，称之为片断。具体分析这些片断就能发现'内篇'的一个特点，即'内篇'每一篇的各片断有相同的思想范畴，没有统一的思想观点。用通俗的话说，论题相同，论点却不同。这些片断的组合，使思想呈现出流变的状态；片断思想处在时间之'流'中。"而这种思想片断的穿插、流变，构成了"卮言"的主要特征："'内篇'的另外五篇，也都可以寻觅到思想的流变轨迹。这正是前人所谓的'无心之言'、'不一之言'、'随日而出，不论是非'的表现。由此可知，把

① 郭庆藩：《庄子集释》，中华书局2013年版，第609页。

② 张涅：《〈庄子〉"卮言"的意义所在》，第49页。

篇当作基本单位，采用题解或专论的形式去阐述核心观点，必然存在着以偏概全的问题。许多学人虽然在文本疏解时也分章进行，但是因为没有认识到‘内篇’的基本单位是片断不是篇，‘卮言’的基础由‘内篇’的片断思想的组合所构成，因此也就不能充分认识片断独立存在的思想意义，不能把‘卮言’的意义落实到文本分析中，解释得具体明白。”[①] 他由此得出结论说：“《寓言》篇、《天下》篇阐述的‘卮言’，是针对‘内篇’由片断组合形成的、呈现思想流变性的表述特征而言。因此落实到《庄子》文本中，我们理解‘卮言’，就是对‘内篇’各篇思想脉络的把握。‘寓言’和‘重言’也是‘内篇’的基本表达形式，但是它们指片断表述特征，而且在‘外杂篇’和其他先秦诸子著作中也普遍运用，没有特殊性，唯‘卮言’为‘内篇’所特有。此也可以作为‘内篇’基本上为庄子自著的证据。”[②] 洪之渊也指出：“支离为离析、分散、历历然分布之义……卮言是对无穷无尽的殊相的言说，而层出不穷的殊相之间多无逻辑和时间上的承续关系，也无主次之分，形成了‘始卒若环，莫得其伦’的无首尾的圆形结构。……一方面，卮言与卮言之间往往相互独立，历历然分布，从整个篇章来看，形式上自然也就没有了严格的逻辑结构，离析分散。所以，阅读的时候从任何地方开始，似乎都无问题，‘始卒若环，莫得其伦’。但另一方面，《庄子》一书千说万说，总归不离一个‘道’字，万变不离其宗，在阅读的时候也同样要‘枢始得其环中，以应无穷’。”[③]

试以《逍遥游》为例，此篇结构的每一段落，自成一个思想片断，在“至人逍遥”的思想统领下，组成一篇文章，而其结构带有极大的随意性，即如何组合，全凭思想意识的统领。此篇分为八段，虽不能说其顺序可以任意颠倒，但其结论为“若夫乘天地之正，而御六气之

① 张涅：《〈庄子〉“卮言”的意义所在》，第 49-51 页。

② 张涅：《〈庄子〉“卮言”的意义所在》，第 51 页。

③ 洪之渊：《卮言考释》，载《温州师范学院学报》2005 年第 6 期，第 42 页。

辩，以游无穷者，彼且恶乎待哉！故曰：至人无己，神人无功，圣人无名”，出现在第四段，按行文常理，结论若放置末段最佳。而其末两段分别以“大瓠”和“大树”发端论述“无用之大用”之理，应视为“至人无己，神人无功，圣人无名”的论据，似乎应在第四段之前。又《齐物论》共17段，在抒发了一大段“辩无胜”的抽象道理后，笔锋突然一转，又以寓言式的两个思想片段结尾，16段：“罔两问景曰：‘曩子行，今子止，曩子坐，今子起。何其无特操与？’景曰：‘吾有待而然者邪？吾所待又有待而然者邪？吾待蛇蚹蜩翼邪？恶识所以然？恶识所以不然？’”17段：“昔者庄周梦为蝴蝶，栩栩然蝴蝶也，自喻适志与，不知周也。俄然觉，则蘧蘧然周也。不知周之梦为蝴蝶与？蝴蝶之梦为周与？周与蝴蝶，则必有分矣。此之谓物化。”目前这种结构，全凭思想意识的流动，得道于心，纯以神行，而不拘泥于结构安排，看似支离破碎，实则在自由穿插之中显示思维的灵动。

（四）幽默滑稽，戏谑诙谐

有人认为卮言即“优语”，即俳优滑稽之言。过常宝等认为：“‘卮言’是《庄子》的一种写作方式。学者认为‘卮言’是对散漫无谓之言的比喻性说法，或是先秦饮酒礼中的祝酒词。事实上，‘卮言’即‘扬解之语’，它的散漫嘲戏的特点，说明它是徘优在酒席上的语言表演，又称‘优语’。‘优语’的内容包括插科打诨、谜语、神怪故事和说唱等。‘优语’因其娱乐性质而享有豁免的权利，徘优可以利用这一职业特权进行劝谏，因此，‘优语’又是一种有所承担的话语形式。‘优语’因其似有似无的姿态和充满了隐喻性的表达方式，而得到道家的认同。《庄子》大量采用了‘优语’即卮言的形式，或模仿了它的表达方式。《庄子》自云‘卮言日出’，确非虚语。”[①]而幽默滑稽、戏谑诙谐则是俳优之语的本质特征。据《大宗师》所载：

①过常宝、侯文华：《论〈庄子〉“卮言”即“优语”》，载《北京师范大学学报》2007年第4期，第28页。

子祀、子舆、子犁、子来，四人相与语曰："孰能以无为首，以生为脊，以死为尻，孰知生死存亡之一体者，吾与之友矣。"四人相视而笑，莫逆于心，遂相与为友。俄而子舆有病，子祀往问之，曰："伟哉夫造物者，将以予为此拘拘也。曲偻发背，上有五管，颐隐于脐，肩高于项，句赘指天，阴阳之气有沴。"其心闲而无事，跰跣而鉴于井，曰："嗟乎，夫造物者又将以予为此拘拘也。"子祀曰："汝恶之乎？"曰："亡，予何恶！浸假而化予之左臂以为鸡，予因以求时夜。浸假而化予之右臂以为弹，予因以求鸮炙。浸假而化予之尻以为轮，以神为马，予因以乘之，岂更驾哉！且夫得者，时也；失者，顺也。安时而处顺，哀乐不能入也，此古之所谓悬解也。而不能自解者，物有结之。且夫物不胜天久矣，吾又何恶焉？"

此段文字在于申明道之无为、泯灭生死等庄学要旨，但其采取的方式却怪诞诙谐，充满幽默意味，其论泯灭物我、生死等差别，却说要把"无"当作头颅、把"生"视为脊梁、把"死"看作尻骨，以示生死有无为一体；子舆生病，腰弯背驼，五脏血管向上，面颊隐藏在肚脐之下，肩膀高过头顶，发髻在颈项后面，但他闲适自得，毫不嫌恶，更进一步说：如将我的左臂变成公鸡，就用它报晓；右臂变作弹弓，就用它弹射；尻骨变成车轮，就化神为马，乘其周游四方……不仅与《德充符》中出现的那些外形残而内德充者如出一辙，更增添了怪诞诙谐、谐谑滑稽的成分。

（五）前后不一，矛盾悖论

王雱的《南华真经拾遗》将"卮言"诠释为"不一之言"，其云："卮言，不一之言也。言之不一，则动而愈出，故曰'日出'。言不一而出之必有本，故曰'和以天倪'。天倪，自然之妙本也。言有其本，则应变而无极，故曰'因以曼衍'。言应变而无极，则古今之年有时而穷尽，而吾之所言无时而极也，故曰'所以穷年'。此周之为言，虽放纵不一而未尝离于道本也。"其对于"卮言"与"天倪"的关系很值得商榷，但其指出《庄子》中充满了"不一之言"，即前后矛盾、难以统一之处，却很有价值。江合友指出："'卮言'即'悖论之言'，它描述了'道'与'言'之间的悖论性关系，'悖论之言'（本真、变化、无限）避免了'独断论'（抽象、静止、有限）的谬误，因此'卮言'给予读者理解的开放性，在悖论的张力结构中蕴含着无限生成的可能性。二言之间没有宗本与非宗本的关系，卮言、重言和寓言之间互相交融，共同为着体道的目的而言说，共同构成《庄子》语言的本真、变化、无限的基本特征。"[①]洪之渊也认为："历来对卮言的解释众说纷纭，原因在于尚未把握住卮言的本质。卮言就是德言，从本质上说是无心之言；为了体现这一本质，庄子采取了悖论之言的手段。悖论之言从内容上说是中正之言，是无可无不可的圆言；从形式上说是日新之言，从形式的结构上说是支离无首尾之言；从读者接受的角度上说，不善读者以之为荒唐谬悠之言，善读者以之为有味之言。《庄子》之所以把这种言说方式命名为卮言，是因为卮是圆而中空的酒器，这和悖论之言恰形成了隐喻关系。就悖论之言的本质而言，是无心，亦即虚（中空）。就悖论之言的内容而言，是中正、无可无不可的圆言；就悖论之言的形式而言，是日新、支离无首尾的圆言。"[②]

在此，不妨将"悖论之言"视为"不一之言"的另一种表述。作为"卮言"特征的"不一之言"，也不是一种可以确指的具体言辞，而是一种"不一"，即矛盾的思维方式，这种矛盾悖论贯穿于整部《庄子》中，这也是上述"散漫流衍、不拘常态""支离散碎、自由穿插""荒唐谬悠、恣纵无端"等特征的另一种表现形态和必然结果。方勇先生在《庄子学史》中指出："例如孔子在《庄子》一书中，就

① 江合友：《〈庄子〉"卮言"新释》，载《船山学刊》2003年第4期，第121页。

② 洪之渊：《卮言考释》，载《温州师范学院学报》2005年第6期，38页。

是个形象不定、人格不一的人物：有时被抬得高高在上，满口道家言论，俨然成了另一个庄子；有时又被还原本来面目，让他屡受老聃的教训；而有时又沦落到屡遭痛斥，被冷嘲热讽的地步。”[①] 他还指出，《庄子》中的孔子形象，至少也有三张面孔，一是以儒家面貌出现的孔子，二是由儒家向道家转化的孔子，三是纯以道家面貌出现的孔子。因而，对于《庄子》中的孔子形象，后世也就有司马迁之“诋孔说”、苏轼之“助孔说”、刘鸿典等人之“尊孔说”。[②] 各家之说均有依据，实源于《庄子》中孔子形象前后不一，因而才有相互矛盾、龃龉的理解。

这种前后不一的矛盾现象，弥漫于《庄子》全书。可以说，《庄子》是一个矛盾体，里面充满了悖论，有很多前后矛盾之处。笔者认为，之所以如此，是因为庄子之学以道为宗、以无为本，超越了世俗社会的认识论和价值观，几乎向所有世俗之“物”提出了质疑和挑战，荀子所谓庄子“蔽于天而不知人”是也。世俗社会是以“有”为最基本常识的。而庄子标新立异，处处欲挑战世俗社会、否定世俗常识，因而必然形成各种矛盾。例如，“无知与有知”，从根本上，庄子是否定人的认识的，《养生主》云：“吾生也有涯，而知也无涯，以有涯随无涯，殆已！已而为知者，殆而已矣。”这种观念在《知北游》中表达得更为彻底与生动——

知北游于玄水之上，登隐弅之丘，而适遭无为谓焉。知谓无为谓曰：“予欲有问乎若：何思何虑则知道？何处何服则安道？何从何道则得道？”三问而无为谓不答也。非不答，不知答也。知不得问，反于白水之南，登狐阕之丘，而睹狂屈焉。知以之言也问乎狂屈。狂屈曰：“唉！予知之，将语若，中欲言而忘其所欲言。知不得问，反于帝宫，见黄帝而问

① 方勇：《庄子学史》导言，人民出版社 2008 年版，第 23 页。

② 方勇：《庄子学史》导言，人民出版社 2008 年版，第 123-126 页。

焉。”黄帝曰：“无思无虑始知道，无处无服始安道，无从无道始得道。”

不仅不知何为“道”，怎样“知道”，就连“回答”这种行为也是“不知”，但《庚桑楚》篇中却提道：“学者，学其所不能学也；行者，行其所不能行也；辩者，辩其所不能辩也；知比乎所不能知，至矣，若有不即是者，天钧败之。”“天钧”，成玄英疏：“自然之性。”即人的自然天性，在此指人日新进取的本性永不满足，在求知悟道的过程中不断接近自然本真。很明显，这里还是肯定学习、求知的价值所在。又《逍遥游》的“小大之辩”以相对论泯除大与小的界限，但在《徐无鬼》中却申明“尚大”之旨——“知大一，知大阴，知大目，知大均，知大方，知大信，知大定，至矣！大一通之，大阴解之，大目视之，大均缘之，大方体之，大信稽之，大定持之。”尽管这里的“大”是“以道观之”，而非“以俗观之”。再如无用与有用，庄子尚无用，但其落脚点却是“大用”，据《外物》：惠子谓庄子曰：“子言无用。”庄子曰：“知无用而始可与言用矣。天地非不广且大也，人之所用容足耳。然则厕足而垫之，致黄泉，人尚有用乎？”惠子曰：“无用。”庄子曰：“然则无用之为用也亦明矣。”此外，“无言与有言”“无材与有材”等命题，也均有此类矛盾现象。可以说，在《庄子》中，有多少“无”，就有多少“有”，“有”与“无”构成一组组类似“无言与有言”“无用有用”“无知与有知”的矛盾范畴。

（六）当道不让，涉道必辩

庄子讲齐物，崇尚不辩，因为没有客观的、统一的标准，所谓“辩不胜”。对于为何“无辨”“不辩”的道理，庄子在《齐物论》讲得很清楚：“既使我与若辩矣，若胜我，我不若胜，若果是也，我果非也邪？……其俱是也，其俱非也邪？我与若不能相知也。则人固受其黮暗，吾谁使正之？使同乎若者正之，既与若同矣，恶能正之？使同乎我者正之，既同乎我矣，恶能正之？使异乎我与若者正之，既异乎我与若矣，恶能正之？使同乎我与若者正之，既同乎我与若矣，恶能正之？然则我与若与人，俱不能相知也，而待彼也邪？”但另一方面，庄子善辩，也是事实。在此，“无辩”与“有辩”就又构成《庄子》中的一个悖论。

庄子之倡“无辨”，出于道法自然、与道为一的宗旨；庄子善辩，亦是为了维护道本身的严肃性、唯一性。《庄子》中充满辩论锋芒，较为著名的有“小大之辩”“无用与有用之辨”“无材与有材之辨”“无情与有情之辨”“濠梁之辩”。使得崇尚“不辩”“无辨”的庄子不得不进行各种辩论的主要原因之一是天下沈浊、世道昏暗。“以天下为沈浊，不可与庄语”的另一层含义是生逢乱世、世道昏暗、人心不古、生存艰难，难以用所谓“庄语”即常规、常态的语言来表达自己的思想，故不得不辩。刘向《战国策书录》：“仲尼既没之后，田氏取齐，六卿分晋，道德大废，上下失序。至秦孝公，捐礼让而贵战争，弃仁义而用诈谲，苟以取强因而矣。夫篡盗之人，列为侯王；诈谲之国，兴立为强。是以传相方向效，后生师之，遂相吞灭，并大兼小，暴师经岁，流血满野；父子不相亲，兄弟不相亲，夫妇离散，莫保其命，湣然道德绝矣。晚世益甚，万乘之国七，千乘之国五，敌侔争权，盖为战国。贪饕无耻，竟进无厌；国异政教，各自制断；上无天子，下无方伯；力功争强，胜者为右；兵革不休，诈伪并起。当此之时，虽有道德，不得施谋；有设之强，负阻而恃固；连与交质，重约结誓，以守其国。故孟子、孙卿儒术之士，弃捐于世，而游说权谋之徒，见贵于俗。”

处此乱世，生存艰难，庄子也不例外。至于庄子的生活困境，《外物》中有其夫子自道：

> 庄周家贫，故往贷粟于监河侯。监河侯曰：“诺。我将得邑金，将贷子三百金，可乎？”庄周忿然作色曰：“周昨来，有中道而呼者，周顾视车辙中，有鲋鱼焉。周问之曰：‘鲋鱼

来，子何为者耶？'对曰：'我，东海之波臣也。君岂有斗升之水而活我哉！'周曰：'诺，我且南游吴越之土，激西江之水而迎子，可乎？'鲋鱼忿然作色曰：'吾失我常与，我无所处。吾得斗升之水然活耳，君乃言此，曾不如早索我于枯鱼之肆。'"（《外物》）

庄子尚无、不仕、无累、不摧眉折腰事权贵的人生态度决定了其生活困苦是一种必然，有时甚至要去向权贵借粮接济为生，但遇到了像监河侯这样无心救助却以托词婉转拒绝的龌龊之辈，庄子的反击也是十分有力的。但其"忿然作色"不是直接的反击和讽刺，而是讲了一个寓言故事，救活鲋鱼只需少量的斗升之水即可，但救助者却说将来要引西江之水来救鲋鱼，而现在却无能为力，这实际上是将其置于死地，于是乃有鲋鱼的"忿然作色"，给监河侯以尖锐的讽刺，揭露了这类权贵的丑恶嘴脸。另一段文字也是这种"不可与庄语"的寓言式表达：

庄子布大衣而补之，正緳系履而过魏王。魏王曰："何先生之惫邪？"庄子曰："贫也，非惫也。士有道德不能行，惫也；衣弊履穿，贫也，非惫也，此所谓非遭时也。王独不见夫腾猿乎？其得柟梓豫章也，揽蔓其枝而王长其间，虽羿、逢蒙不能眄睨也。及其得柘棘枳枸之间也，危行侧视，振动悼慄，此筋骨非有加急而不柔也，处势不便，未足以逞其能也。今处昏上乱相之间，而欲无惫，奚可得邪？此比干之见剖心徵也夫！"（《山木》）

庄子贫寒，衣衫近褴褛，以麻绳系鞋，来见魏王，魏王评之以"惫"，而庄子则辩之以"贫"，并仔细辨析了二者的区别：读书人有学问真知却不能施行于世，可以叫作"惫"，惫是内在的；但如果只是衣衫、鞋子破旧，显然是“贫”而不是“惫”了，贫是外在的。于是顺势讲了一个故事，说跳跃的猿猴充满活力，上下腾挪，在林木中腾跃，即使善射者也奈何它不得，而一旦落入荆棘丛中，就难以那样腾跃了，并非其本身无能，而是环境、世道发生了改变，使其不能尽展其才——现在我处于昏君当道的乱世，若想不“惫”，又怎么可能呢？此段文字，显示庄子“好辩”的本色，魏王一个“惫”字评价不当，引发庄子对于天下沈浊、士无作为的感慨，字字击中要害。“贫”“惫”之辨，显露机锋，显示出庄子理性辨析的深度，但作者又不是以推理而是以故事来表达的，这两个故事，源自庄子的生活体验，显然比直接论述要有力量，讥讽之中，意味深长，还有更为直接地把批判锋芒指向统治者：

> 人有见宋王者，锡车十乘。以其十乘骄穉庄子。庄子曰：“河上有家贫恃苇萧而食者，其子投于渊，得千金之珠。其父谓其子曰：‘取石来锻之！夫千金之珠，必在九重之渊而骊龙颔下，子能得珠者，必遭其睡也。使骊龙而寤，子尚奚微之有哉！’今宋国之深，非直九重之渊也；宋王之猛，非直骊龙也。子能得车者，必遭其睡也；使宋王而寤，子为齑粉矣。”（《列御寇》）

有人得宋王锡车十乘而夸耀于庄子之前，庄子没有直接驳斥其目光短浅，而是讲了一个贫子得骊龙千金之珠而遭其老父痛斥的故事，来比喻政治险恶、统治者贪婪凶恶，直指问题本质，痛快淋漓中又意味深长。至于“吮痈舐痔”或“舔痔结驷”的故事更是揭示了其时天下沈浊、世道昏暗的程度，表现出小人得势手段的卑劣和自己胸中的愤慨。

> 宋人有曹商者，为宋王使秦。其往也，得车数乘；王说

之，益车百乘。反于宋，见庄子曰：“夫处穷闾阨巷，困窘织屦，槁项黄馘者，商之所短也；一悟万乘之主而从车百乘者，商之所长也。”庄子曰：“秦王有病召医，破痈溃痤者得车一乘，舐痔者得车五乘，所治愈下，得车愈多。子岂治其痔邪，何得车之多也？子行矣！”

要之，庄子善辩，在此“无辩”与“有辩”之所以构成又一个悖论，是由于《庄子》中充满了矛盾所决定的。庄子法天贵真、以道为根，必然要与当世的种种俗事、俗物、俗人发生矛盾，必然会产生价值观等方面的碰撞。儒家讲“当仁不让”，借用于庄子，则是“当道不让”、当道必辩，是庄子对于“辩”的基本态度，于是有了《庄子》中丰富多彩的论辩场景。

五、“卮言”异于“天倪”，它与“化声”处于同一层面

以上说明了“卮言”是一种整体言说形式与思维方式，对于理解“卮言”“天倪”“化声”三者的关系十分关键。因为“天倪”主张泯灭一切是非争辩，而如上所示，“当道不让，涉道必辩”则是“卮言”的一个特征，其争、其辩与“天倪”强调的“无物不然，无物不可”的不争、不辩的精神是相左的。

笔者认为，欲确切诠释《庄子》“卮言”本义，必须确切诠释“卮言日出，和以天倪”本义，《寓言》两次提及此句，可知其为理解问题之关键所在。笔者不同意将“和以天倪”诠释为“合于天倪”，从而将“卮言”视为与“天倪”“道言”等同的论断，而是认为“卮言”异于“天倪”，所以才要“和以天倪”，而不是“合于天倪”。

如上所引，除《寓言》外，《齐物论》中也有类似“和以天倪”

的文字：

> 既使我与若辩矣，若胜我，我不若胜，若果是也，我果非也邪？我胜若，若不吾胜，我果是也，而果非也邪？其或是也，其或非也邪？其俱是也，其俱非也邪？我与若不能相知也。则人固受其黮暗，吾谁使正之？使同乎若者正之，既与若同矣，恶能正之？使同乎我者正之，既同乎我矣，恶能正之？使异乎我与若者正之，既异乎我与若矣，恶能正之？使同乎我与若者正之，既同乎我与若矣，恶能正之？然则我与若与人俱不能相知也，而待彼也邪？化声之相待，若其不相待，和之以天倪，因之以曼衍，所以穷年也。“何谓和之以天倪？”曰：“是不是，然不然。是若果是也，则是之异乎不是也亦无辩；然若果然也，则然之异乎不然也亦无辩。”

化声，郭象注：“是非之辨为化声。”[①] 曹础基注：“这（指郭注）是颇得作者本意的。大道能产生一切，变化一切。它变成人的形体就叫成形，变成人的精神就叫成心，变成各种言论就叫化声，变成各种物象就叫物化。故此《大宗师》中称道为‘造化者’、‘造物者’。万物虽是道变化出来的，但只是道的一点一滴的体现，故有彼此对立，互为是非，并由此产生物与物论的不齐。但这种对立，似乎并不是真的相对立，故下句说：‘若其不相待。’待，对立；相待，相对立。”[②] 陈鼓应采纳此说，其解“化声之相待”云：“是非之辨相互对立而成。”[③] 细玩《齐物论》文意，则“化声之相待”之前的那段文字，已很好地诠释了什么是“化声”及庄子对它的理解，以及为什么庄子反对“化声”：是非本无标准，争辩只是徒劳。

① 郭庆藩：《庄子集释》，中华书局 2013 年版，第 103 页。

② 曹础基：《庄子浅注》，中华书局 1982 年版，第 40 页。

③ 陈鼓应：《庄子今注今译》，中华书局 2007 年版，第 106 页。

比较《齐物论》的这段文字（“化声之相待，若其不相待，和之以天倪，因之以曼衍，所以穷年”）与《寓言》的这段文字（“卮言日出，和以天倪，因以曼衍，所以穷年”），在句式、句法、意涵上都十分相似。且《齐物论》出自庄子手笔，千古无异议；而《寓言》篇则为庄子后学中的翘楚所为，这样就可以从《齐物论》“和之以天倪”中见出“卮言”与“天倪”的关系。恰如陈治安所云：“《寓言》一篇，乃《齐物论》之义疏，因是之宗旨也。言唯取适，而不与物争，然不然，可不可，谓之卮言。”（《南华真经本义·寓言》篇题解）当然，笔者不同意陈氏将“卮言”与“天倪”等同起来，但这里将《寓言》篇视为《齐物论》的因循拓展，则极具启发性。如果我们按照《齐物论》将《寓言》这段文字补齐，将会出现下面的句子：

卮言（之）日出，（若超越卮言），和（之）以天倪，因（之）以曼衍，所以穷年。

显然，在《齐物论》中，“化声”与“天倪”是相互矛盾、不协调的，而要使之消除对立、达到协调，即“若其不相待”，就要通过“和之以天倪”这一环节，庄子生怕读者不清楚，还有以下解释文字，其云：“‘何谓和之以天倪？’曰：‘是不是，然不然。是若果是也，则是之异乎不是也亦无辩，然若果然也，则然之异乎不然也亦无辩。忘年忘义，振于无竟，故寓诸无竟。’”这里，对什么是“和以天倪”做了十分简明的解释——忘却、泯除一切俗世间的彼此、大小、是非、对立、矛盾，以臻于自然之境。同在《齐物论》中，还有一段更为细致的解释：

物无非彼，物无非是。自彼则不见，自知则知之。故曰：彼出于是，是亦因彼。彼是方生之说也。虽然，方生方死，方死方生，方可方不可，方不可方可。因是因非，因非因是。是以圣人不由，而照之于天。彼亦一是非，此亦一是非。果且有彼是乎哉，果且无彼是乎哉？彼是莫得其偶，谓之道枢。枢始得其环中，以应无穷。是亦一无穷，非亦一无穷。故曰：莫若以明。

在此，又出现了诸多与“天倪”等同的概念，如“道枢”“环中”“以明”，但其本质都是要“齐物”，泯除差异，万物齐一，都是要解决“化声之相待”这一纠结、凝滞于俗世的是非争辩之声问题的。显然，在此我们不能说“化声”就是“天倪”，就体现了“天倪”的基本精神，这显然是和庄子本意相悖的。因为，简言之：在此，“化声”是否定性词语，是和“天倪”不协调的。

比照《寓言》篇，在给出“卮言日出，和以天倪，因以曼衍，所以穷年”的文字后，也有一段对于什么是“和以天倪”的解释：

卮言日出，和以天倪，因以曼衍，所以穷年。不言则齐，齐与言不齐，言与齐不齐也。故曰无言。言无言：终始言，未尝言；终始不言，未尝不言。有自也而可，有自也而不可；有自也而然，有自也而不然。恶乎可？可于可；恶乎不可？不可于不可。物固有所然，物固有所可。无物不然，无物不可。非卮言日出，和以天倪，孰得其久！万物皆种也，以不同形相禅，始卒若环，莫得其伦，是谓天均。天均者，天倪也。

只不过，这里没有“何谓和之以天倪？”之问，但其句式、内涵、意旨是极其相似的。除《齐物论》和《寓言》外，这类倡导“齐物”、泯除物我之别、是非之争、大小之辩的议论还有如下，均有“齐物”之旨。如《秋水》：

北海若曰：“夫物，量无穷，时无止，分无常，终始无故。

是故大知观于远近，故小而不寡，大而不多：知量无穷。证曏今故，故遥而不闷，掇而不跂：知时无止。察乎盈虚，故得而不喜，失而不忧：知分之无常也。明乎坦途，故生而不悦，死而不祸：知终始之不可故也。计人之所知，不若其所不知；其生之时，不若未生之时；以其至小，求穷其至大之域，是故迷乱而不能自得也。由此观之，又何以知毫末之足以定至细之倪，又何以知天地之足以穷至大之域！”

又《秋水》：

河伯曰：“若物之外，若物之内，恶至而倪贵贱？恶至而倪小大？”北海若曰：“以道观之，物无贵贱；以物观之，自贵而相贱；以俗观之，贵贱不在己。以差观之，因其所大而大之，则万物莫不大；因其所小而小之，则万物莫不小。知天地之为稊米也，知毫末之为丘山也，则差数睹矣。以功观之，因其所有而有之，则万物莫不有；因其所无而无之，则万物莫不无。知东西之相反而不可以相无，则功分定矣。以趣观之，因其所然而然之，则万物莫不然；因其所非而非之，则万物莫不非。知尧、桀之自然而相非，则趣操睹矣。”

要之，上述自《齐物论》《寓言》，至于《秋水》关于“齐物”以泯除俗世是非争辩的议论都与如何理解“和以天倪”相关，有的直接点明，如“何为和之以天倪？”有的虽未有“和以天倪”的字样，但其语义内涵很接近，也可以理解为是对“天倪”或“和以天倪”的解释。

但这里需要注意的是，这些有关“齐物”的议论都是在解释“何谓和之以天倪”，而非在解释“何谓卮言”；但由于《寓言》中两次出现了“卮言日出，和以天倪”，“卮言”与“天倪”的联系如此亲密，所以这些“齐物”的议论很容易被认为是在解释“卮言”，从而将“是不是”“然不然”“可不可”“言不言”这些本来是“天倪”的天然属性视为“卮言”的基本特征了。

涂光社先生在论述“天倪”即“天和”时曾说：“‘倪’在‘天倪’中义即为‘和’。‘天倪’与‘天均’也相通，经常互释、并用。……‘天倪’是自然的和谐，‘和之以天倪’中的‘和’字是动词，指以‘和’为宗旨的协调整合。‘和以天倪’之意即以‘天’（自然）之‘倪’为参照、为楷模、为法则不断地去整合、去协调之。‘天倪’无须人为，为人们提供可以效法的参照。”[①] 涂先生认为：“欲解读‘和以天倪’，随后补充的那一段似乎无所谓是、非、然、可，不以言辩为然的议论不可忽略。《寓言》篇‘和以天倪’之后也有一并认同和兼取‘言’与‘不言’，‘可’与‘不可’，‘然’与‘不然’……的表述。”[②] 在此基础上，他进一步解释道：“‘和以天倪’的基本立场是认可各种事物现象的并存，各家学说以及相异的是非、然与不然、可与不可……的判断，也许都有能够成立的理由，都有其产生、存在和发展演化的可能性和合理性。……万物的杂然共存、相互矛盾、相互制约、互为补充而又具有总体上的和谐，庄子认为，处理形形色色的事物现象和学说上的分歧和论争应该以此为参照。”[③] 这样解释“天倪”，符合庄子原意，因为上引几段文字可以充分佐证。但由于文本中“天倪”与“卮言”如影随形，诠释“天倪”之语就很容易被移换来诠释“卮言”。

如涂光社先生就指出：“‘卮言’则在日新月异的思想演变过程中承担着协调、整合的重任。它追求怎样的境界呢？《齐物论》已有‘化声之相待，若其不相待，因之以曼衍，所以穷年也’之论，且这样解释：‘何谓和之以天倪？曰：是不是，然不然。是若果是

① 涂光社：《读庄心解》，学苑出版社 2013 年版，第 285—286 页。
② 涂光社：《读庄心解》，学苑出版社 2013 年版，第 286 页。
③ 涂光社：《读庄心解》，学苑出版社 2013 年版，第 286 页。

也，则是之异乎不是也亦无辩，然若果然也，则然之异乎不然也亦无辩。忘年忘义，振于无竟。’其中‘曼衍’是不拘常规的演变和推而广之；‘天倪’是自然而然的平衡协调；‘无竟’是‘无穷’的至境，也即‘无待’之境或者‘逍遥游’所至的‘无何有之乡’。由此可知，《寓言》自谓‘卮言日出，和以天倪’，所致力的有如自然天成的包容与和谐，既是一种‘无辩’的理论境界，也是论者‘所以穷年’、‘忘年忘义’的人生境界，又是一种自然的‘和’美充盈的艺术境界。”[①]这种解释很有启迪意义，令人获益匪浅，但觉得还有商榷余地之处在于：“协调、整合”云云都是“天倪”的特征，而非“卮言”的功能，由于文本上“卮言”与“天倪”前后比邻、如影随形，所以很容易将二者混而为一，即将“天倪”的功能视为“卮言”的特性。又如其云：“反复强调‘以卮言为曼衍’，‘和以天倪’，可见‘卮言’之重要。……‘日出’的不间断，表明了一个永不停步的渐进过程：是无可穷尽的‘道术’不断被体认，是理论的不断推衍、不断充实、丰富、修正和不断整合。……在阐释‘卮言’的时候重申肯定与否定、是与非的相对性，既是为不断完善、修正自己学说的提供依据，有兼取诸子所长的意义，也是对‘卮言’的一种描述。论者虽在拓展人们的思维空间，改造其思维方式，重新确立是非美丑的标准培养新的审美取向，却不拒斥其他各家的思想成果；而以一种开放和宽容的态度，辩证地吸纳之、整合之，力求达到新的理想的和谐——‘天倪’。”[②]而这种对“天倪”的理解是很容易转移到如何定义“卮言”上的，如云：“‘寓言’、‘重言’在《庄子》中很容易看出来，那么具体的‘卮言’又是哪些呢？它们当间出于各种议论之中，然而就其学术精神而言，我以为《天下》篇算的是‘卮言’最集中处。公允‘自然’（客观）地认识和肯定诸子各自的成就，是对先秦学术的‘和以天倪’。……其出世的倾向决定了他不会为邀宠人主势要而力排

① 涂光社：《读庄心解》，学苑出版社 2013 年版，第 316 页。

② 涂光社：《读庄心解》，学苑出版社 2013 年版，第 313-314 页。

众议，其高于同时代人的理性精神使他选择了‘和以天倪’的学术态度。”[①] 那么，《天下》又是如何体现了“‘卮言’最集中处”的呢？或者如何体现出“和以天倪”的呢？涂先生继而指出：“《天下》篇被誉为中国第一部学术史，其中对先秦各家的学术思想作了比较公允的概述，评价了从儒学到墨翟、禽滑厘、宋钘、尹文、彭蒙、田骈、慎到、关尹、老聃、庄周、惠施、桓团、公孙龙等诸子的学说，肯定他们‘皆有所明’、‘皆有所长’，显示出兼容并包的大家气度。《天下》篇没有孟子、荀子、韩非等人著作中那种对其他学派的猛烈抨击。尤其难能可贵的是，它并未特别突出自己一派的观点和建树，从篇幅和介绍的方式上都把庄周作为诸子中平等的一员。”[②] 显然，在此，“天倪”的特征已成为“卮言”的特性，二者具有同一性和互换性。如其又云：“阐释‘卮言’的时候重申肯定与否定、是与非的相对性，既是为不断完善、修正自己的学说提供依据，有兼取诸子所长的意义，也是对‘卮言’的一种描述。”[③] 这里，完全将“天倪”的特性诠释为“卮言”的特性的趋向很明显，因为均衡、公允、兼取是“天倪”“天均”“天和”的特征，而非“卮言”的特征。如前文所引，方勇先生对“卮言”的看法也有这种现象，此不赘言。[④]

要之，上述对何为“天倪”、何为“和以天倪”，《天下》篇如何体现“天倪”的解释都很透彻与全面，给人启迪多多。但问题在于，这样理解的对象如果是“天倪”“和以天倪”都很相符，但将其转而解释为“卮言”则需商榷。笔者认为，“卮言”与“天倪”相异，不能用解释“天倪”的意涵移换而解释“卮言”。如前所论，《齐物论》中有一段与论“和以天倪”十分类似的文字，即“化声之相待，若其不相待，和之以天倪，因之以曼衍，所以穷年”。由于其用语、句法、意涵都相似，因而，可以用其来理解“卮言”。笔者认为，“卮言”

① 涂光社：《读庄心解》，学苑出版社2013年版，第314页。
② 涂光社：《读庄心解》，学苑出版社2013年版，第314页。
③ 涂光社：《读庄心解》，学苑出版社2013年版，第381页。
④ 方勇：《庄子学史》导言，第23页。

与“化声”处于同一层面上，都是要“和之以天倪”的对象，而非与“天倪”相符、吻合、等同（合于自然的分际）的事物。

如上所论，显然，在《齐物论》中，“化声”意为是非争辩之声，它与“天倪”是相互矛盾、不协调的，而要使之消除对立、达到协调，即“若其不相待”，才要“和之以天倪”。同理，“卮言”与“天倪”也不在一个层面上，它与天倪也有相异、不协调之处，所以才要“和以天倪”。至于“是不是”“然不然”“可不可”“言不言”等论述，不是论述“卮言”的，而是论述“天倪”“天均”“两行”“道枢”等道本特质的；即使其与“卮言”有涉，也是在用“天倪”“天钧”等对“卮言”进行协调、调和、均衡之后，不可理解为其就是“卮言”本身的特征。“天倪”所具备的，恰是“卮言”所缺乏的，其关系恰如“天倪”所具备的，恰是“化声”所缺乏的一样。从这种意义上，笔者认为，虽然不能直接将“卮言”理解为“化声”，但“卮言”中不无类似“化声”的成分（例如庄子好辩），至少它是与“化声”都处于需要用“天倪”来调和的同一层面上。

综上，“卮言”不同于“寓言”“重言”，之所以歧解纷出、莫衷一是，在于它不是一种具体的、可直接感知的“言”，而是一种整体的言说形式与思维方式。因而，不能像理解“寓言十九”“重言十七”那样坐实量化地去理解“卮言”。作为一种整体的言说形式与思维方式，“卮言”具有整体性、全局性、统摄性、渗透性和人间性，左右着全书的整体构思、布局与结构。具体而言，“卮言”在《庄子》中主要表现为以下方面：①散漫流衍，不拘常态。②荒唐谬悠，恣纵无端。③支离散碎，自由穿插。④幽默滑稽，戏谑诙谐。⑤前后不一，矛盾悖论。⑥当道不让，涉道必辩。这几方面的特点渗透、弥漫、贯穿于《庄子》各篇之中，形成一种整体的言说与思维方式，左右着全书的整体构思和风格气韵。

通过以上对“卮言”具体特征的梳理，可以看出“卮言”与“化声”有密切的联系，这是因为：

1. 二者在《庄子》中出现的行文、语境极其相似。试看,《寓言》云:“卮言日出,和以天倪,因以曼衍,所以穷年。”成玄英疏:“曼衍,无心也。随日新之变转,合天然之倪分,故能因循万有,接物无心;所以穷造化之天年,极生涯之遐寿也。”[①]《齐物论》云:“化声之相待,若其不相待,和之以天倪,因之以曼衍,所以穷年也。”

2. 二者所论问题极其相似,都是泯物我、是不是、然不然、可不可等“齐物”理论在语言、认知及思辨方面的落实。《寓言》在上文论“卮言”之后紧接着说:“不言则齐,齐与言不齐,言与齐不齐也,故曰无言。言无言,终身言,未尝言;终身不言,未尝不言。有自也而可,有自也而不可;有自也而然,有自也而不然。恶乎可?可于可;恶乎不可?不可于不可。物固有所然,物固有所可。无物不然,无物不可。”《齐物论》在上文论“化生”之前则说:“既使我与若辩矣,若胜我,我不若胜,若果是也,我果非也邪?其俱是也,其俱非也邪?我与若不能相知也。则人固受其黮暗,吾谁使正之?使同乎若者正之,既与若同矣,恶能正之?使同乎我者正之,既同乎我矣,恶能正之?使异乎我与若者正之,既异乎我与若矣,恶能正之?使同乎我与若者正之,既同乎我与若矣,恶能正之?然则我与若与人,俱不能相知也,而待彼也邪。”二者“和以天倪”以不辩、息争的思想脉络如出一辙。

3. 显然在《齐物论》中,“化声”(即是非争辩之声)与“天倪”是相异的,根据文义,正因为是非争辩之声不断(化声之相待),才需要用“天倪”来调和,以达到“不相待”(泯灭是非辩争,不辩息争)的境界。但细玩文意,“若其不相待”只是一种假设,一种应然状态,而非现实的状态,现实的状态是“化声之相待”,它是与《齐物论》中那段关于“既使我与若辩矣,若胜我,我不若胜,若果是也,我果非也邪”的议论相异的。同理,《寓言》中所说“卮言日出,和以天倪,因以曼衍,所以穷年”的“卮言”与“化声”所处的

① 郭庆藩:《庄子集释》,中华书局2013年版,第833页。

位置是一样的，而通过以上分析，卮言具有散漫流衍、荒唐谬悠、支离散碎、戏谑诙谐、矛盾悖论、涉道必辩等特征，而这些特征与"天倪""天均"的境界是不同的，尤其是"卮言"之"当道不让，涉道必辩"的特性，明显就是一种"化声"，就是"化声之相待"。因而，可以说，"卮言"与"化声"处于同等地位，都是要"和以天倪"的对象。化声相待，需要"和以天倪"；卮言日出，需要"和以天倪"——其义一也。

要之，如何定义"卮言"，如何理解"卮言日出，和以天倪"，实际牵涉很广，远超出对一字一词的理解。这一讨论实际上涉及这些问题和结论：①"和以天倪"还是"合于天倪"？结论是"和以天倪"，既用"天倪"去调和"卮言"，使之均衡无偏。②卮言是否等同于"天倪"？结论是"卮言"异于"天倪"，二者不处于一个层面上。③"卮言"是否是合道之言？结论是不能把"卮言"视为与道齐同。④卮言与化声处于同一层面，即都是要用"天倪"去调和的对象。⑤"卮言"究竟是什么？结论是：卮言是一种整体的言说形式与思维方式。⑥卮言内涵六方面的具体表现，这一层面将"卮言"的整体特征一一坐实，尤其是其中的"前后不一、矛盾悖论"和"当道不让、涉道必辩"这两个特征，更是把"卮言"坐实到"化声"的层面，还处在庄子"天人之辨"中"人"的层面，"道俗之辨"的"俗"的层面，而非"天倪""天均""齐物""道枢""两行"的道本位层面。庄学渊深，卮言复杂，魏晋以降，未得确解。本文所论，亦不过是无限探索过程的一种接近的尝试而已。写作此文过程中，阅读、参考了许多资料，加深了对庄学的理解，从中获益匪浅，特致谢意。至于商榷之中，多有辨析，还望谅解。

（作者单位：南开大学文学院）

《庄子》“道”的诗意象征

赵德鸿

试想宇宙的大幕徐徐拉开，人类不知道何时便出场了，站在苍茫无尽的宇宙里，人类不但带着好奇要追问自己的来路，也要寻找世界的起点与去处。可人类在无比硕大、无边无际的宇宙里，显得过于渺小而短暂，就如“朝菌不知晦朔，蟪蛄不知春秋”一样无法知晓身前身后的世界。人类觊觎知道过去，也想拜访未来的想法，终究无法实现。人类只能够观看一眼风驰电掣的现在，而现在也一闪即逝。人类从过去走来、经历现在、走向未来的过程，宛如我们在黑夜里提着灯笼行走一样，面对无边无际的未知的遮蔽的世界，刚刚走过的身后又淹没在黑暗里，我们不停地行走，不停地照亮脚下的那么丁点的地方，“未来”也在不停地被照亮，“现在”也在不停地重新被遮蔽，成为“过去”。这容易使我们想起《山海经》“夸父追日”的故事，“夸父与日逐走，入日。渴欲得饮，饮于河渭，河渭不足，北饮大泽。未至，道渴而死，弃其杖，化为邓林”。面对遥不可及的太阳，夸父没能完成自己的夙愿，而且倒在追日的途中。人类在追逐对世界的认

1943年刘文典先生（左一）偕家人与西南联大学生一道在至磨黑途中

识，探索存在的规律，破解宇宙的奥秘，奔向本真的过程，想必永远也是途中。但执着的人类还是继承了夸父不停追逐的精神，在历史的长河里不停地探索着，人类凭借一代又一代的历史记忆的只言片语的模糊传递，和仅靠一点“现在”推知“未来”的遐想，开始对这个世界存在的“过去、现在、未来”整体加以总结和判断，最后想到了用原本指代具体道路的“道”来表达对这个世界“存在”的认识，“道”也就从原初的生命体验中具有确证哲学“存在”的诗性意味，“道”就成了自身有限的人类对于身外无穷世界存在的象征。

作为经验世界里的“道”又何以会成为哲学世界“存在”的命名呢？《说文解字》：“道，所行道也，一达谓之道。”《尔雅》：“达谓之道。”《庄子·齐物论》中也说过“道行之而成，物谓之而然”，可见“道”的原始意义也就是人类在大地上踩出来的路，是人类生存实践向外走出的第一步，也是从蛮荒迈向文明的开始，凝结着人类的生存体验。“可以想见生活在崇山峻岭中的原始人第一次踩出一条依稀微茫通向远方的路时，该是怎样的新奇而神圣，那样的命名又是怎样诗意盎然而令人激动，因此许多神秘的体验，都以‘道’命名，老庄把自己对于宇宙和人生的体验称之为‘道’，其学说也自名道家。”[①]面对浩瀚的天宇、无垠的时空，道路意味着人类对于外部世界实践的开始，也意味着人类对于外部世界认识的程度，道路是人类对于“存在”的拓荒，所以在哲学的范畴里，“道”意味着“存在”。在这个过程中人们欣喜地发现了实践对象，也在实践里发现了自己，并用“道”的命名歌咏这种体验。法国哲学家孔多塞断言：“在语言的起源时，几乎每一个字都是一个比喻，每个短语都是一个隐喻。”[②]用“道”对“存在”予以命名隐喻就开始了，诗意的象征也就出现了。“道”也就成了人类认识世界的原型意象。

作为哲学领域里的抽象的“道”，为什么要用生活当中具体的道路来言说呢？最早对“道”命名的老子认为：“道生一，一生二，二生三，三生万物。”[③]“道”是对宇宙世界存在的神秘力量的一种模糊的命名，而且老子本人也承认这种命名是强为之名：“有物混成，先天地生，寂兮寥兮，独立而不改，周行而不殆，可以为天下母，吾不知其名，字之曰道，强为之名曰大，大曰逝，逝曰远，远曰反。”[④]对于“先天地生”“周行而不殆”“可以为天下母”的这一掌控世界存在的神秘力量，老子也无法知晓，只好暂且找个“道”字来加以命名。于是这一无法靠感觉器官去体认的神秘力量，也难以用普通字词去表示的神秘力量，就姑且用一个象征性的和描述性的“道”来表示它的存在了。原本作为具体道路的“道”就这样被搬到了哲学的圣殿，作为表达宇宙存在，乃至事物规律和人的认识境界的象征了，也使“道”从此具有了诗学与哲学的双重品格。在哲学的范畴里，“道”的象征大体有三方面的取向：

① 傅道彬：《晚唐钟声——中国文学的原型批评》，北京大学出版社2007年版，第2页。

②〔法〕孔多塞：《人类精神进步史表纲要》，何兆武译，生活·读书·新知三联书店1998年版，第35页。

③ 陈鼓应：《老子译注及评价》，中华书局2003年版，第232页。

④ 陈鼓应：《老子译注及评价》，中华书局2003年版，第140页。

一、作为世界宇宙本原，“道”是“宇宙”的象征

“本原”问题一直都是哲学争论的中心问题。庄子认为“天地者，万物之父母也”[①]。庄子把“道”作为世界万物的本原，“泰初有无，无有无名。一之所起，有一而未形”[②]，在远古的开头，什么也没有，从无到有，先产生“一”。“一”这个东西，虽然存在，但还没有呈现出某种形状，这就是“道”。庄子认为“道”是世界的终极根源，是“无所不覆、无所不载”、自生自灭、永恒存在的宇宙本体。否认有超越于“道”的任何主宰。“道”是无限的，无时不在的，无处不在的，是一个超越感官、不为时空所限制的本体。这个本体名字叫“道”。蝼蚁里面有它，稊稗里面有它，瓦甓里面有它，屎溺里面有它。“道”存在于万事万物之中，又超越于万事万物之外，因为“道”是万事万物的整体。

那么何谓“宇宙”？“宇宙”在《庄子·庚桑楚》中是这样解释的：“有实而无乎处者，宇也。有长而无本剽者，宙也。”王先谦《庄子集解》释文：“剽，本亦作摽。崔云‘末也’。”案：木枝之远扬者谓之标，故以训末。言道之源流甚长，而不见其本末。那么“有实而无乎处者，宇也。有长而无本剽者，宙也”的意思就是说，具有实在的形体而看不见确切的处所，是因为处在四方上下没有边际的空间中。有成长却见不到成长的始末，是因为处在古往今来没有极限的时间里。郭象《庄子注·庚桑楚》解释说：“宇者，有四方上下，而四方上下未有穷处。宙者，有古今之长，而古今之长无极。”[③]庄子认为“宇”（空间）是无限的，“宙”（时间）是无始终的。宗白华认为：“中国人的宇宙概念本与庐舍有关。‘宇’是屋宇，‘宙’是由‘宇’

① 陈鼓应：《老子译注及评价》，中华书局 2001 年版，第 465 页。

② 陈鼓应：《老子译注及评价》，中华书局 2001 年版，第 309 页。

③ 刘文典：《庄子补正》，安徽大学出版社 1999 年版，第 622 页。

中出入往来。中国古代农人的农舍就是他的世界，他们从屋宇得到空间观念。从‘日出而作，日入而息’（《击壤歌》），由宇中出入而得到时间观念。”[①] 其实最早明确“宇宙”含义的是战国时期尸佼在《尸子》中的定义：“上下四方曰宇，往古来今曰宙。”东汉的高诱在《淮南子》注中也说：“四方上下曰宇，古往今来曰宙。”[②]“宇”指无限空间，包括一切天体的无限空间。“宙”指无限时间。“宇宙”就是时间和空间的统一，哲学上把宇宙又叫“世界”。“宇宙”的时间和空间上的无限性，恰恰与“道”的无限性相契合，于是古人就有了以“道”来象征表达宇宙存在的诗性认识。

《老子·第一章》开篇就指出：“道可道，非常道；名可名，非常名。无名天地之始，有名万物之母。故常无欲以观其妙，常有欲以观其徼。此两者，同出而异名，同谓之玄，玄之又玄，众妙之门。”[③] 长沙马王堆汉墓出土的帛书《老子》甲本此句作“道，可道也，非恒道也”。乙本此句残缺，但有下句“恒名也”三个字。学术界认为，今本改“恒”为“常”乃是汉代人为避汉文帝刘恒之名所为。“常”与“恒”其义相同。恒，《说文》：“常也。”《广韵》：“久也。”常，《玉篇》：“恒也。”《正韵》：“久也。”可见，不管是写作“恒道”也好，还是写作“常道”也好，均是指永恒常在之道。《老子》率先提出的“道”与“名”两个关键词，古时“道”与“天”字相通，“天”即是自然。有人说是指自然运行法则。“道”是代表抽象的法则、规律，以及实际的规矩，也可以说是学理上或理论上不可变易的原则性的道。《左传》：“天道远，人道迩。”《中庸》：“天命之谓性，率性之谓道。”把遵循一种规律，按照事物自然规律运行喻之为“道”。在《老子》开篇老子即提出“道”的问题，可见先秦时期“道”已经不约而同地引起了广泛的思考和探讨，就拿“道可道，非

① 宗白华：《中国诗画中所表现的空间意识》，见《宗白华全集：第2卷》，安徽教育出版社1996年版，第431页。

② 何宁：《淮南子集释》，中华书局1998年版，第2页。

③ 陈鼓应：《老子译注及评价》，中华书局2003年版，第53页。

常道；名可名，非常名。无名天地之始，有名万物之母”来说，历来解释不一，那么为什么老子会抛出一个千古都说不清楚的问题呢？

关于“道”的解释，有说“道”当为“无”，有说“道”当为“一”，有说“道”是万物之所由，有说“道”是众理之总括。《文子·精诚》：“名可名，非常名；着于竹帛，镂于金石，皆其粗也。”《文子·上义》：“诵先王之书，不若闻其言；闻其言，不若得其所以言。故名可名，非常名也。”《文子·上礼》：“先王之法度有变易，故曰‘名可名，非常名’也。”高诱注《淮南子·泛论训》曰：“常道，言深隐幽冥，不可道也。”老子著五千之言，于此以“道”首发其立言之旨趣，盖“道”者，不可不明辨也。有人说：“道可道，非常道；名可名，非常名。”第一个“道”与第三个“道”同属于名词，第二个“道”当属于动词，即或曰言说，或曰行之也。第一个“名”与第三个“名”同属于名词，第二个“道”当属于动词，即或曰言之，或曰命名也。王弼氏对此的解释是：“可道之道，可名之名，指事造形；非其常也。故不可不道，不可名也。”一般来说，这里第一个、第三个“道”字解作“终极真理”；第二个“道”字解作“言语，说话”。意思大概是：“可以用言语解释妥当的‘道’，就不可能是真正的‘道’；如果我们给予‘道’一个名字，这个名字也肯定不能把‘道’形容妥帖。”钱钟书在《管锥编》第二册中说：“第一、三两‘道’字为道理之‘道’，第二‘道’字为道白之‘道’，如《诗·墙有茨》‘不可道也’之‘道’，即文字语言。”又说：“责备语文，实繁有徒。要莫过于神秘宗者。彼法中人充类至尽，矫枉过正，以为至理妙道非言可喻，副墨洛诵乃守株待兔、刻舟求剑耳。……《老子》开宗明义，勿外斯意。心行处灭，言语道断也。”[①]让我们回来从《老子》五千言纵观之，看一看“道可道，非常道；名可名，非常名”[②]到底隐藏着老子怎样的用意呢？第一个“道”与第三个“道”同属名

① 钱钟书：《管锥编》，中华书局1979年版，第410页。

② 陈鼓应：《老子译注及评价》，中华书局2003年版，第53页。

词，第二个“道”当属于动词，即或曰言说，或曰行之也，这些都是没有疑义的，关键第一个“道”与第三个“道”，它们二者本身所包含的意思不同，意义有很大差别。第一个“道”应当是我们经常靠经验总结出来的“道理”，比如“人道、世道、门道”是可以言说的；所以老子才说“道可道”，但张松如在《老子说解》中说：“道，说得出的，就不是永恒的道了。”显然第一个“道”与第三个“道”是有区分的，第三个“道”当属《老子》所要说但说不明白的真正的“大道”，是“天道”“恒久之道”“囊括一切的道”，是不可名状的，是超越人们感性经验的。但它又不是彻底虚无，它是存在于冥冥之中的一种宇宙的规律，包含万事万物，人们只可凭自己的内视、内听去想象它、揣度它，但不可言说，一说出来就不是它本身了。如果是这样“道可道，非常道”才能够解释得通，也算我们真正读懂了古人留下的形式背后的意思。

再说“名可名，非常名”，第一个“名”与第三个“名”同属于名词，第二个“名”当属于动词，即或曰言之，或曰命名也。第一个“名”与第三个“名”虽同属名词，意义也不尽相同，第一个“名”即是事物暂时的命名；第二个“名”就是可以命名、可以言说；第三个“名”则是说永久不变的事物命名，“非常（恒）名”是指不是可以长期这样命名某一事物的。由于人认识的局限性，我们所说的道都只是真正道的一部分，无法窥见“道”的全貌，故无法反映道的本质。例如我们说这是一棵树，可那是我们的说法，它是什么呢？是一堆木头，还是一堆原子，都只反映了它的一个侧面。比如，“树木”长在大地上的时候，我们命名为“树”，可它一旦做了木料，可能成为“桌子”“椅子”“筷子”“木炭”等等，那时我们还能够叫它“树”吗？显然是不可能的。就像庄子提到的“百年之木，破为牺尊，青黄而文之，其断在沟中。比牺尊于沟中之断，则美恶有间矣，其于失性一也”[①]。百年的大树，伐倒剖开后雕刻成精美的酒器，再用青、黄二

① 陈鼓应：《庄子今注今译》，中华书局2001年版，第332页。

色彩绘出美丽的花纹，而余下的断木则弃置在山沟里。雕刻成精美酒器的一段木料比起弃置在山沟里的其余木料，美好的命运和悲惨的遭遇之间就有了差别，不过对于失去了原有的本性来说却是一样的。原本同为一棵百年老树，可一旦被伐、被用，作为“牺尊”的，与“断在沟中”的就不可以按照原来的命名加以称呼了，原本同一，现在却一个是为人所敬重的“牺尊”，一个是为人所遗弃的“断在沟中”的绪余。就拿“蝴蝶”来说，最初是叫“虫卵”，再叫“幼（毛）虫”，再叫“蛹”，再叫“蝴蝶”等等。在这条变化的链子上永远都是一种无穷匮也的状态，可见对事物的命名永远是开放的称谓，也是无穷无尽的称谓，更是暂时的称谓，又是不可穷尽的称谓。因为万事万物永远都是变化着的，而非静止的状态，而想对其准确言说是一件何其不可能的事情，所以说“道不可言”。

二、作为事物自身规律，“道”是“自然”的象征

老子认为“人法地，地法天，天法道，道法自然”[①]。这里就明确提出“道”与“自然”的关系。对此，历代学者看法相近。河上公注本曰：“‘道’性自然，无所法也。”董思靖注：“‘道’贯三才，其体自然而已。”吴澄：“‘道’之所以大，以其自然，故曰‘法自然’。非‘道’之外别有自然也。”童书业：“所谓‘道’法‘自然’就是说道的本质是自然的。”陈鼓应注曰：“‘道’纯任自然，自己如此。”[②]冯友兰也认为“道之作用，并非有意志的，只是自然如此。故曰：人法地，地法天，天法道，道法自然”[③]。各家说得比较一致的意见是

① 陈鼓应：《老子译注及评价》，中华书局2003年版，第171页。

② 陈鼓应：《老子译注及评价》，中华书局2003年版，第168页。

③ 冯友兰：《中国哲学史·上卷》，中华书局1992年版，第219页。

道即自然，是按照事物自身的规律自然而然。

“物固有所然，物固有所可。无物不然，无物不可。因是已，已而不知其然，谓之道。”[①] 事物中本来就是这样，事物中本来就有被认可的。没有事物不是这样，没有事物不被认可。顺应事物变化的自然规律，事物的变化已经是这样可又不知道它是怎么一回事，就叫作道。这表明了“道”旨在表述物质固有的运动规律。可见“道”是宇宙整体自然的规则、自然的秩序、自然的纲领。“道”不是谁设计的，自然而然就是“道”。“夫自然者，不知所以然而然，自然耳，不为也，岂是能有之哉！若谓所有，则非自然也。故知自然者性也，非人有之矣。此解前有天之义也。”[②] 如吃下的食物自然就能被消化吸收，走路时各个部位的肌肉自然就能够彼此协调运动。人在世间如能随顺自然的规则就是行道，才会自由自在。

考察“自然”一词在《庄子》一书中所指涉的含义。《庄子》全书提及“自然”一词共七处。但庄子表达“自然”思想的地方则是随处可见的。

（1）“吾所谓无情者，言人之不以好恶内伤其身，常因自然而不益生也。”（《德充符》）

（2）“汝游心于淡，合气于漠，顺物自然而无容私焉，而天下治矣。”（《应帝王》）

（3）“吾又奏之以无怠之声，调之以自然之命。”（《天运》）

（4）“当是时也，莫之为而常自然。”（《缮性》）。

（5）“知尧、桀之自然而相非，则趣操睹矣。”（《秋水》）

（6）“夫水之于汋也，无为而才自然矣。”（《田子方》）

（7）“真者，所以受于天也，自然不可易也。”（《渔父》）

各句都含有“自然而然、非他使然”的意思。由此可见，《庄子》一书中的自然一词没有自然界和宇宙的含义。所以，庄子使用

① 陈鼓应：《庄子今注今译》，中华书局2001年版，第61页。

② 郭庆藩：《庄子集释》，中华书局1992年版，第695页。

"自然"一词，最主要还是集中在"自然而然"的意义上。我们这里着重探讨庄子的"自然"就是事物的本然。三国时期魏国王弼《老子注·第五章》"天地任自然，无为无造，万物自相治理"说的就是宇宙遵循的是万事万物的自身法则，大到日月星辰代表的宇宙，小到事物的细微内部结构，都任由万物发生发展、自生自灭、全然不顾的自由状态。作为事物本然的"自然"，"天地固有常矣，日月固有明矣，星辰固有列矣，禽兽固有群矣，树木固有立矣"①。其中的"有常、有明、有列、有群、有立"说的恰恰是每一事物都有其固有的规律，这些规律就是事物自身的"道"，"道"在各种事物中都是"各得其序"的。正如"天有春秋冬夏旦暮之期"。事物的发生、发展及变化都要遵循这些秩序或称为规定性，"天地有大美，四时有明法，万物有成理"。"阴阳四时运行，各得其序。"②"序"即事物发生发展、运动变化的规律。从这几句话中，庄子把"道"作为自然规律。"道"是天地、四时、万物、阴阳等万千事物的运动规律。世界万物从"无"中产生出来后，其并不是凌乱的，而是要遵循一定的规律，就是"道"。三国时期魏国何晏在《无名论》中说："自然者，道也。"也就是说天下事物都有其自身规律，这个本然的规律就用"道"表达了，所有事物的"自然"本性都可以叫作"道"。"道"最初是道路的意思，被逐渐借用指代事物发展规律，"道"也就成了"自然"的象征。"自然"这一概念，首见《老子·第二十五章》："域中有四大，而人居其一焉。人法地，地法天，天法道，道法自然。"③四大，指道、天、地、人。道法自然，就是说"道"是遵循事物的本性，自然而然的。唐代道士杜光庭在《道德真经广圣义》中称："疑惑之人，不达经理，乃谓大道仿法自然。若有自然居于道之上，则是域中兼自然有五大也。"其实是说"道、天、地、人"四大者皆在"自然"之中。

① 陈鼓应：《庄子今注今译》，中华书局 2001 年版，第 347 页。

② 陈鼓应：《庄子今注今译》，中华书局 2001 年版，第 563 页。

③ 陈鼓应：《老子译注及评价》，中华书局 2003 年版，第 163 页。

四大者既具有“自然”之属性，又包括在“自然”之中，万事万物都从属于“自然”，又受“自然”的制约。老子说“功成事遂，百姓皆谓我自然”[①]，意思是事情成功，百姓都说我们本来如此。“自然”的最初含义亦指非人为的本然状态。是指自己如此的事物，或自然而然的事物，其存在的根据、发展的动因必定是内在的。

作为事物自身发展变化规律的“道”，《说卦传》云：“立天之道曰阴与阳，立地之道曰柔与刚，立人之道曰仁与义。”指出了天道、地道、人道所把握的法则。庄子明确提到了“道者，万物之所由也。庶物失之者死，得之者生。为事逆之则败，顺之则成。故道之所在，圣人尊之”[②]。庄子认为“道”是万物遵循的依据，得之者生，失之者死。因为“道”有层次性，所以有“天道”“地道”“人道”“世道”“悟道”“技道”等等，但说的都是事物的自身规律。“因是已，已而不知其然谓之道。”[③]是一种不知然而然的自然状态。“若夫不刻意而高，无仁义而修，无功名而治，无江海而闲，不道引而寿，无不忘也，无不有也，淡然无极而众美从之，此天地之道。”“水之性，不杂则清，莫动则平；郁闭而不流，亦不能清；天德之象也。故曰：纯粹而不杂，静一而不变，淡而无为，动而以天行，此养神之道也。”[④]《庄子·养生主》中的“庖丁解牛”，《庄子·达生》中的“佝偻者承蜩”“津人操舟若神”“吕梁丈夫蹈水”“纪渻子驯养斗鸡”“梓庆削木为鐻”“工倕旋而盖规矩”，《庄子·徐无鬼》中的“匠石运斤成风”等等，说的都是“道”不声不响地存在于万千事物之中，并成为事物存在的规律与规定。例如“梓庆削木为鐻”的故事：“梓庆削木为鐻，鐻成，见者惊犹鬼神。鲁侯见而问焉，曰：‘子何术以为焉？’对曰：‘臣工人，何术之有！虽然，有一焉。臣将为鐻，未尝敢以耗气也，必齐以静心。齐三日，而不敢怀庆赏爵禄；齐五日，不敢怀非

① 陈鼓应：《老子译注及评价》，中华书局2003年版，第130页。

② 陈鼓应：《庄子今注今译》，中华书局2001年版，第824页。

③ 陈鼓应：《庄子今注今译》，中华书局2001年版，第62页。

④ 陈鼓应：《庄子今注今译》，中华书局2001年版，第399页。

誉巧拙；齐七日，辄然忘吾有四枝形体也。当是时也，无公朝。其巧专而外骨消，然后入山林，观天性；形躯至矣，然后成见鐻，然后加手焉；不然则已。则以天合天，器之所以疑神者，其是与！'"[①] 梓庆按照"以天合天"的自然法则，最后做成乐器，非梓庆为之，乃是"道"使之然也。

可见"道"就是"自然而然"、顺应自然。就像朱熹《观书有感其二》："昨夜江边春水生，艨艟巨舰一毛轻。向来枉费推移力，此日中流自在行。"事物按其内部的规律发展变化，不受外界干预。水不深的时候，船搁浅了，怎样也移不动；而现在水满了，那船就毫不费力地在江心自由自在地行驶了。可见，只有顺乎事物的本然，追求一种自然而然的状态，才会进入畅通无阻的境地。

三、作为认识的最高境界，"道"是人类"认识"的象征

"道"是我们对于这个世界认知程度的一个形象的隐喻。刘笑敢先生在《庄子哲学及其演变》中说过，"道"是"最高之认识"[②]。《庄子·齐物论》和《庄子·庚桑楚》中都有一段："古之人，其知有所至矣。恶乎至？有以为未始有物者，至矣，尽矣，不可以加矣。其次以为有物矣，而未始有封也。其次以为有封焉，而未始有是非也。是非之彰也，道之所以亏也。道之所以亏，爱之所之成。"这段话的大意是：古时候的人，他们的才智达到很高的境界。什么样的境界呢？大致有四个境界：首先，有认为宇宙初始是不曾有物的，这种观点是最高明的、最完美的，不可以再添加什么了。其次，是认为宇宙中有物，可是万物之间原本不存在任何差别。再次，是认为万物存在着差

① 陈鼓应：《庄子今注今译》，中华书局2001年版，第489页。

② 刘笑敢：《庄子哲学及其演变》，中国社会科学出版社1987年版，第113页。

别，但是本来就没有是非的不同。最后，道之所以亏损和缺陷，是因为人们有了是非观念的缘故。道出现亏损与缺陷，偏私的观念也就因此形成。而恰恰在这段话里，庄子向我们诠释了古代人的四种认识水平，体现着人类的认识能力，而四种认识水平与人类体悟“道”的境界的高低一一相对。

第一种境界：“有以为未始有物者，至矣，尽矣，不可以加矣。”就是认为宇宙从一开始就什么都没有。是人类闭着眼睛看世界的状态，也是最高的境界，是真正掌握“道”的境界，也体现了庄子博大的宇宙情怀，是一种与“道”同行同在的境界。郭象《庄子注》：“此忘天地，遗万物，外不察乎宇宙，内不觉其一身，故能旷然无累，与物俱往，而无所不应也。”[①] 成玄英《南华真经疏》：“未始，犹未曾。世所有法，悉皆非有，唯物与我，内外咸空，四句皆非，荡然虚静，理尽于此，不复可加。答于前问，意以明至极者也。”[②] 实质上是说人立于茫茫大千宇宙之中，与宇宙同体，混沌为一，视人如物，物物无我，以物驰骋的境界，是人的无意识境界，消除以“人为中心”思考问题的意识，人也同无意识的万物一样，眼中无物，心里无已。正如南宋著名理学家陆九渊所说的“宇宙内事乃己分内事，己分内事乃宇宙内事”，“宇宙便是吾心，吾心即是宇宙”。这样的认识是一种登峰造极的最高的境界，最完美无缺，没有比这更高的境界了。

第二种境界：“其次以为有物矣，而未始有封也。”就是认为宇宙中有物，可是万物之间原本不存在任何差别。是人类睁开眼睛看世界，闭而不言语的状态。郭象《庄子注》：“虽未都忘，犹能忘其彼此。”成玄英《南华真经疏》：“初学大贤，邻乎圣境，虽复见空有之异，而未曾封执。”是见物之后，物我同一，只是一种淡然无际的观看状态，是一种知道而不言的境界。

第三种境界：“其次以为有封焉，而未始有是非也。”就是认为

① 刘文典：《庄子补正》，安徽大学出版社 1999 年版，第 58 页。

② 刘文典：《庄子补正》，安徽大学出版社 1999 年版，第 58 页。

万物存在着差别，但是最初是没有是非差别的。郭象《庄子注》“虽未能忘彼此，犹能忘彼此之是非也。”[①]成玄英《南华真经疏》：“通欲难除，滞物之情已有；别惑易遣，是非之见犹忘也。”[②]有了彼此的分别，我物互为看见，但彼此之间和谐共处，彼此不评价、不判断。宛如《庄子·大宗师》中借助孔子所说的“鱼相忘乎江湖，人相忘乎道术”的一种自由自在的人生境界。“与其誉尧而非桀也，不如两忘而化其道。”是一种知道有区别却能够做到不去区别的境界。

第四种境界：“是非之彰也，道之所以亏也，道之所以亏，爱之所之成。”就是说是非彰显之处，就是道之所以亏损和缺陷的地方，也是人的认识往往出错的地方。是与非的出场，预示着人们是非观念的形成，所以就会有喜好厌恶，偏私的观念也就在所难免了，可谓各执是非，故是非不可为定分。郭象《庄子注》：“无是非乃全也。”“道亏则情有所偏而爱有所成，未能忘爱释私，玄同彼我也。”[③]成玄英《南华真经疏》：“夫有非有是，流俗之鄙情；无是无非，达人之通鉴。故知彼我彰而至道隐，是非息而妙理全矣。”[④]“虚玄之道，既以亏损，爱染之情，于是乎成着矣。”可见有了“是非”，就不能够“全”，就会各自站在自己认定的“是非”的箱子里，彼此指责，喋喋不休地捍卫自己以为的“是”，而攻击自己认定的对方的“非”。“是非”就像幽灵一样开始在宇宙中不停地穿梭游荡。就像《庄子·秋水》篇中的河伯一样：“秋水时至，百川灌河，泾流之大，两涘渚崖之间，不辩牛马。于是焉河伯欣然自喜，以天下之美为尽在己。”也许这正是自我中心者的局限与尴尬。恰是一种社会最为常态的自以为是的认识境界。

比照来看，前三种认识状态，有一个共同的特点，就是“道”还处于“全”的状态，是“以道观之，物无贵贱”的本然状态。唯独进

① 刘文典：《庄子补正》，安徽大学出版社 1999 年版，第 58 页。
② 刘文典：《庄子补正》，安徽大学出版社 1999 年版，第 59 页。
③ 刘文典：《庄子补正》，安徽大学出版社 1999 年版，第 59 页。
④ 刘文典：《庄子补正》，安徽大学出版社 1999 年版，第 58 页。

入第四种认识状态，一旦介入是非之境，就是“以是非观之，自贵他贱”的人为状态。“道”就出现了“亏”，是“道”的一种残缺状态。被“是非”支离切割的“道”也就不再具有恒常的支配能力了。成玄英《南华真经疏》：“夫物皆自是，故无不是；物皆相非，故无不非。无不非，则天下无是矣；无不是，则天下无非矣。故以物情趣而观之，因其自是，则万物莫不是；因其相非，则万物莫不非矣。夫天下之极相反者，尧桀也，故举尧桀之二君以明是非之两义。故尧以无为为是，有欲为非；桀以无为为非，有欲为是；故曰知尧桀之自然相非。因此而言，则天下万物情趣志操，可以见之矣。”① 成玄英用“无为”和“有为”来裁定“是非”的出现，是有其合理性的，也是符合庄子的本意的。

由此可见，人类认识的有限性阻碍了认识“道”之全貌的可能，正如歌德在《诗与真》的自传里说过的那样：“树可以长高，但终不抵天。”人类不断长高的思想和认识，也一样无法窥测到“道”的全程，但执着的人类依然不会放弃对“道”的不停地探索，想必这正是人类生命旅程里不可逾越的宿命。

（作者单位：哈尔滨师范大学文学院）

① 刘文典：《庄子补正》，安徽大学出版社 1999 年版，第 54 页。

庄子的“方外之游”与“方内之游”

胡祥云

一

“方外之游”与“方内之游”又可说成“游于方外”与“游于方内”，语出《庄子·大宗师》（下引《庄子》原文，只注篇名），其言曰：

> 子桑户、孟子反、子琴张三人相与友，曰：“孰能相与于无相与，相为于无相为？孰能登天游雾，挠挑无极；相忘以生，无所终穷？”三人相视而笑，莫逆于心，遂相与为友。莫然有间而子桑户死，未葬。孔子闻之，使子贡往侍事焉。或编曲，或鼓琴，相和而歌曰：“嗟来桑户乎！嗟来桑户乎！而已反其真，而我犹为人猗！”子贡趋而进曰：“敢问临尸而歌，礼乎？”二人相视而笑曰：“是恶知礼意！”子贡反，以告孔

刘文典先生在云大（所抱幼儿为张友铭教授的女儿张延明）

子，曰："彼何人者邪？修行无有，而外其形骸，临尸而歌，颜色不变，无以命之。彼何人者邪？"孔子曰："彼，游方之外者也；而丘，游方之内者也。外内不相及，而丘使女往吊之，丘则陋矣。彼方且与造物者为人，而游乎天地之一气。彼以生为附赘县疣，以死为决疣溃痈，夫若然者，又恶知死生先后之所在！假于异物，托于同体；忘其肝胆，遗其耳目；反复终始，不知端倪；芒然彷徨乎尘垢之外，逍遥乎无为之业。彼又恶能愦愦然为世俗之礼，以观众人之耳目哉！"①

① 郭庆藩：《庄子集释》，中华书局2012年版，第269-273页。

这本是一则寓言，孔子、子贡代表着儒家之士，而子桑户、孟子反、子琴张等人代表着道家之士；庄子似乎是借孔子之口道出儒道之别，即儒家“游于方内”，而道家“游于方外”。

在《庄子》一书中，庄子对像子桑户、孟子反、子琴张这一类的人物是称赞备至的，故而在他们的身上寄寓着庄子的思想观念、人生理想和处世情态.因此说庄子也为“游于方外”之人，庶几无误。但是，庄子是否仅仅是“游于方外”呢？对这一问题的追问将在“游”的层面上揭示出庄子思想的复杂性和深刻性，笔者以为，庄子不仅“游于方外”，而且也“游于方内”。庄子“游于方外”，展示了他那高远而自由的人生理想；而他“游于方内”，则蕴藏着他那深切的现实关怀；庄子就是试图通过“方外之游”的自由精神，去孳乳、映照现实人生中的“方内之游”，以此来拯救、提拽跌落在现实泥淖中的苦难人生。

二

对于“游”，儒道两家都身体力行，以真实的（而非寓言式的虚构）孔子、庄子的行为为例，孔子周游列国广为人知，而庄子游于濠梁之上也传为美谈，但“孔子之‘游’扎根于现实的土壤，为‘方内之游’，处处彰显着现实情怀；庄子之‘游’则徜徉于精神的天空，为‘方外之游’、心灵之‘游’，通体散发着浪漫气质”[①]。因此，对于庄子的“方外之游”，前贤时达多有论及；然而，论者在倾力关注于庄子“方外之游”的时候，往往忽略了庄子的“方内之游”。固然，庄子的“方外之游”成就了他那别具一格、惊世骇俗的思想翱翔，而庄子的“方内之游”却如同孔子一样，也处处彰显着现实的情怀，展

① 于师号：《孔子的“方内之游”与庄子的“方外之游”》，载《求索》2012年第11期，第92页。

现了庄子为疗救苦难人世的大爱之心。

“方外之游”与“方内之游”中的“方”该作何解？成玄英疏曰：“方，区域也。”[①]是何“区域”？成玄英接着解释道：“彼之二人（指孟子反、子琴张——作者注），齐一死生，不为教迹所拘，故游心寰宇之外。而仲尼子贡，命世大儒，行裁非之义，服节文之礼，锐意哀乐之中，游心区域之内，所以为异也。”[②]故而成玄英疏对“方”的解释有二义：于空间领域为寰宇，于人文领域为礼乐。我以为，成玄英疏深得庄子本意。庄子借孔子之口道出的“方内”“方外”之别，既有空间上的“寰宇六合”之内外的区别，也有人文上的“礼乐教化”之内外的区别。

就空间领域而言，“游于方外”意指游于寰宇六合之外，“游于方内”意指游于寰宇六合之内。

对于“寰宇六合之外”，《庄子》一书对其别称颇多，如“四海之外”“尘垢之外”“六极之外”“无极之野”“太虚之境”“逍遥之虚”等等，故而作者对游于寰宇六合之外的描述，可谓连篇累牍。如：

> 乘云气，御飞龙，而游乎四海之外。[③]
>
> 乘云气，骑日月，而游乎四海之外。[④]
>
> 无谓有谓，有谓无谓，而游乎尘垢之外。[⑤]
>
> 乘夫莽眇之鸟，以出六极之外，而游无何有之乡，以处圹

---

① 郭庆藩：《庄子集释》，中华书局2012年版，第273页。

② 郭庆藩：《庄子集释》，中华书局2012年版，第273页。

③ 郭庆藩：《庄子集释》，中华书局2012年版，第31页。

④ 郭庆藩：《庄子集释》，中华书局2012年版，第102页。

⑤ 郭庆藩：《庄子集释》，中华书局2012年版，第103页。

埌之野。[1]

入无穷之门，以游无极之野。[2]

古之至人，假道于仁，托宿于义，以游逍遥之虚。[3]

其实，对于寰宇六合之外的空间，人迹是无法抵达的，其是否存在都令人茫然而不可知，然而庄子却乐此不疲地要游于其间，从世俗的层面上说，庄子的这些想法确实非常荒唐，可以说是“谬悠之说，荒唐之言，无端崖之辞”[4]。但是，在庄子看似荒唐的表述中，我们不难感受到庄子那颗鲜活的童真赤子之心，“他那婴儿哭着要捉月亮似的天真”[5]，让我们看到了庄子渴慕自由的精神诉求。《天下》篇评庄子曰：“独与天地精神往来而不敖倪于万物……上与造物者游，而下与外死生、无终始者为友。”[6]这表明庄子的“方外之游”就是在精神上要突破现实逼仄的空间，前往无垠的空间展开自由的飞翔。因此，庄子的“方外之游”，所要表达的是一种“精神”和“意志”的自由，这种自由既不需要依傍对“必然世界”的认识来实现，也不需要公众之间达成某些契约来完成，但它却强烈地宣示着对自由的热烈向往。凭借着这种对自由向往的意志力，个体的人才有可能对现实世界采取审美的态度而实现对现实世界的超越。

崔大华先生说：“庄子思想发源于对人的精神自由（‘逍遥’）的追求。由这个源头，庄子思想向两个方向展开去。一个方向是对永恒的宇宙根源的热烈的探索，自由就是对它的皈依，与它同体；另一

① 郭庆藩：《庄子集释》，中华书局2012年版，第299页。
② 郭庆藩：《庄子集释》，中华书局2012年版，第93页。
③ 郭庆藩：《庄子集释》，中华书局2012年版，第521页。
④ 郭庆藩：《庄子集释》，中华书局2012年版，第1091页。
⑤ 闻一多：《周易与庄子研究》，巴蜀书社2003年版，第79页。
⑥ 郭庆藩：《庄子集释》，中华书局2012年版，第1092页。

个方向就是对现实社会的冷峻的审视，自由就是对它的超脱，与它绝离。”从某种意义上说，崔先生在这里所说的庄子思想的“两个方向”指的就是“方外”和“方内”。就空间领域而言，当庄子“游于方外”挥洒他的自由的浪漫想象的时候，这种自由意志为他“游于方内”奠定了精神气质的底色，使他的“方内之游”得以超越世俗的成见而呈现出一种审美的情态。《秋水》篇曰：

> 庄子与惠子游于濠梁之上。庄子曰：“儵鱼出游从容，是鱼之乐也。”惠子曰：“子非鱼，安知鱼之乐？”庄子曰：“子非我，安知我不知鱼之乐？”惠子曰：“我非子，固不知子矣；子固非鱼也，子之不知鱼之乐，全矣。”庄子曰：“请循其本。子曰‘汝安知鱼乐’云者，既已知吾知之而问我，我知之濠上也。”①

这一记录确实是文化史上的一则美谈，令后世学人欣喜于此并基于各自的需要而不知疲倦地进行着解读。撇开其中的逻辑考辨，在我看来，这则故事生动形象地展现了庄子“游于方内”的情态。“濠梁之上”就空间来说显然是位处寰宇六合之内的现实世界，故而“庄子与惠子游于濠梁之上”，表明庄子与惠子此时之游属于“方内之游”。就在这次“方内之游”中，现实世界里最常见的一幕景象出现了：清澈的濠水里，儵鱼结伴嬉戏、从容而游。庄子见状脱口而出：“儵鱼出游从容，是鱼之乐也。”这本是庄子向往自由的情怀在遭遇现实物象触动后的一种审美的反应，却遭到了自作聪明的惠子的责难：“子非鱼，安知鱼之乐？”惠子的责难听上去振振有词，然而，惠子越是振振有词就越暴露出他那胶柱鼓瑟的俗心。那么，面对着同样的景象，庄、惠二人为什么表现出不同的情态呢？我以为这是由于他们对世界的不同认知造成的。

《天下》篇有一段对惠子学说的精练评述，其中有几句是关于惠子

① 郭庆藩：《庄子集释》，中华书局2012年版，第605–606页。

对空间概念的表述，其言曰："至大无外，谓之大一；至小无内，谓之小一。"[①] 成玄英疏曰："囊括无外，谓之大也；入于无间，谓之小也；虽复大小异名，理归无二，故曰一也。"[②] 故而在惠子看来，最大的空间就再没有外围了，因此它是有边际的，最小的空间就再没有内空了，因此它是无间的；不管是"至大"还是"至小"，它们都统归于这样一个"一"的空间内。因此，在惠子对空间的认知中，只有这样一个"一"的"方内"，而不存在至大无边际的"方外"。由此我们就不难理解，在《庄子》一书所记惠子的言行中，即便是惠子的视域再辽阔，也突破不了"方内"这样一个"一"。惠子对空间认知的局限性将直接导致他对世界认知的局限性，使他的目光仅仅滞留在现实世界，而无法抵达想象中的审美世界。

与惠子相比，庄子对世界的认知是更为开放的。《齐物论》有段文字生动展现了庄子对世界的认知：

> 有始也者，有未始有始也者，有未始有夫未始有始也者。有有也者，有无也者，有未始有无也者，有未始有夫未始有无也者。[③]

因此，在庄子的思想里，世界是无限的，空间是无边际的，故而不仅存在着"方内"，而且还存在着"方外"。虽然现实中的人无法抵达"方外"的世界，但人却可以展开想象的翅膀翱翔在那个浩瀚的世界；久而久之，这种在想象世界里翱翔的"方外之游"，练就了庄子在现实世界里的审美想象力，使其身处"方内之游"时，能够展现出别样的风情。正因如此，庄子，也只有庄子，才有"逍遥游"，才有"梦幻化蝶"，才有"观鱼生乐"……

从庄、惠对世界认知的比较中，我们不难发现庄、惠的世界观是

① 郭庆藩：《庄子集释》，中华书局2012年版，第1095页。
② 郭庆藩：《庄子集释》，中华书局2012年版，第1096页。
③ 郭庆藩：《庄子集释》，中华书局2012年版，第85页。

有本质区别的。尽管惠子也看到了世界“大”的一面，但他的那个“大”是很现实的“大”，也是人的足迹可以丈量的“大”；在惠子的观念里，只有这样一个很实在的“大”的世界，对人才有用；人只有活在这样的世界里，心里才踏实。而庄子眼中的世界不仅有现实的“大”，更有存在于人的想象中的“万化而未始有极”[①]的“大”；有了这样一个“万化而未始有极”的“大”的世界，人的自由精神才有寄寓的家园。所以，当面对某一事物的时候，惠子总是固着于现实功利的考量而诗心蓬塞，庄子却能超越现实的功利而“化臭腐为神奇”。如在《逍遥游》中，面对着“呺然大瓠”，惠子从现实功用的角度而认定它是个无用之物，故而断然“掊之”；庄子却能跳出现实功用的羁绊，认为那是个绝好的物件，妙想着“虑以为大樽”而自由自在地“浮于江湖”[②]。因此，庄子本着对世界“方外”与“方内”的认知，并且通过对“方外”世界的想象之游，为人的自由精神找到了放飞与历练的空间，进而让历练后的自由精神来激活对“方内”现实世界的审美观照，从而使他的“方内之游”成为现实人生的一种诗意的栖居方式。

三

《论语·先进》有言：“可使有勇，且知方也。”[③]《论语注疏》注曰：“方，义方。”[④]何为“义方”？钱穆先生的《论语新解》承其说而做了进一步的解释：“方，义方。即犹言义。”[⑤]钱先生学识渊博

① 郭庆藩：《庄子集释》，中华书局2012年版，第711页。

② 郭庆藩：《庄子集释》，中华书局2012年版，第42页。

③ 何晏注，邢昺疏：《论语注疏》，北京大学出版社1999年版，第153页。

④ 何晏注，邢昺疏：《论语注疏》，北京大学出版社1999年版，第153页。

⑤ 钱穆：《论语新解》，生活·读书·新知三联书店2002年版，第298页。

且能融会贯通，故在《庄子纂笺》中，他融合儒道两家之说对“游方之外”的“方”字做了集注：“成玄英曰：‘方，区域也。’奚侗曰：‘《论语》‘且知方也。’郑注：‘方，礼法也。’’”[①]在这里，“方”无论是释为“义”还是释为“礼法”，都属于儒家人文中礼乐教化的范畴；基于此，如前文所述，对“游方之外”中的“方”的人文范畴内的解释可为“礼乐教化”。

《庄子》一书对儒家礼乐教化多有诋訾，如：

> 道德不废，安取仁义！性情不离，安用礼乐！五色不乱，孰为文采！五声不乱，孰应六律！夫残朴以为器，工匠之罪也；毁道德以为仁义，圣人之过也。[②]

> 及至圣人，屈折礼乐以匡天下之形，县跂仁义以慰天下之心，而民乃始踶跂好知，争归于利，不可止也。此亦圣人之过也。[③]

> 说仁邪？是乱于德也；说义邪？是悖于理也；说礼邪？是相于技也；说乐邪？是相于淫也。[④]

> 通乎道，合乎德，退仁义，宾礼乐，至人之心有所定矣。[⑤]

> 失道而后德，失德而后仁，失仁而后义，失义而后礼。礼者，道之华而乱之首也。[⑥]

---

① 钱穆：《庄子纂笺》，九州出版社2011年版，第58页。

② 郭庆藩：《庄子集释》，中华书局2012年版，第344页。

③ 郭庆藩：《庄子集释》，中华书局2012年版，第349页。

④ 郭庆藩：《庄子集释》，中华书局2012年版，第377页。

⑤ 郭庆藩：《庄子集释》，中华书局2012年版，第489页。

⑥ 郭庆藩：《庄子集释》，中华书局2012年版，第728页。

由此可见，庄子可谓是绝圣弃智、坏礼毁乐之人。庄子本着对人的自然性的伸张，视圣智为“桁杨椄槢”[①]，视仁义为“桎梏凿枘”[②]，故而毫不吝惜地要破除儒家礼乐教化对人性的束缚，使个体的人摆脱现实功利对自己心志的困扰，从而进入“无己”“无功”“无名”的自由逍遥的境界。因此说庄子游于礼乐教化之外，盖无异议。

但是，儒家的“圣智礼法”的形成，既不是某朝某夕“神谕”的授达，也不是某个先圣慧眼顿开的洞见，而是有着深广的历史渊源和深厚的现实基础；现实生活中的人，必须依赖“圣智礼法”或类似于“圣智礼法”的社会公约，才能井然有序地生存。从这个意义上说，游于礼乐教化之外，只能说是庄子在想象世界里的精神之旅；而绝圣弃智、坏礼毁乐，也只不过是庄子的愤激之辞。

然而，作为一位伟大的思想家，庄子的思想决不会止步于那点想象和愤激；庄子确实渴望着“游于方外”，但他不可能抓着自己的头发而升腾上天，地球的引力使他只能生活在现实的大地上。对此，庄子有着清醒的认识。正是在这样的山重水复之际，庄子睿智的目光为我们探寻出一条“游于方内”的道路。

《人间世》说：“天下有大戒二：其一，命也；其一，义也。子之爱亲，命也，不可解于心；臣之事君，义也，无适而非君也，无所逃于天地之间。是之谓大戒。”[③]庄子深知，个体的人生活在这个世界上，是不可能推却爱亲之命和事君之义的，对此，人“无所逃于天地之间”；人只有“自事其心者，哀乐不易施乎前，知其不可奈何而安之若命”，才能“事其亲者，不择地而安之，孝之至也”；“事其君者，不择事而安之，忠之盛也”[④]。那么，人该如何“自事其心者，哀乐不易施乎前”呢？在《山木》篇中，庄子做了回答。

---

① 郭庆藩：《庄子集释》，中华书局2012年版，第386页。

② 郭庆藩：《庄子集释》，中华书局2012年版，第386页。

③ 郭庆藩：《庄子集释》，中华书局2012年版，第161页。

④ 郭庆藩：《庄子集释》，中华书局2012年版，第711页。

夫子出于山，舍于故人之家。故人喜，命竖子杀雁而烹之。竖子请曰："其一能鸣，其一不能鸣，请奚杀？"主人曰："杀不能鸣者。"明日，弟子问于庄子曰："昨日山中之木，以不材得终其天年；今主人之雁，以不材死；先生将何处？"庄子笑曰："周将处乎材与不材之间。材与不材之间，似之而非也，故未免乎累。若夫乘道德而浮游则不然。无誉无訾，一龙一蛇，与时俱化，而无肯专为；一上一下，以和为量，浮游乎万物之祖；物物而不物于物，则胡可得而累邪！"①

这则故事生动地展现了庄子的处世智慧。它告诉我们，人活在这个世界上，不必刻意地追求或"材"或"不材"，若执持于哪一端都是危险的。只有顺其自然、与时俱化，不偏执于任何一个固定点，因顺万物而又不被万物所役使，人就可以做到无累和无患。这样，哀乐又怎能"易施乎前"呢？不但哀乐不能"易施乎前"，而且还能"浮游乎万物之祖"。因此，尽管现实世界存在着"孝""忠"之"大戒"，甚至还存在着比"孝""忠"之"大戒"更难处置的生存困境，但只要人能做到顺应自然、与时俱化，"物物而不物于物"，个体的人就能畅游于这样一个由忠孝礼法所构建的现实世界。也就是说，个体的人是可以"游于方内"的。

庄子所处的时代，天下"脊脊大乱"②，"殊死者相枕也，桁杨者相推也，刑戮者相望也"③。百姓是"死者以国量乎泽若蕉，民其无如矣"④。在这个悲惨的世界里，庄子洞彻个体生命将无可逃脱地面临着诸多困境，人之生存将面临难以克服的悲剧性。但即便如此，庄子并未丧失生活的勇气，恰恰相反，人间的苦难使他酝酿出一套处世的对策。《养生主》说："为善无近名，为恶无近刑。缘督以为经，可

① 郭庆藩：《庄子集释》，中华书局2012年版，第665-666页。
② 郭庆藩：《庄子集释》，中华书局2012年版，第383页。
③ 郭庆藩：《庄子集释》，中华书局2012年版，第386页。
④ 郭庆藩：《庄子集释》，中华书局2012年版，第138页。

以保身，可以全生，可以养亲，可以尽年。”① 在这里，其关键处就在于“缘督以为经”。何为“缘督以为经”？成玄英疏曰：“缘，顺也。督，中也。经，常也。夫善恶两忘，刑名双遣，故能顺一中之道，处真常之德，虚夷任物，与世推迁。”② 本于此，陈鼓应先生径直注曰：“缘督以为经：顺虚以为常法的意思。‘缘督’，含有顺着自然之道的意思。”③ 在这一观念的引导下，庄子讲述了一则广为人知的“庖丁解牛”的寓言故事，他告诉人们尽管牛体之中肯綮聚集、筋骨交错，但优秀的庖丁“批大郤，导大窾”④，顺虚走刀，就可以“游刃有余”地肢解牛体。对应于礼乐教化所构筑的现实社会，其复杂的社会关系网络何异于牛体中的筋骨肯綮？但只要顺着自然之道，与时俱化，就能够“游于世而不僻，顺人而不失己”⑤，个体的人就能够游于这个“方内”。

因此，就人文领域而言，庄子不但游于礼乐教化之外，而且还能够游于礼乐教化之内。庄子这种“方外”“方内”无缝隙地穿飞遨游，展现了他的思想既有社会批判的深刻性，又有关怀现实的拳拳深情。而且，这两者之间有着密切的内在联系，只有游于礼乐教化之内，个体的人才能找到栖身的场所，个体生命才能真切地感知所承受的生存之重，从而努力地挣脱礼乐教化的羁绊，飞向“方外”的自由天空；也只有游于礼乐教化之外，个体的人才能弱化礼乐教化对自身的束缚，还自己一个自由的人。因此，一方面，“方内之游”催生出“方外之游”；而另一方面，只有在“方外之游”自由精神的映照、引领之下，“方内之游”的“游”之义才能真正得以体现。

（作者单位：安庆师范大学文学院）

① 郭庆藩：《庄子集释》，中华书局2012年版，第121页。

② 郭庆藩：《庄子集释》，中华书局2012年版，第122页。

③ 陈鼓应：《庄子今注今译》，中华书局1983年版，第95页。

④ 郭庆藩：《庄子集释》，中华书局2012年版，第125页。

⑤ 郭庆藩：《庄子集释》，中华书局2012年版，第931页。

刘文典张秋华伉俪捐赠文物追述

诸伟奇

1958年7月15日，一代国学大师刘文典先生不幸因病在云南省昆明市逝世。1959年7月15日，遵照先生遗愿，夫人张秋华女士将他们多年精心收藏的16件80余幅文物捐献给安徽省人民政府，省政府将这批文物交省博物馆收藏保管。下面将这些文物简单做一介绍。

一、方望溪手稿两大帙共六十一幅

方苞（1668—1749），字灵皋，号望溪，清初桐城（今属安徽）人，曾任武英殿总裁、内阁学士、礼部侍郎，为清代影响最大的文学流派桐城派的开山祖师。刘文典夫妇所捐赠的方苞手稿，共计38篇，其中有的是他文章的初稿，有的是他写后留存的文本，有的则是他避于清廷忌讳而不拟公开的文字。这些手稿笔者曾有幸一阅，作者笔致

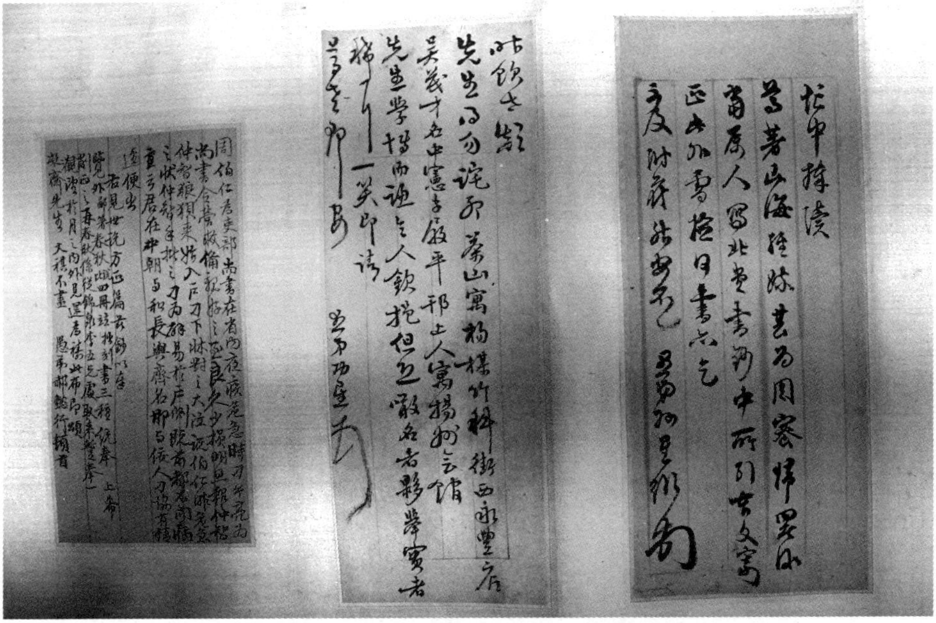

刘文典先生捐赠国家的清代学者郝懿行、孙星衍论学书札
（现藏安徽省博物院）

古朴中见清逸，稿中墨笔涂乙，朱笔改定，丹铅灿然，殊足玩味。从中可以窥见作者当时苦心推敲、思虑往复的写作轨迹，并据以考察当时政坛、文坛之状况。这61幅手稿纸墨俱佳，是方苞书法完整的再现。这些手稿在清代就极为珍贵，可能因为文字狱等原因，其中有30篇文章不仅嘉庆十八年（1813年）《方望溪全集》未收，后来的《望溪先生集外文》《望溪集外文补遗》《望溪文补遗》《望溪文集再续补遗》《三续补遗》，乃至1984年上海古籍出版社出版的刘季高标点本《方苞集》都未曾收列，如此更可见该手稿的珍稀价值了。1931年"九一八"事变后，当时北平人心波动，北平书价也随之波动，该件藏家亟待出手，经著名藏书家傅增湘介绍，刘先生以200元大洋购得此件。刘先生不以珍品自秘，为有益于学术研究，他聘请高手将此件影抄，于1932年寄给安徽省立图书馆。安徽省立图书馆陈东原馆长和著名藏书家刘声木等为刘先生的义举曾撰文称赞。方苞手稿这件珍

品历经两百余年又回归故乡，实在是皖省之幸、学术之幸！

二、董其昌字册（十二幅）

董其昌（1555—1637），字玄宰，号思白、香光居士，明末华亭（今上海松江）人。官至礼部尚书，谥文敏。书法、绘画皆为一代宗师。其书风儒雅秀逸，富书卷气，在当时极享盛名，为“明末四大家”之一，对清代前期书风影响很大（康熙帝酷爱其字），故仿其字者甚众，做伪者亦不少。其画工水墨写意山水，画风清润灵秀，清人称其为“神品第一人”。刘先生所捐献的这帙字册，共收董其昌十二幅真迹。市场董字一幅已近千万，其价值之巨自不待言。

三、马守贞兰竹条

马守贞，一名马湘兰，明末南京名妓，“秦淮八艳”之一。为人豪爽开朗，擅丹青，尤工兰竹，其“湘兰”之名正由此出。刘先生所藏的这幅兰竹为马湘兰画中精品。

四、顾横波水仙条

顾横波，也称徐横波，原名顾媚，字眉生，一字智珠、眉庄，明末上元（今江苏南京）人。《板桥杂记》称其“庄妍靓雅，风度超群，鬟发如云，桃花满面，弓弯纤小，腰肢轻亚”，为“秦淮八艳”之一。能诗善画，所画兰石山水，天然秀绝，诗词小令亦清新，时人推为南曲第一。刘先生所捐赠的这幅水仙，系顾媚画中精品，上端还有清末著名诗人樊增祥（号樊山）的题跋。该画保存完好，品相极佳。

五、孙星衍、郝懿行等手札卷

本件收孙星衍、郝懿行、胡承珙、马瑞辰手札及胡适题跋。

孙星衍（1753—1818），清代经学家、校勘学家、藏书家。字伯渊，一字渊如，号季述，阳湖（今属江苏常州）人。清乾隆进士，曾任山东观察使等职。涉猎甚广，尤精经史、文字、音韵、校勘之学，曾主讲诂经指舍、钟山书院，撰有《尚书今古文注疏》《周易集解》《晏子春秋音义》等，刻有《平津馆丛书》《岱南阁丛书》等。

郝懿行（1755—1823），清代训诂学家。字恂九，号兰皋，山东栖霞人。清嘉庆进士，官户部主事。精于名物训诂考据之学，于《尔雅》用力最久。撰有《尔雅义疏》《易说》《书说》《竹书纪年校正》等。其妻王照园（1763—？）亦长于训诂，并擅文学，曾辑郝懿行遗书传世。

胡承珙（1776—1832），清代学者。字景孟，号墨庄，泾县（今属安徽）人，祖籍绩溪。清嘉庆十年（1805年）进士，历官刑部给事中、台湾兵备道。所撰《毛诗后笺》为清代《诗经》学要籍。有《求是堂全集》传世。

马瑞辰（1782—1853），清代经学家。字元伯，桐城（今属安徽）人。嘉庆十五年（1810年）进士，历官工部都水司郎中等。后回籍乡居，专事著述。所撰《毛诗传笺通释》，注释详备，论断精审。

六、沈初、刘墉、王杰、董诰字（组）

本品实际上是4件，分别为清代大臣兼书画大家沈初、刘墉、王杰、董诰的书法真迹。

沈初（1729—1790），字景初，号萃岩，平湖（今浙江嘉兴）人。乾隆二十八年（1763年）进士，历乾、嘉两朝，官至兵、吏、户部尚书。学识渊博，曾任四库馆、实录馆、三通馆副总裁。工诗文，善书法，富藏书。有《兰韵堂诗文集》《西清笔记》等。

刘墉（1709—1804），字崇如，号石庵，山东诸城人。官至吏部尚书、体仁阁大学士，谥文清。民间戏称为“刘罗锅”。工楷、行书，取法赵孟頫、董其昌，兼师颜真卿、苏轼诸家，上追魏晋，为清代能集帖学之大成者。刘先生所捐为刘墉的一幅篆字，尤为难得。

七、魏三体石经拓本

魏三体石经，又称正始石经。三国魏齐王曹芳正始二年（241年）刊立。邯郸淳等以古文经为依据，用古文（大篆）、小篆、汉隶三体书写刊石，立于洛阳太学。其石数各书记载不一，马衡据残石行款推断为二十七碑。碑毁于六朝，宋以来多有残石出土。刘先生捐赠品为魏三体石经（残石）拓片4件，至为珍贵。其中一件右侧署有“广文”二字，或系先生好友李广文所赠，其他拓片或为现代考古学大家马衡先生所赠，马先生曾将其所撰《石鼓为秦刻石考》赠予刘先生。

八、周墓志拓片

为北周墓志碑文的拓片。该碑未见于传世魏碑。

九、仿古瓷碗

此瓷碗，虽安徽省博物馆著录时标为“仿古”，实际上是清代瓷品。

通过以上追述，我们可以清楚地看到刘文典夫妇这批捐品的重要文物价值和文献价值，若以现在市场拍卖价而言，则堪称价值连城了。

（作者单位：安徽大学文学院）

刘文典先生“二战”期间被劫藏书寻觅与反思

刘胡乐

一、缘起

刘文典先生，字叔雅，生于1889年12月，于1958年7月卒于昆明。刘文典先生是我国著名学者，一代国学大师，早期曾任孙中山先生秘书；历任安徽大学首任校长，北京大学、清华大学、西南联合大学、云南大学教授。这位学贯中西的学界巨子终生从事古籍校勘及古代文学研究和教学，其教授课程从先秦、两汉、唐、宋、元、明、清到近代；从希腊到印度、德国到日本，古今中外，无所不包。其学术著述主要有：《淮南鸿烈解集》《庄子补正》《三馀杂记》《说苑斠补》《进化论讲话》等鸿篇巨制。在西南联合大学（抗战）期间，在云南省报刊上发表了不少针对日本的军事、社会、经济的论文，旨在让国人了解日本，为打败日本树立坚强信心。

刘文典先生还是一位罕见的古籍收藏家，为了收藏古籍耗尽其大

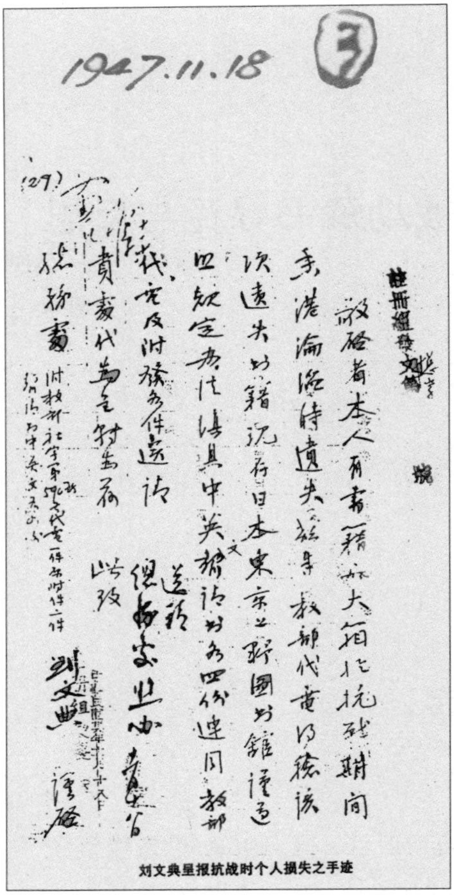

刘文典先生 1947 年
填报的战争损失清单

量精力和财力，甚至以化缘讨口来满足他收藏古籍的嗜好，以此来抢救祖宗留下的文化遗产。所有藏书自唐起上万册，视之为生命。1938 年日本占领北平，为了粉饰太平，收买高级知识分子，日本占领者高薪邀请刘文典先生为日伪政府做官做事。刘文典先生以他中国文人特有的傲骨，坚决予以拒绝；当然，随之而来的则是被迫害和追捕。最后，刘文典先生抛家舍子逃亡昆明。在昆明安顿好生活和工作后，才由太太张秋萍女士携幼子刘平章及万册藏书从北平辗转天津、香港及越南到昆，由于刘太太张秋萍女士携幼子，带三大箱藏书，实在困难重重，经刘文典先生的学生——香港中文大学教授马鉴先生的体恤、挽留，把此万册藏书留在香港（中立区），以为是万全之策。不想太平洋战争爆发，香港随之沦陷，此万册藏书全部落入日本侵略者之手，再无收归之望。

万册藏书被劫，成了刘文典先生的终身憾事。甚至，刘文典先生英华早凋也有其原因。当然，其夫人张秋萍女士也因此抱憾终身。

刘文典先生爱子刘平章先生自懂事之日到耄耋之年，无时无刻不怀念这批中华民族文化之瑰宝，无时无刻不想找回父亲的这批宝贵财富。

抗战结束后，国民政府统计财产损失时，刘文典先生视北京被占四合院为废土，独独报上了该批藏书为“欲收回财产”。可见，这批藏书在刘文典先生心中的地位堪比生命。

据说，中华人民共和国成立后，毛泽东主席、周恩来总理曾多次问过刘文典先生这批被劫藏书的下落。

1938 年至 2009 年六十余年的时间里，被劫藏书音讯杳无。

二、破　冰

万册藏书在消失六十余年后，突然有了一线生机，使人不免“初闻涕泪满衣裳”。

2009 年初，刘文典先生之子刘平章先生偶然看到了南京第二历史档案馆资料：“日本赔偿归还物资接收委员会 1949 年 3 月致国民政府教育部门的电文：查在日本东京上野图书馆存有被劫之我国图书 500 箱。”后来，他从云南省档案馆提供的资料中也查实刘文典先生被劫藏书存于日本上野图书馆；再而通过（台湾）台北科技大学郑丽玲副教授发表的《校图书馆馆讯》，发现了刘文典先生藏书已经日本政府赔还国民政府，最后落脚台北科技大学的事实。

上述消息一经落实，刘平章先生全家欣喜若狂。但通过什么办法澄清有些什么藏书？有多少数量？怎么沟通？成了刘平章先生的巨大难题。

有幸刘平章先生想起了笔者这个从事法律工作的忘年之交。因刘平章先生的信任与重托，对用什么方式落实上述事实？我反复思考，从法律角度讲，毫无证据，无从下手。最后，刘平章先生听从了我的意见，先去一信，“投石问路”。全然不知台北科技大学校长李祖添、郑丽玲副教授会是什么态度。但笔者与刘平章先生的致信还是突破了六十余年的坚冰（全文如下）：

尊敬的李祖添校长及郑丽玲教授：

在下合肥刘文典先生之子，名平章。怀着十分冒昧和惶恐的心情，给你们写信，不知是否妥当，望多多海涵！

往事不堪："七七"卢沟桥事变，先父为躲避日祸，辗转天津、昆明，客座"西南联大"。次年，先慈只身携幼童（平章四岁）及行李、书籍数十件重千余斤，逃难香港，欲往昆明与先父团聚，其艰难困苦可想而知。在港得先父学生马鉴先生（时任香港中文大学教授）热情接纳，准备稍事休整，再启程经越南、奔昆明。马鉴先生为人正直、细致、见先慈携幼童长途奔波，已千难万险；加之，三箱书籍，先父视同性命，途中若有闪失，岂不损了先父？香港属英领地，时以为战争不可能发生；为先慈、幼童及书籍的安全，马鉴先生建议：书籍暂留香港中文大学保存，先慈及幼童轻装往昆明，待条件云寻再将书籍取回。

先慈与幼童难轻装往昆明，但仍忧心忡忡，途中后悔：我等倒轻装往昆，而先父视为性命之书籍，却不在身旁，至昆如何向先父交代……

果不其然：去越南船行，又经滇越铁路，奔波至昆明，一家三口火车站洒泪相聚；之余，先父即追问书籍何在？虽先慈陈情再三，先父则长叹不已，泪往腹中流，数日不思茶饭；一家人战火余生，辗转相聚，反成了哀事！更有甚者：太平洋战争爆发，香港随之沦陷，先父视同生命，先慈遗憾万分之书籍均被全部掠走：先父闻知号啕不已，先慈更是心如刀剜。遗失的是先父笔记、眉批等一生的学术成果。战争结束，先父向国民政府报送战争损失清单，视房产、金银为废土；而把该书籍作为第一要事，后又因国内战争，此事搁置不了了之。

先父1958年7月15日逝世，因此书籍而忧心，久久不能瞑目；先慈1979年8月8日随之而去，也因此书籍而抱憾，依依不能善终。平章自知事至今数十年，因此书籍，奔走查询，不得所安；先父先慈，每每梦中催告，每每梦中责怪，平章羞愧难对；平章现七十有五，可谓苦也！

半个多世纪辗转，半个多世纪忧伤，幸得网络发达，平章偶然在贵校“图书馆馆讯第十期”见丽玲教授关于刘文典藏书之文章，真是“初闻涕泪满衣裳”。平章刘氏家族，半个多世纪的企盼，终有一点线索。更庆幸的是，贵校及学者对该书籍精心保护；否则，平章刘氏家族还要抱憾至何年、何月、何日、何代？

近年太平盛世，家父遗作《刘文典文集》及续书相继出版；文学家、训古者的研究成果纷纷付梓。平章及家族先后将先父藏书、藏画、藏物捐安徽大学、安徽省博物馆；其中虽含稀世珍宝，平章及家族却不敢据为己有，仍随先父先慈宿愿，将其视为中华民族共有之财富。

致函李校长及丽玲教授目的有三：一曰：平章刘氏家族三代，真诚感谢李校长及丽玲教授，并建立联络。二曰：顺信赠《狂人刘文典》及碟片二片给李校长及丽玲教授，虽书中有史实观点平章有所保留，但笔者辛勤不敢疏视；僅便于李校长及丽玲教授，对家父及平章有所了解。三曰：拜托李校长及丽玲教授介绍贵校保存先父书籍之概况。

平章与李校长及丽玲教授素昧平生，却如同老友，如此叨叨，实望海涵。

余言下敍，顺颂春安！

大概是刘平章先生感人肺腑的寻书之举感动了这位李祖添校长。

刘平章先生的信函发出一个多月后，奇迹发生了，李祖添校长回了一封信（全文如下）：

平章先生雅鉴：

大函奉悉，感谢您千里赠书《狂人刘文典》及光碟二片。同时，得知您多年来辗转寻访刘文典先生遗作的心情与毅力，让人钦敬佩服。函中嘱托欲了解刘文典先生书籍概况，经查询本校图书馆现有典藏书刊，与刘文典先生相关之书目，罗列如附清单计 11 册，请您查收参考。

端此奉复，敬颂时绥！

李祖添校长只认可台北科技大学有刘文典藏书 11 册，并附来清单。显然，李祖添校长意识到了这批藏书的重要性。

此次信函往来虽然让人啼笑皆非，但总算是万里冰封被破开了一个小小的斑窟窿驳。

三、融　冰

李祖添校长的推诿态度，使寻书这千度高温的热情又重新堕入了冰凉的深渊。

2011 年 7 月，刘平章先生查到台北科技大学（2006 年）第二学期第 6 次行政会议记录，该记录记载了国学大师刘文典的藏书情况。

2011 年 7 月 31 日，刘平章先生再次致信李祖添校长，希望前往台北科技大学面谒这批图书，同时感谢台北科技大学六十余年来对藏书的呵护。三个多月后，李祖添校长回信："已经退休，请接洽新任校长办理。"

好不容易，刘平章先生查到新校长为姚立德先生，即赶紧修书致信姚立德校长。幸得姚立德校长热情回信，并同意刘平章先生及家人前往面谒这遗失六十余年的宝藏。

2012 年 3 月和 6 月，刘平章先生及家人得以前往台北科技大学面谒、抚摸充满刘文典先生笔迹、汗渍、指纹，甚至烟草味的宝藏。

至此，虽历经千辛万苦，却还是一波三折，一是寻到藏书并不是原来的记载数量；二是台北科技大学还是有人像防贼一样的闪烁其词、躲躲藏藏；三是刘平章先生因学术需要想“借两册”也遭到拒绝。

该批藏书的命运令人担忧。感谢刘平章先生及家人对笔者这样一名普通法律工作者的信任。多年的寻书之旅，刘平章先生每一步都与笔者论证、商量、实施，我们有喜为之喜，有悲为之悲。不久前刘平章先生邀笔者聚餐，笔者看到了八十高龄的平章先生精力已不比当年，其相濡以沫的夫人也刚从医院出来。我为两位老人的执着而怆然，也为两位老人和此批藏书的命运而忧心忡忡，每每想来，彻夜难眠。

四、反　思

著名学者李霖灿先生的爱子、学者李在中先生常说：“时代伟大，人也不渺小。”

“二战”是灾难，是民族的巨大悲剧，但大量的学者南迁，大量的文化营养输送，给我西南边陲送来了文化福音，抗战文化是云南省文化文明的重彩浓墨。没有这次文化大挪移，不知昆明会怎样？如何继承发扬这些珍贵文化的作用，确实值得三思。

“时代伟大，人也不渺小。”多少可歌可泣的文化大家，洋洋洒洒；还有很多默默无闻，埋没在历史尘埃中的璀璨明珠（如中国“雪山宗”画派创始人、新国画先驱李晨岚先生的发现，竟是源于几个平头百姓的“文化志愿者”）。

刘文典先生对我国文化的杰出贡献，让人肃然起敬，其著作更有待发掘与宣扬，但是掘来掘去，参与的只有刘平章先生及家人，还有寥寥几个“文化志愿者”，这很是让人痛心疾首。

刘文典先生是国宝，如果借此破冰、融冰之举使刘文典先生及其贡献成为省宝、市宝，该多好啊！

（作者单位：刘胡乐律师事务所）

刘文典三代人七十年寻书记

林文俏

2017年是国学大师刘文典（字叔雅）三代人寻书未果七十年。抗战时，被刘文典视作生命的千余册珍贵藏书在香港被日军掠劫。抗战胜利后，刘文典立即启动寻书工作，到1958年过世，毫无结果。他留下遗嘱，要其次子刘平章继续寻书。刘平章与其女儿、堂弟，又持续寻书五十多年。虽找到该藏书保管在台北科技大学，但又陷于复杂的产权纠纷中。

一、流亡痛失千册家藏古书

日本对华文化侵略，一个重要内容就是掠夺汉籍。1937年7月29日北京沦陷。日军聘请刘文典到伪北大任教，刘坚决拒绝而遭日军监视。为了摆脱日军威胁利诱，他在叶企孙的帮助下，设法离开北平，经天津、香港及越南到昆明西南联大任教。他在昆明安顿下来后，夫

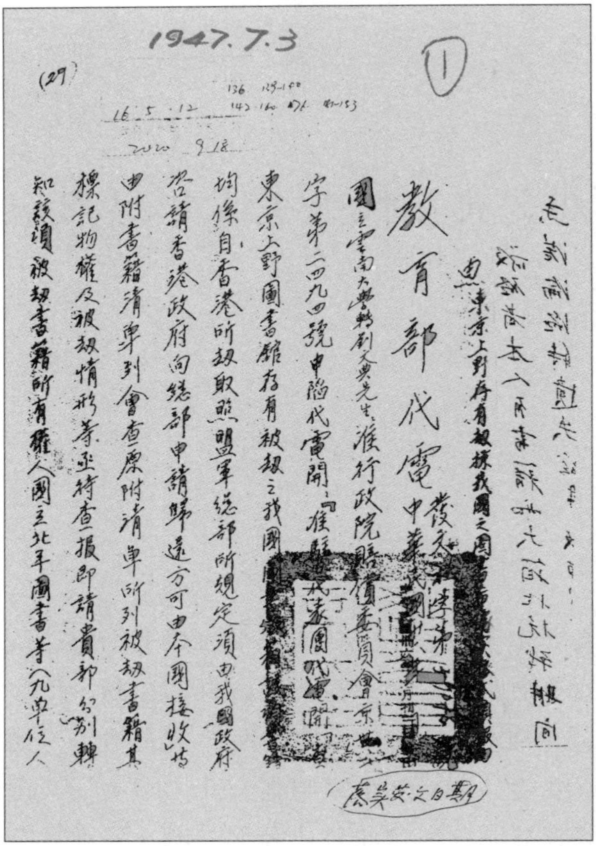
1947.7.3
教育部代電
國立雲南大學轉劉文典先生：准行政院賠償委員會京字第（一四九四）號申陷代電開：東京上野圖書館存有被劫之我國……均係自香港所劫取，照盟軍總部所規定須由我國政府咨請香港政府向總部申請歸還，方可由本國接收……附書籍清單到會，查原附清單所列被劫書籍，其標記物權及被劫情形等，亟待查……即請貴部分別轉知該項被劫書籍所有權人（國立北平圖書等〈九單位〉人

1947 年国民政府教育部通知刘文典先生填报战争损失的电文

人张秋华携 4 岁幼子刘平章及行李和四大箱藏书离开北平，辗转天津、香港及越南到昆明。到香港后，由于一个女人携子带一堆行李和四大箱藏书，旅途十分艰难，刘文典的学生、香港中文大学教授马鉴建议把藏书暂留在香港大学。不料 1941 年底，太平洋战争爆发，香港沦陷，四大箱藏书全部落入日本侵略者之手。

抗战胜利后，刘文典立即致信马鉴询问藏书情况。马回信告知：“香港沦陷后藏书已被日寇掠走，下落不明。”这批藏书在刘文典心中如同生命，得知半辈子的心血被劫，刘文典昼夜难眠。1946 年，喜从天降，刘文典突然接到教育部转来“二战”同盟国盟军总部的一份通知，称在日本发现一批刘文典藏书，可以办理有关手续索回。他于1947年7月4日填报了《财产损失报告单》，又于同年11月18日呈报了抗战时期个人损失书面报告，报请教育部转呈盟军总部。刘文典呈报的《财产损失报告单》中，对其安庆的带花园的20多间房子估价为国币3万元，对被劫的图书估价却为国币5万元，可见被劫图书是何等珍贵。1948年，国民政府教育部再次给刘文典电报，要他补报申请归还劫物的中英文表。收到电报后，刘文典立即将中英文表填好后呈交教育部，随后教育部将刘文典财产损失清单提交中华民国驻日代表团日本赔偿及归还物资接收委员会。1949年国民党退到台湾，藏书又没有了踪迹。但刘文典依然没有忘记过这批被劫藏书。1958年7月，他在弥留之际，再三叮嘱儿子刘平章要继续寻访藏书下落。

二、刘平章终生寻书

为继续追寻刘文典藏书，50多年来刘平章锲而不舍。1961年，他还为此向周恩来总理上书，只是当时中日关系未恢复正常，无法如愿。改革开放不久，刘家就启动寻觅工作。1993年，刘平章女婿欧文到东京帝国大学图书馆，从馆藏目录中发现有刘文典的《庄子补正》《三馀札记》和《淮南鸿烈集解》，但就是没有丢失的藏书信息。欧文又以妻子刘维的名义，给美国驻日大使馆写信求助，但无结果。2005年初，刘维从“新浪网”读书频道上看到孟国祥所著《大劫难》一书中“战时图书典籍之损失”一章。得知：“1949年3月1日，从日本运回在港被劫书籍两批，计刘文典教授之书籍646册分装3箱。”这是刘家首次获悉被劫藏书已在日本找到。刘平章立即给孟国祥写信，孟回信说史料来自南京第二历史档案馆。刘平章委托朋友张昌华到该馆，从《国民政府教育部档案》里查到：中华民国驻日代表团日本赔偿及归还物资接收委员会 1949 年 3 月 1 日致国民政府教育部（接）第 0613 号电报："教育部钧鉴：查关于查核刘文典教授被劫书籍一案，经以接字第 4149 号代电呈报在卷。经请英国代表团代为申请归还后，于本年二月廿四日接收当即交与本会签收，计刘文典君之书籍（646）册，分装三箱，岭南大学书籍（278）册，手册（400）册，装六箱，业经妥觅储藏室存放，俟有便船来日时，拟即交由该船运沪。"此电报清楚证明日寇劫掠的刘文典藏书 646 册日本已归还，由日本赔偿及归还物资接收委员会签收，准备有船来日时即运沪。后来，孟国祥又给刘平章寄来日本学者金丸裕一在日本《历史学研究》2004 年第 7 期上发表的论文《战时江南图书"掠夺说"诞生的历史背景》。文章说："从日本向中华民国返还的工作中，就我所知发生了变化是在 1949 年上半年，即当年 2 月 24 日接收的前面提到过的岭南大学藏书和刘文典教授的旧藏书籍计 1300 余册，最初预定在神户装载在'海辽轮'上运往上海，但因被暂时延期，结果在当年 8 月用'增利轮'运到台湾去了。已经觉察到内战失利的国民党政府，相继地把故宫的宝物和贵重书籍运到台湾去避难。"

金丸裕一之文给刘平章不少安慰。因为父亲的藏书终于回归祖国，虽然是在台湾。但是，台湾这么大，它们落脚何处？仍然是个谜。

三、书落台北科技大学

这个谜由章玉政解开。章是安徽《新安晚报》首席记者、刘文典研究专家。2008 年 11 月章玉政在网上查到：2006 年 1 月台北科技大学郑丽玲副教授在该校图书馆馆讯第十一期上，发表了题为《台北科技大学所藏"日本归还书籍"介绍》的文章。该文写道："这批书是中日战争期间，中国各省沦陷区公私立图书馆之藏书，战后行政院设置管理委员会，接收部分日本归还之物资，这批书是其中一部分。1952 年 6 月 12 日交当时台北工专（台北科技大学前身）图书馆保管收藏，除了各公私立图书馆之外，还有一部分是合肥刘文典所有，总计一万零一百册。”不久，章玉政又在台北科技大学“95 年度第 2 学期第 6 次行政会议记录”查到：“本馆日治时期特藏计划的书籍，有民初国学大师刘文典亲笔圈点批校的藏书，现在进行数位化评估，并与相关单位（中研院傅斯年图书馆）探询合作修复、推广与应用的可能。”章玉政断定刘文典藏书就在台北科技大学，即把信息告诉刘平章。

2009 年 3 月，刘平章致函台北科技大学李祖添校长和郑丽玲。李回信说：“与刘文典先生相关之书目，罗列如附清单计 11 册。”虽然离丢失数目相差很远，第一次看到书目刘平章仍然高兴。同年 11 月 6 日，刘平章致信新校长姚立德。不久收到姚的友好回信。言：藏书妥善保存在特藏室内。并寄来 11 幅藏书照片。看到先父藏书的照片，刘平章几夜难眠。

2012 年 3 月 19 日，刘家六口人以旅游身份抵台，来到台北科技大学。该校林副校长出面接待。刘平章等来到校图书馆特藏室。在堆在书架上没有认真分类的上万册图书中，第一个发现刘文典藏书的是刘平章夫人马顺珍。刘平章面吻布满先父笔迹、汗渍、指纹，甚至烟草味的宝书，百感交集。由于时间受限，他们只清理出刘文典藏书 200 余册。希望校方能进一步清理、修复和编目。林副校长说：这批藏书是国宝，学校非常重视，拟于下半年在校举办一次展览。

2012 年 7 月 12 日，刘平章兄弟再次赴台查阅刘文典藏书。同行的还有安徽大学古籍专家诸伟奇教授，诸在台北科大给刘文典藏书详细编目，又撰文《访刘文典台湾藏书》介绍查询结果。该文写道：“叔雅先生的不少书都加盖了藏书印，主要是两方印：‘刘文典’（阴）和‘叔雅’（阳），一些书还加盖了刘夫人张秋华女士的印，为阴文‘秋华’；一些书上有叔雅先生的题记、跋语、眉批或题函、题册、题封。凡此，足见叔雅先生对藏书的爱护和珍重，也为今天认定刘先生藏书提供了确凿的证据。在这批书中有两部《论衡》，一部是铅印本《论衡校释》，一部是清刻本《论衡》。后者，叔雅先生在上面写有大段的校注文字，有的地方更将书页剪开，贴上自己在宣纸上写的蝇头小楷。显然该书是叔雅先生校订《论衡》的工作底本。20世纪20年代，叔雅曾着手校理《论衡》，稿已大成，与胡适、王云五等人都有论及，好像准备交商务印书馆，然最终未见出版。先生稿本一直未能寻觅。想不到70多年后能在台北科大图书馆见到这部稿本。"

四、产权纠纷涉及两岸法律

然而，和睦祥和气氛没有维持多久，藏书发生了产权纠纷。纠纷的导火索是刘平章向台北科大借《论衡校注》稿本的影印件。2012年《刘文典全集》增订本处于编辑后期。刘平章在台北科大发现《论衡校注》稿本后，决定把它纳入《刘文典全集》增订本。刘平章向台北科大提出借用该稿本影印本以供出版之用。校方提出要签合同"叙明权利与义务"。结果错过全集增订本出版时机。此事刺伤了刘平章，于是，从未考虑过产权的刘平章开始考虑产权问题了。

2014年2月20日，刘平章致函台"行政院"说："先父曾有遗愿，其身后要将全部藏书捐赠故乡安徽图书馆。恳祈体贴仆为人子之情及数十年访书之苦，从行政之层面，鼎力推动，玉成此事。"同年5月29日，刘平章又致函台"教育部"，询问："云南档案馆有民国三十六年（1947年）十一月三日国民政府教育部代电云南大学转先父的电报，确认这批被日军劫掠的藏书所有权人是先父，今日该电报是否仍然有效？"对于这起民间产权纠纷，台"行政院"和"教育部"不便表态，把刘平章函批转"财团法人海峡交流基金会"协助处理。收到台“财团法人海峡交流基金会”转交的倍函后，台北科大回复说：“台‘民法’第768条规定：十年间和平、公然、继续占有他人之动产者，取得其所有权。该校将该书纳为财产、修复和典藏等行为已超过十年，而期间并无发生任何与书籍有关的争议事件。”并说：该校六十多年保管该藏书动用之物力、人力、经费，金额已无从计数，于情于法，刘文典先生藏书已属该校财产。到2015年6月为止，刘平章又给台写数函，坚持藏书产权属于刘家。双方争执的焦点是：是按台“民法”第768条，还是按1947年国民政府教育部的函电办理？由于涉及复杂的法律问题。此事至今未能解决。

（注：本文写于2015年，发表于《团结报》。笔者曾有建议：既尊重历史，又考虑现实。鉴于刘平章原来并无产权要求，现在提出产权问题，也是希望讨个法律公道。台北科技大学应该办个法律手续，把藏书归还刘家。刘家再把藏书赠送台北科技大学。台北科技大学对大陆利用该藏书进行研究工作，予以支持。）

（作者单位：广东财经大学）

关于刘文典史料的发掘与研究问题

章玉政

史料，是历史研究的第一抓手。傅斯年先生甚至认为："近代的历史学只是史料学。"①他提出的"上穷碧落下黄泉，动手动脚找东西"更成为至今频被提及的史料学研究的经典方法论。刘文典研究同样需要重视史料的发掘问题。

传统的历史学研究，似乎更重视热点名家研究，鲁迅研究就不用说了，胡适研究也是自成群体和派系。对于像刘文典这样的学者的研究，过去可能更多是作为胡适研究的一个分支来处理的，甚至连分支都算不上，更不用说作为独立的研究对象了。这种状况在1999年《刘文典全集》出版后有所缓解，但仍不容乐观。笔者于2005年开始关注刘文典，并于2007年完成了刘文典第一本传记《狂人刘文典》（广西师范大学出版社2008年版），当时几无参考文献可查。这十年来，笔者一直关注刘文典的史料发掘，并做了一些刘文典的生平研究工作，

① 傅斯年：《历史语言研究所工作之旨趣》，见黄振萍、李凌已编《傅斯年学术文化随笔》，中国青年出版社2001年版，第63页。

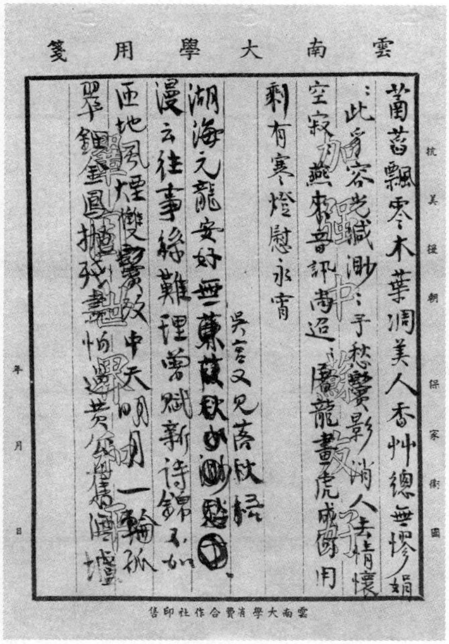
雲南大學用箋

雲南大學消費合作社印售

1950 年代刘文典先生怀念陈寅恪、吴宓先生等友人的诗作手迹

部分新发掘的史料收入了《刘文典诗文存稿》《刘文典全集补编》《刘文典年谱》《刘文典全集（增订本）》《刘文典笔下的日本》等书，但伴随“刘文典研究”的兴起和文献查询条件的改善，不断有新的史料出现。笔者认为，进行刘文典研究，要系统、全面、有意识地重视刘文典史料的发掘工作。在此基础上，从不同层面开展综合式研究或专题式研究，拓展刘文典研究的广度和深度。结合研究实践，想谈谈可以从哪些途径实现刘文典史料发掘的新突破：

一是官方档案资料、图书资料的再发掘。理论上说，凡是刘文典工作、生活过的地方，都存在档案遗存的可能性。比如，笔者在《狂人刘文典》写作资料准备阶段，曾到安徽省档案馆查阅过安大早期筹备文件档案，有不少重要的新发现，如《安徽大学组织大纲草案》就是刘文典撰写的。这个油印稿很多地方漶漫不清，但并不影响这份资料的重要价值。从这份资料可以看到，安大早期创办过程中明显受到北大校长蔡元培办学思想的影响，如评议会的设立。云南省档案馆也留存了不少跟云南大学及刘文典相关的档案，笔者之前抄录整理过一些，比如刘文典演讲稿《历代循吏史实》的整理，就是在云南省档案馆发现的。但由于没有形成专题，资料比较分散，还有相当一部分有待进一步发掘整理。中国第二历史档案馆里的“中华民国驻日代表团日本赔偿及归还物资接收委员会”相关档案，为寻找刘文典抗战期间被劫图书下落提供了重要线索。安庆师范大学江贻隆教授从安徽省图书馆藏的《安徽通志馆第二次报告书》（1933年铅印本）中发现刘文典致安徽通志馆书信五封和《拟订安徽通志馆驻平采辑方案》一份，系刘文典1932年前后任安徽通志馆特约编纂兼驻北平采集专员时留下的第一手资料。① 近年，云南大学档案馆、清华大学档案馆、磨黑中学都有跟刘文典相关的史料出现，估计还有发掘空间。

二是报纸刊物史料的再发掘。报纸、刊物是记录当时境况的有效载体。报刊史料可以分为几种情况：第一种是刘文典发表在正式报刊上的文章，如《云南日报》《中央日报（昆明版）》《学风》《云大》等。在这方面，云南大学刘兴育先生做了大量工作，有很多新发现。2016年笔者发现一种抗战期间在成都发行的刊物，叫《前导旬刊》，先后刊有三篇署名“叔雅”的抗战论文，分别是《抗战时期之青年问题》《抗战绝对胜利论》和《抗战的最高力量》。② 此“叔雅”是否就是刘文典，有待考证，但从行文看，与刘文典前后的抗战观点是一致的。第二种是刘文典发表在内部报刊上的讲话稿或文章，如最近在全国政协编印的1957年第2期《政协会刊》上发现的刘文典发言稿《谈谈“求同存异”》，披露了与周恩来总理互动的经历，史料价值很高。第三种是报刊关于刘文典言行、活动的报道，如《云大》关于刘文典在反右前后言行的报道。另外，《申报》也保留了大量记录刘文典言行的报道，如怒斥蒋介石前后的真实情况，还有主政安大期间的言行记录，包括在安大开学典礼上的致辞概要等③，都很有意思。

三是同辈、学生或亲友日记、回忆录、信件等资料的再发掘。日

① 江贻隆：《刘文典致安徽通志馆佚书六则及其价值》，载《中国地方志》2015年第7期。

② 三篇文章的发表时间分别为：1938年4月9日、4月21日、4月30日。

③ 详见：《安徽大学开学纪》，载《申报》1928年4月17日。

记是当事人当时当地最真实见闻、感受的记录，在还原历史现场的过程中，具有不可替代的作用。近年来，笔者特别关注跟刘文典相关的同辈学者日记资料的再发掘，比如胡适日记、鲁迅日记、周作人日记、俞平伯日记、朱自清日记、顾颉刚日记等，其中比较突出的是吴宓日记，涉及刘文典的达一百余条，还原了很多刘文典当年生活、工作的图景。最近由杨天石先生主持整理出版的《钱玄同日记》颇值得关注，其中不乏与刘文典互动的记录。比如关于刘文典到北大任教时间，过去只是粗略地说，1916 年，袁世凯一命呜呼后，刘文典由日本回到国内，进入北京大学任教。1917 年 4 月 14 日，钱玄同在日记里写道："大预中新请来一国文教习，为刘叔雅，合肥人。曾在《青年杂志》上登有《叔本华自我意志说》，年纪甚轻，问系刘申叔之弟子，今日在校中见之。"[①] 这是目前所见刘文典进入北大时间的最早记录。另外，之前没有人知道刘文典翻译过日本社会主义者幸德秋水的《基督抹杀论》，因为这本书的译者署的是一个很奇怪的笔名，"狸吊疋"，很多年都没有人知道真正的作者是谁。幸好《钱玄同日记》1925 年 1 月 3 日有一条线索："幸德秋水之《基督抹杀论》，已由叔雅译出，今日购得一本。"[②] 这些日记均是较为珍贵的研究史料。但由于日记的私密属性，可能还有一些人的日记未曾公布或未经整理，如刘文典云大同事张德光的日记，若整理出版，势必会对刘文典研究，乃至云大校史研究产生积极的意义。

同辈、学生或亲友的回忆文章，虽可能存在时过境迁、记忆失准的可能性，但对于丰富历史研究的细节、还原历史人物的形象，具有不可替代的作用。比如关于刘文典怒斥蒋介石一事，众说纷纭，多系演绎。而事实上，若细心搜寻，还是能找到一些当时亲历者的回忆，比如时任国民党安徽省党部指导委员会秘书石慧庐的《记安徽大学校

① 杨天石主编：《钱玄同日记》（整理本），北京大学出版社 2014 年版，第 313 页。
② 杨天石主编：《钱玄同日记》（整理本），北京大学出版社 2014 年版，第 610 页。

长刘文典被蒋介石扣押》，发表在全国文史资料委员会编辑的《文史资料存稿选编》上，对还原历史现场，具有较大的参考意义。笔者最近又从安徽省政协文史资料委员会编辑的《史海拾贝》中发现当年安大学生吴东儒的回忆文章，在当时安徽省立第一职业学校学生李广涛的回忆录《百年自述：一个合肥人的足迹》里发现新中国成立后安徽省曾有意邀请刘文典回皖担任副省长的记录，颇有意味。再比如关于刘文典与沈从文的关系，一直众说纷纭，近年青年学者王道在张家内刊《水》上发现两篇回忆文章，均为沈从文后人所写，对于考证两人的来往，颇有新启发。笔者在这方面的部分发现，已收入即将由合肥工业大学出版社出版的《印象刘文典》一书，但相信还有大量遗漏有待发掘。

名人书信往来，亦是史学研究重要的参考值。“作为史料，凡从书信中来的，一般价值较高，因为书信是私人交往史料，易于保存真情实况。”[①] 过去对于刘文典的研究，更关注其本人与其他人往来书信的采用，比如与胡适、王云五等的往来书信（刘文典与王云五的通信，后因商务印书馆档案流出，不时重现拍卖市场，值得留意）。其实，在当时学人的部分书信中，也可发现关于刘文典的珍贵资料。比如在清华大学黄延复先生整理的《梅贻琦1937——1940来往函电选黄延复整理》中就有刘文典南下到达西南联大的具体时间和相关安排的内容，而这来自于梅贻琦与朱自清的通信。[②] 另外，刘文典参与的一些公函、联名信，也值得关注，比如《李大钊全集》收有1924年3月15日《北大教授致校长公函》。[③]

四是同时期学者的文集、演讲集、纪念集等。这些文集或为刘文典同时期学者在世时编辑出版，或为他们的后人日后编辑出版，经常

① 谢泳：《中国现代文学史料的搜集与应用》，（台北）秀威资讯科技股份有限公司2010年版，第111页。

② 黄延复：《梅贻琦1937——1940来往函电选》，见中国社会科学院近代史研究所近代史资料编辑部《近代史资料》第102号，2002年版。

③ 中国李大钊研究会编注：《李大钊全集》第5卷，人民出版社2013年版，第528-530页。

会有令人惊喜的发现。比如，刘文典生前即参与刘师培、章太炎等人的文集整理，因而在刘师培的《刘申叔遗书》、章太炎的《新出三体石经考》等序跋中，常可见有关刘文典的记录，不失为研究其学术活动的珍贵资料。2011 年，章念驰编订的《章太炎演讲集》由上海人民出版社出版，正文前所附照片部分，有一张为刘文典参加章太炎追悼会的影像资料，清晰可辨，殊为难得。同一年，耿云志编辑的《胡适和他的朋友们（1904——1948）》由中华书局出版，书后所列照片多为胡适生前收藏，其中有一幅刘文典与夫人张秋华的合影，即为刘本人赠送给胡适收藏的。云南大学杨园老师近年在国民党元老李根源的未刊诗稿《曲石诗录续编》中发现刘文典的《跋》一篇，亦是此前从未见过的史料。此书现藏云南省图书馆，为复写稿本，尚待整理出版。

五是旧书店、拍卖会、旧书网等销售、拍卖资源的再发掘。旧书店，在挖掘古旧一手资料方面，优势得天独厚。2016 年，云南青年学者龙美光在昆明古籍书店发现一部刘文典手校批注的《庄子集释》，一函十卷八册，珍罕之至。目前，云南大学正联合有关部门准备影印出版。另外，近年涌现出不少与旧书、旧物相关的新平台，为史料的发掘提供了新的机遇，比如布衣书局、孔夫子旧书网、雅昌拍卖平台等。这些平台不时会有一些新的旧书、旧物出现，尤其是孔夫子旧书网。刘文典与历史学家顾颉刚、商务印书馆王云五等人的大量书信，最初就是在这个平台上出现的。雅昌平台近来也有一些刘文典的书信、手稿亮相，比如最近拍卖的《学稼轩诗抄》，四页纸，价格已飙升到三四万元。这些拍卖网站一般会登出原物照片，即便无法收入囊中，对于研究者来说，并无多大影响。国内不少收藏家，通过不同旧物交易渠道，收有与刘文典有关的真迹或资料，有的已整理出版，如方继孝的《碎锦零笺》[①]、臧伟强的《风云际会：五四历史文化名人掠影》[②]。但值得注意的是，随着刘文典名气越来越大，一些拍卖公

① 方继孝：《碎锦零笺》，山东画报出版社 2009 年版，第 150 页。

② 臧伟强：《风云际会：五四历史文化名人掠影》，黑龙江大学出版社 2009 年版，第 17 页。

司、拍卖网络包括雅昌艺术都开始出现一些赝品，有的可能是误判作者，有的则是明显作伪。比如上海雅藏拍卖有限公司 2014 年秋季艺术品拍卖会“《翰香楼书迹》册页（八开选二）纸本”拍品，落款钤两枚印章，分别是“刘文典印”“叔雅”，均系伪作。

六是听课笔记的征集、抢救和发掘。刘文典先后在北大、清华、安大、西南联大、云大担任教职，开课种类颇多，但除了部分讲稿如《庄子补正》《三馀札记》等整理出版外，不少并未形成系统书稿。这样一来，学生的系统记录便弥足珍贵，也应视为刘文典的“知识产权”。如 1942 年毕业于西南联合大学中文系的郑临川整理的《先师谈诗录》，便是对于刘文典“温李诗”课程的实录整理，学术价值较高。[①]刘文典著名的文学观点“观世音菩萨”便可从此文中找到来由。但目前这类史料受到的重视程度仍不够，面世量极低。2012 年 4 月 25 日，孔夫子旧书网曾拍卖一套《民国云南大学听课笔记》，包括刘文典、方国瑜、余冠英、唐兰等人讲课资料共三十多本，成交价 3760 元，其中仅刘文典就有三本，包括《文选》《校勘学》《温李诗》等。这套拍品史料价值较高，笔者虽多方联系卖家、买家，但至今仍未查到具体下落。这方面的资料，云南研究者有地利、人和之便，建议加大征集和发掘力度。

七是地方志、地方文史资料、校史、名人年谱等各类资料的再挖掘。1929 年 5 月，孙中山灵柩由北平碧云寺迁往南京中山陵奉安，北平妇女协会、商民协会、总工会、农民协会、学生联合会等五个团体在中山公园设立孙中山奉安纪念碑，碑文即邀刘文典撰写，共计 594 字，但一直未见其貌。后经笔者多番查询，最终在中山公园管理处编辑出版的《中山公园志》附录中找到了全文。[②]相对于地方志，很多刘文典曾经任职的院校陆续出版了校史，如《安徽大学校史》《北京大学史料》《清华大学史料选编》《国立西南联合大学史料》《云南大

① 郑临川：《先师谈诗录》，载《名作欣赏》1985 年第 3 期。

② 中山公园管理处：《中山公园志》，中国林业出版社 2002 年版。

学志》《私立五华文理学院档案资料汇编》等，皆是研究刘文典不可忽视的资料。

八是刘文典遗物的发现与整理。刘文典 1958 年逝世后，家人遵其生前愿望，将家中所藏郝懿行、孙星衍手札等珍贵文物 15 件，捐献给了安徽省博物馆。刘平章手头所遗刘文典遗物并不多，但分量都很重，比如刘文典评阅学生论文的手稿，目前已捐给云南大学，建议加大整理力度。刘文典馈赠亲友、学生的诗稿、书籍、题词等，目前有少量出现，比如笔者曾在北京一藏家手中看到刘文典题赠安徽大学图书馆的任鸿隽著作《科学通论》，在安徽一藏家手中看到刘文典题赠单不庵先生的刘盼遂《论衡校释》抽印本，等等。值得一提的是，经刘文典家人及笔者多年查找，最终在台北科技大学找到了刘文典遗失于抗战时期的藏书五百余册，其中很多书上都留有眉批、批语，弥足珍贵，部分已由安徽大学诸伟奇教授整理，收入《刘文典全集》（增订本）。

九是境外资料的发掘。这方面资源可能不多，但一旦有新发现，便可填补某些研究空白。比如，台湾胡适纪念馆“胡适档案”里关于刘文典的记录有七十多种，其中除了大陆印行的部分刘文典与胡适的来往书信外，还包括大量胡适私藏但涉及刘文典的史料，如本际和尚怀念刘文典的诗词油印本、胡适与王叔岷关于刘文典的通信、胡适与高梦旦关于胡适的通信等。另外，刘文典曾先后多次赴日本求学，参加革命活动，进行学术交流，应遗有不可多见的史料，有待有心人的挖掘与发现。

十是影像、口述资料的抢救与发掘。除文字史料外，影像、口述资料具有不可代替的现场感、鲜活性。如今，刘文典的后人、学生，乃至同时代学者，仍有不少尚且健在，应尽可能抢救出影像、口述资料，为后世留存一份难得的一手资料。2012 年 11 月，笔者曾联合安徽大学电视台共同采访刘文典哲嗣刘平章先生，用两天时间留下一份长达数小时的影像、口述资料。

最后谈谈刘文典研究的纵深问题。多年来，笔者积极投身刘文典的生平研究工作，已有一些成果，但实事求是地说，由于很多史料仍不完备，关于刘文典生平研究的很多基本问题，均有待进一步研究，比如刘文典的家世传承，比如刘文典的生年等。在关于刘文典的学术研究方面，安徽大学的诸伟奇与马仁杰、黄伟师生俩做出了突出的贡献，发表了十余篇具有较高质量的论文。黄伟的博士论文研究的就是刘文典在文献学领域的成就。国内一些高校、科研院校的学者及硕士生、博士生，在刘文典淮南子研究、庄子研究、政治思想等领域，也有一些论文，但整体上突破不多，更多仍局限在专题研究方面，综合性、宏观性研究还不多。这方面还大有文章可做。从这一点上来说，这次学术研究讨会开了个好头，希望能带动刘文典研究走向更高的台阶、走向更远的天地。

（2016 年 12 月 23 日凌晨写于淝上躬耕斋，宣读于云南大学“纪念国学大师刘文典诞辰 125 周年学术研讨会”，2017 年 9 月 4 日改定。）

（作者单位：安徽日报报业集团新安晚报社）

最是斯文

——记刘文典先生弟子吴进仁先生

王　新

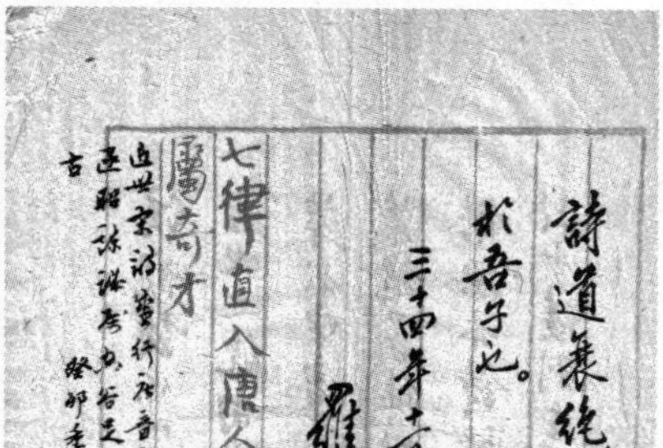

刘文典、罗庸、汤鹤逸诸先生批点吴进仁先生诗作

一向清淡的汪曾祺先生，把晚翠园写得腴润婉丽。

汪先生笔下，一大群文人知识分子，不惧人心飞腾，在偏僻一隅，恬静自守，高歌低咏，于风雨飘摇中，接续着中国文脉。

晚翠园，就在云南大学。云南大学是一所有着六百年古典文雅气质的大学。讲读于斯，俯仰于斯，我有了一个切身体验：大学，教知识容易，教见识难；教见识容易，教教养难；教教养容易，教气质难。

对于一所大学，当学统上升为道统；对于一个学人，当学问融化为生活，气质就改变了，斯文就接续了。

在这里，我要讲讲我的老师吴进仁先生，一位万人如海一身藏的大师，一个真正斯文的知识分子。

一

十多年前，我还在新闻系读书，一天，博雅班一个灵秀的小师妹跑来告诉我：吴松校长亲自请来了一位老先生，讲诗歌，不光讲，还吟，好听极了；他讲杜甫诗，讲到王昭君“一去紫台连朔漠，独留青冢向黄昏”，边吟诵，边连连说，“那个皇帝（汉元帝）是个坏人，是个坏人”，眼泪就流下来了，一脸天真。

云南大学会有这等人物？我撒腿就跑去旁听了。

一株经霜的玉树。

八十岁的吴先生，眉目俊朗，神采苍润。是时，他正讲李白的“浮云游子意，落日故人情”。他没有直接讲诗，而是讲了一个故事：武则天有个面首，叫张宗昌，小名六郎，当时炙手可热，人皆追捧。遂有人著文趋附，言，“莲花似六郎”。

“注意啊，不是六郎似莲花，而是莲花似六郎。多美啊！”

诗之喻贵奇，言人如花，俗；言花如人，奇也。联系浮云如游子意，落日像故人情，李白的妙处就出来了。

真真是妙赏！最妙的是，讲完一首，吴先生就会兀自沉醉，摇头晃脑地吟诵起来，他那口桐城方言，听来似懂非懂，但高歌低咏朗吟曼诵间，缠绵悱恻，完全是一块玉。

我被彻底折服了。课后，战战兢兢地拿了一首我的七律习作，向他请教。他很高兴，轻轻吟去，忽然停下来，指着其中一字，“这个字，不合平仄，回去查查”。

他朝我微微一笑，我们便相识了。

此后的一天，我在东二院食堂吃饭，一抬头，吴先生坐在我对面。我赶紧坐过去，他便边吃饭，边和我聊起了诗歌。

“石梁高泻月，樵路细侵云（李商隐），写得多好啊！”

“多好啊！”“多美啊！”这是吴先生惯常的措辞，品赏诗词，他绝少用华丽的形容词，但就是这几个最简单不过的词，一到他的嘴里，一到他由衷喜悦与温柔的气韵里，就分外动人。

“山中一夜雨，树杪百重泉（王维），也好啊！”

我一下明白了：他是在说，两组诗在摹写物态上，都曲尽其妙。

我接过话头，“并添高阁迥，微注小窗明（李商隐），如何？”

吴先生赞赏地点头。

我常常为我这点好学生的举一反三的能力，而有小小的得意。现在想想，也许，这正是诸多师长们喜欢我的直接原因吧。

告别的时候，吴先生一口就喊出了我的名字，我暗暗惊叹他的记忆力。后来接触多了，才知道，于他，这实在是太小儿科：他能背诵近万首（篇）诗文。至少，在我与他交往的十多年里，李杜全集、李商隐全集，甚至是佛经中任意的句子，一提到，他张口就能将上下文完整地背出来。

流传最广的故事是，词学大家叶嘉莹先生曾来云大演讲，提到李白的某首长诗，忽然卡住了。吴先生便出来解围，轻轻把全诗完整背出来，一口气，行云流水，气定神闲，全场为之叹服。叶嘉莹先生遂专程造访，还为他的桐城派诗词吟诵法录音。

那次之后，我就留意到，吴先生牵着他的夫人，每天颤颤巍巍地来食堂吃饭。

我考上上海的研究生，复试回来的第一天，就遇见了吴先生。我告诉他，我考上了美术学的研究生，吴先生欢喜得连连说：“读书好，读书好，读书的人，我就喜欢。”然后，他马上反应过来：“很多文学大家也是画家，苏轼能画画的，他的画我在故宫博物院见过，破笔画枯木的。”吴先生比画着，我当然知道，他是在说《枯木怪石图》。

“为什么不学新闻，学美术了呢？”他问我。

我告诉他，我在上海面试的时候，老师也问我，为什么弃热门的新闻而取冷清的美术。我认真地告诉他们，我曾经遇到过一个老人，领略过一种学术的幸福和庄严。这个老人，80岁了，每天都会牵着他的夫人，步履蹒跚地到食堂吃饭；那些神采飞扬的学子们，每天都会遇到这个老人，像路过云南随处可见的叶子花一样，没有人知道，他是我们这个时代真正的大师……

忽然，吴先生的眼泪就落下来了，吧嗒吧嗒地打在他的灰布鞋面上。

先生是孤独的。

此后，我们把课堂搬到了食堂的小小饭桌上：

李贺学李商隐，李商隐学杜甫，杜甫学庾信。李白学谁呢？谁都不学，靠天才。

杜甫的“岸花飞送客，樯燕语留人”，明明写自己穷愁寥落，无人相送，却说有花送，有燕留，写得多美啊。看看李商隐的“紫泉宫殿锁烟霞，欲取芜城作帝家”，表面写繁华，实写衰败，一样的道理，都是以有写无的手法。

李白“明月不归沉碧海，白云愁色满苍梧”，好得真不知是怎么作出来的。

郦道元《水经注》，好得不看都不行。

韩愈才大啊，文好，所以苏轼说他不会作诗的，当然，他的《南山》诗，可以和杜甫《北征》对照看。有才华的人，都喜欢韩愈，你也会喜欢的。

有才气的人，怎么会看得起俗人？元好问的妹妹，美而有才情，两个公子哥去求婚，当时，正好屋梁上有两燕在筑巢，她随口赋诗一首：“补天手段暂施张，不许纤尘落画堂。寄语新来双燕子，移巢别处觅雕梁。”来者遂悚然而退。

…………

先生这些随口而出的只言片语，现在看来皆是精金粹玉。十多年后的今天，我才真正明白，我能对中国诗画细腻处、精微处“入乎其里”的体贴，多来自先生。

我离开云大前，先生执意要为我饯行，一次小小的聚餐，在食堂，就他和师母，我和我女朋友。我们举着一元一瓶的芒果汁，干杯。吴先生温温淡淡一笑，“你知道的，我们不在乎酒的，不在乎酒的。”

“当然，当然！”

最后，他说，无以相送，就唱诗吧，先生一口气吟唱完杜甫的《秋兴八首》……

其情其境，毕生感怀。

二

诗歌要天才，学问靠笨劲。吴先生是诗人气质、学者本色。

吴先生 88 岁了。有次，我去家里看他，他的沙发上、桌子上、柜子上，到处是摊开的书，他翻着一本段玉裁注的《说文解字》，凝思良久，感叹道：“扎实的学问，多么感动人啊！”

其实，吴先生更深的功力在小学功夫。他先师国学大师刘文典，后又从王力、周祖谟诸大家学习文字、音韵、训诂之学，其小学功力之深湛，可想而知。90 岁以后，吴先生腿脚不那么灵便了，便很少出门，整天待在家里，读古今小学名著，以为消遣。奇怪的是，看那些蝇头小字，他还不戴眼镜，更奇的是，那些佶屈聱牙的文字，一在他那里，似乎就变得山清水秀。他常跟我说：真学问是假不了的，做好了，也很美。

做学问，他要我立定超过王国维的抱负，为什么呢？因为王国维说过，“古今之成大事业、大学问者，必经过三种之境界：昨夜西风凋碧树。独上高楼，望尽天涯路，此第一境也”。大概是寄望于我，学问立身品级要高。

次之，吴先生强调，对学问真理，须有为之生为之死的理想主义精神，他拈出了段玉裁的故事。一代宗师段玉裁，临死前几年，指出了“脂、之、支”，分属三部，但无法刊明原委，遂向小他好几十岁的毛头小伙江有诰请教，原话是：“仆老耄，倘得闻而死，岂非大幸！”

这就是真正问学的精神。

他多次希望我能搞搞音韵学，我动心了，问他：“入门难不难？”“不难，不难，一部《广韵》，全力以赴一年，其他什么都不干，就可以入门了。”吴先生忙说。

我一听，心凉了半截。

但是，我还是从他那里得到了有关小学的良多教益。

古无清唇音，“非敷奉微”，念“帮滂并明”，他举例子，庄子的《逍遥游》中有大鹏，到了《宋玉对楚王问》，就成了“凤凰上击九千里，负苍天，绝云霓”，其实“凤”就是“鹏”，古音差异而已。

湘方言中，多古音。回到常识，学问就出来了。

我想想，对了。“浮水”，在我们宁乡那，是念“刨水”的。

我自不敏，无法深研音韵之学，吴先生并不以为忤，出于对我的知赏与爱惜，还是耐心为我一一讲授“古无舌上音”“娘日归泥”等音韵知识；戴、段、钱、王，顾炎武、章太炎、杨树达、叶德辉，也一一让我有所知悉。

当然，我最感兴趣的，还是跟诗词相关的音韵学。

“群山万壑赴荆门”，“群”字换成“青”字就不行了，“青”字飘，“群”字浊声，才压得住。

李白、杜甫、李商隐、苏轼等大家，都爱用双声叠韵，如杜甫："风尘荏苒（双声）音书绝，关塞萧条（叠韵）行路难。已忍伶俜（叠韵）十年事，强移栖息（叠韵）一枝安。"李商隐"十年泉下无消息（双声），九日樽前有所思（双声）"。

才华大，怎么写都行，都那么自然。

吴先生在此领域的卓识，真是触手成春，他有一文，刊明《孔雀东南飞》"生人作死别，恨恨那可论"句中，"恨恨"当作"悢悢"。其文之笃实与颖异，远非我能评价，但可以补充的一点是，此文，是他学生从其手稿笔记中，随手抄出来的。这恐怕也是他此生公开发表的唯一一篇文章。

熟悉他的人们，经常说，吴先生恪守着古人"述而不作"、以学问为生活的传统，这只说对了一半。

师母过世后，吴先生颓唐地叹息："八十多岁的时候，夫人还在，我还想到南京和北京去查查几个版本，想搞出点名堂；现在她一走，我心如劫灰。"

现在我明白了，吴先生为什么要我立定超越王国维的决心；也明白了，他不发表文章，是因为他一生都默默以中国一流的大师为对手。①

记忆尤深的是，一天晚上，我去看他，他面色凄惶，执意要我一字一字对勘李善注的《洛神赋》与六臣注的《洛神赋》。待我勘毕，他说："我现在记性仍好，但学问无法理出头绪了，可能不久于人世了……"

"不能做学问了，活又何益？"他一声长叹！

是年，先生 90 岁。

这就是学人的抱负与雄心。

① 2014 年 1 月，吴进仁先生过世以后，整理遗物，发现了其千多万字誊写工整的文稿，内容广涉《广韵》、《韵略易通》、白居易诗韵、桐城音系、《说文解字》、古典诗词研究及诗词创作等诸多方面，遗稿现在云南大学出版社整理出版中。

三

吴先生一生宽厚温文，亦慈亦让，勿固勿争。很多人说他是个书呆子。

果真如此吗？

他曾问我刘备最信任的人是谁。当然是诸葛亮！

他说，不是。是法正。

因为刘备为给关张二人复仇，执意要伐东吴时，诸葛亮无奈地叨了一句：假使法正在，就好了。可见刘备信法正，超过信诸葛亮。

“你们湖南有个王夫之，读《三国志》时，读到这，就读出来了；在别人看不出的地方，看出名堂，就是洞见。”

吴先生接着告诉我，法正是个“粒饭之恩不忘，睚眦之仇必报”的人。

“很仗义，不是很好吗？”我反问。

“做大事的人，不计较那些的。”他回答。

我猛然一惊，望着一向温润蔼然的吴先生。

多么有洞见！

吴先生顺着说道，刘备蔽于法正，但他看明了诸葛亮信任的马谡空疏；诸葛亮看明了法正的狭隘，但却为马谡所蔽。大人物，亦有所短。

了知吴先生洞明世事的识见，这是最难得的一次。绝大多数时候，他把会历史当成文学来读。他教我，《史记》塑造人物，可当小说读；《新五代史》是文学家欧阳修所撰，辞藻修洁，蕴义精微；《左传》他能背诵如流，为了说明此书措辞最讲究，他举了个例子：有个坏人，看见一个美女走过，于是“目逆而送之，曰：美而艳”，一个“逆”字，把坏人之坏与美人之媚，都写出来了。

果然高明。

有一次，我偶然提到了佛教，吴先生一口气背诵出《心经》，然后问我是谁译的。我说不出来。

“玄奘译的。玄奘的文章，也写得不错。”

他随口背了一段，全是工整的骈文。“是以如来膺一子之大悲，生兹秽土；镜三明之慧日，朗此幽昏。慈云荫右顶之天，法雨洒三千之界。”

诚然，他的老师刘文典先生，是很看得起骈文的，认为这才是文学。

吴先生说李白也信佛的，我知道李白求仙，应该是信道的。他背了一首诗：

> 朱绂遗尘境，青山谒梵筵。金绳开觉路，宝筏度迷川。
> 岭树攒飞拱，岩花覆谷泉。塔形标海月，楼势出江烟。
> 香气三天下，钟声万壑连。荷秋珠已满，松密盖初圆。
> 鸟聚疑闻法，龙参若护禅。愧非流水韵，叨入伯牙弦。

我服了。这些看似小小的烛隐显微，让我深知吴先生深富洞见。

即使终生拙于为之的人情练达上，吴先生也有一副如炬的眼光。他说，历史有很多奇妙处，比如大人物与大人物，往往惺惺相惜、联袂而来。李白和杜甫是好友，韩愈和柳宗元是好友，苏轼和黄庭坚还是好友。

他接着讲了个典故：苏轼死了，黄庭坚得知这个消息，先是很悲伤，继而高兴，“这盒子，今天属我了”。

“这关系，很有意思。”显然，吴先生是洞明其中微妙的。

但他只用了“有意思”三个字。

四

前年，与先生相守53载的师母过世，先生终日以泪洗面。

“惟将终夜长开眼，报答平生未展眉。”他吟元稹的悼亡诗，吟苏轼的悼亡诗，吟杜甫的、贺铸的，吟李商隐的，吟遍了中国古代所有悼念亡妻的诗句，他说，“世界上，只有你的妻子，才是最美丽的人”。

我知道，师母长年抱病，但见寒作热，一直与吴先生相知相守；她虽然职业为医生，但志业在诗词。听他们的女儿说，吴先生经常半夜三更想到好诗词，就爬起来，叫醒夫人，共着烛光，两人一起称赏或驳难……就是这样相扶相惜的温情，让他们度过了多少风雨如晦的长夜！

有一天，吴先生破天荒拈出一首他填的词：“豪杰乘时会赤壁，龙拏虎掷争雄，入天怒火塞长空。烟飞战骨黑，霞锁满江红。百二关河仍旧是，只今处处东风，游人指点笑相逢。乾坤丽日里，山水画图中。”这首壮词，是他唱和杨慎《临江仙·滚滚长江东逝水》的。他告诉我，当时电视里播《三国演义》，到这插曲，师母提议：为什么不和一首呢？

他便和了。

他有很多这样为师母而作的诗词，但他从不示人。也许，有些东西，确实是只能为一个人而在。

吴先生讲李商隐明灭幽深的诗：

碧城十二曲阑干，犀辟尘埃玉辟寒。
阆苑有书多附鹤，女床无树不栖鸾。
星沉海底当窗见，雨过河源隔座看。
若是晓珠明又定，一生长对水晶盘。

这是好诗。

他得出结论：这是李商隐为妻子写的诗，理由是：一个对妻子都不好的人，怎么能作出好诗呢？

我当然知道，这首好诗很可能是诗人为女道士（他的情人）而作，但吴先生的结论，我信。

他们的女儿从德国回来了，吴先生一见到我，就会跟他们说："他去上海读书，我们一起吃饭，当时妈妈也在的，当时妈妈也在的……"先生那反反复复的嗫嚅，无限凄婉，无限温柔，真让人心碎。

前阵子，我的妻子终于从杭州调过来了，我跑去告诉他这个好消息。他很高兴，一定要为我庆贺，一个劲地说，"多难的事啊，办好了，太好了，太好了"。

我无意中提到，学校清静，我喜欢一个人在这边宿舍待着看书。他立即脸色严肃："一定要天天回家，妻子不容易，要珍惜！"然后又转为温和的语气："我的意思，你明白的。"

那天，吴先生兴致特别好，找出了新婚时刘文典先生送他的四首诗给我看。

壬辰中秋进仁结婚诗以贺之

一

天上吴刚得意初，高才谢女擅诗书。
清光三五团圞夜，玉润珠圆月不如。

二

鹤舞鸾吟下凤城，玉阶月色净无尘。
试看天上姮娥影，始识神仙剧有情。

三

不羡温家玉镜台，星娥月姊漫相猜。
天孙惯织云盘锦，合配陈王八斗才。

四

凉露无声湿桂花，高烧红烛对仙葩。
玉绳低亚银河浅，共倚薰笼玩月华。

诗诗清洁高华，我看，是非常符合吴先生的情感格调的。

显然，刘文典非常熟悉吴先生。

当然，吴先生更熟悉刘文典先生，他是刘文典先生的高足，20 岁时，便立雪“刘”门，此后终生侍奉其教席。

吴先生肯定也熟悉他老师的这几句诗，“宋玉悲秋亦我师，伤心又吊屈原祠。娥眉漫结平生恨，文藻空存异代思”。此诗，出自杜甫《咏怀古迹》：

摇落深知宋玉悲，风流儒雅亦吾师。
怅望千秋一洒泪，萧条异代不同时。
江山故宅空文藻，云雨荒台岂梦思。
最是楚宫俱泯灭，舟人指点到今疑。

吴先生最爱杜甫，他不会不知道老师的用心。

并非巧合：吴先生师刘文典，刘文典师杜甫，杜甫师宋玉，宋玉师屈原，一脉千年，师什么呢？

风流儒雅。

千古斯文，如是而已。

（作者单位：云南大学艺术与设计学院）

刘文典生平暨劳伟书先生诗词作品展前言

杨园撰稿　李森审订

二〇一六年，刘文典先生诞辰一百廿五周年，此距先生病殁云大已五十八春秋矣。六十甲子间，兴废存亡者何数，而先生声誉日隆，流风长存，自有其所不能湮没者焉。当今世倡国学，皆以先生为翘楚，群言大学精神，咸尊其导夫先路。先生传道治学，初以开启民智为己任，执教北大，新文化运动时勇猛精进，与陈独秀、胡适交情笃厚，为同仁所推服。后筹办安徽大学，尝言“大学不是衙门”，面折蒋介石而被解职。先生旋至清华，与陈寅恪、吴宓诸先生志同道合，寄怀传统，发扬国学。其治学长于诸子校勘，尤擅《选》学韵文。及抗日军兴，辗转至云南，任教西南联大，一九四三年受聘为云大教授，直至去世。先生熟谙日本，为有国恨家仇，抗战前后奋笔撰文，剖析日寇野心，深具卓识。终其一生，弘扬国学，鼓舞民气，传道授业，不违初衷。

洎乎改革开放，百废俱兴，文教昌明，先生之文章著述影响日广，先生之气节风骨复为世人所传诵。云大有幸，犹闻广陵绝音；先生何辜，遭逢弦歌中辍？当年亲炙之者，至今大都作古，在者亦垂垂老矣，然而历代云大学人，冥冥无不受之感召影响，六十载世道轮替，何尝忘怀斯人？是以学校于先生诞辰一百廿五年之际，举办生平纪念展，延请书法名家、云南省文史馆馆员劳伟先生书钞先生诗词，欲使先贤流风，泽被上庠，以尊师德，以明传道之不朽。先生晚年拜谒杜甫草堂诗云："汉唐陵阙皆零落，惟有茅斋似昔时"，先生之志，其如是乎？先生之逝，岂非如去如来！

（作者单位：云南大学文学院）

编后记

纪念叔雅先生的系列活动，在他老人家诞辰125周年之际持续展开。

叔雅先生人生后20年在云南度过，而最后15年执教于云南大学。云大校园自然是先生学术耕耘收获之地，学术衣钵授受之所，学术精神高扬之域，也是先生终老的地方。云大人熟知先生，景仰先生，传颂先生。叔雅先生的铜像在呈贡新校区百家大道落成，诗碑树立在新建成的东陆碑廊中，杜甫研究室已辟为“文典学馆”，学校的“文典讲坛”一期接着一期举办，生平与诗词作品（劳伟先生书写）展览吸引了校内外众多的仰慕者，先生的著述不时有新发现并陆续整理出版。

纪念活动引起广泛关注，尤其是筹备已久的纪念研讨会在云大东陆校区隆重举行，校内外、省内外的专家学者、社会名流和青年学生济济一堂：年逾九旬的张文勋先生等叔雅先生的嫡传弟子们来了，叔雅先生曾经主政过的安徽大学程桦校长来了，大师哲嗣刘平章先生来了，云大校领导来了……他们或追忆学府往事，或探究学问道术，或表达学术观点，或阐发学者情怀，以虔诚之心礼敬大师，以责任担当传承薪火，努力为往圣继绝学，为国学开新境。

学术研讨会由云南大学主办，文学院具体承办，学校档案馆等单位密切配合，校院系负责人周密安排，师生主动作为，安徽新安晚报社章玉政先生、云南师大龙美光老师及吴进仁先生女公子吴尔雅女士等竭诚帮助，大家齐心协力，盛会圆满成功。

本文集的编辑出版，亦凝聚着众人的心血和汗水。作者们提供文稿并反复修改，云南大学给予经费保障，云南人民出版社倾力支持，对于这些，我们都已铭记在心，并转化为工作动力。作为编者，深知自身的水平能力都很有限，虽然也是用心用情用力的劳作，希望编出精品，但不妥不当或错漏之处，仍然在所难免，恭请读者诸君批评指正。

编　者

丁酉岁末立春日